오일러 수의 첫 백만 자리

편집자

데이빗 E. 맥아담스

데이빗 E. 맥아담스"의 다른 책들

앵무새 색상 - 앵무새 그림을 활용한 색상 개념 소개. 미취학 아동용.
꽃의 색 - 꽃 그림을 이용한 색상 개념 소개. 미취학 아동용.
우주의 색상 - NASA 의 사진을 사용하여 색상 개념 소개. 미취학 아동용.
도형 - (영어로) 도형에 대한 소개입니다. 미취학 아동을 위한.
Numbers - (영어로) 숫자 개념 소개. K-2 학년용.
What is Bigger Than Anything? (Infinity) - (영어로) 무한의 개념에 대한 소개. 1-3 학년용.
Swing sets (Sets) - (영어로) 집합 이론 소개. 2-4 학년용.
One Penny, Two - (영어로) 제리의 페니가 매일 두 배로 늘어난다면, 그가 짙은 녹색 스포츠카를 살 수 있을 때까지 얼마나 걸릴까요? 3-6 학년용.
플레이머니 활동 키트로 학습하기 - $1,000,000 가 넘는 플레이 머니로 큰 숫자와 계산을 가르칩니다.
내가 좋아하는 프랙탈(**1** 권, **2** 권) - 고해상도 이미지로 표현된 놀라운 프랙탈의 그림책. 모든 연령대에 적합합니다.
All Math Words Dictionary - (영어로) 전대수학, 대수학, 기하학, 미적분학 전 과목을 공부하는 학생을 위한 영어 수학 사전입니다.
파이의 첫 번째 백만 자리 - 파이의 첫 백만 자리. 모든 연령대를 위한.
오일러 수의 첫 백만 자리 - 오일러 상수 e 의 첫 백만 자리. 모든 연령대에 해당.
2 의 제곱근의 첫 번째 백만 자리 - 2 의 제곱근의 처음 백만 자리. 모든 연령대를 위한.
처음 십만 소수 - 첫 번째 10 만 개의 소수. 모든 연령대에 적합합니다.
기하학적 개발 활동 책 - 80 전개도 展開圖 복사하고, 잘라내고, 테이프로 붙여 3 차원 다면체로 만듭니다. 9 세 이상.
Geometric Nets Mega Project Book - (영어로) 253 전개도 展開圖 복사하고, 잘라내고, 테이프로 붙여 3 차원 다면체로 만듭니다. 9 세 이상.

최신 목록은 https://www.DEMcAdams.com 에서 확인하세요.

$$e = \lim_{n \to \infty} \left(1 + \frac{1}{n}\right)^n$$

e ≈
2.7182818284590452353602874713526624977572470936999595749669676277
240766303535475945713821785251664274274663919320030599218174135966
290435729003342952605956307381323286279434907632338298807531952510
190115738341879307021540891499348841675092447614606680822648001684
774118537423454424371075390777449920695517027618386062613313845830
007520449338265602976067371132007093287091274437470472306969772093
101416928368190255151086574637721112523897844250569536967707854499
699679468644549059879316368892300987931277361782154249992295763514
822082698951936680331825288693984964651058209392398294887933203625
094431173012381970684161403970198376793206832823764648042953118023
287825098194558153017567173613320698112509961818815930416903515988
885193458072738667385894228792284998920868058257492796104841984443
634632449684875602336248270419786232090021609902353043699418491463
140934317381436405462531520961836908887070167683964243781405927145
635490613031072085103837505101157477041718986106873969655212671546
889570350354021234078498193343210681701210056278802351930332247450
158539047304199577770935036604169973297250886876966403555707162268
447162560798826517871341951246652010305921236677194325278675398558
944896970964097545918569563802363701621120477427228364896134225164
450781824423529486363721417402388934412479635743702637552944483379
980161254922785092577825620926226483262779333865664816277251640191
059004916449982893150566047258027786318641551956532442586982946959
308019152987211725563475463964479101459040905862984967912874068705
048958586717479854667757573205681288459205413340539220001137863009
455606881667400169842055804033637953764520304024322566135278369511
778838638744396625322498506549958862342818997077332761717839280349
465014345588970719425863987727547109629537415211151368350627526023
264847287039207643100595841166120545297030236472549296669381151373
227536450988890313602057248176585118063036442812314965507047510254
465011727211555194866850800368532281831521960037356252794495158284
188294787610852639813955990067376482922443752871846245780361929819
713991475644882626039033814418232625150974827987779964373089970388
867782271383605772978824125611907176639465070633045279546618550966
661856647097113444740160704626215680717481877844371436988218559670
959102596862002353718588748569652200050311734392073211390803293634
479727355955277349071783793421637012050054513263835440001863239914
907054797780566978533580489669062951194324730995876552368128590413
832411607226029983305353708761389396391779574540161372236187893652
605381558415871869255386061647798340254351284396129460352913325942
794904337299085731580290958631382683291477116396337092400316894586
360606458459251269946557248391865642097526850823075442545993769170
419777800853627309417101634349076964237222943523661255725088147792
231519747780605696725380171807763603462459278778465850656050780844
211529697521890874019660906651803516501792504619501366585436632712
549639908549144200014574760819302212066024330096412704894390397177
195180699086998606636583232278709376502260149291011517177635944602
023249300280401867723910288097866605651183260043688508817157238669
842242201024950551881694803221002515426494639812873677658927688163
598312477886520141174110913601164995076629077943646005851941998560
162647907615321038727557126992518275687989302761761146162549356495
903798045838182323368612016243736569846703785853305275833337939907
521660692380533698879565137285593883499894707416181550125397064648

17194670834819721448889879067650379590366967249499254527903372963616265897603949857674139735944102374432970935547798262961459144293645142861715858733974679189757121195618738578364475844842355558105002561149239151889309946342841393608038309166281881150371528496705974162562823609216807515017772538740256425347087908913729172282861151591568372524163077225440633787593105982676094420326192428531701878177296023541306067213604600038966109364709514141718577014180606443636815464440053316087783143174440811949422975599314011888683314832802706553833004693290115744147563139997221703804617092894579096271662260740718749975359212756084414737823303270330168237193648002173285734935947564334129943024850235732214597843282641421684878721673367010615094243456984401873312810107945127223737886126058165668053714396127888732527373890392890506865324138062796025930387727697783792868409325365880733988457218746021005311483351323850047827169376218004904795597959290591655470505777514308175112698985188408718564026035305583737832422924185625644255022672155980274012617971928047139600689163828665277009752767069777036439260224372841840883251848770472638440379530166905465937461619323840363893131364327137688841026811219891275223056256756254701725086349765367288605966752740868627407912856576996313789753034660616669804218267724560530660773899624218340859882071864682623215080288286359746839654358856685503773131296587975810501214916207656769950659715344763470320853215603674828608378656803073062657633469774295634643716709397193060876963495328846833613038829431040800296873869117066666146800015121143442256023874474325250769387077775193299942137277211258843608715834835626961661980572526612206797540621062080649882918454395301529982092503005498257043390553570168653120526495614857249257386206917403695213533732531666345466588597286659451136441370331393672118569553952108458407244323835586063106806964924851232632699514603596037297253198368423363904632136710116192821711150282801604488058802382031981493096369596735832742024988245684941273860566491352526706046234450549227581151709314921879592718001940968866986837037302200475314338181092708030017205935530520700706072233999463990571311587099635777359027196285061146514837526209565346713290025994397663114545902685898979115837093419370441155121920117164880566945938131183843765620627846310490346293950029458341164824114969758326011800731699437393506966295712410273239138741754923071862454543222039552735295240245903805744502892246886285336542213815722131163288112052146489805180092024719391710555390113943316681515828843687606961102505171007392762385553386272553538830960671644662370922646809671254061869502143176211668140097595281493907222601112681153108387317617323235263605838173151034595736538223534992935822836851007810884634349983518404451704270189381994243410090575376257767571118090088164183319201962623416288166521374717325477727783488774366518828752156685719506371936565390389449366421764003121527870222366463635755503565576948886549500270853923617105502131147413744106134445544192101336172996285694899193369184729478580729156088510396781959429833186480756083679551496636448965592948187851784038773326247051945050419847742014183947731202815886845707290544057510601285258056594703046836344592652552137008068752009593453607316226118728173928074623094685367823106097921599360019946237993434210687813497346959246469752506246958616909178573976595199392993995567542714654910456860702099012606818704984178079173924071945996323060254707901774527513186809982284730860766536866855516467702911336827563107223346726113705490795365834538637196235856312618387156774118738527722922594743373785695538456246801013905727871016512966636764451872465653730402443684140814488732957847348490003019477888020460324660842875351848364959195082888323

206522128104190448047247949291342284951970022601310430062410717971
502793433263407995960531446053230488528972917659876016667811937932
372453857209607582277178483361613582612896226118129455927462767137
794487586753657544861407611931125958512655759734573015333642630767
985443385761715333462325270572005303988289499034259566232975782488
735029259166825894456894655992658454762694528780516501720674785417
887982276806536650641910973434528878338621726156269582654478205672
987756426325321594294418039943217000090542650763095588465895171709
147607437136893319469090981904501290307099566226620303182649365733
698419555776963787624918852865686607600566025605445711337286840205
574416030837052312242587223438854123179481388550075689381124935386
318635287083799845692619981794523364087429591180747453419551420351
726184200845509170845682368200897739455842679214273477560879644279
202708312150156406341341617166448069815483764491573900121217041547
872591998943825364950514771379399147205219529079396137621107238494
290616357604596231253506068537651423115349665683715116604220796394
466621163255157729070978473156278277598788136491951257483328793771
571459091064841642678309949723674420175862269402159407924480541255
360431317992696739157542419296607312393763542139230617876753958711
436104089409966089471418340698362993675362621545247298464213752891
079884381306095552622720837518629837066787224430195793793786072107
254277289071732854874374355781966511716618330881129120245204048682
200072344035025448202834254187884653602591506445271657700044521097
735585897622655484941621714989532383421600114062950718490427789258
552743035221396835679018076406042138307308774460170842688272261177
180842664333651780002171903449234264266292261456004337383868335555
343453004264818473989215627086095650629340405264943244261445665921
291225648893569655009154306426134252668472594914314239398845432486
327461842846655985332312210466259890141712103446084271616619001257
195870793217569698544013397622096749454185407118446433946990162698
351607848924514058940946395267807354579700307051163682519487701189
764002827648414160587206184185297189154019688253289309149665345753
571427318482016384644832499037886069008072709327673127581966563941
148961716832980455139729506687604740915420428429993541025829113502
241690769431668574242522509026939034814856451303069925199590436384
028429267412573422447765584177886171737265462085498294498946787350
929581652632072258992368768457017823038096567883112289305809140572
610865884845873101658151167533327674887014829167419701512559782572
707406431808601428149024146780472327597684269633935773542930186739
439716388611764209004068663398856841681003872389214483176070116684
503887212364367043314091155733280182977988736590916659612402021778
558854876176161989370794380056663364884365089144805571039765214696
027662583599051987042300179465536788567430285974600143785483237068
701190078499404930918919181649327259774030074879681484882342932023
012128032327460392219687528340516906974194257614673978110715464186
273369091584973185011183960482533518748438923177292613543024932562
896371361977285456622924461644497284597867711574125670307871885109
336344480149675240618536569532074170533486782754827815415561966911
055101472799040386897220465550833170782394808785990501947563108984
124144672821865459971596639015641941751820935932616316888380132758
752601460507676098392625726411120135288591317848299475682472564885
533357279772205543568126302535748216585414000805314820697137262149
755576051890481622376790414926742600071045922695314835188137463887
104273544767623577933993970632396604969145303273887874557905934937
772320142954803345000695256980935282887783710670585567749481373858
630385762823040694005665340584887527005308832459182183494318049834
199639981458773435863115940570443683515285383609442955964360676090

221741896883548131643997437764158365242234642619597390455450680695
232850751868719449064767791886720306418630751053512149851051207313
846648717547518382979990189317751550639981016466414592102406838294
603208535554058147159273220677567669213664081505900806952540610628
536408293276621931939933861623836069111767785448236129326858199965
239275488427435414402884536455595124735546139403154952097397051896
240157976832639450633230452192645049651735466775699295718989690470
902730288544945416699791992948038254980285946029052763145580316514
066229171223429375806143993484914362107993576737317948964252488813
720435579287511385856973381976083524423240466778020948399639946684
833774706725483618848273000648319163826022110555221246733323184463
005504481849916996622087746140216157021029603318588727333298779352
570182393861244026868339555870607758169954398469568540671174444932
479519572159419645863736126915526457574786985964242176592896862383
506370433939811671397544736228625506803682664135541448048997721373
174119199970017293907303350869020922519124447393278376156321810842
898207706974138707053266117683698647741787180202729412982310888796
831880854367327806879771659111654224453806625861711729498038248879
986504061563975629936962809358189761491017145343556659542757064194
408833816841111166200759787244137082333917886114708228657531078536
674695018462140736493917366254937783014074302668422150335117736471
853872324040421037907750266020114814935482228916663640782450166815
341213505278578539332606110249802273093636740213515386431693015267
460536064351732154701091440650878823636764236831187390937464232609
021646365627553976834019482932795750624399645272578624400375983422
050808935129023122475970644105678361870877172333555465482598906861
201410107222465904008553798235253885171623518256518482203125214950
700378300411216212126052726059944320443056274522916128891766814160
639131235975350390320077529587392412476451850809163911459296071156
344204347133544720981178461451077872399140600290228276684309264900
592249810291068759434533858330391178747575977065953570979640012224
092199031158229259667913153991561438070129260780197022589662923368
154312499412259460023399472228171056603931877226800493833148980338
548909468685130789292064242819174795866199944411196208730498064385
006852620258432842085582338566936649849720817046135376163584015342
840674118587581546514598270228676671855309311923340191286170613364
873183197560812569460089402953094429119590295968563923037689976327
462283900735457144596414108229285922239332836210192822937243590283
003884445701383771632056518351970100115722010956997890484964453434
612129224964732356126321951155701565824427661599326463155806672053
127596948538057364208384918887095176052287817339462747644656858900
936266123311152910816041524100214195937349786431661556732702792109
593543055579732660554677963552005378304619540636971842916168582734
122217145885870814274090248185446421774876925093328785670674677381
226752831653559245204578070541352576903253522738963847495646255940
378924925007624386893776475310102323746733771474581625530698032499
033676455430305274561512961214585944432150749051491453950981001388
737926379964873728396416897555132275962011838248650746985492038097
691932606437608743209385602815642849756549307909733854185583515789
409814007691892389063090542534883896831762904120212949167195811935
791203162514344096503132835216728021372415947344095498316138322505
486708172221475138425166790445416617303200820330902895488808516797
258495813407132180533988828139346049850532340472595097214331492586
604248511405819579711564191458842833000525684776874305916390494306
871343118796189637475503362820939949343690321031976898112055595369
465424704173323895394046035325396758354395350516720261647961347790
912327995264929045151148307923369382166010702872651938143844844532

639517394110131152502750465749343063766541866128915264446926222884
366299462732467958736383501937142786471398054038215513463223702071
533134887083174146591492406359493020921122052610312390682941345696
785958518393491382340884274312419099152870804332809132993078936867
127413922890033069995875921815297612482409116951587789964090352577
345938248232053055567238095022266790439614231852991989181065554412
477204508510210071522352342792531266930108270633942321762570076323
139159349709946933241013908779161651226804414809765618979735043151
396066913258379033748620836695475083280318786707751177525663963479
259219733577949555498655214193398170268639987388347010255262052312
317215254062571636771270010760912281528326508984359568975961038372
157726831170734552250194121701541318793651818502020877326906133592
182000762327269503283827391243828198170871168108951187896746707073
377869592565542713340052326706040004348843432902760360498027862160
749469654989210474443927871934536701798673920803845633723311983855
862638008516345597194441994344624761123844617615736242015935078520
825600604101556889899501732554337298073561699861101908472096600708
320280569917042590103876928658336557728758684250492690370934262028
022399861803400211320742198642917383679176232826444645756330336556
777374808644109969141827774253417010988435853189339175934511574023
847292909015468559163792696196841000676598399744972047287881831200
233383298030567865480871476464512824264478216644266616732096012564
794514827125671326697067367144617795643752391742928503987022583734
069852309190464967260243411270345611114149835783901793499713790913
696706497637127248466613279908254305449295528594932793818341607827
091326680865655921102733746700132583428715240835661522165574998431
236278287106649401564670141943713823863454729606978693335973109537
126499416282656463708490580151538205338326511289504938566468752921
135932220265681856418260827538790002407915892646028490894922299966
167437731347776134150965262448332709343898412056926145108857812249
139616912534202918139898683901335795857624435194008943955180554746
554000051766240202825944828833811886381749594284892013520090951007
864941868256009273977667585642598378587497776669563350170748579027
248701370264203283965756348010818356182372177082236423186591595883
669487322411726504487268392328453010991677518376831599821263237123
854357312681202445175401852132663740538802901249728180895021553100
673598184430429105288459323064725590442355960551978839325930339572
934663055160430923785677229293537208416693134575284011873746854691
620648991164726909428982971065606801805807843600461866223562874591
385185904416250663222249561448724413813849763797102676020845531824
111963927941069619465426480006761727618115630063644321116224837379
105623611358836334550102286170517890440570419577859833348463317921
904494652923021469259756566389965893747728751393377105569802455757
436190501772466214587592374418657530064998056688376964229825501195
065837843125232135309371235243969149662310110328243570065781487677
299160941153954063362752423712935549926713485031578238899567545287
915578420483105749330060197958207739558522807307048950936235550769
837881926357141779338750216344391014187576711938914416277109602859
415809719913429313295145924373636456473035037374538503489286113141
638094752301745088784885645741275003353303416138096560043105860548
355773946625033230034341587814634602169235079216111013148948281895
391028916816328709309713184139815427678818067628650978085718262117
003140003377301581536334149093237034703637513354537634521050370995
452942055232078817449370937677056009306353645510913481627378204985
657055608784211964039972344556458607689515569686899384896439195225
232309703301037277227710870564912966121061494072782442033414057441
446459968236966118878411656290355117839944070961772567164919790168

195234523807446299877664824873753313018142763910519234685081979001
796519907050490865237442841652776611425351538665162781316090964802
801234493372427866930894827913465443931965254154829494577875758599
482099181824522449312077768250830768282335001597040419199560509705
364696473142448453825888112602753909548852639708652339052941829691
802357120545328231809270356491743371932080628731303589640570873779
967845174740515317401384878082881006046388936711640477755985481263
907504747295012609419990373721246201677030517790352952793168766305
099837441859803498821239340919805055103821539827677291373138006715
339240126954586376422065097810852907639079727841301764553247527073
788764069366420012194745702358295481365781809867944020220280822637
957006755393575808086318932075864444206644691649334467698180811716
568665213389686173592450920801465312529777966137198695916451869432
324246404401672381978020728394418264502183131483366019384891972317
817154372192103946638473715630226701801343515930442853848941825678
870721238520597263859224934763623122188113706307506918260109689069
251417142514218153491532129077723748506635489170892850760234351768
218355008829647410655814882049239533702270536705630750317499788187
009989251020178015601042277836283644323729779929935160925884515772
055232896978333126427671291093993103773425910592303277652667641874
842441076564447767097790392324958416348527735171981064673837142742
974468992320406932506062834468937543016787815320616009057693404906
146176607094380110915443261929000745209895959201159412324102274845
482605404361871836330268992858623582145643879695210235266673372434
423091577183277565800211928270391042391966426911155333594569685782
817020325495552528875464466074620294766116004435551604735044292127
916358748473501590215522120388281168021413865865168464569964810015
633741255098479730138656275460161279246359783661480163871602794405
482710196290774543628092612567507181773641749763254436773503632580
004042919906963117397787875081560227368824967077635559869284901628
768699628053790181848148810833946900016380791075960745504688912686
792812391148880036720729730801354431325347713094186717178607522981
373539126772812593958220524289991371690685650421575056729991274177
149279608831502358697816190894908487717722503860872618384947939757
440664912760518878124233683125467278331513186758915668300679210215
947336858591201395360301678110413444411030903388761520488296909104
689167671555373346622545575975202624771242796225983278405833585897
671474205724047439720232895903726148688388003174146490203843590358
527993123871042845981608996101945691646983837718267264685264869172
948414153004604004299585035164101899027529366867431834955447458124
140190754681607770977920579383895378192128847409929537040546962226
547278807248685508046571043123854873351653070570784584243335550958
221912862797205455466267099131902370311779690892786623112661337671
178512943059323281605826535623848164192144732543731002062738466812
351691016359252588256806438946389880872735284406462208149513862275
239938938734905082625472417781702582044129853760499827899020083498
387362992498125742354568439023012261733665820546785671147973065077
035475620567428300187473019197310881157516777005071432012726354601
912460800451608108641835539669946936947322271670748972850464195392
966434725254724357659192969949061670189061433616907056148280980363
243454128229968275980226694045642181328624517549652147221620839824
594576613342710564957193564431561774500828376935700995419541839029
151033187933907614207467028867968594985439789457300768939890070073
924697461812855764662265412913204052279071212820653775058280040897
163467163709024906774736309136904002615646432159560910851092445162
454420141442641660181385990017417408244245378610158433361777292580
611159192008414091888191208858207627011483671760749046980914443057

262211104583300789331698191603917150622792986282709446275915009683
226345073725451366858172483498470080840163868209726371345205439802
277866337293290829914010645589761697455978409211409167684020269370
229231743334499986901841510888993165125090001163719114994852024821
586396216294981753094623047604832399379391002142532996476235163569
009445086058091202459904612118623318278614464727795523218635916551
883057930657703331498510068357135624341881884405780028844018129031
378653794869614630467726914552953690154167025838032477842272417994
513653582260971652588356712133519546838335349801503269359798167463
231847628306340588324731228951257944267639877946713121042763380872
695738609314631539148548792514028885025189788076023838995615684850
391995855029256054176767663145354058496296796781349420116003325874
431438746248313850214980401681940795687219268462617287403480967931
949965604299190281810597603263251746405016454606266765529010639868
703668263299050577706266397868453584384057673298268163448646707439
990917504018892319267557518354054956017732907127219134577524905771
512773358423314008356080926962298894163047287780054743798498545562
870729968407382937218623831766524716090967192007237658894226186550
487552614557855898773008703234726418384831040394818743616224455286
163287628541175946460497027724490799275146445792982549802258601001
772437840167723166802004162547244179415547810554178036773553354467
030326469619447560812831933095679685582771932031205941616693902049
665352189672822671972640029493307384717544753761937017882976382487
233361813499414541694736549254840633793674361541081593464960431603
544354737728802361047743115330785159902977771499610274627769759612
488879448609863349422852847651310277926279743981957617505591300993
377368240510902583759345170015340522266144077237050890044496613295
859536020556034009492820943862994618834790932894161098856594954213
114335608810239423706087108026465913203560121875933791639666437282
836752328391688865373751335794859860107569374889645657187292540448
508624449947816273842517229343960137212406286783636675845331904743
954740664015260871940915743955282773904303868772728262065663129387
459875317749973799293043294371763801856280061141619563942414312254
397099163565102848315765427037906837175764870230052388197498746636
856292655058222887713221781440489538099681072143012394693530931524
054081215705402274414521876541901428386744260011889041724570537470
755550581632831687247110220353727166112304857340460879272501694701
067831178927095527253222125224361673343366384756590949728221809418
684074238351567868893421148203905824224324264643630201441787982022
116248471657468291146315407563770222740135841109076078464780070182
766336227978104546331131294044833570134869585165267459515187680033
395522410548181767867772152798270250117195816577603549732923724732
067853690257536233971216884390878879262188202305529937132397194333
083536231248870386416194361506529551267334207198502259771408638122
015980894363561808597010080081622557455039101321981979045520049618
583777721048046635533806616517023595097133203631578945644487800945
620369784973459902004606886572701865867757842758530645706617127194
967371083950603267501532435909029491516973738110897934782297684100
117657987098185725131372267749706609250481876835516003714638685918
913011736805218743265426063700710595364425062760458252336880552521
181566417553430681181548267844169315284408461087588214317641649835
663127518728182948655658524206852221830755306118393326934164459415
342651778653397980580828158806300749952897558204686612590853678738
603318442905510689778698417735603118111677563872589911516803236547
002987989628986181014596471307916144369564690909518788574398821730
583884980809523077569358851616027719521488998358632323127308909861
560777386006984035267826785387215920936255817889813416247486456433

2110431948214212997931881046363995414965394415013838687483848702 24
6818293918603195986679623634893092830878407124004310227061375913 68
0565188613134583079907050036075883272488678793240933800718641528 53
3179435350734018911936385467300006604537837844724692888305469790 00
1312489521004469490320588382949236139192843052491678330129801922 55
1570503785218105529616236375236479626857516600665393641422730630 01
6486526138918422435017974559936167940633035221118290715975388218 39
7775528129815385701687022026202746786479166440307290184454979563 99
8448368078519970882014077691992616749911483298218543827189462821 65
3870648585886462216114103435703428788629790834188716062144300145 33
2750297151046731560210000438695105837737797660034608876248616409 38
6452521779352899475784962552439255986205214090523462508478304870 46
4926883132894705538913572907069675995562985866695597216865060520 72
8013421043557627791840217976266564845802615914071734770090394751 68
0177099001293911378812485342559493128666534650337288463906499684 60
6447419075243133239034049081952330443895590605478549546202632566 76
8132624359250202495162756070809004364604214970256914885552650228 10
3277621158422824332695286291376626754819935461181439133675797001 41
2558701433194347640357253769143888996830882628446164255750340014 28
9825576203863643841379065196129177773541836946762329829049812617 17
6761915542925704384322399184822617443504701991712582146876831726 46
0789596905699813532644359739651734733194847987580641379268854135 52
5232757204573294772157068500169500469597583893735275386226649434 56
4370716105115216171762375980509005532321548960628177943022686405 79
5558457306005983764827033398594200985823514001795071045690191913 59
0623041023367980809072401963126752689163621363510326480772329149 50
8591512658121438233710729491480884723552863941959934556841563445 77
9517270333742381299032601981605719711839506627582203218371360597 18
0259408706155347131044822727168483955241059136059198124449784581 10
8545112316681735348382537248253476367775817128672058651482853172 73
5690698399351107634320913197803140316588973796283011784098064101 75
0165110729329078321774875662893106503838060933728413992267333847 78
2033020207005171889417064651462383667206327426443366121740117669 14
9192355709056448030163422943018376552631084501725103075409426044 09
6870662880662659005690824514076325991581644993614551724520570204 43
0937223055502172222997062097492686097627874096264487720560430786 34
8088857091434647932415362143031999656956107535704172072853342501 71
3255588181132955040952178301394652164365942629607685705856985071 57
1513172629289600725876015648405560886131654118359586287106654962 82
5995351271932446357910465543891651509541873060710150344306095823 02
2574559749442750676309263225299663382193952029279179732470945596 91
0164029836830804263099104815675036235096549243025895752735214124 45
1495424629722585101207078021101881067223479725793306531877134384 66
7138075463834716354288549576109428418986017946587214444951988015 50
8040425064521914849899204000073106723699446552460209087678823000 64
3377256573850109698990581912909570798666994537650804079178524382 22
0410705992788892677457520842875263779867303605612307107239225815 04
7813791727312612348783340344738335736019732359466042737046352013 27
1825924109060400976385858577169584195631095777485295798368447568 03
1218748182028339418870763117316152898117564297113341814972180780 40
4650776572044570828594174751149261793673799992201817893994333377 31
1469119707378610419639864221660455889656832067013375057450388721 11
3324367398402841886391476334916951140325834758415141703256901617 84
9314557069041698580502177984976370147589148105432058549141006622 01
7217197268789300121012674812702359408551626016894251114584996583 15
5896604600915257978816703846259053832569205204257913789488275796 03
2788775354668614418268277976512589535637614859944850497066384062 66

1219571419110632460617741805772123816598724724322529690985336284407990300075945462815492355060864815579289619696170607152015898252997728035200026108888141765066362169059280215164291984840774461436178914151915179765378482826870187500302648676084332046585254705558824102546548060404373727718347690147206642344343742555141291785030324712634180765251878029255347740011048539969605499265080939106913376148418348845963656215266103322394174670643683405047499433398022856103130830384845712947673898562939376419144070365075446220611864991272496437998758065378502037531899726180144046677930501403015807092662132292736497186539528665675385721151336061144572228008511837578992195430634136923022931397511437024048302273576290399117944992484809150710024440784828665985794065255391410414973427802035201354199259776281781828253720229201081864494483492554217939827232793570958287485971267807831342861807504971757473737302962804773769089325589145981417248526582995108822300552232422185861913947951842201315533196343639226842591641686694381225371359607100317436519590277125716045884860448206744109352153279068160320542159679590664111201876185312567101502122394012856686084694359374081585364819125280049207240421721709139831231180540432770158356295136562746102488277064888650377651756788068724988616570948466657706745770002071443325255557365570831503200190829920965454987374197566086195334923129402639049309820147003711618294859399311999550704553811967112893677352499581820117747997886363932864058078108186573376681578938276564506429173966855795550531887153145523530703559947401862259881498546607377876987815423603970809774123615182459640268699796095645238285842359535646151854481657999664606482613966187203048391195602503811115509384202098945915557600838979899499645662625405141956107800902986670146352385320660325744668202594306188017730911092127411382691487843556793525728088755431646930772353637682260360801740406609971511768804349274891971330878229511237466326356353285173941894665109437457682707822099284680346841574431277398110441867620329544754680775111266636854799444609348099929518756664999022616860196720537491499512268236378958652454628134392893383651565369924131096381025591146439238052139078628935616609988364791756331767258565235910695203268959900548847534241605866898200674831631742863291196333991327090860650745952603571573230697121064234240815970683287076244371655327502287978025986909811112265588881515208374824500344630465059845696902761669582789829136135353062913314278818882493421364424178335193197865439402014653280834103417852724898790509199323692709965671335077119058999459519239906151561654803001453592125506964053452638234521559992105781913710301889792064088839747676671447273142544679235005246188492374553075757349027073424962988799969420945959610087025013294533253580456892857072412079659198092255505600619712835412702020725839941711755209208201510965095266851138975771508108494435082854587499129438575631156683245668279929918615390092558717168404956639919591540342183645372120236786086553647451756548793189256440852744891909181934116675835634397588860463494131118752410384254679379992035469104119354431132191360681296575685836117745646546748610619885914148057993187253675312434703354826375270813531055708180496424985846461479734675993159465147870250652710835087823506565323317977386566661816523900176649884854560549613002157761152558133961840270678149003502528768236078221073971023391468701597358685890152970103477805032921540143595952986834046574717562321966405154014779531674617262087273048206346524691099533273755610905783784559454691602236876896414259601646896471063480741099285464823530835401323329248640373180031952023174762065377261637174453605497266906017111767610477749716668901521638389743117141806222223457185679415072995262010862050847831275

474791909996889937275229053674785020500038630036526218800670926674
104806027341997756660029427941090400064654281074454007616429525362
460261476180471744322889953285828397762184600967669267581270302806
519535452053173536808954589902180783145775891280203970053633193821
100095443241244197949192916205234421346395653840781209416214835001
155883618421164283992454027590719621537570187067083731012246141362
048926555668109467076386536083015847614512581588569610030337081197
058344452874666198891534664244887911940711423940115986970795745946
337170243268484864632018986352827092313047089215684758207753034387
689978702323438584381125011714013265769320554911860153519551654627
941175593967947958810333935413289702528893533748106257875620364294
270257512121137330213811951395756419122685155962476203282038726342
066227347868223036522019655729325905068134849292299647248229359787
842720945578267329975853818536442370617353517653060396801087899490
506654491544577952166038552398013798104340564182403396162494910454
712104839439200945914647542424785991096900046541371091630096785951
563947332190934511838669964622788855817353221326876634958059123761
251203010983867841195725887799206041260049865895027247133146763722
204388398558347770112599424691208308595666787531942465131444389971
195968105937957532155524204659410081418351120174196853432672343271
868099625045432475688702055341969199545300952644398446384346598830
418262932239295612610045884644244285011551557765935780379565026806
130721758672048541797157896401554276881090475899564605488362989140
226580026134158039480357971019004151547655018391755772677897148793
477372747525743898158705040701968215101218826088040084551332795162
841280679678965570163917067779841529149397403158167896865448841319
046368332179115059107813898261026271979696826411179918656038993895
418928488851750122504754778999508544083983800725431468842988412616
042682248823097788556495765424017114510393927980290997604904428832
198976751320535115230545666467143795931915272680278210241540629795
828828466355623580986725638200565215519951793551069127710538552661
926903526081367717666435071213453983711357500975854405939558661737
828297120544693182260401670308530911657973113259516101749193468250
063285777004686987177255226525708428745733039859744230639751837209
975339055095883623642814493247460522424051972825153787541962759327
436278819283740253185668545040893929401040561666867664402868211607
294830305236465560955351079987185041352121321534713770667681396211
443891632403235741573773787908838267618458756361026435182951815392
455211729022985278518025598478407179607904114472041476091765804302
984501746867981277584971731733287305281134969591668387877072315968
334322509070204019030503595891994666652037530271923764252552910347
950343816357721698115464329245608951158732012675424975710520894362
639501382962152214033621065422821876739580121286442788547491928976
959315766891987305176388698461503354594898541849550251690616888419
122873385522699976822609645007504500096116866129171093180282355042
553653997166054753907348915189650027442328981181709248273610863801
576007240601649547082331349361582435128299050405405333992577071321
011503713898695076713447940748097845416328110406350804863393555238
405735580863718763530261867971725608155328716436111474875107033512
913923595452951407437943144900950809932872153235195999616750297532
475931909938012968640379783553559071355708369947311923538531051736
669154087312467233440702525006918026747725078958903448856673081487
299464807786497709361969389290891718228134002845552513917355978456
150353144603409441211512001738697261466786933733154341007587514908
295822756919350542184106448264951943804240543255345965248373785310
657979037977505031436474651422484768831323479762673689855474944277
949916560108528257618964374464656819789319422077536824661110427671

936481836360534108748971066866318805026555929568123959680449295166
615409802610781691689418764353363449482900125929366840591370059526
914934421861891742142561071896846626335874414976973921566392767687
720145153302241853125308442727245771161505550519076276250016522166
274796257424425420546785767478190959486500575711016264847833741198
041625940813327229905891486422127968042984725356237202887830051788
539737909455265135144073130049869453403245984236934627060242579432
563660640597549471239092372458126154582526667304702319359866523378
856244229188278436440434628094888288712101968642736370461639297485
616780079779959696843367730352483047478240669928277140069031660709
951473154191919911453182543906294573298686613524886500574780251977
607442660798300291573030523199052185718628543687577860915726925232
573171665625274275808460620177046433101212443409281314659760221360
416223031167750085960128475289259463348312408766740128170543067985
261868949895004918275008304998926472034986965363326210919830621495
095877228260815566702155693484634079776879525038204442326697479264
829899016938511552124688935873289878336267819361764023681714606495
185508780596635354698788205094762016350757090024201498400967867845
405354130050482404996646978558002628931826518708714613909521454987
992300431779500489569529280112698632533646737179519363094399609176
354568799002814515169743717518330632232942199132137614506411391269
837128970829395360832883050256072727563548374205497856659895469089
938558918441085605111510354367477810778500572718180809661542709143
010161515013086522842238721618109043183163796046431523184434669799
904865336375319295967726080853457652274714047941973192220960296582
500937408249714373040087376988068797038047223488825819819025644086
847749767508999164153502160223967816357097637814023962825054332801
828798160046910336602415904504637333597488119998663995617171089911
809851197616486499233594328274275983382931099806461605360243604040
848379619072542165869409486682092396143083817303621520642297839982
533698027039931804024928814430649614747600087654305571672697259114
631990688823893005380061568007730984416061355843701277573463708822
073792921409548717956947854414951731561828176343929570234710460088
230637509877521391223419548471196982303169544468045517922669260631
327498272520906329003279972932906827204647650366969765227673645419
031639887433042226322021325368176044169612053532174352764937901877
252263626883107879345194133825996368795020985033021472307603375442
346871647223795507794130304865403488955400210765171630884759704098
331306109510294140865574071074640401937347718815339902047036749084
359309086354777210564861918603858715882024476138160390378532660185
842568914109194464566162667753712365992832481865739251429498555141
512136758288423285957759412684479036912662015308418041737698963759
002546999454131659341985624780714434977201991702665380714107259910
648709897259362243300706760476097690456341576573395549588448948093
604077155688747288451838106069038026528318275560395905381507241627
615047252487759578650784894547389096573312763852962664517004459626
327934637721151028545472312880039058405918498833810711366073657536
918428084655898982349219315205257478363855266205400703561310260405
145079325925798227406012199249391735122145336707913500607486561657
301854049217477162051678486507913573336334257685988361252720250944
019430674728667983441293018131344299088234006652915385763779110955
708000600143579956351811596764725075668367726052352939773016348235
753572874236648294604770429166438403558846422370760111774821079625
901180265548868995181239470625954254584491340203400196442965370643
088660925268811549596291166168612036195319253262662271108142149856
132646467211954801142455133946382385908540917878668826947602781853
283155445565265933912487885639504644196022475186011405239187543742

5265816850030523018770961524116539806467854442731244621794913065026310629034027372604799401819299544542972563775071727056592717792855371955474338521823094927032183436782063826553411571627886039901574952080654434094624466346532535815748140224712606189730608605590650821630687096341197519257743186836717221390630930610193031823266664206281551296476853138610186729218893470393420722455567912395782602489783714735568207826754521426873142522526017958897591162387208075805272210313274447540833192151359345269613972205646992477182893105883947691708514206315571927036363450395296043628850885551600083719735263838389967891846003270736820832348471084717061608791952273882523475063808116060908401242224314761035633289406092824301254620138060326081219428768479071925462463090557492987816612719165482296443172635875245486075630206676569423553427746176355492318174561591856680616864287149641292905601300539134695698294908910039912590882903487919433686969426206629469485149314726889235716150324055422633916735831027285797230619981758687004922274186290770795088093362153463038429675256043696061101938427238831075877716535947786814990309787659008695834800431371768329548717526047141130648472708872466971645852187744421009000909161898194134563050289504845758221618873974439188330855099085660085431027963752474762653530315586845151202833966405474969463439862882919575103847815390683437177407140956283375544135679554246646013356636173058117116460627178540788984953343291003159856739323056934260853762309810471718269409376867543018370155575408223715380378383833427023795359344035494521739603270954077121073329365077664656037123647071092725808678971811824937995404770083693488892209638142815615956109318151837011351047901763835951681446276709034504574609974445001669186756610358893134838005127364111573045992059554711224439031964766427610381642859180374883543606632994368997300909251776011620437614116166881281782923823112217458502380807337272049088800951818895763141031574476843381004573850085236520693407100789559165498130372929444623063712843579848098719641430851468785250331289893195006457225822811754838876710610731781692812424836137964756924820763213564273572616098251424452625159525148752738056331509640525526597769220778066443381055624435381362589418097880156773789513103131573611360260478907619455918202893657701164168817036442426942830574574715674943915735933537631148302466687547275666530598197468223465786999722917924161560435576651833821670591578677993118358201898557303448836819344183059870218805022591928180477752238844071678947804147014146510735804520214991979808120956921956226323137418709797313208708645522367404161855907938167456582343530372833095037290224298027684515595286569231897980003830613787324345465005827227123250314207124881002906972263111290676290809511457580602708060928015044061394463506430697427854694774598768210044414534380337597173847772320520653010378613264188235860365690547733430709117591525825030294107389144418183787794906131375367946548933752603229062776319833379768166417210831405518641333022247871185118170365983659604939645714916860056567713605331924231852621667602220733688448444092344709485680279058941918299694677244562694433082412438461604082840064248670725836610114334042144736834536384965447010678273131695384359191204402839495419568744536764598754887261706871631095913158016097223820497725773074545629791279061775316632528572058587663767542829179335499236782120086019043694289561023017317431503522046656750884915930259266188165810087016584994564955868556282087472483183515163391892926465588805936012751518382354858934261652230866973145114120356599169341030769747744519470438367396000765786282454720646173808046029036391444938590124223801733770381546752976455965184926760393001719430425117940456798621146301384023710993472434557947302

048929825402680821621522346560274258486595687074510352794291633405
915025075992398611224340312056999780516223878772230396359709132856
830486160362127579561601328561866388146004722200580017580282279272
167842720649966956840905752590774886105493806116954293569077377792
821084159737469613143291808510446953973485067590503662391722108732
333169909603363771705474725026941732982890400239372879549386540463
828596742216318201530139629734398479588628632934746650690284066719
018081265539973675916799759010867483920062877888531102781695087545
740384607594616919584610655963327283485609570305572502494416337066
573150237126843581984154103154401008430380631442183776750349813408
169325201240813452285974626715177152223063741359255747513535160669
108359443999692315898156732033027129284241219651936303734407981204
656795322986357374589031654007016472204989445629050395873788912680
565516464274460174738175296313458739390484560414203426465560422112
239134631023161290836446988901247285192778589195228773637440432659
264672239982186452797664826673070168802722052338600372842903155828
454593854349099449420750911108532138744823216151007808922516285123
275724355101999038195993350032641446053470357293073912578481757987
468353429629749652545426864234949270336399427519354240001973125098
882419600095766257217621860474573769577649582201796258392376391717
855799468922496750179251915218219624653575570564228220399546682648
329822996167217080156801080799777126517156274295763666959661983507
435667132218383358509536665806605597148376773866922551603463644386
269977295750658468929599809168949981898588529537874489519527097766
262684177088590284321676352132630838812766335363319004134332844347
630067982023716933653652880580156390360562722752187272454764258840
995216482554453662083811789117725225682611478014242896970967121967
502094421226279437073328703410646312100557376727450271638975234111
426287828736758358819056742163061523416789476056879277154789714326
222041069587947186435439940738639948986836168919377836648327137363
654676901173760246643082285362494712605173293777247276797635865806
019396287718060679122426813922872134061694882029506831654589707623
668302556167559477498715183426989208952182644710514911419441192277
010977616645850068963849426165593473112961064282379048216056210094
265076173838082479030510998790719611852832556787472942907151041468
948104916751035295897242381802288151276582257190705537652455285511
598636421244284176256230139538669970308943645907600684938040875210
854159851278070333207779865635907968462191534944587677170063778573
171211036517486371634098385626541555573292664616402279791195975248
525300376741774056125700303625811704838385391207273191845064713669
122576415213769896260940351804147432053600369234179035440735703058
314741623452840188940808983125191307741823338981880316339159565954
543405777784331681162551898060409183018907512170192983622897099598
983405484962284289398469847938668614293324543983592637036699355184
231661615244505980576745765335552338715678211466689996845227042954
589710922163652573965950289645637766038988037941517917867910675199
009966139206238732318786758420544279396366759104126821843375015743
069045967947046685602358283919759975285865384338189120042853787549
302768972168199113340697282255535300044743958830079799736518459131
437946494086272149669719100359399974735262764126125995350902609540
048669398955899487421379590802893196914845826873123710180229775301
190684280440780938156598081694611679374425663244656799606363751546
304833112722231812338371779800439731087402647536582575657351059978
314264831879619843765495877803685261751835391844920488198629786329
743136948511780579298636452193232481339393090754566368038513630619
718033957979522539508697432546502659123585049283028832934489284591
373621624852528877442891851104093746333590660233239711922814450735

5883733240578148626622074862155133750367755854941386783529282731O9
0038231168553745209010951011747966630033303525341432300242882480 51
3966314466326560815820452168839223120256710653884595032240023204 53
6338955215399190110352173627209095655008464866053689754984789958 75
5961031676965871612819519196688933266412037847504170817522737352 70
9893437171676423299569356971662137827361388995305157118229608963 94
0553804319393984539708644186542916558531686975370527607010614880 25
7007853871508357794809523131527477357117136433564132429742081372 66
8961491095642148035677922705666258342897734077187106498661504474 78
7261642499766714813830539479849589380642028866679519434827501681 92
0235916332470991859425203928180839530204349799193618533802014070 72
4816273043134189859425038584043659932816519414973772867295895828 81
9074900403315934360761896096694948000671943714240581053275177219 52
4743449834141919799181799098646315832460215165755317541561989406 98
2893157458518427833905810294116004986993077514285130212862025395 08
7323887793574097812881870008299448314766781836446565100244678274 45
6955918457680687049780448241057997107715775790935258038242273776 12
4369087098751891490499042255680414631313092401010493682414492534 27
9922013463805383423696437674288625951401461782018107341005654667 08
2368543128163390496765587899014874779724792025022272181694051590 42
1708921042875521886583086084527084239286525975361462900377801670 01
6546716816053432929075730314665624858096395500800233476761870680 86
5268787227831774202140689807034105062002352736322672919640340935 71
2256236594964320769280581655144286432049552568385430792542999093 53
1993294329660182207879331223232259282765560487633999884784264517 31
8903658797564982076074782702588614099760507880367067322681924735 13
6463567586112129530746447771494233438678767058244522966057970071 34
4589875941266546094142114475400072117906074583306868662313091557 80
0059665227361835363404399914452949607283790073382499760206304488 06
0645748927405477306939713370079627461355344425147454236546627522 52
6248699160771111315697253929437567322157587049524172324282065553 22
8088686701536814829117385427357971541579436894910637597491515245 10
0969865738256548995852167472605404683423386107608236057829419480 09
3343700468665682585798273238751583025667201526046843614126529565 19
8942911848879868190882773391472820637945122602945157073671056377 20
0234278118026215026917904004880018089018473117511994254605944167 73
3157779517354444909657521310263068360471403314423142980778956170 51
2569300518042874723684355364027643927779086389665663901667766256 78
5753542399474279194425446646433155541382655433884877788599720636 79
6606923276017338588437631441481135616930304684200174340613952200 72
4036588127982491432617316178138949709550383694795946179798292577 40
9921719227832230063873849961384343984685022347804387337844709287 03
8905364205574748362846168093636509737909002041185258355252015752 39
2808264625557856581902269583763453426634209462144266724539871710 47
7214821281576072753051733309634559093236645289780191751329877479 52
9290995980697901485158395404442839883817975112453555484261267842 17
7977282689897350079545058342737269372883869021252848433709174796 03
2074795540809114918662086871848995504452106161554370832995028549 03
6596173627265528680813247931066868558574016680224082279924333943 60
9362233903214993572625074806174091736360623654644584763846478695 20
5477195333842034039902447610560106127775464714641774126255485198 30
1446274055386018557083599815448912868634807207100617870596693652 18
6748059435699858596995540893292195072693375502358215614249945382 34
7811383165916626831030651947302334193841640768236993576687234622 19
6413225160762611619760347088440464730831726826112777236133819384 90
6065344040439049098641269034792635039435318367410517625657047970 64
4780046843230694302417490297311819511329357468545504847110787429 05

4998706003739831137615448081890676207534245269934437557194466665453
5240882872675377591970745262863228402196295572479329871328524799994
6389389249432869177701901289142201887477604849398554711685248105559
9915744415515074312144061203337628695337924395471553942131210219544
4305567483704259075530049506649948026147945247390128028426466892229
4556649586213081189135002796549103448061501704072680100679489268555
3609449903739283835206279928201815764270549629974019008374934449950
6007543655257589055465524021034128621248090031629419758761959419556
5925567328742378561126697417713671044248219166714996117289039443393
6653402942265145756829074904021534010269239649772759047295733200027
9828160621305231306587315130769138323171936266644655022907350173447
6562930333185209492984752274625345642567022546957864848199775133226
3932215794782124933070511073674749180163456678888107821011518263314
8787551380271013798687512993751333038438856314151759089289869561997
5611230253108750571889625357632258342757633484210166681098845141441
4693117193142720280072234499419990039649482454575207049220916206614
2229127953226882390464982390815929611110037569995292512506736882233
8526482138969863840524370494021521875478251633470824303035210369927
8497625173178258608622156145191655734789400195587047847416588473664
8038659951196514095426150266151476512208202458160108012182759825577
4776523938591591650674498461491611651538212667269274612905337531663
0556544407934278765502673012145783248859487368990735121661183978777
3427158728709123113834724851460356613821880148405607160746524411118
8418007340678985871592739824521473283172146219073304920608174409914
1253889180879685389606278601181930994892408117023504135541268238663
7443412092677817297906947147590182648247611124145564239377322245538
6659928615514753427733706833441730731508054401388940840872531975595
5388976139864001656399069346006707805010585671966367961671400970331
5351323869728990017498629488833623898586321271765713301420713301779
9923263819820940429933777903452616658925779313954051453697304294662
0794880331410992499071132416945042413912653972740789849530737303664
1348936880603400096406315407018202892446673150597363213119262311779
1427949448972814772640383210217207180175616010251111790221637034776
2975722334357888635370305350083576791801206530166683167802698738660
7554237482985482463609816089576704219031456849429672866463623051001
7731322685792328321648189217329415531513869887818372322713640117755
8813325242941353486993846581371758576143309521476175517083424324434
1747795792263386634549594387368078395699119870593880855008375079984
0511266589730181493210619507690075875198368615261640872525948201126
9919239167222737184303852631072660000473678724749158286016944399220
0415711027060815072701476196799714901416392742828895784243980014997
9856581303057406200285540973826878198911589554875864866457092317221
8258703429605082034159388060065618457350818040323477500842141005774
5773428029854040495555292159864049332464810407730766116916055868004
8573026064677642585033018361743064133238877079996986413722755263177
6496628824679010945311171202438903234102599375115846519176751380777
5754483079530649250860028356296970450161379356962667597759234361666
3693750353686994545503928744499403283281289055605300914164466086991
2472560214553812482853076135561496184443649230142909382893732153112
8187975411392194156066316227848361521406689726610271237157795030662
1329160019888063691276474165670674854907953427623382539439900224998
9728836602639205187047906015840843029147873022466513711443954182553
4412690033311819142680707351592841804151005551991465649348727969669
3519929631171958212626272364580097080991667528203658186991119483665
8661027583758633229932255414774792104213241668482649531118265273551
0080316599588888148099457372937856814114380215238767064550632330667
2339395519642603974438298748223226620363528613025437966009431045000

158604854027036789711934695579989189112302233381602302236277726084
846296189550730850698061500281436425336666311433321645213882557346
329366870956708432252564333895997812402164189946978348320376011613
913855499933990786652305860332060641949298931012423081105800169745
975038516887112037747631577311831360002742502722451570906304496369
230938382329175076469684003556425503797106891999812319602533733677
437970687713814747552190142928586781724044248049323750330957002929
126630316970587409214456472022710796484778657310660832173093768033
821742156446602190335203981531618935787083561603302255162155107179
460621892674335641960083663483835896703409115513087820138723494714
321400450513941428998350576038799343355677628023346565854351219361
896876831439866735726040869511136649881229957801618882834124004126
142251475184552502502640896823664946401177803776799157180146386554
733265278569418005501363433953502870836220605121839418516239153709
790768084909674194289061134979961034672077354959593868862427986411
437928435620575955500144308051267664432183688321434583708549082240
014585748228606859593502657405750939203135881722442164955416889785
558265198046245527898343289578416968890756237467281044803018524217
706136533236073856228166664597654076844715963930782091017090763377
917711485205493367936868430832404126789220929930411890501756484917
499452393770674524578019171841679541825554377930299249277892416277
257788147974770446005423669346157135208417428211847353652367573702
352791459837645712257646122605628127852169580892808988394594406165
340521932514843306105322700231133680378433377389724881307874325614
952744243584753011150345103737688223837573804282007358586938044331
529253129961025096113761670187568525921208929131354473196308440066
835155160913925692912175784379179004808848023029304392630921342768
601226558630456913133560978156776098711809238440656353136182676923
761613389237802972720736243967239854144480757286813436768000573823
963610796223140429490728058551444771338682314499547929338131259971
996894072233847404542592316639781608209399269744676323921370773991
899853301483814622364299493902073285072098040905300059160091641710
175605409814301906444379905831277826625762288108104414704097708248
077905168225857235732665234414956169007985520848841886027352780861
218049418060017941147110410688703738674378147161236141950474056521
041002268987858525470689031657094677131822113205505046579701869337
769278257145248837213394613987859786320048011792814546859096532616
616068403160077901584946840224344163938313618742275417712170336151
163782359059685168880561304838542087505126933144171705880517278127
917564053282929427357971823360842784676292324980318169828654166132
873909074116734612367109059236155113860447246378721244612580406931
724769152219217409096880209008801535633471775664392125733993165330
324425899852598966724744126503608416484160724482125980550754851232
313331300621490042708542735985913041306918279258584509440150719217
604794274047740253314305451367710311947544521321732225875550489799
267468541529538871443696399406391099267018219539890685186755868574
434469213792094590683677929528246795437302263472495359466300235998
990248299853826140395410812427393530207575128774273992824866921285
637240069184859771126480352376025469714309316636539718514623865421
671429236191647402172547787238964043145364190541101514371773797752
463632741619269990461595895793940622986041489302535678633503526382
069821487003578061101552210224486633247184367035502326672749787730
470216165019711937442505629639916559369593557640005236360445141148
916155147776301876302136068825296274460238077523189646894043033182
148655637014692476427395401909403584437251915352134557610698046469
739424511797999048754951422010043090235713636892619493763602673645
872492900162675597083797995647487354531686531900176427222751039446

099641439322672532108666047912598938351926694497553568096931962642
014042788365702610390456105151611792018698900673027082384103280213
487456720062839744828713298223957579105420819286308176631987048287
388639069922461848323992902685392499812367091421613488781501234093
387999776097433615750910992585468475923085725368613605356762146929
424264323906626708602846163376051573599050869800314239735368928435
294958099434465414316189806451480849292695749412903363373410480943
579407321266012450796613789442208485840536446021616517885568969302
685188950832476793300404851688934411125834396590422211152736276278
672366665845757559585409486248261694480201791748223085835007862255
216359325125768382924978090431102048708975715033330963651576804501
966025215527080352103848176167004443740572131294252820989545456276
344353575741673638980108310579931697917916718271145837435222026387
771805250290791645414791173616253155840768495583288190293564201219
633684854080865928095131505012602919562576032932512847250469881908
146475324342363863860247943921015193235101390117789997483527186469
346024554247028375300033725403910085997650987642832802908445662021
678362267272292737780213652404028817217012490974899454430826861772
239385250883760749742195942655217301733355851389407457348144161511
380845358039740277795072051893487170722955427683655826706766313911
972211811528466502223383490906676554168336907959409404576472940901
354356409277969379842065738891481990225399022315913388145851487225
126560927576795873759207013915029216513720851137197522734365458411
622066281660256333632074449918511469174455062297146086578736313585
389023662557285424516018080487167823688885575325066254262367702604
215835160174851981885460860036597606743233346410471991027562358645
341748631726556391320606407754779439671383653877377610828300019937
359760370467245737880967939894493795829602910746901609451288456550
071458091887879542641820145369659962842686882363495879277007025298
960996798975941955735253914237782443302746708282008722602053415292
735847582937522487377937899136764642153727843553986244015856488692
101644781661602962113570056638347990334049623875941092886778920270
077504951511405782565295015024484968204744379710872943108541684540
513016310902267112951959140520827546866418137305837933236150599142
045255880213558474751516267815309465541240524091663857551298894834
797423322854504140527354235070335984964593699534959698554244978249
586929179182415068053002553370412778703476446244329205906832901886
692400222391918714603175399666877477960121790688623311002908668305
431787009355066944389131913333586368037447530664502418437136030852
288582121720231274167009740351431532131803978033680228154223490183
737494117973254478594157962104378787072154814091725163615415163381
388912588517924237727229603497305533840942889918919161186249580560
073570527227874940321250645426206304469470804277945973817146810395
192821550688079136701210109944220737024613687196031491162370967939
354636396448139025711768057799751751298979667073292674886430097398
814873780767363792886767781170520534367705731566895899181530825761
606591843760505051704242093231358724816618683821026679970982966436
224723644898648976857100173643547336955619347638598187756855912376
232580849341570570863450733443976604780386678461711520325115528237
161469200634713570383377229877321365028868868859434051205798386937
002783312365427450532283462669786446920780944052138528653384627970
748017872477988461146015077617116261800781557915472305214759943058
006652042710117125674185860274188801377931279938153727692612114066
810156521441903567333926116697140453812010040811760123270513163743
154487571768761575554916236601762880220601068655524141619314312671
535587154866747899398685510873576261006923021359580838145290642217
792987748784161516349497309700794368305080955621264592795333690631

936594413261117944256602433064619312002953123619348034504503004315
096798588111896950537335671086336886944665564112662287921812114121
425167348136472449021275252555647623248505638391391630760976364990
288930588053406631352470996993362568102360392264043588787550723319
888417590521211390376609272658409023873553418516426444865247805763
826160023858280693148922231457758783791564902227590699346481624734
399733206013058796068136378152964615963260698744961105368384203105
364183675373594176373955988088591188920114871545460924735613515979
992999722298041707112256996310945945097765566409972722824015293663
094891067963296735505830412258608050740410916678539569261234499102
819759563955711753011823480304181029089719655278245770283085321733
741593938595853203645590564229716679900322284081259569032886928291
260139267587858284765599075828016611120063145411315144108875767081
854894287737618991537664505164279985451077400771946398046265077776
614053524831090497899859510873112620613018757108643735744708366215
377470972660188656210681516328000908086198554303597948479869789466
434027029290899143432223920333487108261968698934611177160561910681
226015874410833093070377506876977485840324132474643763087889666151
972556180371472590029550718424245405129246729039791532535999005557
334600111693557020225722442772950263840538309433999383388018839553
821540371447394465152512354603526742382254148328248990134023054550
811390236768038649723899924257800315803725555410178461863478690646
045865826036072306952576113184134225274786464852363324759102670562
466350802553058142201552282050989197818420425028259521880098846231
828512448393059455162005455907776121981297954040150653985341579053
629101777939776957892084510979265382905626736402636703151957650493
344879513766262192237185642999150828898080904189181015450813145034
385734032579549707819385285699926238835221520814478940626889936085
239827537174490903769904145555260249190126341431327373827075950390
882531223536876389814182564965563294518709637484074360669912550026
080424160562533591856230955376566866124027875883101021495284600804
805028045254063691285010599912421270508133194975917146762267305044
225075915290251742774636494555052325186322411388406191257012917881
384181566918237215400893603475101448554254698937834239606460813666
829750019379115061709452680984785152862123171377897417492087541064
556959508967969794980679770961683057941674310519254486327358885118
436597143583348756027405400165571178309126113117314169066606067613
797690123141099672013123730329707678988740099317309687380126740538
923612230370779727025191340850390101739924877352408881040807749924
412635346413181858792480760553268122881584307471326768283097203149
049868884456187976015468233715478415429742230166504759393312132256
510189175368566338139736836336126010908419590215582111816677413843
969205870515074254852744810154541079359513596653630049188769523677
579147319184225806802539818418929888943038224766186405856591859943
091324575886587044653095332668532261321209825839180538360814144791
320319699276037194760191286674308615217243049852806380129834255379
486287824758850820609389214668693729881191560115633701248675404205
911464930888219050248857645752083363921499441937170268576222251074
166230901665867067714568862793343153513505688216165112807318529333
124070912343832502302341169501745502360505475824093175657701604884
577017762183184615567978427541088499501610912720817913532406784267
161792013428902861583277304794830971705537485109380418091491750245
433432217445924133037928381694330975012918544596923388733288616144
238100112755828623259628572648121538348900698511503485369544461542
161283241700533583180520082915722904696365553178152398468725451306
350506984981006205514844020769539324155096762680887603572463913955
278222246439122592651921288446961107463586148252820017348957533954

2550194754426431489032333739267634091155271897684298877836173466135
5353885076563271078143124350189651092384536602369402760606421193844
2276657552106636718796032175271844046515604272898695602069970129063
6784716165479306886830584650808288661411197913882289811249826143455
5940896181350922685761147460940614793724000884215353586205278012501
4270055274468359151840373309373580494342483940467505708347927948
338133276237937844629209323999417593374917899786484958148818865149
169302451512835579818112344900827168644548306546633975256079615935
830821400021951611342337058359111545217293721664061708131602078213
341260356852013161345136871600980378712556766143923146458085652084
039744217352744813741215277475202259244561520365608268890193913957
991844109971588312780020898275935898106482117936157951837937026741
451400902833064466209280549839169261068975151083963132117128513257
434964510681479694782619701483204392206140109523453209269311762298
139422044308117317394338867965739135764377642819353621467837436136
161591167926578700137748127848510041447845416464568496606699139509
524527949914769441031612575776863713634644477006787131066832417871
556281779122339077841275184193161188155887229676749605752053192594
847679397486414128879475647133049543555044790277128690095643357913
405127375570391806822344718167939329121448449553897728696601037841
520390662890781218240141299368590465146519209198605347788576842696
538459445700169758422531241268031418456268722581132040056433413524
302102739213788415250475704533878002467378571470021087314693254557
923134757243640544448132093266582986850659125571745568328831440322
798049274104403921761438405750750288608423536966715191668510428001
748971774811216784160854454400190449242294333666338347684438072624
307319019363571067447363413698467328522605570126450123348367412135
721830146848071241856625742852208909104583727386227300781566668914
250733456373259567253354316171586533339843321723688126003809020585
719930855573100508771533737446465211874481748868710652311198691114
058503492239156755462142467550498676710264926176510110766876596258
810039163948397811986615585196216487695936398904500383258041054420
595482859955239065758108017936807080830518996468540836412752905182
813744878769639548306385089756146421874889271294890398025623046812
175145502330254086076115859321603465240763923593699949180470780496
764486889980902123735780457040380820770357387588525976042434608851
075199334470112741787878845674656640471901619633546770714090590826
954225196409446319547658653032104723804625249971910690110456227579
220926904132753699634145768795242244563973018311291451151322757841
320376225862458224784696669785947914981610522628786944136373683125
108310682898766123782697506343047263278453719024447970975017396831
214493357290791648779915089163278018852504558488782722376705263811
803792477835540018117452957747339714012352011459901984753358434861
297092928529424139865507522507808919352104173963493428604871342370
429572757862549365917805401652536330410692033704691093097588782938
291296447890613200063096560747882082122140978472301680600835812336
957051454650181292694364578357815608503303392466039553797630836137
289498678842851139853615593352782103740733076818433040893624460576
706096188294529171362940967592507631348636606011346115980434147450
705511490716640635688739020690279453438236930531133440901381392849
163507484449076828386687476663619303412376248380175840467851210698
290605196112357188811150723607303158506622574566366740720668999061
320627793994112805759798332878792144188725498543014546662945079670
707688135022230580562225942983096887732856788971494623888272184647
618153045844390967248232348259587963698908456664795754200195991919
240707615823002328977439748112690476546256873684352229063217889227
643289360535947903046811114130586348244566489159211382258867880972

564351646404364328416076247766114349880319792230537889671148058968
061594279189647401954989466232962162567264739015818692956765601444
248501821713300527995551312539849919933907083138030214072556753022
600033565715934283182650908979350869698950542635843046765145668997
627989606295925119763672907762567862769469947280606094290314917493
590511523235698715397127866718077578671910380368991445381484562682
604003456798248689847811138328054940490519768008320299631757043011
485087384048591850157264392187414592464617404735275250506783992273
121600117160338604710710015235631159734711153198198710616109850375
758965576728904060387168114313084172893710817412764581206119054145
955378853200366615264923610030157044627231777788649806700723598889
528747481372190175074700005571108178930354895017924552067329003818
814068686247959272205591627902292600592107710510448103392878991286
820705448979977319695574374529708195463942431669050083984398993036
790655541596099324867822475424361758944371791403787168166189093900
243862038610001362193667280872414291108080291896093127526202667881
902085595708111853836166128848729527875143202956393295910508349687
029060692838441522579419764824996318479414814660898281725690484184
326061946254276693688953540732363428302189694947766126078346328490
315128061501009539164530614554234923393806214007779256337619373052
025699319099789404390847443596972052065999017828537676265683558625
452697455260991024576619614037537859594506363227095122489241931813
728141668427013096050734578659047904243852086508154491350136491698
63904812566610843702294730266721499164849610746803261583352580352
858275799038584091667618877199539888680431991650866887781701439663
176815592262016991396613153738021294160006906947533431677802632207
226265881842757216055461439677336258462997385077307751473833315101
468395296411397329672457933540390136107395245686243008096720460995
545708974893048753897955544443791303790422346037768729236001386569
593952300768091377768847789746299699489949016141866131552200856673
695770822720338936659590666350594330040363762591189195691561626122
704788696510356062748423100605472091437069471661080277379848576543
481249822444235828329813543645124092220896643987201997945619030397
327254617823136363375927622656301565813545578319730419339269008282
952718252138855126583037630477490625995514925943105307478901043009
876580816508144862607975129633326675259272351611791836777128931053
144471668835182920514343609292493191180249366051791485330421043899
773019267686085347768149502299280938065840007311767895491286098112
311307002535600347898600653805084532572431553654422067661352337408
211307834360326940015926958459588297845649462271300855594293344520
727007718206398887404742186697709349647758173683580193168322111365
547392288184271373843690526638607662451284299368435082612881367358
536293873792369928837047900484722240370919885912556341130849457067
599032002751632513926694249485692320904596897775676762684224768120
033279577059394613185252356456291805905295974791266162882381429824
622654141067246487216174351317397697122228010100668178786776119825
961537643641828573481088089988571570279722274734750248439022607880
448075724807701621064670166965100202654371260046641935546165838945
950143502160890185703558173661823437491622669077311800121188299737
319891006060966841193266075165452741829459541189277264192546108246
351931647783837078295218389645376236304858042774417907169146356546
201215125418664885396161542055152375000426794253417764590821513675
258479774465114750438460596325820468809667795709044645884673847481
638045635188183210386594798204376334738389017759714236223057776395
541011294523488098341476645559342209402059733452337956309441446698
222457026367119493286653989491344225517746402732596722993581333110
831711807234044326813737231209669052411856734897392234152750707954

137453460386506786693396236535556479102508529284294227710593056660
625152290924148057080971159783458351173168204129645967070633303569
271821496292272073250126955216172649821895790908865085382490848904
421755530946832055636316431893917626269931034289485184392539670922
412565933079102365485294162132200251193795272480340133135247014182
195618419055761030190199521647459734401211601239235679307823190770
288415814605647291481745105388060109787505925537152356112290181284
710137917215124667428500061818271276125025241876177485994084521492
727902567005925854431027704636911098800554312457229683836980470864
041706010966962231877065395275783874454229129966623016408054769705
821417128636329650130416501278156397799631957412627634011130135082
721772287129164002237230234809031485343677016544959380750634285293
053131127965945266651960426350406454862543383772209428482543536823
186182982713182489884498260285705690699045790998144649193654563259
496570044689011049923939218088155626191834404362264965506449848521
612498442375928443642612004256628602157801140467879662339228190804
577624109076487087406157070486658398144845855803277997327929143195
789110373530019873110486895656281917362036703039179710646309906285
483702836118486672219457621775034511770110458001291255925462680537
427727378863726783016568351092332280649908459179620305691566806180
826586923920561895421631986004793961133953226395999749526798801074
576466538377400437463695133685671362553184054638475191646737948743
270916620098057717103475575333102702706317395612448413745782734376
330101853438497450236265733191742446567787499665000938706441886733
491099877926005340862442833450486907338279348425305698737469497333
364267191968992849534561045719338665222471536681145666596959735075
972188416698767321649331898967182978657974612216573922404856900225
324160367805329990925438960169901664189038843548375648056012628830
409421321300206164540821986138099462721214327234457806819925823202
851398237118926541234460723597174777907172041523181575194793527456
442984630888846385381068621715274531612303165705848974316209831401
326306699896632888532682145204083110738032052784669279984003137878
996525635126885368435559620598057278951754498694219326972133205286
374577983487319388899574634252048213337552584571056619586932031563
299451502519194559691231437579991138301656117185508816658756751184
338145761060365142858427872190232598107834593970738225147111878311
540875777560020664124562293239116606733386480367086953749244898068
000217666674827426925968686433731916548717750106343608307376281613
984107392410037196754833838054369880310983922140260514297591221159
148505938770679068701351029862207502287721123345624421024715163941
251258954337788492834236361124473822814504596821452253550035968325
337489186278678359443979041598043992124889848660795045011701169092
519383155609441705397900600291315024253848282782826223304151370929
502192196508374714697845805550615914539506437316401173317807741497
557116733034632008408954066541694665746735785483133770133628948904
397670025863002540635264006601631712883920305576358989492412827022
489373848906764385339931878608019223108328847459816417701264089078
551777830131616162049792779670521847212730327970738223860581986744
668610994383049960437407323195784473254857416239738852016202384784
256163512597161783106850156299135559874758848151014815490937380933
394074455700842090155903853444962128368313687375166780513082594599
771257467939781491953642874321122421579851584491669362551569370916
855252644720786527971466476760328471332985501945689772758983450586
004316822658631176606237201721007922216410188299330808409384014213
759697185976897042759041500946595252763487628135867117352364964121
058854934496645898651826545634382851159137631569519895230262881794
959971545221250667461174394884433312659432286710965281109501693028

351496524082850120190831078678067061851145740970787563117610746428
835593915985421673115153096948758378955979586132649569817205284291
038172721213138681565524428109871168862743968021885581515367531218
374119972919471325465199144188500672036481975944167950887487934416
759598361960010994838744709079104099785974656112459851972157558134
628546189728615020774374529539536929655449012953097288963767713353
842429715394179547179095580120134210175150931491664699052366350233
024087218654727629639065723341455005903913890253699317155917179823
065162679744711857951506573868504088229934804445549850597823297898
617029498418376255258757455303112991914341109413088238114443068843
062655305601658801408561023324210300218460588586954418502977463085
858496130037238190325162225570729975710727306066072916922978033647
048840958711228045188511908718588299514331534128549297173849768523
136276076868494780364948299904475715771141080958058141208956059471
668626290036145602625334863284986816039463372436667112964460292915
746181117789169695839947080954788863503281129626899231110099889317
815313946681882028368363373822281414974006917942192888817139116283
910295684918233358930813360131488748366464224381776081007739183393
749346933644748150564933649323157235306109385796839902153381449126
925350768211098738352197507736653475499431740580563099143218212547
336281359488317681489194306530426029773885492974570569448783077945
878865062970895499843760181694031056909587141386804846359853684034
105948341788438963179956468815791937174656705047441528027712541569
401365862097760735632832966564135817028088013546326104892768731829
917950379944446328158595181380144716817284996793061814177131912099
236282922612543236071226270324572637946863533391758737446552006008
819975294017572421299723542069630427857950608911113416534893431149
175314953530067419744979017235181671568754163484949491289001739377
451431928382431183263265079530371177806185851153508809998200482761
808307209649636476943066172549186143700971387567940218696710148540
307471561091358933165600167252126542502898612259306484105898847129
649230941215144563947889999327145875969555737090855150648002321476
443037232466147111552578583071024936898814562568786834745518893385
181791667579054210421036349316257870476543126790661216644142285017
446278477132740595579600648343288827864837043456066966456899746910
373987712891593313271266247505582258634928427718355831641593667712
218537642376222104779338956378722902509543014182257180331300148113
377736941508488867501893156994849838936052666818012783912005801431
596441910546663236810148207799356523056490420711364192200177189107
935243234322761787712568251126481332974354926568682748715986654943
041648468220593921673359485057849622807932422649812705271398407720
995707236227009245067665680069149966555737866411877079767754867028
786431817941521796178310655030287157272282250812017060713380339641
841211253856248920130010782462165136989511064611133562443838185366
273563783436921279354709230119655914915800561707258518503167289370
411936374780625824298250726464801821523430268081486978164824349353
456855843696378384153838051184406043696871666416514036129729992912
630842812149152469877429332305214999981829046119471676727503742221
367186614654042534463141660649871499001000660041544868437352208483
059495953182872280520828676300361091734508632133033647289584176588
755345227938480297724485711815574893561311524926772006362198369980
664159549388683836411891430443767715498026544959061738265591178545
999378510861446014967645550103653971251138583505085112442517772923
814396233043724036032603181442991365750246012787514117944901305803
452199992701148071712847770301254994886841867572975189214295652512
486943983729047410363121899124217339550688778643130750024823361832
738729697376598820053895902935486054979802320400472236873557411858

132734337978931582039412878989728973298812553514507641535360519462
112217000676321611195841029252568536561813138784086477147099724553
013170761712163186600291464501378587854802096244703771373587720086
738054108140042311418525803293267396324596914044834665722042880679
280616029884043400536534009706581694636096660911110968789751801325
224478246957913251892122653056085866541115373584912790254654369020
869419871125588453729063224423222287139122012248769976837147645598
526739225904997885514250047585260297929306159913444898341973583316
070107516452301310796620382579278533125161760789984630103493496981
494261055367836366022561213767081421091373531780682420175737470287
189310207606953355721704357535177461573524838432101571399813798596
607129664438314791296359275429627129436142685922138993054980645399
144588692472767598544271527788443836760149912897358259961869729756
588978741082189422337344547375227693199222635973520722998387368484
349176841191020246627479579564349615012657433845758638834735832242
535328142047826934473129971189346354502994681747128179298167439644
524956655532311649920677163664580318205849626132234652606175413532
444702007661807418914040158148560001030119994109595492321434406067
634769713089513389171050503856336503545166431774489640061738861761
193622676890576955693918707703942304940038440622614449572516631017
080642923345170422426679607075404028551182398361531383751432493056
398381877995594942545196756559181968690885283434886050828529642437
578712929439366177362830136595872723080969468398938676366226456791
132977469812675226595621009318322081754694778878755356188335083870
248295346078597023609865656376722755704495258739871812593441903785
275571333409842450127258596692434317689018966145404453679047136294
238156127656824247864736176671770647002431119711090007474065945650
315375044177982192306323700872039212085499569681061379189029961178
936752146022386905665481382858280449537530160921422195940638787074
787991194920898374091788534417523064715030278397979864517336625329
511775105559014160459873338186887977858817291976604516353353556047
648420520888811722831990044504284486852338334530105533929637308039
738230604714104525470094899407601215247602819963846343554852932377
161410869591950786873276075400085220065031871239272857835807010762
542769655355964789450166013816295177908531139811092831583216931563
867459747449584385282701658246192092219529134323496779345585613140
207765996142546463288677356891785576835169608392864188830094883324
700447958316931533832382377876344426323456301679513671047510469669
001217777128065522453689371871451567394733440447280450959433090683
667110655953338602938000999949010642769859623260401863733572846679
531229683156358145420890540651226419162015504500430562136991850941
034609601030543816694795964585804425194905110733387679946734471718
615647723811737035654917628707589456035519195603962301157866323750
234725054461073979402475184415558178087962822231972692984516683306
919505079993357259165675557294585962182052650473353712351623662770
479333289322136141858785972771685682725303734836891911847197133753
088446777943274857148827821608844765700041403499921376794209627560
883081509438030705666022764678117533361028187800710219794428777313
146387857817205661409023041499923248268982477222109852189758140879
763486146763606368674611966620347304608917277240045953051376938375
381543486981101990651706961774052218247422657652138152740612699012
706880875386408669901461740890540981877671880076124151967064152117
653084325544261017536348281196837493395825742541244634247233586360
777980960199745187758845459645895956779558869098404768259253477849
930457883128541747079059795909431627722327844578918694214929451540
174214623240300841907975296782445969183509474202123617940309048634
960534054931299919496087957952586977170236680033862505764938088740

994009589948109397983231108838769236490221499111120870639202892490
698435333152727991330986335454324971441378059132240814960156485679
843966464780280409057580889190254236606774500413415794312112501275
232250148067232979652230488493751166084976116412777395311302041566
848265531411348993243747890268935173904043294851610659785832253168
204202834993641595980197343889883020994152152288611175126686173051
956249367180053845637855129171848417841594797435580617856680758491
080185805695567990185198397660693358224779136504562705766735170961
550493338390452612404395517449136885115987454340932040102218982707
539212403241042424451570052968378815749468441508011138612561164102
477190903050040240662278945607061512108266146098662040425010583978
098192019726759010749924884966139441184159734610382401178556739080
566483321039073867083298691078093495828888707110651559651222542929
154212923108071159723275797510859911398076844732639426419452063138
217862260999160086752446265457028969067192282283045169111363652774
517975842147102219099906257373383472726498678244401048998507631630
668050267115944636293525120269424810854530602810627264236538250773
340575475701704367039596467715959261029438313074897245505729085688
496091346323165819468660587092144653716755655531962091865952628448
253731353698162517351930115341581171353292035873164168839107994000
677266031617527582917398395852606454113318985505747847121053505795
649095931672167565624818782002769963734155880000867852567422461511
406015760115910256449002264980039498403358091309140197877843650167
960167465370287466062584346329708303725980494653589318912163976013
193079476972058034710553111117215859219066231028099212084069283091
906017370764654655683413207556315315006453462321007133584907633048
328153458698497332599801187479664273140279381289961720524540674695
271948079930396730194274036466594154400092799908634806622334906695
224044652158992864203435098858422692019340575496840904812955522654
754650713532842543496616084954788090727649930252702815067862810825
243222979985391759845188868387004477101866772159439708514664612871
148749531862180941719676843144666435175837688436786081446319641912
566574047718699160915550910878919431253671945651261878486910876729
910565595155159739659034383628124629118117760949411880105946336671
039049777312004243578115790429823045072038322781246413671297959415
082918378213212876890545963586369344879749784841123274921331663162
812456388238288715648447883142417650147980187858215768793063001153
788998014623690135803753306246148576074932567807682651045738059018
831237617271889933790487113395588485234240255002352200613574914318
259142479829367775490496399350755839668967578364316618369307625603
528602940662803255416535431518013714821941772672244005268401996533
334184004345525296592918502940131600651124395297874364222806977720
437363717873457948420238745151249157913139411148608416429347958793
681868609689684640858334131017858142710955416293375915178392341303
110543328703526599993904966822112768158316511246866451167351378214
345336650598328347443536290312393672084593164394941881138607974670
134709640378534907149089842317891739783650654751982883367395714360
000003439863363212091718954899055748693397700245632475954504411422
582410783866837655467400137324322809113692670682805397549111166171
102397437749479335174036135005397581475520834285772800986189401984
375446435081498218360112577632447389452051636938585136484259964518
361856989088721789764694721246807900330925083496645841656554261294
195108847197209106605105540933731954888406444080280579549008076040
034154662137669606444293774985897353625591959618552448187940317374
508256072895120945456562159540405425814886929842786582357673195799
285293120866275922366115137445767916063621675267440451221051052090
834707443986137829082352772895849625656881972792768694795806100573

7870841214448150347974223121032953592978223771340775495454777918138
8235426071846171083890978259644061705435469685670307454116342441344
486308676327949177682923093183221341455482591367202823284396549001
805653203960795517074496039006696990334199278212696767771835209083
959545341866777944872740383733381985235884202840150981579594685874
537989503257362809837592216229258598599123843993575573285028613155
970362934249814178056461615863415338635077223269996508860870999964
899373049307170967888740149746147542880387421250689212155876692242
387434701120990859082164073576380817386959755176083877600277517253
037133445654852635661720197563001580049790223419586738061442401502
436288957503206533690825756785507020555105572381878574650371086308
158185862815883054564662297694803970618265491385181326737485227188
267917919091354407852685476254126683398240534022469989966652573155
637645862251862823092085424412805997628505488913098331761884983352
975136073772030571342739638126588567405013841074788943393996603591
853934198416322617654857376671943132840050626295140357877264680649
549355746326408186979718630218760025813995719923601345374229758918
285167511358171472625828596940798518571870075823122317068134867930
884899275181661399609753105295773584618525865211893339375771859916
335112163441037910451845019023066893064178977808158101360449495409
665363660370075881004450265734935127707426742578608784898185628869
980851665713320835842613381142623855420315774246613108873106318111
989880289722849790551075148403702290580483052731884959994156606537
314021296702220821915862905952604040620011815269664910068587592655
660567562963361434230232810747488395040380984981860056164646099819
257616235478710913832967563761506732550860683433720438748186791668
975746563456020002562889601191100980453350423842063824039434163502
977688802779835087481178298349417211674919425601608685332435385951
152061809031241698182079314615062073826097180458265687043623935757
495737332781578904386011378078508110273049446611821957450170106059
384336519458628360682108585130499820420578458577175933849015564447
305834515291412561679970569657426139901681932056241927977282026714
297258700193234337873153939403115411184101414292741703537542003698
760608765500109345299007034032401334806388514095769557147190364152
027721127070187421548123931953220997506553022646844227700020589045
922742423904937051507367764629844971682121994198274794049092601715
727439368569721862936007387077810797440975556627807371228030350048
829843919546433753355787895064018998685060281902452191177018634505
171087023903398550540704454189088472042376499749035038518949505897
971286631644699407490959473411581934618336692169573605081585080837
952036335619947691937965065016808710250735070825260046821242820434
367245824478859256555487861614478717581068572356895150707602217433
511627331709472765932413249132702425519391509083601346239612335001
086614623850633127072987745618984384288764099836164964775714638573
247333226653894523588365972955159905187411779288608760239306160016
168434070611663449248395156319152882728822831375458678269830696691
220130954815935450754923554167766876455212545681242936427474153815
692219503331560151614492247512488957534835926226263545406704767033
866410025277276800886383266629488582740369655329362236090572479794
734434077704284318507901973469071141230364111729224929307731939309
795452877412451183953480382210373644697046967493042810911797232448
615413264031578430955396671061468083815548947146733652483679138566
431084747848676243012018489329109615281108087617422779131629345494
425395422727309645057976122885347393189600810965202090151104579377
602529543130188938184010247010134929317443562883578609861545691161
669857388024973756940558138630581099823372565164920155443216861690
537054630176154809626620800633059320775897175589925862195462096455

4646243995353917432282254332671743084925083964613289295845679273654
4091199476162251559647040612970477598185518784414199486140131538593
2206074518590960888428021894335869195960493640965157032752757064150
0776261323783648149005245481413195989296398441371781402764122087644
9896886297989108701642701690140078257483115989763306129511956804274
8531788633304116976717506382213521383977913844332564428849087291906
7009802496281560626258636942322658490628628035057282983101266919109
6372583781493637749605945152169326449451882926395257723484200773560
2165690907709726498564283177869477780496434399176254921650060862628
5329471055602670413384500507827390640287529864161287496473708235188
8921896126412795535364422869554305513087000098785575342231005471534
1281095702487081265431912326195646214937652752635640212738876510388
3255007364899937167183280028398832319373301564123277185395654932422
9779530165348301284906778450374908917493473890156495885748021949967
2262118587436103977494633863305788748740554000544043934488819204410
2134790034598411927024921557026873700970995205391930979319495883265
9221715083246219423001859743967064911495594117337281998690213116298
8668026744644348923302060700382126284172367962730719140500808408570
3978151998148822390059948911946474438682533745889962375133378280532
9282720168159779700664883944824463322109283205040459830089435659542
6725687971491870344733823776791482920328319683810590771572719190304
2365315650957464549643425328069510396558733549803850995143463506175
3614800501950452013502001802815069332419182678557377644140970809457
4562485486770490436836871759091805726979401046501948485314672664297
8667687697789291431128505043098192949736165944259471754765135205245
0725975385779583727977029722314351999584995223440493945021154288672
4418871740952455477186748491147503180177330468990931797447295703519
2387686405544278134169807249382219749124257510162187439772902147704
6380107314706531542013005838104589050067645573329981499458546551055
2637491435419586799259598141221873523840795741612337226406386043198
8936249867649693592569592128495906254446474331759999685163660305216
4267704281546817775893392521155385905268233116083027511943848238615
5285246501032946729719811210531412589816510012074268814357759082522
7466863206188376830450921784582526239594189673003640808624233657620
9791116417663313288523520624879229789594564503337331394223847785827
1719541234786043437616524156871794356257021563666668008853100672894
7033079540804583324192188488870712275670333173939262509073556164513
6770641995391119488812406598216857871313850568506230941552068779875
3974065848425013520561510348982187377024506358331424362480743254246
4195984647411575625441010389671576677263196442524931941806472423789
3346685610837898088303135713331577294356649560781253049175940158951
4695496522311855966904855946760796819016726663465018618295566989396
5019614544401768162810604465068448139561667220729261210164692339016
7933996328330131638508309679427929345512684357603569019705231383646
4096131177490460077284086221474754765322150551811648988787908778091
8009050706040061220010051271575991225725282523378026809030528461581
7395581981223970100920172022516063529224647816155335322754532645430
8709332092463185597658056171744684045004828535339654686267885233004
4967795580761661801833668792312510460809773895565488962815089519622
0936750588416097522823282504337129701866081937489686999613014869246
9448242072363291236705254214546416296891044298163337326687167594671
5392611950649224725627254543274193495995569590243279097174392258098
1036014863644091014917341830796463450648333034047657118270402768682
7141808457499849339203931744540261666367464666875438509396712991806
7471909885312710726724428584870694307099756567949198418996425748884
7646220303256377511125340600879369045657792720352059213459242729652
06683338510

673615276261016026647772485083344719891986802656197236420847504962
661607797092906844757798251795569758235084371746103310387911789239
441630112634077535773520558040066982523191225570519133631407211349
723226549151062961739050617857127509403623146700931176133132018631
158730886798239298009805089491510788371194099750375473674305745187
265414016446924576792185753680363289139664155342066705623272936001
177781498886100830877849571709880858667023104043242526785955562077
310543072298032125941107957349146684680220501816192150766649106862
033378713826058987655210423668198670177861672671972374156917880001
690656659046965316154923604061891820982414006103779407166342002735
828911994182647812782659666207030384795881442790246669264032799404
016800137293477301530941805070587421153284642203006550763966756168
318897005152026656649929417382840327305940740147117478464839241225
676523593418554066440983706083636457657081801664285044258224551650
808864421212113914352453935225522162483791737330329812349528984098
613273709957407786789349311975204237925022851375880436791854547836
416773151821457226504640800104202100410766027807729152555503218182
387221708112766208665317651926458452495269685376314437998340336947
124447247796973890514941120010934140073794061859447165516612674930
799374705772930521750426383798367668159183589049652163726492960837
147204067428996276720315410211504333742057182854090136325721437592
054640471894328548696883599785122262130812989581571391597464534806
099601555877223193450760315411663112963843719400333736013305526352
571490454327925190794007111504785378036370897340146753465517470747
096935814912797188187854376797751675927822300312945518595042883902
735494672667647506072643698761394806879080593531793001711000214417
701504495496412454361656210150919997862972495905809191825255486358
703529320142005857057855419217730505342687533799076038746689684283
402648733290888881745453047194740939258407362058242849349024756883
352446212456101562729065130618520732925434179252299417447855189995
098959999877410951464170076989305620163502192692653166599093238118
295411937545448509428621839424186218067457128099385258842631930670
182098008050900019819621758458932516877698594110522845465835679362
969619219080897536813210484518784516230623911878024604050824909336
069998094776253792973597037759066145994638578378211017122446355845
171941670344732162722443265914858595797823752976323442911242311368
603724514438765801271594060878788638511089680883165505046309006148
832545452819908256238805872042843941834687865142541377686054291079
721004271658157783089229889242670530096399035822360745688719200271
705056263437927609199541896027393286309659213286086611351667773267
886393638131673397225952827993034420048044304726790831478172613277
980860941688196618039180121689715972001475041154724951514105036579
001468219815314336911718396923680162737850557346578941452639684520
801770293479685390015730150919242725109875728959618125815431338482
479478427571789900690048286092469752011266333145826124938927324618
880699867340597569278516925370781044591986477115620076623383637368
881256224835704771938190298092350280009161763064653976903746120776
177531042436237332722253985877792090234884391640559585998315595721
311357220153680301225557683379774858681533088159764555964630734898
617044407196563172273511931849635585338314266727883833450392950293
775440401283958440716449774746707057377328163528489266788893275384
180943222174087709628317155373730873890116352696373676470260411655
427126774430017044077459641503515446684698988308147171167359197749
340414086668671088725062630547887396096180807356262336886699382204
414429106327747280812518385540296543359795892041895295216780033035
863591706074491789990166701050711028796996254453016381785342243382
693419858593206287896605674805132805240981414765484284880144724083

720347955154096552973618058052664140416908140565006530666352783052
031017646501963552163139656989573276328361663315833464178666235449
881207501670716914921533104700667393515002305273097302507657580386
799605381757672825720431891792528369854145369568669250324792935719
450806796104072595771723325753368857119622048874700066176790511601
056454908189107616335099142066263368723941891148961177947900813483
266650724950596485138969206995012395946741683662092311970164587624
090688376558793852000697909553840610377208739213605909688361178199
255939276122013717316698092843293358478913898096804893717881413147
888387096020934079824203629566756422511402266389696843459370583370
963638082165794650319520545416699398261097559387098847034753744876
510033193809438842735341651948052158283909706146831505613331116037
431432542781608242807964891486795412587347858029042739645368075518
442899756461622567940131769629690339018440242562501323123820130038
177945119204152861905004808681591494918188597979299873776190455310
026700166850604059761716596586892815370325006585275911011345671700
061559899090549115348840343256109336212962800372800161673490897785
170081871387843344314187457963318790580559519176516890063683276719
906534719646761957914525767000955605436116218475861290027545691958
401076676193341549546875928707714947174782675774482094158914715251
306746722141804911790415101616247490427954512307985557221384372812
506268294939047883755712251673326204179705329444189250012547755292
613133887109028821776339509325553840674777611692192119288505478580
841712229540486365055216851344031436618735034813737185534790246457
444599762410014762552340710644798611066538304983914332325585522071
277017208599353764879617700497099575134985728212881586709065289379
791658225227087603710406129982627999643357823515717966366403518262
501896701372213885069655968928810345127352758307864903033439668259
797673682600422167597624194292919115420165897395305151862418869445
050358376910986729584484305015937455685374611045069497653043115674
264812804526999064388076661574438502396781141370055566045134560649
400773650518849004330297368291161994536994296255596326923942749745
875829509755559120819112933771422623427405869900389482718938154399
024533310924039649919055177307968218374284853313295652654225896246
589368232780433362987936455443866935914119132509156302600311751936
575298051990048325561549374120218002407445703600137515347351304324
914131404498086313366965450491395592861158578582126330992257616279
827544805225089902795438768396428292916835039001789222607573521307
316798802599548500931428859887774033818563901629726547833146970405
534010857755702271116611649980350865787815821718941132247597607756
406714975178751242499352210884370881193073426320705046954986205513
418622065400593064154242552649171544964537469484986107527222050690
265232812712332213481636344220296440548599998178217973763917067646
995007287720338797501531611558814793738388397001819468364419150936
636885986774801016438906177057787077506831077270925117345882299582
559857586674091835256478794837192496711262794192888704257391875553
991261202496143727288938468528606846866239496653368816531623741111
153296167674029807233159938654745315080285937824978727960670847566
364098678403238236050440666123794176243577499524081824942187528835
448191691533036421517009930080046523329055336091928897431508395704
157531246174452057774316877022429410324102110575225866573367305572
119740568698949732494440575529551392708557339666369309178972919161
668311588165159364832955699230720056065132751588821620793595721294
679883955101583365112940035810393705104958820071527374047199348271
438826812271516405052637196865710565736982657763252356177592071582
715451977267951001585145736216492730531970976497752863537015507435
491947389811071950980563640108425245977523961317546939669366891809

068890649702144324749256593298999338480102819954584318272187928835
686473692417480094805332720218037592094671745464433679263187289570
840036472226255644053536066129922256868195685065564854453445185906
848756905586930311192444560090227124362351084330243756408834738667
729540074435565810641346686042484694397703929617107851846778959568
116253133570127453025748670978499377430521209948564101216319577316
844903890519027471952207197212047931241106646034554513246458699479
765339232346496586818541560919077572143897332311807146071400265892
253368171017772502082527324272534142353693198204741488864086198417
091078215883056626827410432949100275073657373332334587782941890133
308610102836698859964804112399196004356679405886821442604614502595
221704512812005046194283216377756937171556872881443614985905098557
824120793683640624523194535177701810804820864582055339070249790905
213429612020960172538718836180919608305137003939117066404887198370
902036407215674455922066247448445518172891762530879522025330631090
482841234627220349041343852695731033587714684907347971597198216708
378903613581351723573206700941124556474957041407967399496845340385
141375943886777783546309734525579781261004059777395329176107162699
335162280126424896524218259910286600134751841336605016328376930778
500724073114994615209924574413235324984996932813120334851264171071
733531912109617639565566370961814064003838711464537511910923677787
403154428657944448159639001529346135597761119683752136833202941917
989095636449929130217423338632734353688285772803488522620240184995
224166770295099758268719449991392429993072891499636421170146439010
925676609887254369467768762754590815691923655002341747034157055596
198781445575284781601865713426775320792773736841122219396032342604
082885471064072584166175692131082652569516518505438075576289004625
811364702960472995554964651347285479774662044494460743108961778523
131602713836494316635688096841137841433496920785082912770997552201
393989706244961162572210203995003431558682774649843870172263784490
622621596077071837175751873426466137878519252170269420669508255493
172934477680902864228438908518765570229140835384749927059792147957
211257340972611580785214705603503404485203668039554507896341423829
361527610039502980101848577915343626649638990045812842148602204723
111531341032436454649501158514914584965065181124591622012028780589
032135003917906844742895008581143233834278232207512569175468896696
992926721873870269660050580256003880128777424150835323726928045325
332944404150931911010104560743614741525758926194101436212002786190
327931327856256099370616379462099625162592846087608745973209697131
756771490067118354845722855268275516720187427058536750410664392391
970945109014179624036117558829200243934186743733012601364433610253
882532552255123158058699774576533775526119561441663738429916155519
844374979872442430738691616238228428778890624606550583525895628943
395025595559263626667431581708579370475376779186058831438865989554
762973557400006250587131357805115866148135723998420579619256843268
796544824261509095741815241005159390965133835581281731929146608221
195960084196069627850065506822687234767297143846760984341502207978
288628101295242583872035193557864793478343777170297081314032987409
790814796595242156440423932943146611525204974292375196242443896645
210734440716822107095651479357051258614770485230309765452753400490
135910287476462069660245148373251982511558141451275137053435922850
170035263458223391427374881902048338535230983741658890284501114699
301984229559744217251031014786893889640178843574613269262909267585
360876096316659760139768530415491586380264843818668988976746262132
578184845313713938886508039599152410615811423152990242326495225964
743231955251645194546882788248918557595197395339473382040638120714
446148815646096095948644731950966085787844754365546329456002606006

014035269297039107661350499616561809908044049768563533663480660304
898412670818095372086444853780753554140777975302231643557483019084
558658076226778051680323897452891493318386545812947091726781190995
787972627651840161846218826151737032123687547328874010551193627482
992616500258094748146013567248646366927958547613741339138036855287
122495525161287119032666293093807076433413147320185361782612335935
906424846843612142358575244491755080430295398789269427115440486407
839707559858721371117078178840627922731697832355867458555663611023
036654723921637141228470736269615327810195815612687218389614632776
538136819279140718606319285333696333642908809364177238277026693271
275411422144559375296714367878566083123998329893176931815396517280
501999216685109955283361581958944177762905089853184390645580277789
909518268834112862700709399815862222798700632671251671553156774341
900307563159612211664437372272291025147839968813746832435986003933
547696790558557151928711062588362329337063885484098145012382289519
215342305297114938655515135741817479071006196211536795591774598030
299125212353167476609775815542523953903694937730096879338180216453
301231900870431328193571893979457449537444919223476442776812325496
533655391878984435986903716705359296722932223406266469148328168965
740114230898678873948102595872992664670517778023554671431399897383
475493395060660341628269416839267482555713967875348656956840070505
538932432423731770843360790770361046531048992494931600935676708123
493368030179364169421275587079009619902026929545936001562550493649
731031734174476566504056209156968404563308671943929994558746084610
116194687133331941611111633071494104378625488438522205991670714055
860745500240276142493161470189287816294592587118438542492680009862
318404583674171762957073310519201120807577399824212137251721856108
157196779678516063004381452627370102350271386770844168079938332447
780166007888114182436657965538903342939270474269204287594059112100
981782874833987803510228017180387506497624004261560260293465780881
961909546867418412217220141119700365400944884248528380599038810062
291363980806928581541545273337958237118253683388977156103781634710
580759675381248361225918334008477946844297907020076016822283240837
851964963023947600773832455944953201470621514855475425132598203797
335566325073234223566501576555916393692097810262363754542325188541
532364868372267047231091905382112277808934067587169725099729342783
254765798870139741553367456645620955183039691469564900066975281332
991050139542223108718987897178141046991222684332212425522409920075
224650118518771424712009650506578223894856614372477335421607083445
132771801143400538207903892859721928795065272189363047361362381480
404755262484218365563489198432786139157224194381624450361973090404
387697439250674223497007187735768344306602727194222384118661659033
947655077642636005178320998877907127513403682287996751004584621908
334268734417115340777779654277019411237975325101775118696060692020
564859923440055748318451025751717371542437060496202341867758604419
531541092669154461216481873575295931658675374385534442958290745303
045123913666192912256477227977709315939134439976288794316924202083
470541406929340319765404849754556245239080526384668547351323826296
261434023182410737909141865080307105660919265689858769502293784819
268671010920892262774031729439459087381803811673411729393065900836
067630252287510315282236276389479940622185035744186524905938948997
248100203719213256756333316331957193842003417004081947407607286997
585832829642063051471880543188734796639073673297466127385094114686
951572147078237096462104569638713171457202201624613311170482867057
565080393370015750085687231642981847719050327758907710566311272970
900644291733863383289589732461189199734937664254252394182150133646
102914329693097786308114086949665940485452800636490974183241129644

404297141015114287594031423507639340410646072510287881733276065853
131366578814704162948422562151584605515382898343957046413118262100
039603813684045129234958720958680386613808395112433146621366600563
868726456244747680654536754101841772541497402937355022075477207517
129081486820962806729791955063028212018144357196534075285964195336
322651231034619346193807918783448622948533854941927460242703990946
793464838117039311692461352548697504643510589444586509514104966260
480848092322549671759317986901197677391212407271074903234717677064
235163732431114715723104726186936347819623408043358312863499604524
293811655063560106250008095060175346995125450460550747629464434184
508116440288889699140209385223951056010346733913015222368180508601
296565843648933437675039144895825251452477329736840950015855999266
125576672642468132845503728275026636757393834217148037379160350759
633288788356737975224623160539026152511043702307495447103981994206
750701212140415708600554686540155598688612822786232957211884087892
924620951071191131709694086460352958282474140513661040640628800 5
708293978009538846290595337832484715323595494390095313670159773019
211837572254848722277932260863942672782132864593749735088811438753
122335111710362136906514054770292584194896391891504195234375665 73
213634826527396046089653590820811120126598972206838384693083778963
745217430494808697531994217409585650671662931972358222932509279670
077950568365989801718391312217090139455720088601884320169574497632
230598862452042691257009024685410031297091065345234315444598968320
417238553577978989071158659412049678788109582475604440348639339735
105209089641849178311115771170719708864466893725288652273501777455
410375615093659549717526144512582267028272296452996906045916987531
033864431615960689670381230614108628010859128161508762578519857610
359933353121535363921301055828346813566968392231968628556923568184
157001716775417889879682184078763517433210918581094328312206292379
733236945559199084558427073940153366308959346674812010839942680472
723084927997816550307897071742498101642884911063846612845732564413
150525873924801098850842858840034951587547525551743866918914191225
433581646416489898076410698687460399559885394857123111664052487431
379571536506564779609114389137982118898242595411712704894027458315
615945161464850749817293260379266707775532991282469904274381853305
666974512886913304746874501934261707205681412514208035979346154239
829487981481226768412776772525211217022660366701141686899856213661
007080677725583868056043269028638536749944880446064349640810700115
337325824220525156468572226287596477602063389725238541892323161159
233438454715166536118441546900168472072252425631606096747950278097
883818497769268597558008243994901895539913159841562388117299082584
680018182532324620349861506070807092960300605405339686881344752494
858301003916970130781743007199889804686609619355477719206174223160
458803937515756983070254947795372710074846278892831287971486813062
592457649163326128157254967527906801599628077767202451149433408030
999829519793911576504574959757784237929701189608670160821140428861
937958968593069289946289506936698547174913949187067310982335677814
938786523074695122191595711343295085446544754976556005956069476723
791449545018710436084595723132451505594916439422750859079577665519
766311301020782597702915518485283197944359183914152674536956840419
168975362151716382032120916694856468832814526276718549531933214079
260757518617350669441261286948316150540692389200258732285158874109
481224667096992097028243552323373216161429391039129392454698181247
039123832479172111006568072074805106725190961164373954272137302897
303404707678565743414631524258764271137666013155141832092872463809
604276556713628852842494231560115281292863052912598710726978325611
225904595330656789483278109410667616650010512297601797826617810634

5703321668709075532462194492017376081516506526055990312324143665594549403990585122193519093862631616559166874600562601115973732519931284082910974586982382765511124785749169538114668172372590246824164724048349029375746321767838824752376750126903009174173401173240234663891206001509549588344099874110709856708021635391380814410387703302127463999356120065937853637221264403868561273964297204946491866096748371834821879114699426750892147413478258580382867228386642725780838346065664951624962283201708902316490432686632810154398398846888644071072447428048620150909185698726857749988896651969110759088391776931216137216842485669904308486307751668242012221929845485600724210597028685630517903535931843281026864973654068233077751328237184387727473005310578473468950232042970019224756829471906170419558523429955670865611910659190539171132918941430955701307031877144631951348834388255626282900957605034146413007330312473450462050770891752910560421108615640544751009944073338042964380877129920148594055201885955680852144110951556684186420871668471050539288282983385905093436026367121221969532838580798097063296515252691556292182690387333527430093167910578467328290951748761518437454676086255109430180531907791263060510609296782221883146357758596301806656082702867846559441649936011089620233248414232958565577230564803899196421277932735510489374099711411805455476794326026066932993079694845635987531674086992364849167466701904346938031168594055391435951881633669375015730170972483287378164628822369782529873216580846626299089656293976154196439208107558830127241377925691837428780486194274930688481589207918330453574476330754832214358935415445523251204249772447511143878229989314089294804337289044190057920165567829984409205080484403300019494928859968021738124079402971031109511729856348356919027156314471810492011706469639149563477400865840248468859736872634212462309245107190345529705359826848510491758838740895848584118691707074973673703336142043201209130985883579789078290394076157205352180001131841541225607820036664735726375339446935841237340451924969292281589425816839614239385513246623433131803665174268277410010158649235015196108922886333113319038360400712929160187236663957114243201228831130717712800139873422757958638280675129588653002912800580286123711228294409814046203393076416699154928236666102000101106000803107634107253254341649431770729368919197455168355921225675731114168312703906334860342426163970109045133964404656989912925278212244320839373992082825428318033578276358371575280817826120701080297674834777416453597975946709280959408386009450478904940704158196916546347280372194335833631491304477322394863838574549548444177151124077775968886539152558848028745783646934494517887807032211846013721220829550212384128477194612649554464314845984667392320677141997742412428407531029618912401161235908479320239173740023445783437695468026884426769286191015783775987029376559481977580813168671761406236506802647090165633633075125552558326128234242613421014817100124882379404226285294766637365905992317711856806667628922752492649677802643086274944049718762208972095774048387490057001417952689238607741180486077780314603958192243500135908369950644527587205935636056173038752456163841276957790666517964476968981245720692270183532433130291922130934967161464606972204889547234559893485583785874568451744669943079807859780192966685651746649984013573374659608696671673642013650044333130776894733977365445541036574536351607694199765776075850042777223222852241871963763348567790700459375264074450263270959964976771676023979239172492679306699833179767472586204219957576221025538767409200060202448914712337800754541053946067102109854899814036883776479047868795095364725680526594663654998414073760869167888753027633957147445925330997695918737337201001007410943411210653535200

309360537933056798329040670437584800800373684788159042603969987532
702962185566295640583784277436467813515616463930988229869036662335
183730132210586343125870381466225241575740983743773106208028961700
754161721152312789143407503970312472367168327906419473211921015733
350773769894377442203793393769134692975214404878149877313144525722
482189459109541415344466546553070070483157866540189564177757128391
878889245976307479490198053103002092808919632614520608584887790960
666043967052853343031111784758340786884620673695352443218385454787
570264579493788752065218864548331594966574629825911092888190385564
234241618885865663764751177022715935066729909048107680982370186000
552616818553277828007228842362412051541387641103514042470717679817
191270633346107808979846798965224958077736993725740754139959413655
523298293097039298292328672542971708970308113951533808010580261595
372147177580077818425011594315349995065751704348230856492345992882
382754483556163350584700297935774632607510468447118419488482068781
334195362201037022432603200266149263680010965236664988507385735079
038020656061704358260258173481215072187435564199772095398862993598
557357070101756497793271487474641672710287758966413542438788224595
371427314786422415634552694482364583641291866154265618232410505467
575238451640909145473546120702852160305432581527186260451048822047
924211948470728233188672173245016488524179417259899993884417836901
476737635231189889854578317999151846279323877759714106718011128107
340151472343264979842063335776699903484731484091244393430826449043
866202485031384017180116247856746016790312479740849476073617893987
310775066424148923780874584851709450241339588810500214987457354527
035258374346148728631347950701302232200129747009421522300742457682
395791445626128113789538031052096993089949474958689633426027659724
523876951042551786306662326343423321489073795849374134482715965098
678837407784140051468972315886216163324072330618027462056464266482
106421988626611818364857276991620788180145913568695288399343650036
603540319236913005352808925160063319301336501783877022055158786231
281209588495372374875597998873042415613356291891895991378906783545
061133817925765766533062525622073646033947246506566554725555120362
7206440364354528331866446966826925760479498930150431492698141680856
843930493089740971823922823505195490956290512214602417230576851819
390486881032893268431440753082760472059589919175920337920039731983
301201480336193703476225957251372636883917399534873458214485288842
695981849252807617705490394922383237071004451273550264051476529902
303166993515071577628167599082874074019489130938850171628420590640
196987131809810404501983838099415237876262974620870809351498389459
316838600622515297771437179323639295276305978642984648031484668162
893814674457242717995855569796832920942685267739020377316457133594
866012939940632657340825446182446317829174969642908671578904672429
011959585875896822366288966377932505827552533965682099906129894834
667102696430611073881338441826528380103658708479905237969531400674
636176379866100485812099636932635381580803952771099486205780007939
614044699926816983633028925541992400747382024309477923109747356895
028709421788866653744508547943204409329312557523768536438882253883
749142378344828758256453526896352054872924757582652127539856082982
093226674592369123765997408115802827790444860476111556452123612553
243082332293380481919375577315204398650685646691741229556145231565
304546367843975855395242622731362049575453674520125716420688660162
759445258270930584280398146379275824912258894317575657939115777198
218910203056020183475978195862442525990498517820900705009156105006
729908760404162602477915134088873371526592567276341022973618546797
061182682320079511955501452229570578824119898862926777923408182917
001956468450945667173528526962457477946207250287811085356924184026

177712114461759833266651938395116742965440884746188419297117212958
338407734527872146471938032813484294530514709195206421764909023612
045497344056752644079992097437741132943246533325046230745327799706
406080860592938732057874265248370162579440616474483647483962400501
273143988176193245806632018487915371031326117703736852811309307551
478098179796030785748629864941084997506874783083433414335218509855
332675278170087988140482173418378164273958080600011585533259153393
300236200469970956095713148270926890913448901731254885184776300914
835670228972995401120963988155417396934387469066428070233189221001
782066401422820213386623442986534123037107036560244021295618843845
615423867889485642924094785489999287755071804914128443567588047198
703429473611770846678335224044032864229980111215779622090031377950
011979279498839220490879006299042141051004946152977650830430729841
253872300509586948960205360046898236737968247252413197975512914699
098119315172344683757485350280928119673548909819724009787177204475
144963720020485538807797617907870018089637342634130849637455808667
171245280077593752207828217225045242236068773369786399768044077260
330328524622561600883753183648773579884682308712895501293864121252
552244572101432704705461847713674245499978873339900838637654353379
186135695043438463338188214751370349754144124866187795979291210752
525194238781584393668436784177447529219147896822342499519532664810
830108282552058364399343263479954529179775259904278849590272488351
875330211088507179521995364986269681375785644859919317710439263073
610134145119611419799939180672639335377354293328117639114042037265
553639665370748413130137420474097073895804557805626058581803123710
078804891643234184696305016303502676241840938524848729358709021949
494466375840185750134733596934046467479387263055238392763922340067
013803172544865023682310864346812833033027702661292064903355879168
139605531350041261358337846941797664719119011448463913791958820678
401284232831260216825194871697521434745361996749254102368778318214
642011514176100979584111246350012811233200288519566351756089249217
774272563579988566710808622564025399745246728700413118052948310215
792768787772666501244426302335482262490006290347443886823168491080
141559453966853675049422165235689706110670508836147949109671531833
459000175466341389124939297974084154900473527811914721749172311103
369915187767150510815496192948919406163755807206671547209452156326
415130714462545212277997730510938866531295722295134806067597340319
444491268474855565498959789225018947629614984589858843068531545913
643231866362208363717294553202947738176126531002471040353807574810
001345967302893717490803342333501667822362363667538968770698333555
737830821278996276261627116438319408485131297616494911166177953791
095898984367685067422853139131132694236070693729055868869493039013
373200641046667500454881069159758686575633591332395066352027378832
608631246540106171071396485537081149632622381254769566343022501966
922736539842911135759302417953794023528515541613279341994934858289
457308463622407817697515114168841840466283772228487014068535829663
542544165925312615493789465368958870166051170427862534613490261058
603807396572389825734243154632245225105808339034719186042572390756
220887804755139350545670358847834828020371417031829315490395733177
499547491139091984277713556309945666750573985927676354365285368440
525962958669607368415593510088175147846881259416173497959869046326
157603933779046484064511679228499998983643607654975381224949735223
863207263319157502713166234386671793477863901071996086909087740554
706598504744454287611188461022343073837278601510958414984347567685
631390630607874833220765346461276268580208250568104495429298314716
775863379474368057001681565848235010761099190434849600158768972199
537323429346149359252482879295415404109914943788567995930658849807

643945848478652239987806246142352995926316285332105316759167368508
736679466116512860311255935953387443073941640343725652010213685375
735367579219932693984127381416363586959480393783643817224789610963
748697035086821739360384680401334904178760285867855110015128087650
302643644037629559884811152097696262148395261699051443229553221145
948888953775507224799982253353821919833514733179768141977429785436
910342696265763123597605410216560843465292187351879381619789117315
158287767206428014517402965677184221852257213299664002647599673908
187646490320215822804773413362649575865065218203026251160666641677
596962048780576576529900603079323476420074141365157017370103242477
065020459262593923912675661476882703588712940336474128772835490203
318445003582340807572208456507969826834688991849276453468964749325
640486379990705537773498412189689136728851325630718986023876883580
688187374521824181714951865238611688675502012072107532805390738556
670753766793133904444903701081041329985598914317189548513791486884
633560743610348880439306123788362304553518794143004677350510805110
031737838328330664680238213161695805115833163589798655371001252368
464052186763018347541140640575012498443840014897292735962324596246
945054146757008702553453687728558402838174670899224970111040557754
724306631109005839966095451565307343612153254801920464847704109631
782995550269712489513482310561907913561561863346814063086564397144
730543445304496131262742993342375575920531464827315379028061941848
929760219963227973793023353090526007740897688220513777616646613523
765612085377724720346237288408114442352683465006026561137079099101
899112640708918971456626282817211213392079179295529881131114118193
403310110404905901480590614175738379437552273936517773202885982332
835962862128213242607956571503127512165798583280568039565727445635
406113530927505920611028760346586878840942602203507562748754218254
818275035272908352575382125837740333105254454494787980097807047193
142120189974545330529739057387213783284607573597126822139094056323
070970106789112678403048385356536605009665129434308574405928419201
823641443405158140135530088725470680326321003228313891426044448378
165419805393351850574974278152216590811724165549035348870511856905
376762329599592280046386217478425825727788503380569618909588735271
834688563404447038522490078677017340712019240189999050911652862993
512642758366398284655089519431884341315309224357110899663340959218
641221867900812195599193859097076511388703002207201418878369984205
968979992235785198927179772075521541725180385786287818807861682366
471462571338809753909045877653340726782419737978716752466669873095
367865316065454121439013613018580292562572662770949619746608774580
852443962237117540676648143494667641386227741884435687451157580339
256174165941895088720035564428372095385498781127183554068131580230
320998247329994826675571004656724225222232644785771186522241779389
756031584303279375730179023917078897642557497743981730355273186348
790518270610055868125663033117256454029966173477134806258774550187
253590960434409806565236987280373449400636647945186903774186527866
578545898746440990144154756979702733463917381928303401218177946226
633503897759243615273250358621262734209583080261325001013220689290
711460289065078455544302175533990713198134012916102300765480573848
993756764093226446876251668708848469667675336540246437969120116244
755467596911182552916126354515933386024052241829156098603094911767
291968651286280962787348256434601313447694704485373651159189759159
694179404360703595373718934936742248401201059989807829013279139031
194709615144537508666006688167228793806320816941008745811524334846
100858685900106503461961661953014964798743235630302436687418117754
603817665126622702509883355457901484587333585485527560627661796422
120763984160716710247781473942291817827254308431632396354269817529

5112896750107408670636367874663230536443405408431672453096595965O5
4581758608117896041840662479617420022404228730887503830482906663O3
9457773793532500931422160272679692494344581738568599367792260669 67
6797354991834830416027084769137344171150364896613619014837851442 48
9031829780314129000707688793652347488295248876873580075063073756 93
0297637074304355371633058562897834022039520775535270424626026367 64
8004169939849068661335607571943053874474579742683406081484157892 34
0245209700970961302497861505930902138794510438578765314485752055 19
9664243005105424484301429191210313199352578897130567693270615123 52
6718541244723213669019648559311476948511977775025011414011503537 13
3048479235089853083822061734059670199283740277976900397560670203 74
9133857443792855083257532054412599600836162094167376353817045995 23
5881873981521707904350593212232223136292487341323101534805894898 83
7792360076227358000579972281981735922564330413069313404624825391 82
1922051404686122525481113535304463243971318741729148258514300294 35
8999433487290279629166467521943209808086773108330109225103792335 43
3848881732259187142966376481129125974323343507721997244161545511 98
8670811337798224626380401081648448726075714379446372547824529956 15
6730363516664943826611936848546458654480306282640794437143694092 70
4131217663329600753523310472734407974431857158449182567631885280 11
1206569806247014776736053930254639833775394201431975366687836855 24
3541526054217380231119998360483596122663153552465546355395072323 14
8862144863706580778811911289313354735382583913418206608989578480 23
6323994418105352367436960569136080342595280747549477179958914367 82
2483417406997168740263157275248100259822941067643041717813589963 18
5371850837109084990404162566175570531823281975702052987085727252 05
2546377015747790091415826465082216909908916310794546642398302477 99
5906834774702767505878740792578452116116506773637419862367632570 12
3823083063455675312497763616445101748260843256190406051909947504 37
8527063480374968391904569667145158250044060331082671784945121418 14
5420725267435791362985756316491229535652575246255027416934392567 69
2027538218454741185699668414415597296826571183850898619383682297 00
9708509072522076130469880685066062752611644529717544909066793818 04
4744436626110712233764847583951561049968437456035226680125400594 55
6861171431225403844258441571501198763936859452293440069566437612 36
6429435784436607078008703587033833125653410283456145408680885880 86
5701445188905608631735662570329014018469059268884953100423319716 29
6255464530668256401248007792271541943883440097640066743514595757 17
8443129759726035854606986996900193393615336560605285504017062602 02
2117491034910632121287344661989951441957259211483864376391431475 69
0649637357927748152085410954012979386218951945501258476532578082 26
6539512117278944562479190169514074321034552114050613197602522597 37
9901321479353739831348977759229795041059427749182890502467318687 83
7018851338814662629011954762226484073129927944740269944585361347 37
3409495821484025536371693321710423646746471332779580572316713877 00
6592832331925650418371005459621333682443981840281541363661749799 79
8818374599657119467686348994391308593682696178578514572228242550 33
9232511173396707236546776470669877966559523959224273592175315458 60
1141195677575792497692423446214873134343321740758700272876627043 20
6199583132143503228299294498502167568686563089408628722867718907 62
8045663350384369466944781680930375407025376174296264524836857918 27
6318613850205984122935112862136968349141567527079986050097534619 58
4266248802869806220047379363517410532951927127666622736907138905 37
7842209412060750478760380289257691051538468335044675967845046522 49
0627119977316543085921514665186324648754994208125326394949060237 55
5264075859101580612699872975822583615336982488818758459391579258 81
9322121928149644199347603217543399122494177314433315965185267998 59

4602514012997123072294410302583991941340968585893689903317041218
8648175117035860752490325412915833454609895900178991534990418711 73
2920217630473506262793008749536002771494087949407233315273550233 77
6695057266203837442235566705592860084104207926813622900183256215 39
1195995921665089345769336492026813849933347057643872488096110103 30
0426277459705676742383100031470360037628303263161547783072302094 65
7128458205474308556489093564776532680341218860426627736175980545 74
3400270074056224816607965955958802450645437747303328744550860895 62
6087435835971152840314185928756216033863569514936499799772825472 24
6553947617046422427699666783235268556722146303027284147842514912 13
1811404500161918892742719657472024325447511368781492159344238151 46
3180725057628976211236095166616121654439723193110734920859033509 84
2257593867149109419458281672415667434328741144321073423720755760 80
2301688403327948101183279117260848680132151228131627066439703311 68
0855718932963312536628028530056318839464800934990717350725469824 78
5635057571475055568729318918360905610680578683002070488348949673 32
5218519567614388718852272321739150710371679521825921147784825705 82
5526713268625551814557226154628541210964744210603108767774583122 56
8748590959221728298235452562579865826335675640817954780186896647 98
4861538492060042168108912328866602985757052446704583641321011080 53
9736002943325600896108631461471110931378835700149388376224767078 56
0367792804604371165063085866910484648597857425991394300087411609 56
6314730362968509939305972984952583491642454646419024346787593647 25
4923366911141700782506847424820692449526489582786684166238594074 92
1864043400747025712370627978052490999854161730658194057148877020 63
4143963326478733867814903692360893826749508589249400078910941019 26
1345770615033556665137623339727066867009872982461027846441061134 79
1242008514505678233394362758443875978657187399746890973941635007 44
6914941376581329860818107099520208466852870686808421762060251249 63
6771798007829986048318779081537320041153492902608027962376848047 20
2267557217817539114855970191470661187559439521504591636336655068 88
9652016630557123114245881293515060308898906380965620414336332963 67
4748086311249942728065466268807475696189363920948240212414942425 72
9042863119191245609035945377217994152795013654732883938015384610 26
3407414705324867360446838836820339950846069216578977289137605606 25
8957855167620620284607136421691918198399863137964939227084042468 41
3989047840787587353858847424987071524840799031160696241239746786 23
3294579903394213272062034082347045674431130215242026463576268389 71
9376139048461577233340298936728795042530397956914650261504623355 35
8623209176730791361890605479710138129151490575357626800586368284 19
9269143128144782845193528055727403990335249842354060026437197252 30
7399964895661485347650844121208872829011860543322297141546743180 14
5834942988961334422582815519753083479045351094778675517262645312 14
5098380519044276764905801102712768880577054759692695120241309449 23
3966090478499102253785307056954157114099646808694596831567231236 58
4177247908712799954548417627881807662488340609710939025807670145 12
4113706767684490168644733270954395476931769998049088016551771428 25
8484955429886130977449264429386323501860746239392499672108453342 11
3787153452275131682130353012209237818711927487165988768400863282 38
6197283164214440206190586400318838851044632495360106514056267954 85
9330120841874798753860127459326877991176928729667348967925538374 76
4479359815213334563554771447019200931897848876351643776796681853 30
4669148843519759202103289499907809183463876726105482823019649610 51
4403319205594218189129514336598397705608027001190259333560223970 61
5695007689121585452780907697428178636591275546670696840540057381 50
8859035544877603842358052429688491806646551415075180267430890835 37
3044827815285298054710879789499066167372445492949892787205932008 75

432167503789535791213443158560370172661007442976069069911324473478
460237243069610450958918270542231049550133643986896359088186079159
985310105891514096615298602687769355530163732507227087775075832009
722612006778800644664756077962529787187100822698917268314985447298
619089646230723464895783550509688725098646296673560610726621985943
434196041909671374366737653686009282989635647170734732514704969506
739679959713965841345962744735405499441528821718299079506471170752
075463244334405493543528010631853637308163937188976755420441575644
447655279762844468521601113024428601242396775186218307249554379285
503652428496734682713504637152156232059646516727505591488384139625
082487048739948418335468831747618753971032372342941839899079094298
685278477849694580845073683487722544689834909884901936925065151824
506809649824540756220117368254666131869209071151343050374344443558
682457355128233602650647554538485767826351262511583972043617632041
630729545488012678236780693513519248286836663233101426516278973632
868966439703412392738719879049401819561420018976291920058488605646
804966627181087320957917911503958201039413731663554155202166979801
390863625426822526905334407770746425534736075927076805049033015097
511937470214309010302346769883864468407838920229178401952391041662
190660303123768296930228980007246477342071189071292296560136276750
319105894410489611219970138899972709618729927347340093956545786195
970693261646065132073929950588810116186856087983074409740333571093
216634528509887879928210844471703692816688522910805950505594689026
066598943141397318113887947078454235337513208935001944174225812058
097745394940657758707018516716580137888838565011028438199947247852
629125217872588078569393225912115674534471891749811154714529276167
171856870487997847343233017227641547109151680776491771683742988090
278787886329273115031558241209017956008027307867560208279484327793
006330307116611313081199895576229892008335125277790037937886938121
832913826013833460913526102515780501579696308521109233329609609957
629546804734382586250698378119649095662479550237169710089922918771
101227503589913905405562282291499128533456202883094847501740162480
817747627122247409899385761188269260354778246536332999185785053906
557132200479168428950440724292666419995110726834440824637005542681
665923981802017453498488156386104828699403720749758031516354147991
908522276546218035422141316581261660690161892541451192431847561464
129361018191771096973743766977901930305531091403753559654583147490
454557573058940881073864182679758559139017838962024120788771793501
193112069232243747432254825953363291718705029636338636718912145575
397689669525658667306918808415564134245237988905434311928279836639
129115171935782466300750797793575139800844581298793030297661902400
295194561183459760004286520314961005362536814763676150848726211815
184574170954523041161267130801142345082644489983279297080882922255
702327805334695159912939268884337608143925199067495382179522174509
988711359550024142725291940817185900538287627654722058597496285731
070315279447727796232224654728361711236099016766558212869019418576
088712807799075360579761818196372646395179023814718806174073242738
821178288643453396490062483516817869109669422029408893042602522386
581303160344144405404239707367867581557003934713935338759105100658
646500791132233999530837000513329927458347650167299016516741661835
749950321848578822276242965575330195892925720425859834792005166108
463243981243956784017856391142839034870711191440044061737725688199
681536723140920984852566667983693712222106216749313857287992665641
503587797707185571435354161665609575272863836378342905591846451614
816298572856557088020256180935339188959682937747236930827878444039
858855011632755639718701384981529450853186711027689504207877725743
577149774807269366650768438253904638627517891611263019263759644308

2519672155657080901105133657345281598809250526080226620732264981337664782982098450930035189768944023155724207889868722096125654106254615173697220756372914763506030498162318005058434578080099130651003403495844254496885191845731274156410949045029206372231655914099963837265471598160764385792678214016170339301189338233149579532760357913968829853570452697452734890092203292549112318313625050024163424134863689378995173894069836422523398597164940433723529120845100358117173431162444727620137771820874036517680762451911319969152791472988175225422234243113623642093969337546475160128915820504289052466655237613986408175764703068614250629516802850889044905437296637791666688424594952179684755476782011212821908170573173374143937609692838202592701755873831389519477246238211138664822357708637456650721014082640574366263496678383637794856906772070161088343437611316597805199835022094755061342097394577307199375518054156818415169289847595259204638358618814156316876737544414585107197654307685383785544952837477967327958460648665370073445859453829462382089334542636469307956000556220872928554076159629236599761256504626873740865298481529159849935266609893168468824139764037033739795312464399619583676961141904027220675307290181821568297387944411938134222972980060427047960096243200267855836819807227202782880806497024711358176654230152934579755531192691883128096968438969429776888672363263180924873615124347469303815851562264091970636536971392581751454009276538729943435873278462241320944996527873656860015399654047954048623463000933710161637458878386468287084157241852244867609337508939019134878649171942599528732733784664330334158940611226145520106007725673367163705172737002636036824034295404863303499115251022330655242404942323494958436744041598270837713686249485999667835186883463663799513726805233755658140056477908156029855849860540698076574535930025502883314441498995892035350955310901265332845677754294828354243012379678095255657359006312920622025626435336440707824487903235825913163377140020753521949524437255011397397299469852363716662874192562068155925213330157827940015500353891467522311341743419331734797682567099034712689880723442549325559857368185853851873450008524336866518918464690001424072105909804511796799398463852855588127002961912348874532228665651494017298230347443195151775504768528915476410863105339120073535149411190205285145442236053974422647538565780413752689742556486739962503134970050964251625737195805889047181529556096642363597144532042159013998747157787660153025462460322370149290801243791607071562641064630307157010508296349629551261345845912472959781773572234419837266191950111706582859001607263294377035186448598365868939093166680875378061654583784869549930441610500464398849409946537539925713352895211407554426014420197381766759532254600872300603652470339269502143386906828451027836136733338686045220889288077855305444871333526983683072497136389246903014808148872142055986685589120474510929486874184310295320582677346984207469161513424548396124910750715001042948465157390001789827748209379690683343809272488951449491112832577273743061819384224733950238902918862816254127760931668845105979267853481099166484563914887025400477075120610077470581269574363579038431730095575388022127422200860990130525026216424159386633693196706258928068620728684593384156007311561951585362065030430624741291874651369872248444340349821498818824605557626617706010446820784613092151564304475271107877236043938786714669779737747816650736815669250150657587854544942495105303781622903152847835240665910162163167617180166003513836210804417851340071570085287700524999354181781581969908889229899461798500404073481261084606447136401437428209394416072219973302106322253499553194669607631758450013533611527860032448075513907852823352650456205015906540384062333830716

804404123731810197514661515918374814206772463537469226976234792396
741978537337380468930040266740982506982760132074629758656373082943
550510654565332915633960092999272318787512850337364708730554674459
871726553468907285354496874464270850038205442461797596619033450272
302689595567381260781520602215277455507152602144844901934573850597
348286000612999018782291241095673788226961486231737361572633294059
078521354931212448487309192376695686016086159103464836568134229742
845515128112329555843519097849717259431995639853160646258589124412
168383879240206004087758278403223797144338889410219890452616858847
687478514036226717140788271542597945258641013250602264981653129669
348107943044779858488041658902235426970307524211828252842261503111
206541578700787372651750699538263817782867652636333884312495278086
004211939683979310153842791053923991146533004738482997921994573809
372056563338484236771437109870884316526205438562073008627555022456
996543705989982328112417231598693911952365193751881004573391789618
677245936231573751385618992849439884812668410948158056678121266131
542247217016487954801209151210764823326471435807980711390131308348
981898809661771572013064268581632281826299222698592376939185636776
953850696044329749300124189467717886662891887847854294694020683099
086486508143026325704085233600892817882735189370219709850499331613
977009974439183117813027372926113845568149791339251960230474512833
150339230469524223383253102362423384921865973893347287497205746217
286452587539052524125710397650962430235165975838201847536611144915
859917936875727891592308781129693183778437459594674219412959461527
646218934948821374291022156494513987709106057397018359297280127688
023624209347666176064448759031520609297106950262367021645828240884
204208733528543877392885420373469905096077677283116844029371290409
330217043827713701955481715804441040727632342478288696517473278828
988054817678258184164229364867028703847871792866565535026506568963
940603611652505017581299349485575036593070865291331869432682720086
515808781955842778686180230811199497845707263160593883177729689044
231281270544669766156723937014487448264838749880763289924693320032
151758114185871817883544261535579708233293672540180108467196899650
605468106543980944105731361142342868731975658698571371221045568213
561840344716447892712996323728145125800525769734706021522466665102
612647492880512796066011067515488968620349307560919930700423586221
896362444983758698238394020706681511677100557844960933941119319816
824215718370333727246634765863207353598470712555929933427855232480
427458628962683935621026401466788020992546883690963003009876060163
083504224475437752501582972390316169985526876562426608602975566755
584333791357655929250801920457370610176053735136120345748798072938
221158512933188094709652791013183504565583064814582625788496167578
231923279796174838173074986584894820718979080680159130558377366519
266599500442097829337468952784962214817538985677050165237538574620
468193480866526747814366932986503684716836727751126385241213323301
639389088784444242011313424262755071806349980846925013194731577585
832429824030379295414402406370847005546985611555112585940952929333
699529753768985080199405717985484645324742536687462172906451582282
424658679681544527019348426357554060848718368469153080483507086268
574522760255922076912266276097424552715307431199099354068452973002
979225961033699511334230146880375432182659614607146117174318911209
570550389844786295985607558544736389248149237924318320290998161460
256938524579100661538720054560074612496537075082464992762170393109
463778394178509842269654754045646510426659915891305567224802796863
088183150429172980530448872623204142686146450491854918223724664936
373822761360590330235477754166750665535200731664375667414496759933
624207909759406642765867355756078930063494455552217723085174795873

238241964920216277138862151624372384103682576310472771105102905266
453915065183822187268868870586402673282327196930579871929981473746
830509934922180127465358100336532478998809544857648146708597620843
741028192042340457259091371215599862678194635346436581830190778514
073880611076664294536304164670686211734549095812650059412191504222
889147134876213468816366382666821503545944874573202795167923233768
172996633009354285985415140044882344770760126177097713800317932168
584852849007391665527461176796800906222049346078652402508230691089
605733426049531467629791919667513237853620880214356031881939818815
787478325696512552111344157062265207919686909441569190002015329352
751173065054273187564835307191872953611128666141685094449479156789
926803798045228302948705462741096631301277675329071990211387608116
155278114027433622279594096206469434926312475384234155757436109833
344890348673374035762098162345139000613152925625906642788374034570
887877371927706900288327209148192826005023618777655507694404159106
918308892224510711387862503425788014402297772928271428345585310436
191000799155077634971410885934112170067082292924634862465613036685
148620184115397254970369506296414025866503032822308984788713865976
550699741079176114103764358119082450923259668910259570544084591010
861195230273613364042824938193146164487088219533127437305607886858
410917952458656087595405293456069363910402612786499830533128748082
698061536663240538982433414545749371606678150027950246529185068255
723359646015579100310512934531583239885765579640861878466575860652
329244255264924918975911097417354611416928311204900264229953430150
005597351494479170619901573329763293710808868661846111389404711477
5056154509551673090843693894089094036119082376200688886621816366245
589544079636265543069907488613768701284608124555238746011705126974
947581443491949210717905891267243698848909144642226968789509640161
735066187877923163791985493096644000151421084333000468870901899577
432379481560007920001965475561557022427151929024241679926164652149
366110446359202602647092465489316452502491029495108101693015284207
322226806281355319802009679343097673046537335501986047790248703752
500237529190238925173036590001043920100048117294320210116523239218
120244288537060364226512487639707477505377167173557690565872321296
978954505348953038881864272249745591938763738031363733595370948464
937856411017778560763980381465317003112315155245739643121869232229
521861325219643686644238992497588006212342608277240921254059236297
843609675578570825680658738002101836876812505608042483720264460759
934594013740841216272555281404647978933167565137807357316684942229
393286618788699042398012987805710823200895004300492335443500609762
727325218494711310636140331885505670342241990509841045877461862436
452888595836497801238950420269430005092309706682623786839266570364
926778355928097192033253640624500094784458481541023110352716362995
354281955841710690480726375140785538472303766926746267000673940612
809082615159976006450102500784750249406224308887818003789784270542
623784755136646841663552834726377589288518698657031720539896514600
275002650870830640282215438415692938775837499440046434743043723941
544930658789543702594594496569728578581094281582071987243237661299
617569147952860234616788779036106554596099901086032132292660775565
425455859883890223174107701580647678314692582797752969054857700480
298789816511358067476847171169506098903401235697591604702566515602
055205521966633608934584463644881324700031816074703056650983809377
771437734808163315940888187291040874389911593266646180360144419779
332391049783004577812338342592440414678415973786953241512393293863
877924664472983351050021072354435333717025771996913611277464059799
596725094927148069297617254874796041467492281155871540494253462322
270378706454804328443625106128298473496636741507493705072131324524

482148481146344213489330155775493753082015475796382377649105987715
143272118998072295102283012251313790454733336158083272764318664880
200195646567372490832135301008748483242945297092090924298944533566
933330529841644535824644373411232714656167107350957860915006671922
686838497704151233133060677872990532073884575247088895549528726791
886137557546393057271166675704196854654627747802901871216273181694
241082249964109319140141062526576114373301163433028941188579820479
083047950919087003352535436068592617679582139411106243434449346089
634274608065645295501047182235803648317437318368864400019369073286
826931362501939846148003938805301764460947561682549655848653721938
505090446900992622968083285843536720223836960659409921917708446511
859255568883923000983681592766905928660504481988416945447539290402
193516782943069234381899344408316797035879681343710515555831611449
830341283653023040064444665171093886301073461889427483627371664223
220831423275527385640738714755696065234952870471386374056548188333
335469178726355809531863449046227500717082224461845490380757349287
505225967207410560535260291157172201626159918726029898326781710425
800397170520511097097717419482617917148645518018310214601720509662
949389719007199733578484766123262448537109244335436087716309268094
606443567143255244361624070749520446447368884207478603145537951155
863370110478490626757836004111003427031823453384407275487638001165
890227358213933791037834492294513713653068588307543648867190294822
827042023596078713010637824030607864812022452329161742883791602860
067257406916828223295343307490025022341873915997626686943688986326
803215480563367983462555468527883529838862264929159825799890364318
898226084216658859977427374200281472178586206729257737025274476139
226443152340303310908240876931033289641196189766150196190995195166
873322611586890529132894132565000830277907014375251310059569148976
120765969569758019926954120038854204175962945260948540690846102936
489974282367544827228371692603234992811580297430270066217586228440
594371757251343369529653065734765346700120899754098374519234005518
828261058412467303911168373205393597741204995511508793702368481549
529577807529298269932610111951210485209225855408119306554598508813
974673882286878966762547487525248976892038866462703177607862738905
652871458259609317940619802965660468054310264783836328638354402780
853109761398372075362629225315286988195010712803183355107991306382
965779136631902843190772251036432186289011487807906005747005322059
550745927724145166573167196860096369366523342825232955343492376326
420555065710977135289771542383488821879717140709147560223850045185
855481675921506145544898852221956328808089003023269887980524979182
027564402931514747512834064014227893905097823251013516180245052545
168383432060896826662259259458821153684656463512363129026833333746
421367361543111544035389674730451906956090561375078359520832835998
293391554117894393657253468343509345227749631571430981729755972206
670245272858030184064268608760135296764142523801863030755932098496
769638878477215499160861237735031111295408969437033198350064892679
175962674310633000741331279163217012508906318622143083349339178320
390876852507063549534772929329055799655287537404048361804796778279
475228302433318584595004510668611103153552537492837002711380859254
409230157661189314665976614678499471966780398896621616781433294725
404336670745611842546232392014566153071205325310644094585335262511
508928556845188412740415426834279906630314975216561917905333592476
092119113543977072113132680937257501930330822267833708963070774511
210955335538691799595075376939233577776885152716621685418090042324
941267331701783713526639235715200066754405633878415638327924514654
250400236835974349939837035124180050462304463785614279693066458333
359049524521524345365073311330203218223952349631778812980434029170

682012835945266267064941548157827614560920330706527179186326531882
123179985764277137169998548776691141083081101701035692506318032637
621596910147735982113009100827404652988836602057742821158642924420
487578319808607545125836159902406443446542919886515760268526482808
294473224654703179075176608101395557524904544667586430190881667583
568912344099636499099979566407808036309919644320656572631378625966
842574665556000733534818034502651138687135042268455587112474027889
281821639811190930700166590692191461547138151857119948214192595435
368435631546911085955020231853458825114151571348973757742509810231
484104561180831679692768388842669401834820465480724412770930274648
702440884659049755860928886729600976141138665835550483575950849629
504226512711792067667326444575316216298043857385518917132838038582
846600456500933400583341647970862029039558500617334272777485992490
939416418964186491361029093012788098310040036271994302708115904974
718884403176997495452045393730227515973919098152040493569918928497
141869634939687291838895776170800329130293382334992336423909574916
436418935620664573378054558977620026226287146845886534514008942717
945882214283798299062450391686375717367339770091531221212038129783
550756314609106260278551811134362403986960111551027032177575736883
113610028078627408033445924815020439579586973763246939697455858231
328082583372619720563662300222461926996388614908128615826609875795
470903048291416099753051471735003972939195892155202706432643954376
058265436136822449241698888033258227167590389408054112566848714225
047830354003156497949936559990923004177229387023518186313534997777
503487199761783752272270510578482930630555735262685134995035102260
443043541520767655290708602257812727887139855727487307964914751908
120921558083062426509576579394323796233375977620423878835284166512
076058414526425957548483989319545499040595479540504877768796902596
018993656375330599184772940721379497613462060772588511934144049380
916630766562739997489853543199206267724283509832598312925032840342
429814479872896824442649750153835239313611706100467180555732793894
471860406434160361257896092722339517560357343809034749019371389979
362175648207830816781541093529527819692653738882831449655846462511
416860752604110659992648721673101860018077094029662795783959893435
381800731418529149397433761585680261587290637648218553759276434976
694331287703224042492148563555489170142782848094919982386915133302
739389664181676172799218851233155799257873768220625112219834354311
226611324954501159059405787395092196083370787137245900204965035825
439426235938114150845197078552300821859140942351542473921950816877
089692567700306944157845351708318274374642746458937541893777242470
962796650202437004863697521359142392205578123677454319844069056363
070812200612790951058874188415839633183935003140667905334767661088
065416544286897054118797075220045020494457015594814902741173022737
901371876549546983633759803039186323855217192336553172461908091979
792457652773821915848674124400068313954334611334203869861369746051
745409743651941372687596169587148476746690870804675031082568937046
734304928770556294604791924449826027602568858992584403167238745963
761340812011605870431423579200957536461217752087944163019141657669
717423113974106653550215733685126878792158602908243530767591900313
662747947970654071374548447213034356981029833591069337141038262672
426979727985387792083082679976724243456316443086469876277302487235
864904883020996285942609293044874637103084928122865206648413337790
460598951408608555042729519223037863785462274822498202700741957509
355652123638503183041767155442911123170036064739219739125338645255
894907199158437727424778847466305931961209866489963317182737137130
163459972120141725157254939862618613875182852387569931809473567146
223941619614147610365528432509066407185586145608907856838631109411

6985318534074149637917902620238667361940598694168288951411086982l4
6471581751039462515340884014427527962451675901098625299587164620 62
7451094499730387892408051263489995253953869028224135107712382l4969
0289257151369941813725445474873732840693858284422640827706283 37434
6575610543757750768394580541601727384748632311137005970086354 26688
1396716864227990005135166654163006455042182550695828126818670 74057
3018957069579011796536225519419713318785273352057448092847669 53811
1423879301025898349569687146330004063642146727410740939257243 93797
2959783969868421384228452618749006204383761627953411339958149 30084
2174075493416333825327950346891847675004837788519275663022460 59516
8936231339246246837309661316943373395760059409597204567698135 52203
3814842705321890672808098149636122329924704553937519848958805 23325
4615910791846504420244877513783295453853004404206838051789030 79494
5448449669513302486332092786557634628509354346914571722636936 03395
1046485641588424280563140767175576151600251749196914092319500 09095
3898433682266709967873975689322709505909914244456091591981306 20648
3310425376907125592881863170373247570594282209372443138118458 93577
5335811948355920175169076357869323928647200294055667864236813 21758
1457777561292397454589638763627435843194598541918500975006371 29139
9352405994343308319028163094985776625829056131858629548523722 72621
6056180514342847439789855207258095495358256958547555884020254 74269
4153183340323257049869024307410654978567740622959046181303767 19102
0138428630920210295790930949129282309388288812182576842853259 77661
1218427828097072945216937010238665248007407407711740696432538 97196
3481117240918027246337442953968984497988745212070794128594262 35509
5345133183231040716536655834376023127279252692996112948733893 82387
9747536608361184524365613682540407127689342853087106630612052 21086
7063307203632481764632629834429201214654540407162322903356115 50810
8578085852093646562957902799696827251757393343263085112924537 83505
0316762147970094085226459961162882377493355825437871419186104 42439
0225813653818904466841474432933282120161110718900242483520859 61259
4670684562087975466196853016606698136831869150172838493882968 36936
4884341736233645339765937492684147691604480039183988215015081 09091
6485898287986871266311439809687324816793711173749936133270275 84450
4939982950392259830061454827045187464268062219647860139598756 37656
9751065236333196225331059237598204767618273656614797912457868 24437
9691739438020094107212190559218078105738504535734845650206800 76854
1715495661511226615892574670599768263939086972284834203388506 95397
8333697697597245495627816987558123017789588396131839829809607 85265
7250245214018819616924224488899378561505959884932790004275780 98578
3757643878738191096854033884129666769497347873952055104661157 43850
2976299898171249072062287923880806839550297209349135954552006 08518
8758835357341964468153880874846446823815139899430103757399330 96638
5346155081173034153547092962369411649221974743132634653570619 79759
4105993890404625183723423076718811433317366496733335458639222 69089
1975034350374047712352820109718730831149535740942666338257041 28779
7000531261202083480516343444500558505989239836451687297449331 37078
8176602526038496106414141252069130301104107937167277988372554 27720
0170643113667356612722780638675443091501525640750151755045831 77694
9453647163622651360313256063513132799893249377495651481102975 18014
4599103285738937588601633985406249592031442399505014087284100 25425
3640647274727310354436697258704133466190432145351026209175711 04540
1983125535805645838329272016403069433123789082374929836397180 66770
3894530307173490457710604388375587331506421599711456342369563 03651
0415877113588115152812468315560684433842693946940754549396460 40108
7621847193252132977059233684258049604269838799624927151060347 27519
1775609047539427210990139810031609475073336894698339387955445 42509

오일러 수의 첫 백만 자리

316885494169222095805483781460398125388780752857598505338997108690
258662692553086243867488190082647150280248530926776581402660022843
965792563893714185198578660846202630395741354734595159237685104187
591980728521034961991739361118657603307766747189225128936362581918
592144748965172102350330569217261768474671601812545725065500508898
408285875189114712446456329950310514510445258532408791472128549580
632967252571761065764174305825506449580630746230750343730543373698
421495866435129598353141139390518877135005443919082018008372920427
598154203951595501186652747629784801997640543455024026316878227940
295987332760133281907385038904883896477621856053631518899708302716
315663139190257456125374745049806496005443168909837464112293103404
456762182857594150013097562733422456048211747192197045115491338328
567339454298093546084232062302498470437032250912912152111539577732
129080510534672716419441100955991074046911625508418797500759009897
317157900860782625902080983384377210117978348113398007126625368397
939715439616968666556739853153644719949995646274578402119849787944
604208616473821434484534260615932252473148589283824124465776737641
933737572558179010295524916609138515347885197943412790248180659045
396056623130179760556678738123455058894710592659518671825939377380
652270840192205091210247859890393347630904355224486771497364367369
134819843829050306235325969570680666112469503406268808049178900910
957605059869000741604642730900077608323314040713621218825348884990
955836888486277727881743466126469727080225154805118864445304709722
808036409767841158419236987498688758669393467079430910654791253359
364200569587630231223132008405765552441547244300186053126324136303
990041728855858989768376206745224257490042794858585261207495301414
198221451553043480771946099430603529426297686058324139634039736286
122267539835904294858402482454086064507401421291964710242329739011
152278014431636676863835666522415456067102569368405092633833522899
117497494834758417321911219131870763367624993918201281332159148083
749571118998290455132500294879076060904786165554717284056275256385
990667694285707494674059120140280929443890524828265988415270914285
497072574933067166543898910699811692902711325374676556677940450887
884236639404026364467539390644541134143788051375797641393077924327
670576683051869561966339909265517889982241249703939574324270216721
300403447752077467478041364331487882797685786728274920202746240220
870562574650918525788544409732319624612492841067409171580688252857
993657603717734050497863443874449986046814158786212650600502367756
181616016231354170995706110615114217992700132318339652822698885210
472865887721347454815328730915087993653444175585947057673127422563
034681049011448231370354972613371734824268839777367458523013571481
745346310742140546542471596532841685321172175067007591171073411746
690972290107692177877639802231107811005257168650409856367832465450
243657278073267085168923934501570200157517298244779345637527265703
168427472765060646667186001370704927405001121239592265485172912147
784052315380158356525473067609608615040744547919378561640700638139
389360114673054706727596822068552741623929378518038323760585472832
516564922068169034179879543706191959564584781683172988914610526671
997481102891149853087572565158268287022313035220392854198676595825
273063378022954946606449562265989585451085868403343946939070246045
022465831308288100701535744737554355425195571818429832169366719652
147769206781986168217714329533206665781349493730152061703618351531
260703533252651301515843054826550808057194108959465267590372030968
464646577032873702326179166957257030515219105694791211639420459681
170989290950688508112646954949038914253078663515064691668433200712
166664641797236781981308123257761814768611817364421928240348075542
595293264239094018679675723064641964000836256223692542658489943425

845113329793607449880500899974146856007284488061958892802028873269
585926512216791696867025830686943772933076311771691381216492222098
750522251852886203319216920272051159852358805800508250171510886171
429411335855244063806017405159374351446630551770394754042156404251
905820439361127996993854529601123428223241438948010554715798053289
328841405878762887885247363850843157829205210661294404387118365794
061445741204136095859606204569020548937353254343061110428657466356
040513479730245559721326332464555955452254603268642425474608012577
247316654503003415488222287940888983361652486537481514614850962016
097589805654406880744637238857648880353090650391913003514381114232
630255040687214651854896185753394078651685691915034592191221632739
996398182684039355627108204643085155650039507928013364789431169007
844680043971985556143119701892601692069581646894108588091840324081
573676571516868137267752890801312753701957685915946073724802150434
841939645871744380330991838402024076156001533186504909319309316541
547816863099183909853201432465670831191824598913538402391479338184
282414383911195617624507811089163091187650552579709845099067491442
076440607567378187200007040085082764435788958638609279106864974584
431583383448452920808071142433053227919773213460579118174289766543
974721522573428548864493339595026607021538117770227258654627122162
326538556064529956212155024601384145403276082523900623413211057179
987264876502835190187496822293469915898331739984049856334260471057
842078790369967367738347697000548603573742052513580548491036688707
564497530152556490140056368338521667485395080017875970345083205493
620953988083057262781236604624110241262973879420654911705967025018
568171843846045174853951261951412827078238390225974513865460997527
007559379641583934645480842627408845466217993883821797949213530488
473340321394554856230319970314197349116706250465791552302813760239
729495113657239225843767997030203043309387674998860559781378208795
316281307277906213857588917538055478813378590982557273826061968894
440465602471381517244672366464190388159302313280654698314552684826
856993206754622202838186660809003679814045508809320087636713071310
178456755421577301145601003742137608340945019804895836448453948730
986247796062474312891777773680676385486043012541859392429900736323
141307467428792575505768887355579805842420480718153844636992178910
384369257082999723045639375353156846920145502219765738196459952902
204278531138917422326453088668884187151379013141043631215857966445
262684281201360963435008752691185987304308961425494244142251308082
149601744828761835719088404478593821153058937118914674572423985698
462818003121547389076210811364428571560861136371315452430657604757
271344532452652997720761797593110455336764082942509991697886206416
004370659782343393448872370626303443552708812742979643251983642321
142461748637651790156856887274136546571307422082386195305551033797
105812272340569229725063694243402397575655901155412205204468942858
048796496305434361091989883857836158959120510569724304385363654683
457383764086622952037117036721547481791276472224230215444969865899
874533887622379894830786486116150189404795314026482981250531170600
507745633699533284363654280013447788493694047779891394305236167121
419005290100023104913165768212417492043469251601295792653350660050
559048339317106187600165293201703570909398124159265298361592472883
660263544350353340034917123892473232519221711382425952125600120146
933114098211559827757712110567336690879331227660424268873955886078
599271435579443446933291039554696589725417011997920946233817433120
524975116481496949694862443157217885214853046032586814021750052504
242612482097783227371254226450826007916510872290554640622601276429
371326470870997475834392376887315972623516828657705948575369402492
117487346019525791825393169957705559140271831999409983193571988550

135025526840454386031660680814396167969060567837721860733532325020
732425612599311001461212904130375052390905170641709841548741203990
288087980501183080924151320892401925358074591635271341750958995493
976727817257193061977988005136901107807330130630219032519979824850
948180049530011455021715768529040025087724667489258914555226938507
872730570020143426528366537917935325938440837099812178499413608962
344414132096645343671999286797883163269177497453232210832201161923
404574044387471257702436029089454918423285284634321645025815920663
434086154182787729211377438926330035706918170878554646003405098268
733792424922593637401015063114152853753256611989271287817777269350
022034093651895258689298331395084149728932887720598536555645532012
153687467399245408216974119844524212675107221214694994400922582398
597228410766797571484437107365441196506399936498666462612595952385
987261190680058252558280289044808320654242577666460198815428741956
474222937060097790595194093752823904478274964751093103603345164137
809981877558655854047215000693062087322897835394317640655664802749
652452572074002566414118580275271816210600287302565480995474056822
964496693211146371188614834702305200817287046673747899521168875459
633752994783694456095632917514622366098243885961725669226416468319
181937957419411991735310423362093830589819964379833080366148231849
707652726493249205630862382571651851930733645009312966464361437651
730202023403834500188578966775494595057873166503353799412825352106
382852390850540132466097697922995320939420661186926466430272241860
503334258668497519701577786173817716647099074009640886841360902600
214560902184235951769518842204560027291438806788421669836383074702
796386214364646727612011375827657794809438996113466662702348909152
980683840965403199139833919932049568370597740745219843719909148797
659128006759171215052426329884703537732595064042219940076141531916
815861498007118331512179787788371574181616433462249140215552019797
643697751203097281092059367688257954355491596306828766257110182809
028150738273755821327399761136759818305347938095669054694591500054
944675534115842833923779031722327326685304301376560382167564369504
556113115801500196056871427029485767821325403598222436983776273812
261107424271669402990269974766676696916077025813386614076994562517
788491361120181311402486148646199650539824250860706997636913439653
153627025580988657049612153362200676493876625079141919930840381121
869353917637041120699804303544910443762182783006884440276164674247
324537272570947777649624133275985750128176289329633648852371911629
840621155339305723354012532833495506401261109736144342217117776724
271739366023675234134252653044503311234200842651321560225969348371
220608526314264348364194208089584334570424190148644125639818252918
714085772381076994848307063269464674942201014122358166994657495107
230341306219570979002169208605609409580590861208505433290546279736
645525074098712454909968730926911802412447293798305483294345904028
062210531248188081657123707293815379637950248178778380893440025215
939176678727196230141943911814096488726198686730538308618541954184
289405503844524065567801026147979403961809686459284094526190040488
065991381884355224386794030392769227234891823030005979451840388370
259255058117713749216675596804332643931214034579861108979432519525
109056413221153745969970039731461849890236988909653473898302030668
604544250725220417276173839480006010859765545769865168372067595075
080110493071463860279851909224081294926227683852639012378227004313
853713464499968227210516870936360262525795193952942734786592591660
217307140927730014934547501417626020679202147811418199942292773369
464771889000731975458403404860072565118163479665865211752904497578
040112874622679486946135271674369118603662466987189549727628064916
992599275417047932567661188723163649345689224226546695485682886850

3515218725305860272399661187578441928894560846801743795393584557319591704260487032742015333380485821148447635322773803376467302765381792923352137339050295472333669529858916990685101343379374241491068293723301298703936664103133250512971841650275605701800834108616380948759811029850928895262163482632508403597669913399435503791043472489843338349480741453333189960039170342761294959129122862864585449636946387088608621598746401459204600579732244670558659631778331365065716409921300684620365950365216818130788727270463369855071173419703874090475146074353626782089886131364451656742050394678490053689268355618175073042220164842874017836082997832606873384104350419514851725979165703584635070898355028613988047704115019358550987581180897486946930330181428767993114567386069748213054226085234532830896701768186768341734691639141865980914228769793075971857563090999736338783911168299343094807160932342849985089648270870208780262912748472476137473832120399436031922660604699535673983371896839116833755844926011183345065277062368482126628984479137900166480259832332182715804414877082675842464513383278563003588509437645662070730355485870862662463724489932552907081888506462646316417470126671783036340441441610091430285189617544702569631134508522382382370446644684802076544524992675661797108294290658982131650802148584169565078659950196991412387497213709526371046343492003377211703694666244533135639128509504526615774634932974817338363339002824111191607381605779062570280820488995366826134963041437390429240751546509996147724519145934477889264065853724727337237829928165884775363959620562792904132564186255359916632147749948424512855693897828126062247604581321339612290773885215823521159176013193965673868447880580794065770772697948260504581238028767273325691225245802454759878889214385163383442668596679882762878207716491650815084432582665031484431172947989502417681121526178371564695586328370422383306339098956082646267340556666447672906488060493881503983140143523205400984337772421098523886852460751288727990795394715953344502660419101315844339682894502301836010591490583362950541075222716599328936543969992982873442209449663501267552150525546164573440501638832181515487389335450306748707571495987514088296296110562574598056849509325759606247423483754670419381019281399322869779067523274787279795321726841087330491245891820804750762068398049992640704329386121944915079177053102997028124367187224990426066806470091223606110958919842840709961135447393219288450658056623065633721709173215353400426292374070071993238674143988198007527464892792216538072625865588708786150724378317736608070252114260113976840447792835308436434960238195341144698182025288888177986279169581762114686652113310770185852952811521357277548358394836881790071656516770271373696778889698702440712391974081659900978916554030561853567153607121123115087830294798270211788771819951792341088945459088077522742957625878058892693045287110846330191720975467835392088787522284309665618635984274560829567568791255560964594744953719478592331293183104527739682516508353232375740334012958461555279169171017634122930745594943096899941418417430908531931116345831460717139960440367817349980123772077193798176352656734560201068426193358321338783824752563346601404919370855941944418292361742589061544442284876470816152320792942313237041642181332714455363100790782884845908137131045857036084395956820981855455463763421390621008720173633634089922142035237952070332387315277446207971567072258306316169959713627172496167951098818475263559737940831308678208573882358650937795389637956218333521389097449182320640339166838387625177918633278914568311639936168277873086076315958624011635182692568522681603364263990029976452457275031771389750754928388963987555697847488626835771803834100639185871316800317873697822850615883558548318

530575000222188215181033667116276141203730552779399375432240121292
942108254028097357764356028429770467842157027219275139916006497657
494868571435647211150290703208310352292827665717010735675053396725
969346373785554235374423962632736320110903977226138709233843943014
039225537945217556515425581093348111205244456055898646606754239528
611555630219367301817494312861561416899927224468181543943038153847
616324095840962917454612723524787300824989948461794438570648253351
742224796476960804159192468296919402958044955341941505310229945493
790481116084184813757356638499457264429927516443397409056128774467
493020050769295330154212051404419892391458778987809702040720806484
213074014902074369381625032890643456414027164364122968049083891804
976441403304106986209371368748710682487861572313939900198208898678
071109520478384976878942210027225457429867199718302865186665256524
941940724465815287612629778080948111862383592637464391224476859837
561244537718495374589410376131420487782945007483001251527361266795
810740704643126289256351322253309594570751088771779047699833789585
088334312590284614915794384242338846050206177039583425146809369255
061336761558888062454299921395353350928983904682690658126190810108
420496118665439685707999364119561899063049737923082592945335223267
584655191462241781014231644917817115165023028621735056788851684918
224452438693360547356166783201719941552641044590493506643625233874
011461006280912372274063302092540140500163439723965178622214735230
002965434976825692441389142554619690295421733111923619826100777020
908503783752870043974165932993236636960542422751061198753864339787
986746139756637929254264317675248218115791864892464224547928439758
957151047764562302683061908520747514137237689617741813284362420039
353917338825328910035854921412956770604037384789040416036832355328
432773918931563788220102920893802942005337819610729155065536027327
940135187710202443751773917699167412640773359867714716737393545327
626425973204319266091455998190993211047298794552879875311809749494
314465064077776044565350335403332233643658410008334017655913534628
696019005541877852332244402764685377006965462235922577808447029457
099850546612436638064067438652291103082066192525791005392364876494
857344882247729493869006705315932373663474844467743205636310249096
994723871236428329446817730544167857618477048118110026295900463813
671891583339567133738630027401973205339735250687785211961874001130
096167048304748765702198667591191576775514728015292437191718406959
192450648009736251748559931968903056539502112755997546304234287630
673722623600746106946010688386900673284605921661380762919654828198
922724822465907256769538261178299072895851466149721324053844573739
566488493104922438666774630849577320536917619768866096860402841473
800849743753619230260827695971459641239881438458529898235435498064
498022210662863223706293448590088751623747372757042988161196841201
868706082936682281161572185783989940990153961924890341097998636906
156973911542215066429360971052186310055666858689353122719450502164
125148083828439558244824055487605153369847460065987559022547693130
427860219310394413303478568864109375024836920800516926189826784040
223187814475707780427898804242938332152505561915368804106116892257
681956487194708228268283202895140047004967191833628964056728405731
813160716518972685785848209860517313696785581832830751646501334399
023485293031317846106415708940425315151061225500256976277910007975
761845668448763762279905907985028570493942745213779234662966363279
917587153191359290200278824381767538760466316337432362108660704607
161024038071028217964253948220808960357530341278422205834949802363
385668401693266517015174027020304109520424912191594208180073897854
902602340518742221234579284163870833564506343498730436361314837191
018282144320419652743723869978853532142047128358535123607587783538

187113153907123123723496453605149361896856839599837018409796414610
955134480310406287789948081225602033090779419354317185462059787035
088993800304403425939581034150949391640556670496924739926711225678
174561066716111781940787967907725774753917353951020524967481143411
165253155031110150807504354780303540465088530915133437581104849867
916051382096099019480199003685794340218851865703649119653534791023
631759920601838700834009146402949583504628110668371928247259057580
245459982264524449349014966641275363303671550603772713136935763208
168232961238303946734848505469041155543495885942602345302561793434
003404211939440196239179378971287114456339260841240788320600115336
317622895560702626215659567651804630110382232706870483480404289031
713858823348744798983944967817654305261174314045186056860890796824
960343698778288478524384842213686479505090881478924112788601364836
878178992023815795513144685102236681741305417962357852818150298992
841213771884961650185190789698749316964464952987224996505261072102
322563940729988706074811429874829025185164650274525300934809481985
701238698138124719487087278645636146993154622092367669489584295672
974984646160372903352640002654073707913208763271465081677603180581
723662289577764178878177208746321877187468071675082408868748919066
545085373955664069623606739761003627475363577973330122489496942457
970585818371384970639574442222612097763679751116081916159482911396
953561688133956263251128602411573568762215832818487015271145994990
872078300231168878619667927163214951910054963762201252266544533763
391732476999195586323708287580687969773210382197935821412491124629
366340681803376071502799507135656220205811126408676152061407845798
809806278828019986904303239412401829890570605320720504257334446803
075627572948985101460596128347824128892719461660740173803437462378
951672498955762404476647010262919196115800537621815269864319828169
592381252627521821519785408123013470711662994702449610349060440814
533392274647555429610870813415585096929176279158915163177490968632
507048397317147036237751045831559247774362208534151628792535420828
059895163916060045238538260545130187421435433849155961449845233130
123534068937597821916179147520045178177644525638506278028711520755
604074863750872372257401191436156511061076159555031500310101235771
714365624895099774846062433009669703177461268699377731554526859289
098306131388145438952066738999201422292441962894441589402055576282
768674681932260506700036601197689355583500628500941951944462687047
413213479327993776413739517365584568626089508318589036904648210024
841514278917332537293692531996983953073791643333628519952495321856
299593237351367905755161166955632227854503107777213168452805188742
066354340836892977313952442050195251806732078748506465059080497625
027437330366062044156455670164315900000829019020339691869156987115
127380085751425244000955815665082272406377427233753966049691743022
843815985796106116490423320752261145756967672985726329472638121406
810403478031617907358024851907265940524346683846432293806442903331
969872866136161757975603490494741695269973863665661739152453190794
290815957780085988041482961654116636875937186575990767049183884271
504646581449233145501321907207627103429373323826973465127915826390
861214606472754108761525043296009855694096624757351730225667792604
533296116274236773964161921243284559861278119381683182662323291887
316244149643512729532508126135896316029541701389666724113214445920
211905556259912898711055355404362420332767561133896347621718721601
799725580836242254563557830142141367002186669820902011111062633949
899274077546395476278648568193000341536591863880516112436694328698
733337324488765828578618179502325606870174498488276713175436791735
114974297293702489257049254774575335239354013657138979568548923887
021952128906981776155748518221172107552751736135727366152125526541

861573403750700490639412074026766745795275714707602738038031646193
4981556896044395334377956131646772711725805578939842391688173272144
029867345621518199131304654503471641703188370885853389009757868758
483349671930650172171354100435522515571824404615825833655769812510
808686557634398921272503708561671821261235136259711906792820988915
184082375634960202645970199451592425401328682155560279830808181620
342551857010700513398144904701723460569577883616069630153438890883
920131126565262534382035280731212800676978951509553123759397622258
247808934827399554925761730299100538583324885947736751729172091668
256689039774293598975854414276721383540753442876315736888694434695
083779536989656097840621263758822520078632398233275000026471575688
682348299296568373014438267035832380214085149702709832567095396127
245045103448152778329313682506615088395812615102461031410142564269
778499872495911017059933063073807575890482565779635966167431183210
875597661845056094538723113794149558670132622457293230089139030454
832566737993018435795562546855008874198731450466312014224839724875
408373431526397628986000935159475992077468721207473029090016261620
668010992734545807636037829849078588726902682402116651187720229991
213402287079894386673095742409523548756949498318062833286046281996
773277669226313323741481919296738270886199799361275911067863703466
815973431216195075803948305290096273983276321023255101099518435772
004575014656202819393667591313222564837712067635602637580108587851
851215081047488194740034555430448762686446088145548019789829475832
540460042861380670014570310234355524193538505810423793769291727138
929855868601704446450075570953676366519052190008848963393457243976
056415804791572365313532766048412015718585911156004300551041540303
977424261756689883179509949026446671081850793506724342537135420137
060527778612272989879440510686553114373744434469474905539379010572
262286825475692405683846967985230640254868418382146012182133188454
938887023738520817451393696409934412892674562628878456141821124601
131168980096250287287147596426228123462991723858855749294428299444
072912128434262318564691860209317808272811417163182309757074942998
229165779482085994068687059610847577975719105238890423912070098879
995813632036361108821457593584307108529690027000036080976257958844
829057028700870775245651299424339081359486459124628475123606797844
875848920113587518049668774063898771892230953297326539364276261618
295377316778902746014978996551448954937894457542683627552407544885
517422490731748866310889202529839999358823998627195786535655936572
205279494449454609112300605289940775789885826453151917546958493282
548250820790415058615239346548503507906931748662004360354873366040
275906949745266675337415215547885183599498157667941397412658355358
397856690141654753408058184395097377546759292601550036102869712228
189212887190095122330561149254196852640584833402250885759980115785
972275007091480609146223729529737700327421536960819771479844007512
100193044328280307766896135279136565050866627766765321286555139675
379355634853839707677964451695487986284654557430313013882113473645
491526132174458372054583885771141494423556514299300944926133992639
348024409427680858771087725818907740295136359039803964151994831882
990587044461773823047916266879130425530749941602537419229498418989
516985575734960632798109300327517506201817018167940268081748859692
299319567188610654229547433299209808548813257776602268513355930760
690260254742634626753016660445841669382737480640841216629058513305
707346389545178376763540214590060181919483510399532217079697682068
718306900829426373048693910434410437368074991097273165422193354477
725860769581000622795987215218472126035177066441195144595314806681
585347617634296111175974896966907570696158240667094987516833874228
102987579049538267913449014092248863570374803629626779614856293953

377219712650797694365123020383015127398967510118360386739041905378
293493453389625464358213107587780587911268342660274360075586635259
881164896766369250586817308175465989402095156371743223246049073146
850236434523770353738388325386715719295554200104583985982839782957
728225885684527760467328389969792573065639381082762416387843550405
682091581411343466180085449128567407936902385775411080032693132254
790108173528132779709385818893523814323699144688612459663125076039
955480352002569850648722259151815907278247646673257749426638085748
787123905916491298265536117628796015117882014621427797571823899223
050610603076649544691586771393746795490509266206966323297286930595
769421044272964141193213426535450979921831015688622520828623376473
906681742711545663645477586904816421636640881716049809271186841351
496513899728190788352209829736495176602001309449247235507700848099
284543436972280731146684757424947430018886884652141120669328117504
080331064153190855470138151078665359593502570742649785609977388627
530621455112283888070830246488778775901157039670465492498731561094
018298872386566805932518715728657453403817957909843182634288210638
036931301499917668593007570253956038041900799075854101154786575965
559744144772809636119297733131794212476500656383747471869077208638
885860321622335375230138094971849064780487395493391953249987795171
705917499241142418980363483681155566969376865333499262021341839291
175330284106543597812113506445950299232679660146794305242557693309
757856232952073543581224609983465923733592539728055775156165158075
123200925769231857105940849041904675835476759039250046013420820109
986607096495772740750132102549885398318437730377551218198430549010
358571599269206217191124211663858399696463595490851709928243625705
850022007703644911994788077449697506068615625730577469909171216383
475958628744605404744900053573379698770338554697968970066219161251
061968802808787368869037445391236327275608911792619148823421165040
619571287628383412974920446510373266125432690433292466800929327578
990478512679447152525172081842036039552269153853223811117366087843
197689516624870772949623432263204508435804815212001620197920575916
666635981490722845832656659774786058899359144474287904654337398123
612785414947794350633492073156703057527871496402531550399365844429
443739141173177110250605176245288703360270531034911460635702904737
685826589182930689160635295373811668687790776100382559381662617413
064720873733697148029174553469825226519349722217845651749344958143
346019024784021322083795031650057709193983295672715148910525345849
817545548250120025620199836950173964033494493278266975640404754508
493573645492312015881372328170792150214793403917401761076676779686
822466560247531609562495362806697839095361417443935672602003422637
494491079183014662116006927914877326541602683481235533621466142510
312355869768365634264143437729985104727659436264027823113056390782
422388261573183851428609852272445136726144466197197085758443930631
253453778482712639178167116164748384342759632179282338984776201799
828070446808007615808514448910700846862134846375220637292558068335
259578587420867809998548967968826048407572294374214301573915695363
827271380278812833584914011734195095849539935159365826903939601137
856151114884413403917318519921706984188514920615741046110611292748
382186665565133911246144189598964689505567548538599158227912905312
714226291903580878008659632822295664272755820408883561490851839831
392658249897226641967153209082770669819153160050182621295358250403
981163197108935202032039133547841899084318477008371461682386028723
837009607533524998580427987961568800478435632958210533702480263206
549204140029254419524869509018894703203364267547812988626868585054
916913371855109684829516891495216115834915753776418682250537528714
569069620870198325112736346911045740925073952556008559786445926876

7251778766842872854955095755645528431534995186410155973393223366672
7782513618526678096476255963474212181478219328968545072350792183338
0548263127443681706650834999209227188631806863987596448179535611044
8573638742555015417967032907864201340406005461360006448872124101119
8084959293244821020986414797736821049262781314729043837802081601558
9179958656008706989370590367367301861270313132560915609465133801334
4118073827670758557340449527872767531398494103409208726445337983667
4110361803464129859399889785535565619275232733062914856296410005088
3736911706971739461489596251225146459261248661216009017338950593833
4391593965760280857059420197800574054562603049857891374343329883911
9473950619538802208175324191396480778680520156877628070314686195866
7632809314539549721814211477975864477934699091210840597905322518777
9046539867261549986274425100704760061482766249667921835680829996666
0852639281305258387617374863838837532224011689958422556997885642866
3958303721197945490377030072036797281259714298663463336840630432655
7084069077911016762751649631895537278508908944641329025210629558522
1761774706442926877098875096998295346719291704217025021997782595099
9290141649413603064887649174562745482430704912603050497012562950000
6094115181144942472290687729619422409423641089262716068698303894622
7064012255035852020078110664117532964883872098847932104556916263444
6946119476165633024176366162062168299008667227309214102679000169633
3233272597134190199030090516669005105319293814882018135638198009000
2518124528235340087295388183128135716414695092214177433629925142588
7559228793598395886161401278566948834920250192657050080209024474244
5776049207711319272364624694400153776519387272928594187235406173266
6940764802720483346951581552450627203045285562458976987490558863033
1380488015393386148955673711026205695521291913599745237145699265922
3121691423505121884701003261215932324819765112809851134606328898211
6591068185109064465299413647178738707187527581262128862406401050699
7657252060433060297652481786686720785432660914286197904893119353799
8786298681488289395984775250074394177255682960198694256698349721022
4042565495665618111065315272662078806285809089360502069818927120322
6662239785213179027694847073563419450162726302100632924317372972677
3197180977911988915289964976445904054200457243305199467993043034411
3974113113263723590823180338934819660827069862667927021782132081577
8686341588683228077933193258984262045735194247745564599091915869833
0118065965958381046334725879680176790296498356836227973479308635244
6580732588511305535852384163792801581682763951460860089591799722722
1083458794473666351655913007839934262729618210620688862279546824344
6813178101428057661011829281496078180979003053205042196996155057900
0220994657607524874587607661836492138195935274803319727863942097177
1343858221767187426400156441383527783725559223712840450870725116188
6700426291688811524506864310159241490807155723791406863917134046288
1596498782934474665726882788364171627600654910647129303149311047066
8726282851552028149570623667061968217241341110733994102600235826711
0187161363107773384214151125928167169715898737562013566894222976377
4623793805840846104947582834392649161660735203555478101717519745511
7329323659755712447883449342832620787754968668714313177291819052766
5550792134156936627028440085647659070585475174910802798537702201788
5361055433884620092044794019774843780027792875940870033507705353311
2663789756506433103649211170258475013326731938401483950988381099655
8981845441296616230589744176949274117828520111623312122659709402622
3439369827930105836574122888446385817215496812148806662285823994755
3205592935975379513247177246804411467433613709940967030531442370377
7988342832786688741019555360245887295660575696563014122456095146744
0188183385593283963459237463793276617697151647629172331682744951988
4803629419515292130650348881180941928677234131907855192070567638100

오일러 수의 첫 백만 자리

248441411115999270854702281325889441789034063685828483210106652580
916850163965011986282261590371444013945039217647255991065758537574
003008584603917246371426772215844651975093835037660836597866039916
735568031937378765128506270873146798131638653149653094911656760973
051449505043501781075883705585126517265817549613756912149490639140
785713112465741426283179825194006882964526705735067654127579709381
974811277831390005196009023091397974241625902967018216994566972264
811098186295058750868943931797030921679022247967950304843862511518
568459496147550813775045873716477264883626095757708526203976082294
745351964678202846239829265394888567598307609893310675818976080247
893226693808940766566435041647205291542927761713498997636971180022
051726764943134608212494262330705912869944951418153053546603490191
291338500315258457826543498059213101540038135850049942573880795623
171876196970031434910390508548698730103391242252456266873049153816
645571980389769254954807964018102757299595736630766392184577765500
280473800688035029378804551268577202494753230739314769038243140887
596867108383688603659648130327158005693938246272115358373399160722
177382083482736873728680601982950324575716191329392851226291550921
774394484417815786492892517165468492751843501338216442895938517227
143325510288512574797135837345467323702638203130427750394752724796
313180817621448422905747742919279965948072950501796518803816217691
708652602759630385084774904357719861985160291656690277225815910961
668104900848638338973309292707627279888816600471017224472924983915
203509796711138632303531056595044577199832909494688623890259356988
267303478109859646391778455421479090839519881509864542168304446011
533264016255051958558135152033003456946167338762886322027248480164
230587091946861825517635853559386564859788466508415264084512467834
214915733040730621934661800588217947205436414892791066060875787484
577292195479382447253437329724425982051173784450122053116060931292
251397897254192410197951789640738869243387380999125343046435478763
720189264658355275776820695454807060300981045294340146681418980159
751876033820802752231072737218761461170126133921429255155526502934
875746917804187568596924127569793381259041813756410775728664909220
420694436516871570082776223584723075967733263763791067672745113118
293394614032539625633894904465525504293146357637936718198421207600
982063214112523429453792150402213528981930652166856334380853071868
298947921682749307243982034307075276864274394030635546808939229401
494200627767807348862489036526712752680447694195459167984076114892
101283991141377220690310631888048631447755770621089285930669936256
629435235833540409940032387044803220536773038752315421027644090126
099689543053837897562320129187392511814374267486682929424503400245
562510509103201017145298994446229999332075464373885496229768410666
680300715771176506006595466483973190110443858281491270059782918570
514422577883613456650265111048792096127253210586062838021848519965
022588514771157674419473893486073010789806788321134138743001117061
648769067527175866397324562883157247371745979394050364155872164518
750218267542375915606809161470718885421304537681879592606007843600
575291401990403169812351483544833276136657194978895324006051314419
374403265189708344356057586539001920878786115476982903062848978186
908895015259069632074860135757546499748002461945625052245229838727
924736076039343895610525039824868571128827750329809194985751499703
709092853353996005457595940593906200675190832824032202060019432735
140455366647017277424961037267122980366444562770272832002043217669
438180245584454662934642371936244167019123342661881281543410571381
297074190093625004892591400413908198501408200138822117963751096321
716659797392544774162111670541743515783754651080165636349784729813
371735065074210762500263107073177909548872232628945241066023090517

061085709074261254274202225477378923438515885081578329231753207296
564345164899832849130353280281579964242429336930511373390197179029
286213961087571330764228114339955296021857303863425629972979282809
475302431668057920164590196203983097441188932687435612461179516269
817403914551824140109774689560563374583320079866025748822354973056
599586800432012008789750416987398115608753187083330129684274934067
957569999334809346615163945754054581362229304280442515469720026912
957006508301924682721488599080024845095858556510602594231208186718
124064628568928905086987695933232817202468173893235282241996437374
706360876781362421035126837060417564131345032064167751689290510517
644599993631214208945577573360265550076300210314584743945432945754
293703155035509395974030231379616863767682915187963256614914654829
751245265659221906396539780530493475044557917387916726413298697016
301422578964676359770907482198641651901286286079671782453085673322
767803631046343055043651021391281672976694629555157238401201300153
784588429482172459871359988586397888684605947302231097463724384411
263289961100650507318293387763506570334951440865233926185663068190
878234416101680484006540744704639620456463705668137100219951548302
507453834011579262745317127189376124323094822513209821602267563756
263506144340081669143075871101244088475578022622362381726558746135
110298547595551871666525009401438374024183775032766717396021841447
740098393639044131508360221710560633649363572644122836994854746311
297448570273108445948976118858477227037086353873482028180289948574
509416847240583167013217654705337010253693401357176859826972759106
387348987002158790230175236034339394431028634037162772808797900726
738338505842096286604103277258049426083502925918356089043679164709
141589401261103799167750352483948357788548014621928896581492704633
330633530108001335932337575953654118109288819753775135364979884237
525083071063639133550141667090926924203356074683553984827806239109
663379493986409391541193560733975881769547477292359698357343148540
121483778543258755784489904309647337307305657568677034891064358815
851540182431065110816492505441461673427265637519019331831794570311
133034426399466697687847529850997711169939752179346722715127489214
571783596112851386450365535566563982338331511407934453047510930808
238718085700582946011900806550233974947083574179708704600261750789
062526193581498415817886550998219115460396877980083378003074704155
790727352107489354766315135311138417468148899519710439907832941202
855597533462683839933581535023926433830154236775395599728383664677
926662722316261327056169071973670409197970333737891365431588542833
199439580388785411496257266468241802875149954660879228988280880967
855352547616087656241039961563249480436264440125278806907935526211
666815725356581805649865147990010440918573539299952847664334979177
250581895678543573849580034103948795614453149853591641148171094735
354116407486510839879633669936484182124193947321017856386824410704
245560952597500997042873405127856179852435579171712192665441649256
305743861259767165010625087787594175978014546165152701788439218292
414709935560571671861253073510803222757354719577062444403274184665
927942877260214381216580793914552161901405480803020917318988769867
718429099793537442940682928328873133364787333076888703438030525264
424479933983159518367025633276428505393680446743449184170484535865
505090178139240436846375453187533250981956897771779496714578500121
476696564482296251990740640767785492981907596084887018155731738603
349701408541385425040375650847343535423847663604199184158570101427
161706588169379946058919982844677896330560401163094497504959348044
699845472102113728867708025494250416419842896366566650039268921057
740257795163688583242515869854539390670576002094621306113423385772
635865983197859011664291918208688302721433210754560811114505108816

876675487652305723948111481335214405088849792115859844466307192798
875474317216416607444426211936794230106614947900511334002015833537
565672606459811628827940534630323595319327694864527334047635745855
268332313364262645234302281234574342710692289598142148775218394119
029422022570259230472805035306576488517929917233674525883479499791
988957173983593897261746445121740458178446297847902345960564717599
885229733405179191265722169455586793884887205064018490838526588459
061089560600926661606643349130909338050300494823793922320424901108
574287364759522517258340242504950652525411716126638350548016708746
816117933190206711473491373223944817993370284190593887276019130772
061320637980370438585749161096885022010702071475438591644040219080
722141667379404789064252894560054834904882363354553250843696758968
425936348863142262802632019226048235717733672121953687669341692835
393333872380139483939415648020710191936755258400653836858194365708
922733656860631555476830260774504119461406820492519554623749223127
254036184310138841732019043579088839084938408088243246351117141302
824020856749915544775683195932544284905996500600646948169608546578
824880551802592289454511668420958142629181425706756600028081163246
492300743361248341006333704124429829176802904459532003771893132303
648282919508920182136399058945685598399692247805304778750036736297
044860942759802411514643534302920419342735245980516220281013599229
015585934507666335425213007505021463043202349702815108434549002259
232130707559872708292816947239686629387914862670517858330925503768
581817710336452304489050893619799908744511800593293394201761795790
636101585350482726788267440922670307818025191994006027721428873654
305080455126834203787396577193329879528572396940693258601341807767
484126334117132917492073277200975069031422991549405132431333360202
145491479684611703750622237606628403246208402997986667287273254640
935838040486782174670803051967297896389306933921674284261432155680
285670789647015719545737657922629497561939280228435777354971995800
695791551132675063180379880713242220003976183751848615566938612047
732613228517327005087503008117277213216187771569666287123907788909
632226655310418724195302424578515307307301387961231568904774335932
094104622097102930988853782365966806008259666943312147946867101591
510311386243442701405970461747302074241212770927543465010806610947
530204708291814403979579991894643342612865495363468201288926865610
414644000543180257698196490256281173957034962983558718538926400625
198665760647446251235778814584902112890362145892522924208441035133
327133829723678592372521892231118050304653423213627120249359309951
2302074071968158555878633687677968598549579171717568414970199786325
242870965683293306597586188595211617158774360463896436298728049769
900590076538176089572867318758958969072932943527150170420650136015
422036301463234937450965567312716265264767173065631563320418173545
468362024061929387350751535797291809485924263377108121456995139500
623656441919771822650344378984334267337664115698682862362316457528
289086823960985814315988026307551218268125892451134845647270599783
936691765631779278150676998351356912750350685726701705869301808732
451995518178459851687813668049106298398016833210340185026963755299
885013956224405547606602834081652730508552155690238307532266799182
919753835642288612809525380152436076699428944689887759269381730715
879450221509824746659634884049375575344759042475680613510759260691
238729114261123643538277251472081279869070069302219805113355366917
962247470416497713751002336950537124053778620119682545426176415079
094349245088505559918000830585174431026810074291058598458365928497
432180644842134799534345161164018561094849651202925234153644438873
980425744452211957475175666712708428411832484137523380953424315207
228291397871592419776446572231852733256979892770972177625597236533

832891852918213555978355853525528168115819172182228982693129131287
232741238636375386671725660658448890475286416564847159423966416434
389233966555555577505623941919386322247792525405039371606304906993
076168706508352910175835793502829967125346073403187708553748311141
833088915087819597467696781523926182417983405144250609493357621178
885714017028104504195467414437360882949188541087995789078320904444
403919352135632561442306688626371187652846600423542918735117789411
361957225376746297336097877026833323640272245510637223928833180494
777403716667233314341415592504003443864851730958168363281184446312
675714559731700030550889826990775388947909042746857279399214476292
572155107787976322230317054527722203918954369070799156122936107154
413193133429493781284346735062346125673695409177640011845026550899
269647194608984026570804072312783432408860802224172139644006033859
955655688644213098831700528579098647977434087547626287616158537268
187549754532891400418937316397456821025427865392198275474184556871
753930342315542048866244344295228563422335609124478797116569348778
720123757175151434224096306075856343011165525133545498704693937743
770124362748514149112587076200193174071743682020386127013213975899
688228407512227059994213429913207267333097712360897894644938981439
659735961665658993852816670862600305173333482083015627966996961156
196817843264927328573416100073953155547530667562009960759053571258
963642358621386526808056494782651293590560810954346438467371360449
994040135718886403197854630392579518650255218816573581562257635986
310277602829677523482352602470270649121653042164389760800295529831
100624337813559649817383604797920909082575666433266668067122751187
684352812512206634374531078010963786553144854622218985259961770486
536947958684510965302601401388203570512509791840617689609178577595
647343804196158319476697811395247867423947746073409243167798297755
059729700767184529038661793874812581676128701839917437357115690974
065082387573190996884975932907443641601023900906284030548539277004
313603845524244842300053161907844886747913981348989663958291891950
571875763453201967071694199497137672478174877139557046673027712747
983053013424027891648068047620392860696091924830264868072958363267
116662677967606836340750767263763490452258968158147401802558001971
760024139869399349215900153041133962949419173171645888714287378878
732888181304812619948719916342766996959439710594198522351935509361
408501616263175484624791971026824615645806024564475639509012331590
914096651798470733029035611775523525988643601194889388936714131118
598807032378677445581428892217103406789744586486447456112767577519
527408008868644380212866636567224057317387250035821942569887563308
467789831264393605749102121366933901818953546225488974154060056777
788383312620690588447287730405728650857319119157499988336873749468
893593455510369378310443025241392692681714876547170747590849536287
048244116996098433553202578653400324262446890254474473833912716553
478447439842526122069863563784638897289136412807708553537208431948
966527513426096742709229740278802339778964577921244483551078442570
651693811144211921575480837312712674174288549055177845320131746047
600130810219497073449144052508127837541730266179692906422776667103
715245685443986106628128440271779165712220782541058139155388001667
828725304184557347984143255663858212788155688674415170239884908113
560974671420339883653705612096370993533313231085778377427795448898
584648812197073626525160155633750105804463787632815000741844838413
804874849039857102538428867525102731097694380500816423251631709067
985432903735140801396567650640807862787150435600026715537883901426
562505426920613598935784885304973060317873364705008428369490126054
495148424226076718758014880747913906686456710090324223689602366806
057460252127359630371166917642300812953513752714238917363991093113

731467220893640801959423281796280290825550198035965655984042540830
577626668242793356855012699672160335421324097012598372337679965611
348688753982565421107025400472818964344530196022540472935841646734
240497421062012397232045374482242313699582412415713511658318557616
592458002636703982733138725241433940781080358713930373844943798790
360163347891928042672754074214267075228151545099130500103516846245
424971711666951221306654650556497756411038510626654364520028704496
753624107970958815232971070630316056693807477558031953756286478272
334104950892759114200669071737909731890203224561501394540243829809
972676992042476527231992473737015573143472065919502071967858422776
561409842940009437686575237635985146839006165492802990900296236951
173825598269601362021000335386817943435593785837900470885849291142
614494324234416569531932228399237085826701305002848616939537893245
799985360592022907962134953170046221778820998832159413498033961191
373295658183913078632728532606318270652744149333900386487318218286
220312292449967494108830082205851842561666318271872299216409147810
320035265242650414087460275808200691391427363737121163847496157070
877733695884928906291404703514698842061476620215232634526157774812
447708015997061466560089682098086825834673967332259232212072429630
964673126610909663686128341202627491338734384816145801914002777629
242962460749519428045497568564541861750584954699963377579627354479
778051745983291397467420847368630193847718772992379664352237180480
441153626686261974773164431749354950684165697408128502415701261315
747207906943941463638133820644809454292242641829939746616936482854
004109758246735481216392146243535333022864440748409914572644768742
885776016992776405591486738372626102491961056220477563574400827032
002175353398482532817033817370543896996979993812676326426110492735
981210232698950626017761474094103074131381984453111034562965955873
676449889668106452124264977918170215943073546930352413662127749287
233389565597041010683436203827503833652785915301955813744166788968
513275362431290687814562964366271902732753325603411330275385093670
019126914798117033942678749141979212917070859455782788110604025570
382028810425683826856268320121533151068860174203538404362741073252
834033298132350209340432820416893105376869526526405091350628335658
961983039642908952044620024923493311552898104493811412235209128631
902496807875611238411025079315693182040949998114457200868175386211
301052455516281761601293522920555666024774787087641728456505715746
261163779106400440793487469342813193027993459628742486395689441899
805333279556268175098824093145769438883475623673609995966576071669
905919603349093981181715230488195921064116285226690926166718617618
961247190577133129700425814328178797195019006824291559550950264282
861238974327655283091002591245433740437846693100112062476436319305
454256285060344186991942902729841927091097992536971874245846344514
150267396583493271793863710638702843037429057569199761366319874335
660961262337652063615722794329160446424406515227311644549852205825
212965831477727047571430398913435734897113681846369271787936052044
430791134012195214759401216982135460644107788334298945412469896532
708057318388033767087580903683930229065129353069042076498505466648
412589052943453748270355224609614546672753764937667933334728435822
916228203195936697035966628554651134666099949617802577223559029768
284689431011915086934843045177593195255556601356920318550758572925
935801466411673997847541377091769698880160426133707383831474818291
625628242830573000660387233027092232585933838159676424379923846404
604494709686654220473244696901209180978313520498045715571169836053
033146408625291449598553727468702746085851792237586443439591192340
491809144046789558683532854955644960020843536673750419865211383968
423567586572568044803200470047074846633772561749120371573696914099

800171663329350784054924994690548910580351592358799960206349263645
304337445233479050254988766792209660975203419724151944402327099459
378786284513869046440898249305953165527625377926533095331877489800
322140418396089676653865793187886197178340387375601420904872325389
715572342580697839785993703731942953750727243630049427871067157878
101167654743165362640480058256709042309432531823037137973484079228
328385164658381594028185866391977008558490473586993372086569825328
676442615025084735044213734591251702111656292751758137455993568204
177395456735958539434669387956090574876942091900586485376030523008
072864854720611571245539992415280714726159427306192355530451826672
189635795845372684828287929402840227398662851876464606978604412749
687943260230538049456737826373734111486032430403728215646101130605
994292283108037660705390393493963363354181071283102132228197693430
313510658509929011414433436144905679700233439645813668586804928470
601217352398639692466022540571949411305460253415743042620223087066
969880917234719381193066964587716620129609067944803439739480980302
095524419570239581382508584674429874026951903159603892132499355985
601650955647636333940744821989456881270519283254954069169130357089
478286921261494370210235702615165007214441762529335765767306306695
822684868387342020447612152800025823603795362148783640508985677848
762409487591568179686805686824865838578824042021498899028910967345
313216450064814414227828298778846707074297294195617753754477451379
149561139742949518135050926127875644605863300767748734535922892457
276475879263457768228419966768883668091273699642242951860320894505
475243471362204298839768164908522944916865569594899825680614052980
030681436083858113114797500791122284877105130065091376257137360694
313499515352423132652102192142970052901646834873379281382170615428
714348783855817567329762702321654980375430985970897113283288274433
287644671408371054401077372750652848317788523863175541306956132733
154016591814960234115589341644228817511240174430099280995436869829
183130473733540334426683325893922213976161636010048437841861853904
479483020983327807261176708771544586450616112004141613220351977393
246633900546897941552140985089496507848716449506891821008814878136
066421564600243012943543456114383628658522074799062868527717514596
568434319847282556725374684639462791762628094205633874349949853240
894363822427338329994509731176352634563491688257050013106907511733
287744909852321137461701176930590906350548665829360330917780093962
459583565404384393371362313986086305427287358784868071557623833490
010743106932869384601494661324906309952274140757137275103737615216
324318959205495341939773275269049441162985967659098323064887451212
442687806583768247814926231358608878087909214024977698594810152762
049633185804530258640574345026833037770135930994252919052519422683
466078739080800580641192151577983937350654401715993235790169271144
800050809095458762355982502464958005401566378766136092150142010046
928240960627437786121912692149038779764771864188190242733089453306
112236811746415059140408948284153855835405808740468655497641840558
782572369953221011451291344326447440342179600421483197761208117523
640507689415236041101370463033975464717017246408832295590234057636
279412310893742424522089730565587802769683234103326542137520868128
533351397100778109895013173034657857914184337770177603504069388960
726681809021869235516486849124677186104016589023550647717755044827
791066302367894384306670657163892011399008626204678383417488695867
312948413954719153939434461741576055886400591593440488190495524201
694351436000844406865469049503918062033839873826526333443274616661
198185065972021278792899630649503705925482589517315586350567099848
029137075329918689245462104728609284427663847595618890225238923577
566321212933516908406474653440872686554484243280256823726635198751

828466183064834315351325703854649600853665617965246617511912019291
240338874541160654332732574346565143797121496321015813667754044245
219321650395358260201584481041110057169137294799987964797877006523
904694149937611711130292872054703029432189040304618839642627744467
971469227538405368265667475965275570138200536084740811089637342056
979052465629411944617123829656597640386864787149861931977735697570
324495491099352666622640909115314991305673219695545941468785277848
707695394546243456577875481554528277152475477766909304187179457370
528077547916344808296389282851009822360066301005165470111495168074
733818849806769105000583212084165629229182960036814070785558554371
485642735369336552341869573392204298382165754582997341478762079688
947988122355949602837269647452228908416197386111316864915069905090
210773255830471218587137865855941636671191414765235052251757041966
869045920994180894392088061860600731399315259242406707420723404987
169852971577142538868466949270315123492658821652445060790703455255
196696432555225796065870752707432177655260409532218335620099887623
524973491402823446892907950658573745069441396910566062692801550010
831890064523820525032491562571574511444671737983894202578176449938
407008754138340443071667258617083853077760316621314538900716161202
697264735681481630988066980323850650109437714409256326214142759705
622360288224258030087474573131279090113097756584353816453384648090
985936538344385682767942587046724326201737816960643904189146233768
577782896516612459887436075991284198927683608706690247631254858342
120194965511950192317928323306630451393002196298407108455069646589
495884358673556863018086528877357976672796364595381916575081994725
741351528823818874681843774293192699685130109316069888967908899800
591204433171751787711384445991798291055507608526709617491939989143
337279015655946566285258608279043857446039792964905563086028384685
631122133622404054530450865778235623758437642238479601095418082807
513851708661442481842912062321207176720219722110369838022305000693
495751085030005462476978023570816364358777957331166361344565139606
179828607646043512476946955038373802936973021505202617762913082637
385196341560511902060352594036993650849539906434037212169205291209
788233423621699978548260136837768291681264981419573605167451174164
320328376549914119102280869189598486847065651126350998511062624104
713649839744577004058385841443078064170666255144471405959529565408
704088024050412415826267096197546496424126139786021249105428750235
514846658881209057991130132822103669795354785060406257934250916380
245089332802800421033153039178895910040470073493633443203024108349
972166378800737338195265238156303392503873710842626207579048717502
108012430284900066264579065832248570104486069334603987010672822472
183461221247803297257097707173709247274668999143097971497838447873
703753922614033637422583780219603284270279688511958326979940678831
091071816429766699970361175874511554010722078196536113070586141738
568972315982803559890834844225080811083211549492492398130646027909
585801610176564183299645536580156179020481509020638379551814766381
883577256599306603187118197341027425895637834163977156954723073220
464251214361749739445403783194998523193624533030238395642734482510
139314575700204742383646779137169313032267582167463089839194568090
809126748139403848448878772736218543237177688038610787130910721656
507531368162995994039169544950495572605199248861879215271999332672
145865284363847574411417839246692208148914761009741510515768914312
413733354697074266924476491758415994678924367281056947537650993564
712872978760278029078197634972454049145934102318102565085840252262
124826200795918824774137942442147357843631913389571488998199583602
361693836747721876493326187077491697672200425649566136593526572773
574502645609300827311196842549771556347992588948178920462165220583

8555418132788195490581267992575106258688983304312027984969928781 79
0247198388103318735918141974642399740399755848580366764107956696 84
8997659657737786969258678200232291537305927655377273965764886338 11
9834243168152975856601133652693588016689577628985566409758106336 06
9534952539898574513697909251742223564184780083184599349322618078 90
5762889867252609275723705161378523386068678587327239793159568906 24
4655654890729011961233395877787995360376553123290407574000279886 00
6870544731009134015863908294300098559579796634324186061166509283 52
6597262015719952601881301785661596359051204205277793662505650920 80
6247138413645949831250432471069145675500706298615175947088233469 57
3732764688909275836449923783840054407049630201869225535547937043 02
1575130788583091388215735124666017998502153718985888480761337997 84
4766168290784231020260997545878729490970296511505223355668431374 52
7475648683635911341519528114940488397822793451208683631039623333 82
6079988455900418734244967198248922643980859215273719089742733295 51
7084235987747098730916804046938178987454689094906759637786279526 39
8292487457040820102221165928899937555168311591362550708512401016 75
4230481155846782528546654282644591560913181714447402601359708485 27
3163354586397746686109950381355888273216954482036525282483547700 52
8204407371451580735128140945541832851053394265654628720536279286 08
3843121885056257720897109778698532420619752332674137214822523235 98
8279590730436614207651220915107201289761254846291081964977930789 78
9650721247333345074441855642448140397373755089682372423351650587 44
9116892023747218130612640626096948588719076379166142804548778675 32
7452858089300173298393274177436255433679659581396974278234034505 45
5350295245096614535907327140831866853577153555976100280814473037 61
8982111889220779590970522072508834536132963827491962487240979464 46
3097298387637253696609500223638538968438776195861740201859019180 68
7945156897582226651812922083032404835861035832244566795178689197 98
6443546464338949141850949767793369279605007291170573671646466817 24
2997125286066889886191412072347397354184843233116100256739862185 38
8310681273323704397883887674478638987812949941753600405487481284 75
6291601626557709357582406014627832120859335441760661661264296533 08
8010276904079635742407132890838365893368640519798282708376806141 12
9917291006472460059037033420416461476459221534182442902625065122 70
5549836666248072743931496835132847446116105032559537842540793296 35
8610634899015000487483068351048712529070392036881793448206581938 34
9266583218899894287099442221495994764913793891130675516023445237 14
9791980783249988810823631535629421281452911245855486601211884832 50
6175439573230681008548802094570457349073396546705982967315144464 85
9969257612578420216436349868999833964288795839758829702326627152 43
8020724005056466490457038470904603502106286951639497932815547633 49
1460551746979915525036618656556580901174984596005216585493742117 29
1083466039402362763769981411608084615753999748922328853516596115 36
6723588117112940135392007841532211619990683477729375360261961482 29
6591067278111703832924311171132893403556401204225963201472547396 03
7833462109945499317791072310344391888029556114467957717371820627 31
6559490972802739450519364810211788192290356520017857117295893651 19
2800364392295250435144949834043295244641109447219302212587457986 19
5940647346418714535679090754641692279741331236356151236030011965 78
5419775770974987493485377671950328716344019891041695226603019189 32
4035024017204067048636467949939139822797930814165954420434792426 94
5287557584423632501734909198117434588819372706602684880120383355 64
3737030810722600186237278394291492069352940250805427928518560475 78
0493309909891896470311468386893483834773952780387685148462139618 59
4329458130561316377969560151677458186805175184530323771287960883 46
6771368660979128222864271146481168379623296785910151218698670057 54

560852622956416215207932417202005994233525623284925453289547341176
064238062556498114833494949180536960248295712891790926012509486553
213494724099116596226547040062446710694114764260405616138705569564
065569069354436432550540824731663754788404565481780534447452560853
846374035527902884720933573288741668784370013492568395538099672150
039374616952772191498805828705564427155917355686824630303452033210
095252460382980722978692504664000172854066326375496302949556051549
028417196378504028580134522527478118071482397904147959346497026547
586689907203842362268159756668849201634297330018770765509915381095
384982996303970257306625678720222687461474967093099396859507028001
281971577031842503493061086715415200417595413974547587551986283029
762911532284101150539791886643193960349833687919318651950275234032
747563954586867688273750361330444218650061230719968393995951898354
087127657325476452525216030557147529697467000949885201629822818225
009321138597335949834881599765744138081151848377233825971824507793
646105396323866181564809621220385776737215607185655698793567296871
676293026573228475251656946333316050520452729402470581052007563019
572547217419423363007973768169894298832150432015050907726513317243
551423839527312752915610134927446696971905640328216004644736351122
568892166982394172944737386075088781643163375883579592772385929395
618114489905015085598839442870349039545338826785722639716455944894
751511377337485169932565259400455834925706134637046995791837926428
690756137494769199935049733253080405743394773051364222294169563270
410907746035885618562869286584846307973364899496080260274888861101
940223321004874826015090988446008955491985175019312174135886294785
534428200149400741782817424117688358279567586797842186052981138405
958769627432508596222464189103835339354481549709974268965410324644
893698854617837477751582133366957324827966528103921327656845700793
830468907409654035812907526019212943241643662532949891480563694601
327056532408036894483858992080114262081055373622508139952658756332
798263022168759950863292642137011295229577548604080632536733539552
443475313717153975378927571536553557012610474416319459645582198465
153305532990234678554062997306884899796267790005002775670789487092
301832174351019023776305600055363189642530853579546428842491335401
461609770507371546766739510110639836720481484051225284417371062653
991043392938048904295691215815980377751448645040382480260877576675
721245761200768681908517621360464946355482903668734691460718242196
141228909892218209512265223417322446564366837635708883817514475384
652065617413257363254193166769298056651307397629726296272786169314
275797238814063298365438158178021789791494381382928131985200236825
506912101495634011775128222708393029192778258062444901736777998931
389700756917761194263090685759800040728931792049662014565560248833
876422081631684067952449429371714519679325068245113041578934466132
337063004295480366680215411339157522267600530391504896167814978329
197267927530102673711622847783797036997733025362643104922943527416
160277458532268249624921850147970733286969369016010169688380414697
735346146654901408245135423360855273934690160932696430681248551408
239472417843213479843432739106046123447978207888420669793726613684
035411783738126941445601984730950358350283376311144873763483398875
498423824422379081023058088778728577814063976053424708380437591758
189941419035894519226747804723180563597593832212245315088898397551
891771956510931003525537331986539670274297720995152180366966361810
210075174693654397160017094132643674741241183245903355084862970188
267331577935690840771311487176319412691554793532938320256821871428
036440722501060156252897298731411296286358277603383147963375658037
446916647347214289608200124857840491094367336066569968553659532745
514586708823382251470733434957768124680976090459169159389483446652

576190333010343017360348411987512947976920925963536396977395981776
221799919072257129757507685512602905480718610508818608892024405138
186502414500628436471926881283704133253500643921744818802399785798
393202844392722793057289586156058981362506152291326210980823814501
474869473436512186750721425855108940706143171858493162759500848064
795367505671421424306513505583375014719567483607974002761848192827
536316389431997383969104734148423790181349752561687326536116187057
165504554838580258442669511700680501649881883142707127250335047114
263927330335082484662984017450755882858633982434136925237058129853
967823995799766778978900814602854486742106225255083623108659221993
492257227422075456357404051825349925330415231134993336909485291117
941774564276270297773407535126739380930486161681619950530955024742
923338157691511745916305084351357259307491787448483526433209716177
661134925111860271260517602407514018886444310696674956954102294966
162772522566890253209678404648340200068680599487473846820568784948
471328817091911729314914851803019525150613791194710762006281416375
648983005520148150280732751451702492518990395033779543865481149639
502333515270535507351597433517379799690911094119826548549499730 26
573578823044961363982097407623368413291288395583176197067909634272
548680153220279124986715906358512520720453458874712033949180782613
391795621586084740297063730409761516387027216939468490954730180997
286516732835602921708253631984654113209127334554674512392970695823
927901743696263364534419771279439340838780475073850053164963759296
759210285568080308106243371136117149098406353969954992013920484920
721416897182215106270295841432964647014943388172948960733082197032
707634825638777129852564896139712246481435993252895438042765311622
761557127474324182762639381271895342031437001970350428197073086326
014663568086593646951416459101573845251234320371355129514831484553
814491585388883948332565725735161673243850240373672658757407427287
792943147299710731359725586056841317317447944731328496141931063710
779830107870532969355048271033952246261661672116728959534485020228
360573589106176159226194845099742452288440544715699278557160634841
000693340354462337556735934004250287137357673263710875390197501939
380295683181858805611896655258188841830461335901511993423233200746
860430390032976806004458411937170355237788342371889469700521048196
494098754817944565037796590463571482356403702165564682544097421632
189870808041732376540785671695894215430397455207183327764168245058
233818306140660591864746399698987296423948233450268260875149388444
432267197718382202639141144251583242468928035120409900725171872573
807378954270838091098180944885412629393231737607162179175229735842
419432722688067293213063681060420077883107970739643982674590791146
567696015453146991467410071923087186183870593525856962588143573125
640576540505660828126116338832000893594516274041243061751308447616
223717498605919997121798640656648428307695598456398509726686534116
815150251186176493737385226139954713832772270785100738239865298651
265165485334571603564101042954396937039639486646546743598902514142
821062493120113405310150318817883967128512621058705346373167306068
816863315674632501193881072531095893171843737231870699983340490138
849404327133231720869785786897960082491777760080723361398695069241
082318232586060821238171022059938139083554386832838869130131402741
006521593253394942534927174551360620415918336569479667008336871225
781378805846723069252380106172657385355605831826970001199120047995
084022895345017653131184182032915469859348373619727350325413604159
085200412214863838269394937803392611320860567739777741012647309840
688927617240509745035570764536566643367544151076584686351212854628
702341505473728278275445213715807256913376352973187496639154828210
780232688506543183862875312587501242230194085595486852747760588800

081867308420620890637789949318108208768339256520020735536944335374
420832768851764288979448990664613916612365345689265888871796285410
133248668823435197319084115781670876094956836424005221770877182535
208709153744086687876147787205519256776982229976444315892750645594
282437240251591708882617304396067579852337543812829902303728008066
530421624455192156371884582667017768671149800022215754123971605319
163559439842649502510719986794885345634778879761871982747017598672
441553982182177731297421780363830355537815305364238228916446891161
158261412688094878385201351563204279130895248017844716063591686309
433206386387179857853504014876694267412315061268138432880412552349
761827514099780459769733946877300534608895535902376859534348333563
077734006544696092107892183975139670714779474912458687220031064658
404791815592843256012008249239497905481317208193862188317751201198
983556944054664353012103951032897365485475766782352769312736071866
136808531181259805899784515165363985211226689984209357004144173576
614404351577361462149211915530051838189542865816583176668531281118
619509746919628665235438312114020432097795871150056636454428607135
495750131927502402122238039446890028299273366043644538436632150125
022311259947980234566019376785318134616783564420985357947363871088
214799759599828841086731649449926371736606680272158027875772285980
186467749214808001421165775715501115369670987136419005986229684448
248699750485176984788632219143780065743989297825479274864282280265
975143529669554558981302822205098452725517619098081182979800322199
631495810292629544188414397423702981800058542366893651837084630829
181107448112647593195469780926370085457171224995359124471442630519
453767161247470842493096839505621020415259842365705915024641148140
141439694875616592072524932118588678583621384812850051751969952440
183578439626563588472420302954174338376361544229946306525097557709
513582702666484526399000132232261725720793382478144240986738712938
882244391592664718746236985090274394887361907201377904316879785274
790871731926556211340681218304129890645729822511103783307104405370
692575989992837547107589696215782759283837927761713676411727706310
671574635108765899413500595799989090942306752973719218945375931328
850474543793116673657705186290621461941323763214935606217772798326
485681068491584204398906407065064653827022822039056412603953669171
436500231769778163597712767958153506126763369990657973931565720425
661917151564074477093487335705966151597128021079385821408469966480
982743982208552894231820243875414719000872754665582855916543503571
331911205556055570405738563415020628520731587400650174406416392798
347499337486712929658729022977542740791964019148868677388270517579
257724642088763441315071195399978549812825753896859020924951679263
063196410065142836570295813284392017907499466699656292455030816400
147903285620877961170408197998994042791079842092963235466083614647
259147741279281444939158171324476971627547142412559238657293445575
869100023493696626576417431505983500774867753096963178042008996188
136203702612536989302935601319479762275922570607073972496908394226
582146709371495387037248661703853972368689468195715893677413415388
762941918651467258868211265337813447805725408816737193513527855414
549070782197165849156609106667472980130501702854986690191683677521
043323427148051810539409824103813971584313239855383395557734887624
229436111863688352130794834879887905169424541834229097215942880936
817376033779991183949210578172245478968456592155020802062840153065
636581878955564312496970716708891753788615466259616345766249523561
181934804488591202350409994497541751464181574998088585138357841939
065041040842834627061994864996604586629747029755823876115600901198
969954985811079130203913539749024702125062845566074398643308621675
367113691722802805647154946953961156342973841267390258138277684260

894357470734699641596140457510364577645342170538699778703398492541
460685398592745883212789374282248148705254322215880732722903673633
465448971314132199491989160090241529738009524076753856798159244152
895251327890455846190865725513809908439706206790559752633342198328
178430251514551588731014298083645166254655364692178992629790822474
124350073044987670083101086273364183252048382902075336202835187787
978944224259241398364253195482388718641061873194104653840859056466
103620476172204347384846812560065093902744366901726012463307841473
547217978005224019995499696109053447750483551786449706883197627192
725774951278421709800453250661930574665378923578669378248917877273
645437895527732712070557313675490711017386633783488561273470725029
350769131309222265726774521822467436930669625110416724273318063845
130091038390292943746195475710993069956805013599285221463255292666
688266320702976108005848634018952275035518842731282251844868757701
525722342380296719573452287001778418328202870963973183249446852151
441321080962261139602565223774887452594560033381925316327137996510
019962295212966117011923081316307697839884729240646281227455941322
569175198360727012937273158619955072968763727004710071735855591229
556219031525115357048619425645748476204652236353554715662829594582
690715353361349548786007986374981456925444104939504857340213428228
446255909484345773115798221186990824732047341107602499071287009217
909518096068675307657641305471262082757097924540777453443421383306
090618683074623278099042353097189727760099875471601568921921809448
806634762186412768653622432909429541302189704721953884101288789997
428633276493081302561749807025023076683989443216618251608092647751
669632961691359869267554783212711516046934471888614045352677907497
270261030206465730582821088764440926403888484291266172832793100715
057675263133264779649819586419522386899538489912149111816213595339
658784700488219544768522340499501766285306596104397829267431144081
756842978602461017821409053809901352534383880666505004409197758152
935760384526055746758281114054153094394087742450516453496616512360
119736164907330247422514804471869307010332418874852558446508882152
872868977664973125025890647450902467313261530595203520600183403084
95623307530623330679046214083507642015481888250732270540845214819
829324335195363287667119162585390677697681055540926787569151640975
815837648379131216397293120260618393408213256390010541979551527978
170627868278088043113983414004732014598240490420379285480241294772
756713377848242788608110985437147772949580311212406487854300475216
951494617918223495140311063647482409081038264553089986543009703611
811418527928219447085663087986681972780665640846430553316361114113
782897540439153813160594546005075835472799906667723857395609299205
301836126048495984745520306632173394667169224408150870739816929963
902549348041330446794629686790629219702426879681407258532685560064
532307932307568102586936110184801134849902968943317304514564292579
429410614059613436315534244519280779047000829801796860529678777329
346924315914132633837098817000268054419545193339569613904736763930
739075043538269495371464403966307975469803250974181288128983863713
177192417475370601498442424778996431527687225020274456076665213962
546516140427332894878205499158773985601144439056211531260579864064
575188807398724049332187666557891376104939088147637262430423375843
397744556889362536879430836416494879102523369337695947515969920394
255564736798683776244507674199678947636787388641929831954684520605
606243761750812166876155373689115881948590255733905919792644394418
098457554725618486932893925069486978042860183905145854004775695689
785343329994276047685118207556340225494152599639313145404828725484
385409709603595932466064233047970520430059801073087394944734500444
852844540043056077658644342904132523744015063970909935658680689775

410742489281137612416032848656813109036243882961317912706496825358
843267446833903132741199597568726858128016071794260101172304862956
679712644271681747739830575074812875307053449871817259886617985926
836356764133853940497678747581353122705050349858704828533271978665
235897884461024519128973063623323355598058696916602727807815771029
859466411865598563085011671218786896432276329316666401768699669095
101339582438142191679127645906245727842045241054280476267715793395
989421166151969684435325444768441793349071576598028865807323513454
048863805624871981828408040161132314554239018056809341032134203323
557409209413771194786397313686064046970055954254264129659052586988
494445899388404087960123746352320154791089931663825087114638284137
858802245743073965793196966232675878562994445666497496682766137958
013964624721848070912519090093633746702543810642783038513325097754
489146293605658747747482983497801296267888819960776219139355904688
189001672935706081307827330639624802123295973801100616967049652110
554505926312030502375356072787485115961029560369232557329306799779
191360946236231572756658234109813667149923143655838476506549467438
756386632391304873686169986400371457252982428306782582070093748067
299425305123680437067183731944093855989836526409878404411458935140
219407051582489242396817483059743859336118351503996860744977614431
371709069027748690212968399094290718348530516988578367435663970858
501156659953437259908557879129367194251417569676357118350331727897
382775668774652499085470080121233462596168870855417886065295376865
663969907889929842314143113480960550891203692661226683060070629577
653123805272670114231464096614748137909934039033472131901720592134
910283698840561619386035014627214017833934761636871215131635539277
456929722079087519972940504187415059762536050479796907507110175753
355675116653580301036872779442830155129869603117876725965305194247
092233909627477074752756284316250466232281592484526405234271539440
275748866650391074373907289454572335798799337092448814908618903626
371068176068573139958571023186359549689095986604825088052672764459
149547695839427263361468611523185652598690908353903604081127852533
287975128355804394217230991522016509537950936475771399491580492148
255175522353935357780034744451615031470437531136200446283968711986
425045041890089824541280883339816897923077111730824597164567303633
760028668954680758581620067815627776181236541950766808018388115994
748268172997269908405965650653959621572046158591995268880716626015
779388476312351449583026829643155004227802879940629548632169840079
468221580633317209028016880755299846405129603418925396172319205966
991928994425681335488907456715632979131469258314018208944288943828
444033593112936762348446222180918875954850764219347435186976764933
273417886717283755418933426605683515198279627686328810477015644211
488613142119912915403583749043699136411646150489569638981945755787
417882970264867229171494915729164740421426162381174785079385327276
432303955055744038643139559229670264144992885302396219686804740437
863625623852745123619143435267010122281601635200579441048889054457
206706634870114053296929164306040538811862196658684314296822279287
899087980928534562548707533664643936768366300439385923863785454180
620587363312857645236785243758372052405133008753962760194528982569
248870319687495781022066952731526879121594064090362749583678456318
149239843506375402815803993769278273118248698814931261669051733642
356656469566083585277598586732414085771852606806721886478896987611
199440649285279055045963008689417461633760212432682758528652618577
453079206738343955552122452261940848704554508971455287312331325043
342305811373558560467452342833195587698362760223098655814997315265
866554642907735231851117990555703505081204269427352005748601842847
698078126415527702131440729631629033511017334161882610629927540302

126847485863679862636060631991586518459086118304876967862526567472
472425706539043346947891360370770870640091242484024329198728060241
949935865326549891120479880707223089409380164681053431040518492886
907149311822860928367978041803338815370712335190405976173458541151
232781452817885628551211142047328249497741552919813974559467725057
889443464367745256984848441405222625085134316964424020595279434434
340340139160784398646946220049584492631261866766089761333818405603
258909966852959770971080131337727426598486094200941191582808069301
144519575771491664391029777933970476475178682197708525265512506644
595177658574193672996503119774867916525745383689174966638164468538
394687642146256593138421410828130688297115144863770524558140666343
879646224816824733697392797341810802561967115043043407423027687062
788131402741185438878392738804438292645671749648724789058333162090
933237355279208286864245260778590308182472738465426079979036457154
825934591452818114112034151558286369706641954804865254993385307848
702444926833454357091165956817684655991795087423215062067987879148
668731616900902082017175533847369641321489143467843073726262801227
088991256597512200764969170735338163095630378755754397870649852681
990316420290274778770512076045189344104274151935216656406518861196
169938820891151057833235096137937146098219043077749028841522959861
861306307591491856986609306731757311934373789567918378477972474819
146815503462135927089565587060751553677896284436593302429852211850
268745959329450032687487145153179910289816624180680445962707852822
417977648006853930111885183292589906338825052597524037190474619052
930842420886952564889081837616636979185977520349307095302993104359
991252586775590223254281289558173085337637018916264015945278272572
458625313569017000370807367587250725024698627842397393314826634808
243289470718517955087774064872118717467670361277008587461165334690
217923544954670519407469684594013935398769604051053426787764516462
347159226036377864146158064198299044978842644299501060670711737685
461783448515620265879514825083711081877834115982875065863132352724
607232266607059935737034491560786786274758349825148007354283710521
198036566433256751193291526072936975097729561383129959168158945499
657419922564161328156615736215850153848372934295742367917393927297
803578527080621806497079055254796259341613417993129348996037063024
233247607956756524659409613675938718147090383839704034925872447591
964651294881497037095039020425632396000495304552096544222120445260
930127487268518656244913476663126943573665795332163149605047190348
790119182689146570468823295068543719521327118214336758561942260875
722824808462224285886993393680529249615274098151946949304006094251
444636014193939317869291192172428460306354530076933558371942329668
562492292807315052632827830843733235758263544207942341654450342376
257608400838554125537130565177777693548959624114276049301337120511
986468469284697462312847257340263783364557075801976138017677796027
407554903626800296902709238723349870158670216473911871770018710842
632698579512740911682473353966013319439757699258939428053838591823
710020683388424875212667598315722967780405033297013142518583397685
213790927898171148803130421328555331602399729475465432077539773417
5338449984404785828169494072652338898358555218679253709659325392964
263636366459998375654934014682025668650135022044254865980486545319
671282649090382823047887240228699425122731503087266777747751424737
931179179699445271763269147072354320502206757906516365690496988409
582368597609218400320934511905707312722785395890689268870620124645
552735885456114930737821911398300014991181851866344322412153411175
004647235575260535790609301374582728710124129392521751416371856717
012787261732209974142550677390460254107182126341620491556692346321
206514558501180406425158773376116928016561553696583538310953419669

3668684393939226857071362841007508381101959022671733163340032148822
2943355662686615403417273502729730045027190202806209224131197880912
0426202973183106455715322785783648636457150914872768979171628824752
9358019172530181210360141736297821429248415912028435418633543860602
3138565706831507760934965619440033623538010302331297360276572027662
3704251420126139309270344838157809951899366884748532943660253217302
4919908794251233078228794898089149454372560332371547423364065355042
9769139002163164512282200875102984247148833478150680039043721487922
4235492723792497935398588134426779196092222603325349904795917630832
9829720636782830425612702129092721342650942158706414600050617235312
2170129081373814790949601807806868819757885653130231167475332672482
1646456181296931669767227271828506115906978924991592921921422749682
8311552292643215103662166293066354832991119045582548097078332461932
9411465331393892603865075110528247496586355725428319546365335348852
7791500486817720510384756301520227020107159723112186089537192488092
9755946178697740950082776548035007656646673470387665260881741793592
6978875530196622340292455824456300070319096262679055343474874206742
1366435918738095491371971903266022229806811324689957209883582822332
7209556120716875836294744866910778934864401196947253946611407693922
5087390492031015585425046190279181118447756038245487526399214184372
8739626519356033444399136523032293218447559543612525465322217498742
6818780746178170258749906107242257143605187968994523368052833255472
2381866443188699828639881253280877837459243929950017706267300367562
9502765729826271667151057198929809860398320430300370369674930279032
7129247760051400206886439108704707902366721543054647610250058732852
7463149969400643463241274689470508166625823852004687516618520687132
0966287974047261581077441044117969132313943014763748631661260522672
1576620536771406714189134513187859586035668692828038748766056051232
4374383893736144467771233503713017703955047704623101575207434476072
6994171172655783962945853287934043919593942906119379511023692573182
4839725174155177110957022220055186865005282142568640102860555626102
2150373887942335179731776349859931760812295547372123194261084397352
5142314022891361672702842456507268517421369565870432142764609719382
8011681062030879977821234440240662714673716165346157252972367799782
6891740783262312886663770815494336909406663310279778002273014166262
9098834860248186595521578109022538207935470838111119798139312852402
9502824273032161561858085007092776044444750649726227020507577297592
3061892544687722386288523650519035159111906919214464634280453554962
9113673524111527823689565320086503631754857457318467670614021057242
2239650660558676697078586573459813189428789771773749412354590530062
7189126659956544338112051374825904959988240215140978039640679012802
7962121586639849726226608542490027870322992903876387643209169575492
0724739038247223475125892702454023586216732163673774757235947899012
0532047482430653870701860911211764643318630229740878325548252009762
9322848940908423314184487553106752034699259842456541635981191835632
9731095061832516776615890127622981580630164423761563092004072419532
0198944058169980045498531685446846194874899566985912753778403687702
9693984969995255717762684279797887453870965452673035995980146540672
4493880967985149806980246101329408868281152167065378130067347168922
5383693388778380132560325694928460842627792919621573845685054194132
9004224399463659060399789880810015744504584006857835750486436437302
5428143689301488486239994905492464664988209681080586992474758655242
2272984509583114509261319819259052025663334705150722916008373136282
1641452496141029180993364621892669138869524431902225928072779740742
5467900893167243230465190059112137777582267960496276514634795211402
6054782650470272221409028196519918081713976208809778282571785243452
4343365089860602603313031029866770140794059367262099198795013629802

829540001627752881280159171930404013406904350534258063343133911950
258287216466024878039030491239469853915276433531027389931891753841
404735861126859312245695658153421746126151869153332767447667785166
980717193439322203109510045351137771249375670732059161715724795197
912975124936842335605825120109378934111722117631137731497223426588
471929435407218173114204647690902404655330781402312927330650220764
487499192614210286007797734937096026022970796589776456118799120907
022034947449681852153684050733185367442795302364069705542268823742
939736899285920229432195897309499442354414895771883784569603207586
513518755082354966504718443007680618995567487308946671959970639508
969153339776294214885709941368416199618403415404082417845744377359
524611578759448396079412126237597493908247458654860814599117843416
400147282251228882302716904705137498178324753151596767266069231683
552104908709656054038330403875938064614430994022440579431207987085
977762291382368772306979964435244603014375752353468058853164159421
204825172357838403361771881184142953774238369258102638064252381190
072364998399914446005433212216134708179418900846057583484194865508
186478677624763207993600505589415669609737642116197591228993331442
402274138013180809237967842270584352762504105140398872669001693783
531741183699003104826549539288845023665458511673232113332227308685
521597358838858678663123319450276027154089585092885911306717443444
458056774587346085491165274986636259172750171520945942596507712580
737376177671932672470633909499830967816759270093290376631907599733
459228054467666703142079043227451691157080376320537379297535517097
573222660993194953176572417654676322772640770516525766835733103464
369148183440024517432105167425020048069832902300157419024525339843
244400654905806305303754620794486258390271962638251688655507582704
557813550439005583434590152018254872795694254608340357384361561630
479244672714522217482040688073357553405763596814938445330113754098
379867908965229842295381619136093587047354517455677644003584677461
900842320414303536651104853579754237170888700555461015014360283515
393846321772264885139236954128356375243014743417067571494411862984
966682049316188515590004412082557167420276513977075712692671593552
740153065544486554128315740899279571105633552712381936248574979267
268831256714527884931541965653522308735836557779450988089807854297
668065246896748909570195692787649432795425989159583006678297167242
098645721560607723677529619442389032791665644899179937948435953723
015744459547636512282236373966081811949894262242296010756462945621
632501035867564383628511623299728694459312273224317910795380619303
157810710168017402022019567896155316453447936662400082901837318905
834199537963927799652371984609952089876788488543491936449995204403
319153173841896317403570427547329190868487820380318863884090716838
801532903257708554876470098523234870175489081046127405695303738908
926644864674048862072794839575596793113351841733483453895397852334
796536628989984681993393420924432918566208499074905042104384392317
909247450251724238793267892578703604885994179419822794327486336908
199478671598013747322406821973716607004814407867370062666547736006
858079653709296236647948790007549099637301746181561138217793122709
810806808065185672597559815948970889945696345842174152757890148954
038889376818705188569679301097285502648264234491050199229470933104
572989576734974858522196916266929975011191264894997706593126571257
326106799203255587163984194557037079484995108859178057171007822170
616334581548324339793309630269690911508306797252658805458617371878
060581495865885316912955180052851318752203306334739569672112066673
863343959868941077140276671444858164921586374003038680923752255934
409413664820599998189311956134552661595918794704865580612861607040
539388001072062042164424753856924560227381019180304293693338184455

382673144667792832948015269026352712950409517603540077995277715548
881234687564817900088055388224575200171238826378966240161149521693
768678201468521913597972189162360906145674830236466268935110865144
163736684891406346916209843159553161905047725993839014065079741681
539643933390168658987757524574413070387455155465388084219060919287
164939019058481446555021211258229072696892844803581789719975896621
673418226365496090001362260099647554880436868799394647487524440128
662029803293362304252789470819192637257191996348654561029044905723
318472014268671707719505346445232734779327661018026924835905327795
203509521442448256589447448039517024457788793911491810871055125400
728563509609345490342922098795490879853366046884246844239414061572
677155613600744643009068832381704175914188201221781830715577036223
705095652651834003609498170267869019351156870404217169710185058919
850367505041839313420035998673548181854775040607225409023603068842
267004006039097467840862456534502071105767393804241852925864942125
555277683623126003418867289010383808075859219960734407737737015025
288243197916711347343527571090995309237839484026005174840307174309
890459677985877578517995331175285594967495687554990705565537272833
514806197012086477665931014764148642770317424842838897093692063067
599516096401363292664928928892337048781301619516006353368604254144
129309700671185830116804781311825924788351734688395582073836549292
264657246972303550126174031722447276336484296440169582857177848276
910911477922538548285448222290250657605105376804873894871312754949
062793371807593625456314769991067002541193803462810144843239993875
688949514387692349501083461879264629943754542548732609494660315820
339781546710330517756585173872905359510508754436445142601522999357
113327645965779550218984605345575954304364506109993450164291414307
511665972618835634644762057735209710441523128073259036938328771074
910401783956802389513027045638078491791611105230476521526899922409
080741591105107166996914168099325464863544444182704003969245295113
583052204701453014440978721519481034891089885066478314815170809580
339181864501439869046518880736318227224708033223035018387192063969
070355141921153199276141387030734297038979731902895838225801030390
350440575213747637834470150613890751553977130748236025685843445392
399581124549015843213611236416351505472719847319762188140704350620
840485309903237760927173347349572477299104273570272170881477497936
261889887332511199568343357187242674103186460706633019062697795459
732396048394301163467044281276198522567119295381028298688677134408
392116262095045996562935339355691025895119151889809463271057851653
314447345091401089714718849008581493092912973770432478172290121294
659138715653823900281208422876754475061074580977543259377614122750
145488371944849765712584911477909239746649279942986835034858525942
654923968740199506168427895761116021843912751003708392010481740796
213822585950149825634796287896886317989241407194814502618962580026
681987465374430850733075852269395699742413932280859142490346224414
333127984119820679503546613985158977673585219470165779779712122366
723140802288910280209701650150696225591824901546052436273421925723
833157930817969071205746669984501528030229096378275361319167887787
338402449647237365634097706299095289112671689192261871309472680792
448084442925180518359933785605333467003125026601155523133669950960
881489529179469315832187619143005025376993136353811134683597870566
174730235184761523217675202531680924202627398707045566071422013384
511608534323165279484347083404448430847003892807189337427435670885
956198171174055643090780231813273838059370672330411030232467656730
063847037879263080343114788818274154322363651906305792080043032787
003377647710222888041788731407571410773365800631556757872436906974
751520539032087537041968543171404378432051914364740258236534625367

538959438426962409160426320703047904652029587191126337610090979855
4979937498844259438406244958480890694792739597035641842163391324000
1675540968664982575475874870365154980440196101627511056539591484180
730988266260656879855608088828170078990109899269093029798743612626
1593465622032606457141905260530716194674950313993453942881411649133
58402697862406110023355719209262241869897159069588925637908841135
61318104897397224348824039178970686921739163727543233781980450357
330397162406811375370657045979777979217180662274977534923696265921
0177060955292786159494539621987099301680853905197533349967150864761
348298861744752953276115978363508696283411747561901309041674070412
551612310301968154832578261727902798360042218862019598738554561102
760080742590047391841379859701017708242947785325448539518117059309
675285322354458429963756305150937988968811576207067235486630133060
848542188019793315367686025650295612323597886245197697879287326111
834481017771247548417173194178838936112987870700040595797847219540
043624526595000414379409916506459128746993993394142966700378528368
274605364393989890534551307701321450962472162364146090745801411207
319502659673666467155057893950694356220466216834426509496766823748
875924625928873976793633784419618002161358847781992039027723299406
292851908109538500302970206699791256647030017744200186027208776370
954982040423842718749050259622115290587253601628235216072301486912
888255700429239889217373001700859159926367628151507218510511194616
210280589483562416826193679888216244131226008714850306642203175204
031635152693764495585178636446944924987038357121245336512937742209
714438475923934739816350929038634821044551671186897698342489245977
842843737398132305239472823266596578161472873460277860932832157490
460269414058342962467622444157739507532992452195103564634042412499
894555376765820678210661252222077940881491806771898625459859116503
891237661121360318829095041784680987737458207115640478339954673122
887178195766942374671953273386883302009105717096218260109356085562
303833260108782714613580876176831418131968473768862823219771454328
602281125514557376838177400655985270249766511777705550802198306545
546158629564790530988078410246347111331806478393273212021266153611
592146866472907430985393655004513167837841238800280135043710787004
126190747122816564847261137137615620684900835044514671177811757690
688672409211106998967115259185862860076555640464909451839132106947
708480787668113546047278248726291602462589481013618493360714055324
642231912594876478811751661359058810728307422809826803895668636132
516175241086229868191033561022354325429812947562285252751689963548
935429126927706201714231471326861911057884563195915996262125169018
243653341994189636018234538699128505539656640709645385695203418465
121322649608772796871478499549468194180790659875823462183922967385
193694739016158496212521827001385360450993184681048592714070117437
286304497024130812498168771731911293989315956444487754100806865190
637866297337843336527769539354643426156580622412309365423192483429
609773491226854808632276301860336108276162398798730153445627600494
864973234409403251835808396752802178125590282154225868952059685634
511235727088749243249019561987001509779636735195427792240390951507
477276033143356494375785175001161935373497229293110286006365232507
562930375111978557338207299705996772719257982093990656228155019059
267456367230979194996754150002686725961853886044597714918733218898
160761677778774423086873747774513522537986029687656754017269088723
187460692075390134614058220569694965231461952140405609478766404702
938883225220065070613484143149144738859364384921404316884450173931
785342526275518354909270534291567400081062570063942615545440113243
724856053450234921194348861512391262759892580355123967058464231953
274067241133832687226880248864399048390585100862880287327353797775

7747127877575638646817795535113348877521314118188001793610413729
0726204895937046786302118623732050747843295780087402919319384058
4332499038138747063974461864251829304200285449161941852913154168
6804070435069540173935202793958744550086263181499413308623553905
9118944663105983291136060227176352181182088698670538991389293462
0916596218377881171150349320871108109347479555378724694634729722
3872063405569961368649638280269210171735848014811141301042881410
0684212059957746440646199233523562331758847818589053300802506770
5622966503285411244584358854713949916958435247285552399720889307
5486535026431972166477477250701300267118999732969460746192544200
1091917248131960203563748257099163600737451077397863344080970657
1862917547868531610606562347148232317959196788671048367038599074
5950840141427011065606038550234183761936201669897741098914780832
3826032884641904429702139140767425241235343935539865683931424110
2687006841911494061850666316959932450295275712624809095977358854
3570615446748095988748218788671721406521978036685712996869925690
9078059028277801552451588029990783003691993523156397589105914255
3509855189176818547791412644883493602651144846465210727756470507
8880526046455260020336319550552623502198950882650387055762574294
8219168256053980686169433790616745674795749748860917494476151700
3207800010140022393708727645483978722742206999164656014713659911
0558840809503624198037133768446707941009338973848268445043129354
9662793701172501195514161790729339571876330136175505373040124125
6044343788384396532481539873960165046961009903290684204328279596
1945893479796328851653041100882584066251171918136185363662229534
3465937555538192338032820609774690880478781483673273848301722769
0625040026160451554998513281426173124862071786154665757721885744
3785453621445264462412919386743379337570375383480876874141432356
8732798457146779019731661598352611070273763110735176128520315703
4124870661758658675726918766111491977359423349688229808376384007
0042778804901704730929561925969929046023331344532022369691719684
9603732318045430251025093513880817632829833188659778910047822549
5161547429394350974848561364550111066949819549055021609329604289
2028391651145618202008725686104438044119643276019702672653334096
3545177861855051644607353020111597676691510684139196458965523388
9310284524364617499108944783303593520647569857859933544907001196
6469571330882749325419627770827254016863513990845186934429520746
2506148162890836053403358048178009716370393693642970803789821431
5639540496030244761692127554159198063595353659008253787709391951
2119929074728679574899609778837040116156028484465531721304196176
8021371204092649565116837520970768998003300087632179124241572290
9181224710995417199287577006520361850814476252368690615318065745
8444717793524230004108603295644227084920640495202087012054857400
8917236152561335785515225921722782089832606388296414480426135353
5253311791969998423013378762129372944808842710804641436516785216
9371010842750216684603315935974133558384650009328111612533952955
6390607585584697978040218799448081381159282822185115099812174385
1791010754667355720150830611675848933686479344324516705851383706
2238468314411398697223201947668286398432248765615603020247553177
7117148614568085831652498063296911424341838041711713808043960158
3303565009013181448564303512502276565903725953055799836049720767
7027995605837927269775174197015088815190650401701928006198027596
2763599923668698653197786909571078146223058372144086744593173694
9156768423394168077086189504169330851778722330640955856857155696
5908125614080628838434218413043460986706564851712086076905035128
6329561147063381680132839378986018369907066992166129067831556532
0588340216081618823933528790562403525409950355227410417358261027

272230156326918842400268333018566507112765484461966998693173598483
826325176113233096128571671860942135615121233886914790743935762840
077427320978128235910612619554977614465531737934288581084060229378
217829418960726778281756179816548851130749902069608278004959180585
180827407210735822291397990299412189927300425369537876795367262827
927546271157230144002648114992442207955093203186555774987870741933
379080398661180697277575005853500059026226277328559658334403753918
134078762911503590974226896351182598363697038288688786073499610789
571500754821821635911283831750724312178956288232357066841471702109
588220922781036866571063608821164578979788030914638849299649939632
839657039648470530728392675966471223992567094488830177981853822227
997853873912108852970814602651815214762250485257667079370840447830
472315225522683055294156955914472167465119004189325680670661143365
294188475888216696732483430834122099032953874893665814690334671708
563878265585704366922972126193387049092956968278179486903054023749
866287993568816889151862947819378801114693600329930050432014863314
424776010497657145322664287197034275814143348633612431883942014008
738404261063412308598090179487765788485019234947548686733125976347
097457675231340158435538187689724741137742383436569585753353099157
095614782327705524851274887440889379503616481797273121297575172610
722495502407879789251512618902612229223172144471738077416123106304
483394825230853635806555898134099633341815250311327732528333984835
868955263497419580454468924210162714471902625080771647725630200430
537180797557923922994528217511259448265074978169285104366329576934
370218936791985532281596920664650182802588663718428195276872499480
045695050222542227292806830147774715168854213290430169558348116583
364215785818586374864809499023153324317905404706365619749193180787
950232065607986353441537355003886018950274219171279037586336993207
826377501092087926422433378136866030080843363093965816926347186353
353671658475727766403399216612839300413583763455448607530047018509
905078139005652459265071165389942432032510225750199132172002848321
913257585014361779819566697686723381963844831610985602734843384143
449966463424432795618165025511851871857016481902523370611742178595
026946012232315305819820247165432001615800567127961909100924100144
189047008386508782566270806681901151089748692683431660510223124954
987595352978389263050970258174379042347303155766600867067007809190
363435259970918300412091306948541760369756010776553539597355285486
397171497544587878317289145033684760552780158870500340335878236279
737003641902306893033063830754016890048458169417741063253762886554
325114323058005072050440416476271532278714505820024597077334446290
648653577465106857874837357496621436439335466201479577665372749096
168869954837012207009772320423330228129491042179019846042105112733
390124519991391683820939321059926449208855098131066103553876971925
856836966996630590353756370270949042188967544473702797943898655185
150426194522336946528274070903250965938616557617653984036014440838
825032383796942774705629443311630873171970117539374492893992345271
434761318536064969006314643345946193183640300704661739351059993691
601288178929229948719594377260023902973442036232677946512936565687
230095322031770785058937121226134490333368862687301751955304615668
7575381746325058107560214200188577636635696051625557573293670714982
872285837823732921682360497378730018372793472546809516644099122120
169789396585290542909243135205028914878043843589369312410039940629
701385940644761615998782786147577656609148651053278016253473273029
789172264034880450220325534847856651451471152326009306218032307485
059365049310359177589119363650509386804137522059582834481755268836
428964614141023635884491735606430927424936469225730662580346539319
108183340471539635861481270385639132773138809348890726139523370533

751942486161960722690769283914202093360971328986760337137589161618
193513761305162648297488257580961988041014740725604460138591369010
956622381671613267777369340353494080809004949444408824968127501514
673569667702072467224691686075425703581614208588209043620106981018
731913376768328823506228259637411261734453952618239101344829912371
227051521472146409205856316833382974619685331994943210114756501138
340413175918485007690464270656852236875306411285272872228858996863
617057743547165346412125609706773046279851463154179489273173716639
663694406647696784020295907369818703749514980694670438845278944310
020797259370930957156920723053919421247796928558265300335686871715
356952210234177724794566862909681293883374941295792707364689266790
924779147528703780583952166162153189543485632927514978178461662616
191872661068763589325626218403479814591740438741150139534505468082
013522194018885120655176272213687073608391089402375874084250079436
313425788214929508353608515328901992341196331976979468194522743090
166038119190285483059003061208261550483442960424511505330718424037
729095682876855022446081530696936887475184153048776531540355922689
470446982252412847643095313838434476716724176939343472341983072020
122915571575343596593201214598888521854835209956090404776065798806
423170468347378568015832182297502824448767182652946015615906310912
351326038042048025122122914477918097820902688616373321249853880843
390018919518101709857051846011446097849454010431659203406841572590
511465037757651256093659441125412262736070611982620155187242211162
286533287647057729985502959735658641116592732133953050022999318882
631586528195305112172075743964852492206307108321183088353543457000
056894445517301621125310370150324452263282053070534678595711284582
706761223582857069400888789151098792271775752600008121543210240683
350256722538175949692858337024188811739338937303762881663289582619
140365152926866367128523712088529196024021656363519444521983427103
380979432404075978650125495290537559463729905583989000464899358228
857185497405896185513230705126568729447894801400673237003953242690
178082105783798941171901207486420213917585094055725962916617278013
224654632193265773292056597372380486350258835944605683506720573382
059781753778720472930299325858325185482870074010929376837453842619
603769295482749819629636765193378801147707929077633684481292060384
018034108998673366057099243427222050916020412080505685726819765029
727380785577685002395098979621940324592496655788369814440446560367
681296064329327487073637600989338308304786210774485237900343811826
748107926181572613893064775942301684287389565520125082335816008173
480018501420989491725939976492500065428077107879001883730195037802
278886623791762636695497520448303372205458235729670891848869964258
916887584066722556227778540389816704457490366533132943293535852355
133418389858197733729950749015930074622291617208067473495596387661
941884380324970489458527049357191970187458382620100962959999629286
111328791296673452684634164805731355407246756085480183243626304230
364986990370163033143813158011926200509990066747889108906953479766
798490697237505738492209825192555075599072182490561759835768259837
491948521042243615059955140701132777887661768518032437010845728298
924214340200489173403555270918640464494379556079685258754897256956
693504246657281552152918891336328078906113693474552948924869656892
781956450424722901986218442355670330696620736474856518935820249390
833582112085946237638116681829507209432559077179706847621643368496
540362165368888363479951324389089392358758862787041122742695133761
095196631834249329588553558856550409678769390405977167740770939790
767733852244746497365944327669263630239187017907422777836709633043
750379804524602558969758161977184239578409900002987461039958875570
861689836439418737537807892608865924070365305951702239353004782023

576894312627500498868330060934685817188869644469512900363559286008
831814680715599511769552300745358430659473714536745289667139605589
993068789829393243844353709806165643262782392276519697970954455224
396503095905686103445702613327114353709104466224376120059925959590
311707715606067234172332977730039030407088459294144660078436964267
555662597392550380391679099481769754744983383891254051527672656840
929994133902692303785782158278424699557867552914590280586090149716
349434683614003614605320781578009367313023491244558579245900411690
401494279264256912207810636321048554427030475462294047731138828197
444264421618282561710274124488737822341212935897072159664130761640
582702308771713898155270009760484699916463987847686728533369793988
052337267784110613607098521657348457851134347567892002507971063644
496908603294757318472505877334724725572849825296410157123878809199
323877672381786072595000595943474410430104417676098907124489355289
228614132820392042919391743096523431718820586658891465290366789862
366268643623298937449351342957737871020341990407838921305589931699
390930900468826171757070637525246996126668259085624126358623385571
454133129714027264606888218490676921513410036637803148848333905078
796425865809928118986953525480674337393070365331341645665624989041
742670965642017069977891645996577368075027692966647479398670821971
728396743930063376115765699662510969177807849483621266185292067273
814296998270159808803379963732735837464516115839664252582849777714
194933149285560456703265708671842172106959667596774406273964280233
731837089716153885627049753569228689091411494516963407475425989812
240392011978569099330719103945367818569606156753811556899276563073
407242687695638136952120738810027595629473915474743678453263203292
141513760915882990657882685254926892422450161783599406710900867028
528702113221573639858021924451042793154951121008002468411633897081
321166954359781615618715101432963633917948916425894430180465266943
027466001622509753267366093979480914296592607391397631470790477209
228594858438703936926608102512417351485434892070414223889758328906
982908871146834923510058223284790438639273195610480272741231484759
648223606657040120667335852017975000383341558341269729881471235789
365525645895448266362491316266045325108348468850976389965657998630
846553095376321566645223033115754188815052858396699427114828241924
859420618734583985896615085089839356123329495839431514882318245635
266396851121038772958896319334890632463525568491378256182449645702
031432012161455982097930936279732987760263253385544215990886346008
931301130367675683910410655906934886904052888443707714828237038832
505028793501981124970480315145626858004868889003643186247284648558
230785424695109404448487487763451778282189861232599547929706215880
529450690580669234528616109708152776200719571609233885160225624106
113754542929112994824577637081839673866525488983253908269787228944
668888696613302084617393894897807114428896826652158485126736660537
838118767793743968320247178849869816515304080927737701300654196386
507210843842487052954917937930218916993531056402698211350106957477
818883679468002378227758628945411060546605079782626426235800186622
561396320277779105875466729958766075683356396969708571022907232807
305589230662685283532038098866012949784096358006368535169563889873
136994684691758677513643758304203813503213763256033480973529216783
938389980629774673405051013826350663630667030307468899304097067994
589874379884852548532208928781322423100230526818777888779413774334
029590212993103501770426188249861427728335008027132347648539632781
199551511030166788584582623707580252664367085488128956153586531409
297349641371546142205531768289406199593845853158459836286307724325
713070157666407364097275875338174125968352511774553090639117072393
324238085227678069163899361994364900774873835294789669095066788976

501255109308476791411977161100297697588161408225211457540587237577
726691194224794851855668328866378460397457073407707795599901050652
738530726971987602840024110182139341709005739673883662723490532522
222444536278792955857482587694554467008057246450856242504293050558
982506875570504034597472892929800816764098848461213452124063220814
333769665014535335194785302670264821470180928695736853277341911751
836084463067232082985287930585928994860236544222849952149948932062
588172634677189453133994111105503657578149566630582078776740183297
542991170062718671729560177087834626377038970246265245163097571346
010247465466968911635725083176880422026997056928944668406916030580
907793156303885601907485402883280813706250609239364885069629874839
848308861485097508310552777013285153973867880485664210079442387978
021490466885606311938848783382383727108382724092777723881385134333
029055570860803325449471452638581605127862456990493712865830092552
546087607897254264849148388558029154872667818674463273042235983948
728786370783937339474031724024059031632974868222928003416970715142
783545002667215708703659635670463067941348528290957523019018713280
109081571023101098571120555989802560397650013594513023521046753452
730939832009444503634768040142423478118567399583852077225290578791
699166077637241699383725126597571193015828741084386635254943431606
122304192882280906658482809905567386029882384066717536373630909729
197007518608686154437946763349604446469632793489366782693963516396
018109277105623052159542760001566959250497975382683314253100679814
783497507074603164470161115110109062164211682457913751075366858075
656575617421444599018781856163866135363420229857059562392698728615
682906733207053299464552271287987506823474619169726603732752158278
986423899357398713267984106736295202700902508564339359219576569082
290836950778930302538147990716448408874518010832996008990395148665
347634608590623242728800767589414440542513876989972235031395628505
002793986430294174160202528849151240943578165929132200605333770534
763396953747004900910369066663782309542008924707929973255957196369
465470659867369858186276416084795728622411143930876420834885015881
379496897324415564080465548977948512351232420238921723673911294417
796104750642576007618328675466046247075710297699705466693481935636
634469131072934030272763394248291014017035406551177330117300094499
173858198555468026838934974491743846673926258399062907807147838502
670222972971163814283584736968137584910611252911047651429097949402
097748945005672056401431189797160304125117064501244379800332167303
237034856480083094989877262459779620918499469052074029180306468401
623302496234499566777670517300086367147730438543137878561218021696
249765938021426568288765399703302337039828434896668874670729843565
011939294979721578953034939501337552788097086080511238067057137199
371466572766593948145728070394120605242315325905079011557237982160
652353603859887827552710611544656690541652286493347108630768519158
612177452779885828678041112300673675244895552376490005856998119869
430915372285637279653053815115574312175709519746854397833692887517
883005851750225636002598222807682669659788383371725736948479861562
503677814774913992871726845222287271265623323934800591867476045345
164632475796862487208164208388448765671946429589507027522360867606
417902467278367167019695212866669981299292776538996154163313585303
117770244499379413891377433634512803400716271320514979096441560531
388658289014794273897079993108033737466895804902273441909800822646
396559563850466802220283320428872345134268196151124403871972757507
317214633120455930434806022183514410139468786130017550597056776532
938668257947501049040013276579053883306380061230507488638512750245
423642189731172967014753035620521892984640091546606551765464001609
231766715493926694076576254372557069809259203500240240580969407222

786930639606617698403204725803356003227700645794898400080621314329
315062382075563696302688483951288618771529842651215185568255400047
405936225590644541184263482991500341060196606179475008432114356335
223450952360236587262029764834599139749116804392167135245765225073
572624979047689432313868690080660177687646832979011662066253117063
166057911898872543726543948902788322796811845168965406568900396004
394529368005756606431124322588496279862064128325326613426723892977
689067771543513325973850589115609567680406977251105787368473031511
177932985825885873642838294305414428993436950066412088334707789964
180766958860157725547482459210544059575760050157344853957816285485
288127730789274647965975257207241341416726442954322546061801627680
625490682060184452903957750033765162969163771364184757801535794081
027407524653318250781623542505737657966017497966473369157074023192
006843264936772960469370123095237855969631754159684177848706502888
070539896670523791814166436195805498604934070619222791318177901655
117696200521249761214513813514778470215938249021932591401348324768
347524727560557640141679566132531419578449607769498452188834089303
300502509511917522204777654647631269783777725933999870830053930982
570058745912149107095555869831017549737111029309208984423333448559
228082527247580827765659484938054187537779201229478832672873230825
604368461255008456317038440796826013485805744131119048510076069817
911135736212192938054698988256978781611766324081267208379656131444
4780024358590611179168616730234094096657132067139730501070728709
256288564439947781328899847433725609360129542162806576473187074018
582890551497837410061356265368836683609799969058468757047713906395
493563887979875180831871886349223010484355820416025032766343028862
617860167038531111451122886492787794013034231980397276312452734687
644228883168729498209990718104551385217123636486607357764726768779
214938995006803861019148957324013758492810306930880781688159695944
594275800936777029690406212939424684641408118238472236757430843785
479194003626953787313598799203352238856200603164243829551306978540
646814832792924935639817692692414547079317236958939027700164915405
715663960753885629787608401258269551420665894959627220271458471843
832903889771042231478935749590250760579811240776765908017960172843
529861339707298486346114793959620203733797753446186461053580217271
367441813271935555643805400240396270394444938485637574032881337908
297872117863785432236894316435372075752481763196754350423254566033
678857732307722953573502429072303337824517953322921764424890684648
795826058520729166519432550867903493155007454582911471714413642505
631444844637084541801736511342246122512492106763859434817314239301
905135987144455621446679527349947958263461511620905684977849117482
217752360653281618679705126115849812771312663330174986758029001758
783464643638168980712680961978121911819569398865498305720207582529
744285624936073193420162045381268472457739784926571590414167177657
647424576593224958897701933453535151882062229297867651305979207008
080236985322725410358455737435367682727768756388184053522770883814
082755057473894302483734930155815449043997031342675328507628924626
134834272241002227199700836743404876134113503520624637866061391313
109693193108935303340192580030899282233245659173706062690169943420
265367489907973505192193103386082704436312453456435125985412220495
727594910694297045346966624131774278394716531224707014551851566656
909178432221618868336921221671521848848643192643729820807168413525
821864143279541790363505489576662029516535083464567055703980936105
807733357844767573112283440793023809462808105123919012402692479540
953185491663334071802523171344052532045002423928214134013943511817
965458877484443979902695910838022344008600472672435656848364047484
919956134578693950375729643711566083503387692014204993565028431762

596343313916488048741845693594676743903887069090134127975155835580
739057581048406633315705032628034400446086586171469655443412577485
021237231079541591514081033261622051458584917368930231023443887450
913081789290343296441731271882272310952825634292911222362740132258
825829310841227351664205916715870515344002720863421891117941175556
027672848579140415618934045982874096531924879272415276303303633056
794682796362097471114651867628576926193833799327168793913996121817
685105095759579934899170662487280525233263922907642200470500011157
015225581223135334486732215212821565364533098208173845536331863761
149632430224786325415951041369899378853846952507412097873446770859
517106797079530335777926989335652401245403295061968231242525290574
374400109223252297855056329583840578651836579798569140752980299675
264167570735503262400083591495798837602963495008944226583634555464
583057169832244722326629095298296242806781783339046055206319810610
501099154519129643117379620334669587474174557334158844300615758944
601952180767982045607496019310113615079796700301761647457843282631
521835573775413771935684020404100335565569105395141689365097101943
594300999996858566613807160245755466092088322021329346375363718704
484242042758932375611046375343105641698139541481497109487227608749
415260908803010361770122943668363906957948608078660367774832800950
350480395510691756187397749670885446710799282456190060025697611617
756009681803951917629579363846620428263799877378470795750268315446
527378533702053838658679337308825027934766493185610368267890683825
101841817366840615733604141606163848580058953713308800887404715703
566604282355730115686880667883300912759514714107605792801959177914
144272211324632011685911293649553472517223804401106628800523614006
152046991683261377711216902457816367849163176211698289528080467716
328521556402069756131364864780197094976456734477719569079190390585
979233428228491077577497516631012654014976837394606891652752891734
483232298378072070143847595322703391963002256463652545808322122578
032933442413892794760691267497779740255700076187721964049812683795
053284302915383630028435904870371348066224610254450365086938936865
206741990305768306267953707739715707483814471528215736801484936306
587396433399340457577805270684979362704951868630040312865264849071
111385922341922394785898388640127243234882113255222310372199148165
365671362877515302777952064581583201217552222522649043830437481795
405080271421044900919893092813574362992764233755580696696827007424
555264308213231860392440066972923211489001940954901015657358672300
570800099859077880723502396530965523419563274343989721374657163160
490920097583637283807894977190827541949371284819348833102400523834
092653916173248749629617435795109046948076330474205054944940057502
582400681950166700424564601731142395116202263642669311319119808959
428369904929627226535087091415175407239648664065038441761014774117
203094809538407870916282463801373014246487297538212404891528279759
870166528280596872179420351913053985356012164229440026576371485936
175924013727783739465325203088193127723412185033358504025905233688
691187855234187984614114181636985586778940293556469420961414149438
992767891392507772689243771259577412203447462068222030671076315999
112092039652192593796735072585606147415351934988925182151603974189
187027967542892248188108393541362202145615065184339440984308553935
472745749767125164679555179927780175074628076441987100564059101953
788728547713297909136063924904935161063818296252779800889847286751
337875769363671334816611311668925523243948714308478937810392764958
089595770752693198968850351940619747660814031377420698948799916857
614041877847942413884623202610689744995710334995203010274667299928
491316384139593409571911247290658058757952149131038429941276103340
289362180761548819288028959512287460917751262981673257888785900695

6277084299857085929216482691117211972618363323377308714388060114227
7774015259241406023685097648700522094879237631736560900924090716521
4342188537576821307472650838514657430308300509728055154214231257376
9800382842257692232610399150891092127740469707719633542864825640011
0169078987473622659719165958634504588046543744858417249815517490685
9794315750179768878323520144111601596962439601617175905424171422091
9323921768948651296236430320431327770973229340683848296739828759728
7255107474149475677826940877914832570047967436876315449974891823226
5291063262809714583409347629595847042585610945919068677848422291468
8540105486681696339548236034203975802684468087506680244591225429157
3306780351591022864522043034930937725355144552272282204356291697698
9806647144397172455834353363436632611232748004373562629419123515279
2519887786182463621424403223790343311002757594470135834162987892774
3637619292366931154378268365963010384080240409660414761490805010559
7250890629746130213427090877318160708290259438175776426412763092136
7837264191079729090899489718066458754011318121603521491168445519470
4647039542644726857069096646298633711390528439550948750694936729207
4379460982533322267115065851657267407507509726111400544549545735538
6048363742713868146434583664249021791677041138734530857339574862162
1516200636023791696798500451272076423169857003150870805060069455667
1027989108265644806202000879176072399838366073825516172764095747028
0921534791328621371016683079880050326193307331168975636722526806433
8564000635699052496344721996047965850191631358123104926678776019752
9045754147511972738412185879086717401522143765196695652702883515570
1975324763139746203400616847134896540667851866890671611887637918853
0670240835088238830590346317833378610667099263675097290606832197779
9706070578502648401153779283231350824783681703855368407657764093485
5557706078772080829258171304748537303316011939439466134988592486334
3766276969260053577417364061383113244826511499705260646628309591851
7036060681556407574760846183168583923241522168643221400844877735638
9115086642061202266017973209362907276905241212751548288546623650658
0542447787737306124505241686237321456554249390248482524388617907425
2520323262850954443846764788410960824592295500572332637479481238105
8631017110370105116825498458369271507417970698053822615037591045623
5974434809518488163747948654261652349040036207678179653383788695151
7493963820060942721911893901016960264369187173426582660340908746320
2750074696124460646375759779106269117284678836079422809104595732122
7516633989988092640327079411008792281393379447890433415708654415849
6852424465006101125326240900928703018199398640360862449403703830359
9888693638394113032388861328467149933191694861493230426818732193962
0963826934882255178688006580406783809156199261910782813100361122139
4026404643836434965761959579227332156114596690193826695130483318572
8788039353140951796961704548967090590982050740220567894040711860060
0686909680327467825754542254293146636899881720445317742893375677453
1383414078668494713911384197866435595983885960278557212736047745597
7591112318228210352982762567436513524542325247738581218387441306579
0806345232704467825738531008496332537514580062907043186796424324374
8159788584317322883574135678837123027357811024359843355390039038638
3539578572879318237472818499716698969833941615959864341541961550497
0876087506739223843001704997205876553719066702985790847967497892691
0385121482419190608978639108874031209975865554240487170429153648355
7371109919115621556666634944409592149929537085650384616333956809833
1822371223378493894759023249725637407571175738718683443404558250225
9376543197481873285278416302914156326966759524231343520509265652449
6007239895044546390271902781272065536192057840255467573012059924467
3990626945233339764680687278456487392399730764093804673897460407918
64234528191

873353998980386274945540921485256905040581699611035104434200474997
494956748176751711870534541625542415610213389835588922391219733558
007105152568837936332399087178953546898173887254608047017435681199
915475522131536492257959368059008189474065922650077248753534712128
388627100742155353402037985449774982824466487229527327903901344690
509187548388691657248659548278890436333906803531109747137959812767
071939670378633707213273947679375367017791330946880320640673727006
811781238303624893321472642961717902574615229980834655604397183897
330128848611313036281424342629166352073900521567972113511592904058
568350744521741472193067754920470776039602606894502350940529894524
129993953254910104106483591316195985455529885556969765885865895158
975249396648449494705261767865348406701803116817242157518632862519
940867279216474977161955830077857580310763130226327923630841347232
026679648966003441073679931772758768305063728925043419555006300307
724710590504223375472132139400636448711850572212864419552227094515
265540555746182200058783732343815750465241029009091512279276209388
376176111936155972297170105204526065013533756552934974229006197426
494884197164951663591160417268967356836099462451378481990382711583
676456163791881054929338084671432052547545401706562777070194509335
606754719194129457193022672782792647805913048429144273304695117840
287741580104412204429052256841219707647593219358366108974467721769
734250569210046618419934337872792801555852425258043795592190730008
789542161102306470869316246247243063356147988531893838587575459588
475586767444604000635297277855505870338028643582096987365425527259
372391529880185275997593762700668939841747602545621274879970304034
502728954806884750500443338611603236671118731049746162519946941815
936032319874484461754182368398187500178410485712348691783086677143
274900595485546828964164480536967675265492095022064694563223191713
892572866811816843171521701323656369828582947511184755773338222428
949182700433537054942295415862783222972739386991525166685804189486
878449202242725646510459936905666397810037238612108201734677941821
511288899507484833627309896380384630194959647583438659263904494055
496120347786124872779888811162076455684327065769597692019768019199
328589169945345729969221889514266095424672762304676609255093073586
601548363176274998828260567768013537185103656046528798854775060243
368717279152202986006268351766995552428439298965853343808026161033
134789447504591582065535460131003434408782309762224866424015645119
291217121814742054789275941958932345634174382411247080795430813787
359958137324218732716564045341338845344737009467439964270228695264
613054795088695979652089648211624365881245616980318687494567690593
336261231123051058235752443110046346026073235455818816401857668259
309511850250444318154202966040338183987878279836443932294962344358
359303067973068454655057369149616908713702041565140026163528852446
008661972810450796716974918442326806043713981405456897156978677967
014664917710151832476397502867842844843299705419440153108792948784
376595626535282969289616116285236776378025305423455798779719983771
761324070618069849497486907869680925310876290306777209529683933216
559095868745505327510444608117886903519385611550510680041884549708
422931318634049409149648358037679188396360725301231543682924615143
234026416108204623669596528563226735840330309325919818734947546587
279780300430560641217536054358484415992663760475542098199332317116
267928043684722285064658957284092566252326026992624464018455964042
300712436174681621367449302953405320212802782526753754315542666113
067343900515754195193948285638276654140611630722010518243535070996
948388176519312891603170144241725449520592632381571951835179259364
602850862770522561386424770163110373183390380286472523550412557413
995063203478450737820007650283521870324820435117362823705806649955

951666731023112712468734556823516683636615469523878851423502981168
322727438113539869802288951768799891742727277790489975123176926107
369383885124401138270447030664813890716647928047959042624248274513
003923324554441897444360499641800339219247866847689785778030779608
089604028986579288148618557178359328229452064237005766610554480195
168744536306584915702688559437422110705351090612875427250544323301
541230518848504729857366667503723652493329063511333029093261401246
149030614371012321758806155336179876296070318489511339404319609426
778501516510369133219906426811638753699989516723967930021871923834
891287176350404030375589754121263785416766318478699498860055952541
316476383676672333729382200732374644242292080653884824632224133158
444458646123337482571948207834662170279599655762937009353525228423
125498416026894563973352437414523174389979133958233778033913239699
671268305045559221913721038780226072668651799329952271424337023769
946095861793729715098951731664568951093736683285612771481449521426
150503304601081046756253582897777909787812017363918067630778753811
384096923866514600806975126974809151410016324070492281066848794977
063107021766379614192542759523544856709823067216334847494625789813
708328918359240450421959853854893080853029098876053850012407615735
843995226397844619571849796958940047806658282119903396155543131456
297374774365741350195555663983449657720468814591662737831504569238
714645917197013138667119434025641183319683003782355828673745205332
687755568867051233533258382116342336828451047438311177855342467691
353038208033602823032166949479688798815679521651165848096788511612
039141376073808945798201199112406218114183556235989276112510597074
528381407993403344225243931850834794402185282057039810526472948494
349825410297760612195481827862289327533820576044073350146802017665
392359918111302589421507057431631567972847031812556931519884705890
704551899569023248053456528168870142540540888278214999441343346002
977324335977227688351440119216979298976515978571737771690821585299
554512767358944270258919054464571359857275532715332106566561795827
020808692775885874526129379968744819779312091611843929190984949913
487543199508545103427018404001814357526821862790685745640958613445
739169443825060093229523782866500256020092185810304528576493414754
488397775799883571539975895382751474776327542065147036743984887457
482739339389323862496089462304201847660359912917314354442180125426
569395154303253277334446844973454682568495489341778114326563525258
665287548801173355322599043586341713186366930117049065555504159932
840167369152686438134713119490576159486308717864098227608508619934
204858407286003776692251856604420604437970167174299552408368439911
016402902662061765319666107021890055123542561751029658410791725472
713979508950526979298797819394316399122581003372640991255830444613
342259776608862339528564703168527732670731557460536949100561093125
549283181336269139345511556603139487803109742954379988855210212860
4680298960456665734576617384278605979707818202233156563719923310221
691591938675756011737130206745272205977039503135446549048025665334
912329712410223544096394166948490926123698066019676176490257581877
517489903927889880123999261447185308473214596423829469305209836344
599235270515198589693695460742987212519675825898929555780992408420
154180694206255247925086374037148362183525873478868018825644555184
755073273146605624472795662946503597008877877212836199312577678422
553814490193754974407064004835148929441013318670557823618277301263
806528331223569557457240678824331826868060770221376806263710429044
692981169293204459178623454635664602845818460253300498945343778132
182457570363670858826140584522099249304013094613903501674987082893
018077570801434861475407601627369325157518134030811782468568069750
528776664069083569681019733435480478154412613039222157086529342937

591174345692776797901864180612429029440948344723508494637607068242
943274532753084210190063982525901409690078714943912457609351072614
749924191456945084939062050321798980688302524120759691832055608503
664028799694979091992835198923178275528687712008463935358562908477
161719156816720443940488118376606033583661110528331055681320620891
540928699497108860910609020823237297744284946224743329831717128714
548894283942761302181965413091157078647552703892778848058270346984
226085168840210297068215565167740277868905511393523615714511423042
286783291848371913496880949776465257264352253789977626578649684666
846085122732388893541139684805891165247891171599267815189674825327
040454628347778110780713023339175201856636650661800626385240826360
339983710207847837661531206262776826654547840853867204724752698487
661903117224868023494547676137920336343162621909027906517804723690
154426021308524390391968264121041558103045785635885070025781323092
424157464024922774102175556733658528009432745619759023981798132429
193971879143602503261896848277888731534558105601819882147766048623
985769810578947488087654053589195382226163527431505900850627213954
264863909373856154339741187417744387323367829528937764131935836862
216222317414516929616504710572498496343453926265324222524189341747
839900362457314585336920176144188761532259339557170259387737337155
308473260719347628634168278531048842365618543535518988752603330599
678460964750030045405536296089974177873029905709840405308511719919
404249415577166546079647110947249842612900543155097170821787056689
355692056540262316263684419705003394156795602416566553737773880992
501900861538868245822670617059012418907153778896993596315730366104
612595016912843064072864865346307234439347521037773129296682927006
838353262228400922478832802778094495622395106088676192410363203881
957083238131147727074615774588013905807990877119564364983162418373
856620733043865048395408919042880357276364223361097068311875713958
335609700428678956182003457965719841920905132279673870325676582848
956603703740660281070919120914203453390291819817676715418450268333
798814661986317806448122211781492248675783514701373285612388066900
656119309887207251630261720003906108522189625471112792440565230054
254273601486759939493479967874076638691641137002050011845039661922
060816616139989766467173669492107639652303801540155383431362214107
225304183028883772019216564633439023850883394390396706789833663814
702197355336879002695395677473128792051669220770057784394479240333
156518921226560061637557397314550531800136819256238918303315665138
577783091948184752308744097022434924409300835696912712256098446946
395050075651377907065197263162401783850545740079065676321390115890
334813494231974028495601057926475986930298958586606221035307932611
859863473546519132623566874079372837512651659960973877076090837833
290737973509212576529359499336280406762929447638040793986678081572
153177470134651317102698697476854915795821793230335334869048526352
849025361171079141733811422590860690789802263733297253982909921695
141959148696987420251527341252876261305244482410074309633416585683
644447100899585598266686660439857709968447922431052641003625413322
669784534069407576213181104218559267285633984053092033283431448863
546941653725118072804810832484933864893115475565691551508105306128
894971022631689725466828705245909130098474849897083015822942636765
680783318055670361813145331067890374748390916136339605059814340021
537426929102351571123771922500463026471413080315968166590420328157
086179805159034456734730066957934557838509741801746863687692240280
705426196955882575372578978325178437689576117086937187571716474938
597451865045283297837631484780459968167955323536521325932602906332
417013841773975315620786602090263386770927402771886656269893083278
055609201583186552966069246711487037891083419748401626725691342041

460694283342838824192634092880283527105463709768756711288164355583
955596898460307317620361508020849022656570530563421591988423183213
146909427101602417731002154227183165496274911315157338292424761582
171573412546362750620221193601966508602403103187393227102476576124
615348061412902455682628391893766766735001879566574548327716452047
465160328470209032035026063738577879683791283360111484746202429126
367168039941855659422035233328163238910133846230795018176738580446
129607959877242653026691464333843954780012573116206349905058847958
513791826836866391406537477112526965760812098423487384534994658741
374290796437966426821142659495459002238994503316137970800059980476
794376138900755791679729987613281661349785807215057333162259016738
052412665465566951217071380948796227185694301701684641057660766677
825438185666109806881741939101001376365642376704767997815877738134
725525862500164541713160310238475488837985635077639857109048643346
754856250132100189837676021907332930674268888894903039308061605479
596424933228575380065863546278712171564091289674976217014736695139
946487773980838656928640221402774111042964389555795491073508937415
858964180403804175504912438555047856639228428937329012400232566762
538548417144723660347739987143095870061244085182262896817258412446
992685789494912420297545028697129935818407518340134616903851988459
140729141088880118918016863023317493180316910826776982925315884085
261861238345630865404565328553327622196540669224518237970931363490
045246565393454106019681349223565229879621525589484829386260720759
775366723331384394077011210804286015867342782670258253230221092518
853048158137588913082646488032612112098540824979012071346749374407
198815866835736905386646527380710837035205921173286211195444202734
174041841866065696243271406339056764821957236144333858001143559632
789729218191534988190364517736856886734164444176405980416506461654
079068122584685268715370415244844203587763686431313664232399616069
278378170058494825062326324795019995590525837866147804808677096989
175291631729770829728679914601675742063161905683890789827759443443
667132778634957127512758280851074137099493733479226321405400965343
697592216838178153182902455944505830494476187716204464901829925003
079185924634731222109429108498373358271924216253655054057110875880
694552562865350069775984679345938400643410484467343595155369409487
963996289616662287919092496584200330153112548064254319945502886071
378448222668269320809795916632955769775995517753620408021243937312
824185150104310352736783431312136418455364025533173772138448355636
531501549908986724787465081903573135364580473310506358888368585986
867926370194813431276368815813663156636871438023405241738036428514
243197521537511682993669185479470217882148614749529338341012958036
710066567594290313450181184899452288384618919934728725371592266915
870197094251293090065250130062368559781715019347101233029185704254
461773351327738713281223583336231846951525865536563877439491631188
073409194557971103712495140083752086163103392845072924962533551657
407122910726409525664891772220876907143564028204516071917548290666
551244812468396128487215736990359588246421114048314571545108131218
535451221153476002754371571820213622775138808441121188869454389621
511053484961808204940966448075809672342561930482287067623892126115
309151368886257844011731988610515031311113940934269185674560239767
279042219093332997735070579008538416312718276569945665611904892746
272227176039075967485104987045558678323976751016924094803799603318
931731633547187068087283002465777590519652672754339692282355854928
340296583640897909566910223306226618870431918461607112640303138399
252861427709712434896376945103234800943358745502741194084381871346
259785920269432544544156900037125205079480678691993571842890423853
360643081356953463586849401314195827010581770703237912916442478958

268838051044469622921840564371070169593993554063384210616311080697
032036285539864396347164330491310575592585499359510446972819785333
525724585597284278580142147542701147154458573429818341818206682307
473318190720301359358334953382374412988124980772338726663953320867
774897761707491021717023292135608081788118830374285293233031674007
895634958173257968374928590537891545991779905170976201752212412862
370616781518817348511385274640125924869192930521632036989235725399
643070774663285844096976046822873016012891894801990981040839081037
507890826504007302285398183516119508022370130711210272187251296803
755885269032281823134918528806202089826849995196036884163845403814
836587041833266887261460145779775888059000813818998535193196542224
648699605954581757606049067258526929507743644259005584272648717220
947405757481355935579864350142478131651456243565580655703549244866
391268384000431300078805747549756071158652981472411432202254069880
673046512978450141523875877896261183252121322318436095252806540408
952212506182564994007277340843459379413097307105859610730507556802
199477465137460076955594481064799800847511364186885857159634152074
000162283499528940823732576747317271533088419526236103464025796613
491252807201540419066944898729353968677190961888263392777396249665
057110274547206969558640797170078246566130554846146491913262400396
610209915300750348809422280482574697392741336949538373861003399806
276063989820381249696373019184317752304999391593684761500281427368
813412866927475093425156759731464573715900268247574239365196260188
578874106399069269979995370010886827604533952041234812786937469871
844186747522045683993177022544287117084951310832099348266349660350
951897813594828353456458918480467691215099426176137805965919652492
835712040028388432551819298017500050533405474208602779137500237245
512822022494554081132834055313068523524749174234931438365271579395
539339641722611061468004364766598845969690671440502155051737362330
406215816602091524590642205002212851321757130784715764690752405031
882738046354484838086066586392071800516814133017037375735923437384
894198878094563077223491402089253342481252845969531193438545529895
883450301428826755157643856947706322744015336123510480447583663101
891971762527550482728736210072041170123026664746317800817489139796
690622634060748815509608395928488679218280387859635579804806271371
635660531794694716867462158284037718722717203678294270667356746065
857112706011468202413341103878582354707090691525552324061747510958
122285737861042312152092244337625021732002288477138926941764639122
567736963519470401602970733302361576792079725420358701957984772419
455893749629840797765399166572516163356961400224967748070280474482
589481611218034117140125651196532821574175127873399749170354592771
811048790084322111676702917304893088058657835667759807864967966992
575794196341983174821643386571784472557644659555522761261886034337
012417715228298798244297841430345424325707774414415436792057130567
704471635567223881316110633649552433540486686424780780794706670273
445053203779487746559848783376519378465639161516781947456763598660
433267311307206221770961087549958573276076381649078707845816362454
714005203714626535416960624842118769490323588164674150988387845952
943715584075022673065969675335077243314583791780575470235034273700
430628426470781877984422426387715041090101080385815639632862349009
891385930755380714141604055237080361971402242658644328584449540965
540397688949779203397063112517797271524050845248007729498250791904
012791273457306083370338996018144572289803737631559151775659854367
283847923436851477283674454288254950937330512520989607498942964350
545519565555772024474222854473724753449141448960017011470767125209
500117613170933643035895827483575516788076621449766655799865662387
048844410397424440184256457195659320584576333712771269327172499377

005580882755970756822355035308569968691646199171185158032564526130
645575236723270672359323401863699196915602148133535161498633963752
269182677144845851623421048585917735251344916574498844752871413937
345081700633849239011243429780961172668687641770955562128988276169
978632453119503901238519298169256273097802742989407653359098505300
814184658856537554086423190043679327726661187387718807067786534666
225593641104689664136918031044011614883262471307394586989019977053
796790071424431812643689101600397997700426977934977370517706316428
681434440383678882351483000216164908110344498065410013747222661172
412637652302366221860453598733007311633574593316055098807012719692
946451619472050221495098458453171387923557476356162319261629482780
662200962018271616911079394788057543937891403986255161839582005140
475339204496139656593505275273284845408247398771716647582763132789
374064353645180180781238107652245185995849937996458454765955494462
010190889823344904530262165629578334983722115796729099240497677944
744729434652613128824413859433751317452197176533429165873258411630
068917915501257988279454322892987508498826881166179000647640197617
620714923722297048486776744211167041911461057166587953095363444619
252791369428877567385540640215416283918104675054610398100121280534
705933480500262477567757942988141812535417647964423903371642272226
808622362027548173430290777932103748008578527234206179392797245771
594610788791520051201387550109647176582900455666431269549181144314
148579214284775948996438669809783197198376177989736386142443314454
204895109412094744104508344263991870618168357729768549251415060403
840844251358451557248521367032040925685548566472128740086082499934
662513352790105741333674196823274711770059982010257893648499669947
139046419316610685090617740881079332102768146292206523015163843307
282298024915574997313452791429818011163476095015201747763323042251
906111299648358141717736885610300076057967340270007401880341981543
318071606016298797434394407007059149718455611520554536035381676448
033840580844010395734638866838850347176032177392483113003224389607
149884969090045041331218453078822895592730702683443495668292404377
086749890658746778647954633025279400875947974870807810360935598367
351159147220399272534196805169549217357698578441593939406890929799
936262233868948408410563935378227133919668476746486150425507436935
687686091438758281898020524163948257606024481882467827564353680593
640356993613081939468055237976915839064693483125429979780324604423
357324056368844545175111789471596319851643842895373556560276511027
390851291524393042422390753026517526012946611816023578835347078363
807535022964240320427137655947112509458451739481882961575878896786
111373813492627395460930259976493899062908946073265256653602448348
354220490944922810593322518055124478200036385828875693444659056426
491512880775848306376707297203875121061443722578823504228439976049
523414253445827244026326388052863367901470044893143945911763164513
487936278688385640086174126714791253915330649618024520188547615507
364849407196760597689189937693390880280406246396773313900717835839
249703661110234379096461681899716370666222161272327302610361599769
441915162382240850324059997828863438225376796242112790009717463072
532567117458016928762683471001580829239389606799842854559924944894
944703184746084487645986950318900169076677922784151638673740800049
904902682329095274026239970402522918682346169205731324431436273457
095643542358320673376270000576641099047436623030684175820889470567
200822888578100741101386882077784247179010677397769829523280550151
849768398026388945305043283822622038623579152729339392592643334928
446196973079463486038831991332628811326938312596822772389402596499
349557667116370168586639377995417410458190705299037593138122526279
744931187294705575523067767940685878517970570630343128676920532680

437660115763935802597436704228911507517394102516808793820048815176
721346837581541926272858679433846576667332432619564242871482388521
655300971153783043747331280798159278370693233005788937951218153713
327603872128108470609632880616471434890455364638663674749823762898
232325356966706522964098527483105457663966483857869111143451708848
099611195103174855832693455181753093492679526703354366600325422777
339258126353404348965122202070787946889596853703920814051163842247
675195292240672562248727560338696028164859176620277934693924682357
719084628656092782352231747349608107189637030761263794837697805164
462258407832295064315463908227520769045382764673805036764940830907
688444650723098695961373630031923213265300986444549747251203549427
463723506023289433736459485166997381487901430865516623466970212623
765646123533749184497410409198440918917938075366380519241591696818
359468040486300380690409273483991675310089360972303840574406344622
977351229607884023101571490569308464556727920766228280848309139745
062020016798876052731330669417673825752803757172782257857675592041
976397549268740926206703909743964284803678426482843568726152630285
817768597867857724755472768807792148717314380696025623902717424149
214879865100265338044002053656951453519521044910428374089865899919
146813045449433498084075285934032273324454490246811339251209117925
322866388461971639921055380702465469489697615183326781811356383373
742998056676294172078321435870294361489573194600644532303974817240
761170535537411984947826154460105022440175738207465319474068505638
898487886444654912857922861891681860338912200493549788627364337643
888379188145614391541022922547529870766814530622478226632223413638
315497364844219140948101758462277074812286215932826542276580149355
449314832147493264663040936552784745426074934187840127479389418087
912006335707579323466264260823916159033496540678510478735894667223
061015781905794909272782098608087553160551304997317565308221524542
720548168126692928434057195595621822092118631635245365621254732281
390227059715213422217014035840496921626885799406443940871203899525
112859070013865006076742154810840016828005795143776685897896738700
250573870548814928951638557912443253478198100974035686683605105624
311257698949121318709887389984836235779154555675916185725086708582
707092404497661401030254303375842907554663095871370739067282777645
511731832204943371781261049737059036499686702231103487676157441391
278094660808430308399504667455100391581287625624016639835756170495
416778671525648246593753968490767792067922153253283532232650482012
450380546336246828528420093415381120711257323204180767287866450962
783130325929496113113600132273466561352181243246154316585449676066
369936577071980159772265607360313740415609610559584425069111471509
185985529114124307222040632247414099246073400583311346639335597710
882056429588088304065134956332857521344899458489221928122519082002
241605942334444617101705048370252599556210062106737622246129215909
485108164837611453928156072911700608038440564253249556420928079598
911087447545972614142086512376963390942514059025682271019267809817
981050411289346998361223514164683533322362927493276041870785820594
183329517157140881775768870308700702805505675550028422103896575944
346215723714692142264956281881325140180470292036488782431154939120
625555562311254818700549523372805238785214101976141805929623387509
217546551718077576602526509971322349649083476461517828119864907403
413839604495437716697899447398397540444207890821210357334655622104
252157408059561356275869858829796976565984501483365551265282886089
465771483997024665040149157793490935897833723590532191529016892259
771224404519032244563011819679012039500993334722618198054654678664
369479500185402961193484853953051467294402296415527022183618140254
855601317098264871000329838993057200653097614961481240120249484860

403247153925919398747119438428961000975798685480702575230287448549
918228333208036284325885994643803189263460603228129090384425346630
184451273807574611859791698673324021201887469933946449946815963920
013652943913778428770171101713181750392724754591526614258543810515
605058468417630238876116331983442780726057913411287442005251883421
234279251699919400569317230621412432512068991132232879623189811671
899239611062814182071222601895155181009233478358651408662094432255
158852216756941467373741983523646668268345383430597290863468041534
425618159408041981689202588889930910364871516517377749947349629267
925765349510334469851512081407582045048101792682738483524872578483
084962530950358354441221149364287075810408947387275706126034310385
882201749977507082700506427828081232461137450284432260565397907137
154842274467258934613419640104259801455403616434049189845254322163
852934409028874052151004022456259264878296723845820509263717016028
509849950795598989587101633852278828798940354401523039524233852769
007853619635149476830923762103178597730143281092662046800863597683
782049962319632860447452126890461319292297376379909436182988237582
499654037847945866717025304383402875588893677586053507983482514879
418917997489610958190292393031044960674486643240900609094349747856
753371216328232277429832104427711678277667030630467327024416307019
815820796187212457638721465176868822844826054194591885995838999420
320062723952971634166693371609633699427592602098476806021757087973
324217410389742542581212365182652268602898765097020867149125614463
488982070420047420299621720567332554279944719363490954337151101795
781345638560467713070247519585754557174353003155391158719379948832
704594877055745389206916148304760405789362676850258924768379908682
260708865624912086168675080911464621570272490233673305630108689534
368655717510076262841820842095039954327638660017331560969484830562
018510582863630187318913916849576161504282564545001856348120800210
460263049612377895566186276742999812457859330252531733007469077258
07466067662941208165340697711540746055557817448462733188977717012
918652167251365235439152537540080064750970788122453647804878492631
564675963960560522663218350350661331926715854020725707319012536248
690289507378666716691831661992092587506358545398006323306204698237
204930914674647218751673081702618503415143105072385565331703702125
089690189367198203964584711702439773795763765114263719375313179851
733641707093126883366844712031750079255233587854854996127024280888
472223188941701569471502979521899546674932431402851427863431716589
481842270979895085617043613385602518369690757522150524550446225612
198641200150095682425406009512496167224838354216664177765843059114
142192158141612888550479385179828856627255955742820725335147379837
358791338506933097580156548356019121870645983890008942900453759326
790911857211323061934377190946334115962220229682422394127566911861
998238210182908384890475707919332484068491798073775149195359239536
820348642842590841418823042564020799305445952556061928582705769889
725883074892905533103810448634197490254954798443775355143739503999
552509348713838059001101635874041774498687958303942269681078881405
849382587176349473737537907784110430224321407300344825794894230403
748906294967764540973589925898509424150623124346523772837892794288
371067314061707173453626036803229029006511203839445138481233117788
224700348472222786411790741250807131483123146649330743996497564573
427043760538508257326321008502830087601891560172636126299672299221
055008340208245630459168737194288517527987219036683351624301375403
458399191106099044997134916304426782256486749763328762982502493450
160259005105045221366238941867938066375078571824052162047816552377
506662101627415480987566673614772646055895970372693449863138772072
943922918827931784748623753239674177957119975369492152550997124173

620008945500582619006321512463755324966216782758123839113987573579
361783691314965453160191147606863763944932456181473939884056912640
308754889342359575286865286731224309805844967517775356225963101436
389222404907065440075980370254834182993704024157536890803790139626
026164418504124614334088509356731970781099749596628485980336486824
857178998915640141063479233351655382342128452938380314600615957133
626433698392917533559465080287239422136485115121057506726958365964
716410689275985270226096407194009465236083283852357443011324237072
572067589611248572068392190361789108368528241980979424986351915948
429643887675591371787297126707338160302607269341384280795149000231
758468021298109341966010691934723530815856321526865695363213955523
682186400843106046875580917010367590623711605666212087695904061864
647626957825487418996766340379841354927545396116623030962131910237
203154428576197887315787165510097974805214074371598204831635957524
650730723785238228639823362663855753318971177950931873401217692214
076487749540853279653726068436006924182144843887147279156454947873
265652657338487361855217871858591604665458746675576195500949079958
149790382608481332645212941082924754025832144287949312294398244643
076351031476612755527450899460147262351549520025792009096322105102
246480772534836609189126544181654870585724977177390605429985119137
719576437701627696341658758759317588065221024108350126797765389335
200339709297569962639059378212788109772821173007239843235755946289
707907918550699370375783459343983918073277214992914961550582752843
954484083680034757920048503382665192655250954931956841221758917940
128457658775701521221898116059796583844023533221631016207500194056
101452805935999220516160297204372507779957971506647504185354846932
424799578948107530353590492947789472161296687911983273544688774046
223662009382231929352051627307297355501285727600907554347452658678
000138970715442922781324781466079670972829377823213774438947605252
501455973921907745353499148375308429086848148176478839593902980613
424201466440569255053239498185822926467387225771895540052277233353
831972428409953892077854054084181582975560409832326682215716574750
448371589114925293921386311547759922192483236983515676484479505772
904555873832983738313774496663596064036083443945696232530296269987
382009687518416014657996073342383665563490078256008115813309237684
113375098038997847265336569196644124294961151655943271084428642004
173229851247422966641264855343342598579316070063826469053990158882
010446785219781361528547394493779237847929921409521110155320788327
556253491853931940951098048004263870377720016323077412984095745544
941373438993139363399029200876569853586525602184440835830457710977
966336991117669892977075804788527800563637675010172405361249428893
822052094613163621519923818046596896968384373098546970179600639886
054176724857841009922252196965698733238986675709162672038299088128
319299526022155743676727212795995359515142774659022499328706475970
124099094846752552326308772303419757820491459726199829981669679854
693154768767845292678348399300092404031268523696744536320594288880
688760013062388427114884688224806517925693792627187201472554269123
880554614279625508532118674166377172178742476234472894849417772091
614588166757653909397906116796065338463748546910783907032917450412
142416739291227376907433744736104124175926887909040981790571644485
225932871428333674878454138089196611625257363342882596634805787143
942735415672081212725248191766778030326448959398840310468181927856
820448205271747027773487387868399787703657793110942938911784922573
592425942438873992081778039329256877043359110300386728148555979215
053470663263472964466701260955740545354061929004307908372516047705
152883723151514277103612181957818063028682725928518212874559186156
531065366306065281569039457932443093935428703189823749166795879108

535331463847830457001731842322863916474795447490129478287901994250
256130692608596121195749922913155080222669377077968498772426438815
650589834146906833548359817138454003808058556826898085264051289525
267834037039815972924311709685744378139249169863486106071845061286
916508595949134939661445905045663382660694241061470382879587580931
422376097023442898504631138615810336704390847111315787435980289136
222815217092722923550454045818631395884781844799123330918234117180
910832727931978600111643968283942702168459087241739223948276937945
353895685927120043565617447595842274770265408133336780927709428044
786914083188829958032914096462090807610322795690608469196284208964
093624473477619528392222828260283148593935237333583758373651066923
594152611864785937843417822586250032762612814650638266727055849444
282181705633646353957869339532664703045826322825798150161033229852
721849799922400995374146371772779131143491747725992925525335781615
319689964588237537396365620159344395131237859414203330918338573646
295142359068761276415635046673150654258941178596755785051373127894
155637931647245101077345848439342770214413286591519878498482370787
965865360557581510797535721768927986170893432990537549568317394835
206095268583843339027055837666953335740435805608433127417547318726
544182394852259314815459902906391723542698047418715421438354872063
738595735780584223851205503008894768148981264048765251574048538198
058684480876152751688330563926916843645008102436810285127098048128
812163552018330512870527161081349427905926249474120301621499827704
682358541557481715029627143397933115531792006325072048163199225322
066931764722209172645307171595508854648141260197247042243754144790
578789077643112755259638972186573614783474850606247135113933472402
371211254278526889559945290185847597361141653648041295780892561550
186959860840193430314511933332173712409362446039151162249575372029
880713997589127349247616701290426280185804176070763747067022522343
851984787239260049726531225408524436636892513589407987310731074551
356288713052351446863297161831117207638628174253732143178627409785
894463395245678598631323952594238181263297500334579375786679514819
321742984132264484778394905678913395808363628006559542046767986444
509140328674972970514828912046051466752659376039084979898892690756
037167416206881347492232127660021040923306727911237753996094124925
128592695624815083615159264332527325197712904590201296636965412071
033604787479470142473469946291046819414235064589789113539526938487
880864384253971315747036876336886546459819231884410108855295658169
100493925598858504198200521398475090214014735484878527517077735887
641171978120775109168145920880815906829762521213822622012146525303
713498173979470048923093514730002351215887195410845956065904556013
921522705596792414253680982444147556957863546137027976165873174564
337305450931816537806207247887853794759566140675261081102738162296
673658344873695599160770377141864472131926503532416485720158532170
994491932296613629507858007974737475579328724793356723074917345343
796065249202641018892249103223035533294922583751945060174393843108
199372100222920380601240520953519745308971923601747332489562458584
218358048738859263528768534684279298861863389795657950766995755021
415903462656752391130779259046925063533222456426769649318758741145
560210252379004666117825528145303912886606905096792468081112990648
484394834728873289353223247132522865175561476622155753973292274173
076390103684512538444563701990029572363339632567922006199657903898
876039022313932509369639635758155927873539879532736696516176058936
615008641928938332958721797674492816221670996229055447332114478961
078745205991579561671213868397071348668759061492667041703562625360
700549211319317748449188032684760612506653075571883973819857023481
069759795519115379553633016635394190360680246747487061218402213934

3615751600885632903226546159033582140781743028208767146918419711116
038463015723082888659578378751686446646904818293655590033835418645
116833116233912027015409879142409398829413835062084446119133388713
187155313108803876512870945099113076740336774569693851978386442576
783775218739687813718939977896811085069555078862301852777455491753
168376497223601391403271884637528215262086229911448877115812986910
169163195452236097054509128118061354790411908174067813366226759806
778051723409267321815692612924894340120620975761193080334453260319
973484441380719506979005555145866927873810133263490021251629654251
141217087408576871720963635667906053062897885152432812589294439234
680244239468818099920702490187246397880070204652223045094432682921
297482443548657386440842198214851621014966962072118336998382559335
873813911879714681062812858293460106137280344166035938416164759226
685564028738064506555345344453169989082509149348163337452459038672
111022494004313860978430269642951982051667927320528468901994248142
566210312742553832036188231658549208927419987348021148100683733830
172655415737849595356635931240031027961195089603770763090919221201
517744587565739041264526224871456875117445252909104866361872837462
022212928840940422370808593895949891940597369087445447948904531285
402385015776580774181687255952408118814378123133810595732580776514
928001681274754933748207892338997591577170224704113674034274855190
152281694275755141058878076234733901802913981790532992798286570638
439481010782837203593409660937220128893909106383866620232900194332
550548511169938715085034277568424649023929145590818503877259239332
817467384522552645948225885729939040644581751920220364328356301895
828148841083609043121682963776211181003225025817018877434632489674
273735766522472687048935479201679570166080595970963602790118827515
340412978362650418049994631221225728052387856681216243824763490487
830174592568238088797026289065577896912710980215545425309835005957
300229104170685747568925497429492111172160450732331404803722146320
477336612582355270871202364945998335126133056645593006699685424395
416469108459902336136801152992951977989722311852131258680476685961
908250888344806478189148930225361404274700483626418888022818836483
353674546952258678740445527466291356164629156570159558347873498928
543395459362522324007246129351240859771691871097524997334125908497
785655940427829615451540103448956593017579992267969243553730852381
433020647360472812179450611395357978432859547545941507824910817688
611292171108047152354357056840516699872956461477890874109679337311
207711860657570715357098377172034606849732264026152007455245436083
123462337523832279945197205417380851661529280679594633364648129902
809924176874065832151699338750717081134149398500201021406591297085
301624241457691169505399997771969761765085867820918890612671501571
266660467996438417926324768307104022523136854921476875737622851144
476309805217120924442296831821115533313580996674574820065172742997
987672987901091134935743880480304439505493150602484172865313845256
031415192540475325054193211211689777327984237528926097891863598745
307765021171902409539034878159628641883688930350006173380296242305
248846161528299095677884423503611762707156862177289850366279070006
524132921124191401031472472069222909759621163510922084196023199298
997015777202110283947831917430046047238951620869859252891801421896
405997162848538037709657833037189700412303514175672947532514164921
547745012350248594001469359052486403324278795206741133756174583071
888595841733641089621165286979226016065219748404829312120834530044
523057002072622370640639782779325194378433104270569430135294687069
611522548111770234824582063661817186581612092797075550082069891031
562275722210430006385736895895752594782112288886585159031552950572
674933004114673833707350456450877772219331168033818406029642214556

343335492301690995670193488630367194407187938471952686692237450434
341249622422165390746630429442297774388417436800661722407077066960
699616047333114524083317012537582750783149112482809187411450138447
050361135536723979468948774370845507832213512006652733674931983705
850873900682768674722927336488607458157877914028022042701026141373
495500179098332377596273523462148104035350851288270337206282135770
543399983090339263436392046146162852453454038865489211901887046118
286334104960470273808457206846086688995821336876726832249915378082
920129047879427474000033655331526022224108996744562191442469474244
228951855921677147204364542409536766070854945518260142276616511555
142583388501992324809015983822586125119559862857577953676769790454
944159051616644314917899259043417224111592556125379803850940006849
823038522537983783498611590852792863098991626156405569381872962517
016361778863863127299352373687485605893543703607186093106806742259
682908352235806656512029769554532670387071627629403757731627044216
093893374911391016015504817162299577706553464583771711453735121686
588371915297095387380765701929484850072245397466127463250616787547
637047350674068521926199244158170004735236407344125918492634365317
525714698944987558368950276607463331157319129239343970422819207237
151536144453633556906888689327161608727353715014495563051569298812
104880151853279160961261784726425388349502783009183621392650451141
705056381938589091584855381770003280462189835643033041514851197033
560415429493833101315150541900123643215801073441372098440105267862
064631332800766519466669855776254720988285607375263525112189909082
204183150858253623492969194406602520690498611922262598329080202612
318696321549818518021530997668638069314398872396629332073033455676
304300106611056724287556446941327404655134177167166035278471920534
808756665752218576684108693258873413807323669757500811390206401094
572287886009820042295088620665740406379194147411299740859991398079
454740817541914359927593449148373555151234115831915281679422714916
623398629635109414727036424674490639734205399298766250014665258128
882831220965122702735758775369061878890090877276150031985658031354
772951151622933045908152996164815888902432756978917769358875627993
855423033402159938715619219483859323226252600581535717705156973803
100867744833213472870649822607605933199243349302996231184535089679
706810909252455573663569386664936083857691172790763534061675586285
531036649498890805422916942687193673772908103099846178101185534328
346451884763920095687551205072536590757023498814418580835356643501
997344219616535923062328511602984764549160205295598987916776611863
350993548954201477134010176161985759077311851304733656728859902028
920374122937161388984920466587758804340643662018185676885440988293
286802687186437052315236586266684598348463824849493765665697082545
018120124782350980761332524543664613822067506954928839566663955808
710816496256494090646206664019125110323826740311367908856559914331 8
277586129369844769129912972336620930605688888930911722859591919728
794606137926511863839032718750329381045789807249066404336188860061
802304637288400281895548799957673418548471365551739180548385383000
273060209825597397564851756645534576942783655809565138426567055246
938204446387854999352561286712414141379626998354549141240467184665
538596698372634535514684251817967596786123148208453480853353577573
787615043835807824011209461105070736599228058552548445456325446090
201898039596174433779430310751023504637984828808240124620463863450
234145704042271891710127920201429064012509838598320073155912826145
124414309072315563056872435171859291611869273930302004328709492896
955410601609599773491517410480834584336869860334542172399413971792
660804420756396960300241390411085484991162039833379556626228303468
915333041397175148037311751271565431917817082166913993132019328570

996399285941044382132751631266499649297093019917117806590432489124
599680823955196078942962318682230775307764765158572847681485148152
274251397703925704855572350794795721856547570265866959186343388785
792194038054429196199094022272840546651838637649003370580808175009
320961159407900854500991817106374626333017615967952898534757741509
987952684493487842726369764993311279269304189960117925703974436619
466908161902805928620319104909624576406664795140779114167051759160З
156045486245293567055895681451757640787693008454663480488123931659
239488034165845452940994881441940599765707641163905798075988678582
069342011772592646808054125868468255487696780270068568666753938992
024549387195483888127417942821752316507940977823744976726932384614
321081994762952359238964306747882863840191971852893029117325352020
888709209593622400866999291468947603733501961431447399078564504416
931677984914245493135282244058054543720564147134343766966332600213
610716546237081721511695301327495276778725706772981737400218031373
312850890065151916317273155155827375807634749515897375846571721820
307713839199161258649656589149891368587560757273946499093534732489
930176497875465481729584058263829430587290599854317716943086608797
875499953108779654937012742865222642392949136477674290498941363515
597176260769022864915593414602657055272416546258978136738086606993
124501106745985609444106599640506334416355500595079810486766775036
207282097182444568165919761201912217469853673763584656769040121520
020110338501229758755728331500857897590010782179371001161977852773
937116911952882181155812264658190353767522518461769865542616584523
186583106563142280685621665892885474065739257249685384670883157176
089976766976250115519176712833144797754040291800759289598725597672
210194450478329263008901534435645093710019505051175677835307385583
131450107646476566468097376454216235650328760376820121636675138683
111893745296457521885851471600623012491769632735763911730589557725
658482896576102172331623659154463423282306608901439736871636089186
055432325682820842539438531312266766522767178188245259684983061797
962312806296207783217453807741931746616073274927912546119060779582
271202888600645354882077759533644093793298435190340884953450814482
280208527863357106858264950145836821140179663971353499635194806262
798978723698993596964496292772827076946137923433548048248624980361
631738394586950067669390773704184576305085726022606449386519703105
292827844622415130915545518503224587847361395472312820477294797199
473133671176899121276678293254574929414124903188350535830463407136
219431825448908670081720219684587800271235836407557646291008766734
331458830366316809133955270771330056549720133147870274223003944498
205808534757768392719921790493172422744113073831909588313200978393
598697892041004645171806713086670389826275549047616660640525133919
304501175180541725439299861611629184309098393038995179595727951138
203534742048600225855624284608019721059720630114609992226443393170
722462698192480796195512481361651114810683296378365256376662891808
543319037638981353993769463333952138693591448803626800619063482512
405642719362760261341376818721901172313247276019400802194305822891
695230492454415467931116201919214692480634110951252677499649505312
420795077912627031164881648504636156887970951369905418555627210687
361710032584721027893834575982826509643575194111617853759962798581
680644305959249736034216319817921882804932847932968679164336649934
006729873781231468131852725741044647786841916474267141561033811546
414721675424917838670639339664631356901028369105450245721141418326
944982827624049352059479627343058721073288312678197360489251337232
701228223323583527498687777118845265411233968794857809586938692685
305057712732881673622609417044477396459695998486047597966133327357
459935225023617700866029561687078677190033285370644316702991710811

714835580163459682527869811835905108362047004152950112987135888970
933641273801600164067153007700124761328881017797198656160395170396
228136490957262395415467148950002295707336759877489523252987449191
889154702649530465726046787403435015428147092226724106085522079360
619742329363348025664606231344250673320465675630563659048233141123
697813165027570473327307204763709669081841381038470573596947987010
427668608042657470134983403597317332262451981594750257023571842764
580130511322236272517054261528450022749946452949311231799953728230
288256885992617311881806524488008168482005657740990130931996335114
864787628650740567468324949550068842361786148880744463384527114488
965180775223269930871058705334403749479805181309050514227297883119
961132123404422873462542497088292669938181860009366804524832951660
969435692392580370565943377030579673666694838818416012626124252332
756721975375948097594458148029045374299261751818025524332592589550
300671007878642733331258072856001919585133957755793844169183571062
341422571596256919900185772631048387879208307911733331724162187930
182851047533685844491490278349320526650521984864529086497850940177
640972344698593578858005387710119021259952296861576625230802267500
538844514971883479547070761873981436817612823022124183429140273712
221467385240919584299995954111598635287661781857971166111022976971
193451576743445680466085338034157044940515972042022363422790376031
483932476463938362048868028292685531316777984280639819538446163721
736956115366939807970344745720679036644695492931565347006424338203
796733807370156883637491603256334305651563288552089028922182310066
244378454048559466564900409146525639755906086528131222916040673814
405419502492549500602495412106968260510347570707246455277460679357
875333287327632588600694034734973126173489984956978787371177503711
472724007421058061585896373460853329145358033115173485837325553880
896945405118549551765521787149303763836810865472526160344250062625
132065109363084664874076040460899324162612157110533595369572278536
653697261315526786634651954100671096926239090071761548072520288487
584764790760842146259332675109499239779942160330996430680882135279
117858263102610971836282160774781732825839403020679620977097378407
658936877659439376333971593973014006162582571367419353268024873322
395662315781446051667242153301097672978323660104331925841993131993
297622171691684981087021384127663444928697151624137310404051575760
657401776609454901598083195599093647185412113056210162808457696631
928341671038412162411337706945680181162688529634855167976098555753
204258875070940628209268333349724585927985127142830430980530602563
487181263843907399190592949794684026307184806765942609689720775744
115571770452318282352694959363815254682257881033180136234596231132
396332076679099938628268437635956216325687175742602571120275529817
120833785406532174987912523723556505331803158337425971537253295549
018114017665720065005397364055293754447269649701532502635427948850
510942921684048901129902449957177216800935939516297771830653752045
959738205494337406160569099829623066890707403532756485784767260213
193890340371689054957483646322791535163733567570307340081389933401
498098989535266410444707039829426871369584300109743853336713726758
233218273730939271593622165439164906326544403977658047172324439875
257763882157920854873440748928249224159788803862072062889426436445
543271942830292944550647610264350140005703974322869721583812292911
727538830328499018276420463682098708973027339312821886712676921819
803179170854067591243208871934154129014184696028194360452067085215
169798988518069320393068494771310592325979070629735253652712017106
954033333919172859001774143477480749049392531824385805857715920622
553974622903430416708514539809239636298761241158521912221564909529
823271546065248842134806607995701290270981822354488724395628928489

8641672100661968923803646924762426466413626047555974493963123032222
7650440530445792845671723551573255774963464760601103698587576828040
116194748001585810099623430994109144401565853098181462370889091696
695737722177473822450089682020802546525556807776590103539599400459
020483478566279961333304520270464661128416610673764464822373541859
234281973959745972874781937451516799086200973054952742588050461441
207386106554249046016049081841944120995878750012562075995600847798
541428999592742036133337568663658841092650133998739967581004473470
121787129699126602312624670315697360146995908325727260175090636915
448631267437011628866315805811481323514679252419795463146451614788
751912488238305505616688018514511079555096382605980369627327606275
114110859133978447978314909599972038669730961879093123697740110922
187845473962551886391258465612605102219252835779537340657826126094
459263599905178117418901686654579036872912642373053884823541712501
289940162981466800139776158004516166665923659305128454245572578574
746123310907734453093299858290731886192045129697291451145241375719
254130296618428190141734656188599648639751598016171040519098111815
321466271798305740019142866491499426147735136645924255993347178671
937541736666144042217589964572890077633574537358677971646625112892
385738934303206661672111484950943028044928758983933543899934774630
319951589314950805401818783890082376984820136896254505743110931606
051685512138496699991986808435095458753789241687992511791295364105
586503308962580942562834108845142053657609611496205517274071498942
996123896704607723505664943737043905290410601377339840288545544846
306566251322506388314028388286747821958843560375187088634843093931
140839969368593103433412712025108663618772124187391934917006054528
952974808459519020295075231040217200213906418032675969793562261741
524707100329793874352722354197742632172910992026858663603148413737
880302385282629824335615725892834151601748801895767039908052180863
687730067757155614399456441665050380986716110962473286924391059655
072241528701341640564244590582233266044424977229170387927411383147
165985281553435026554283769260159972458656795963280060104668737903
733218704969434812978564398569094840193196438645447267906595663385
396636814118342382885161163575575090969119458544161531156118649027
765545046248362122570364637819114773939855240440135345852137498249
889329585276599896225377914504512312162102454280254393937289137546
988111201080931522903133654957798393813691711862834823588219339723
751914296942197976983387369721394837906364840251432282830120560011
515384579182903232050975633905863361772632635427584770567465208720
731061885328366088034384827602120394980655091343664018383369038787
490483406394642819303959610291059692746956781152512004817997704058
719898282900188106284832971763535676724612080456909840963661728053
462845639953764675839635270694458946230643709324140996954962091222
532694496942547113936906734871573855133491615781902113002831212291
030223501847219800713581759155887950068328726967479892532378623454
257052872880189803962106918656362105521879930539952265391821137139
363512295879472818691961018798522749398762003003268032674391704856
069458489317223179389435739440978525972502166772615402509924089568
594956252760359072558383194821638235462462727950418486117799013749
824248079227113772498191263439766014300983774784636893344671290136
492806136982148279236171670760979401581355244729122261495423525454
033292644566914521501279120536959120811076724998176019328237870439
303745277412473568825276363542546361136755855430298481624246330391
488620203512999549428898211696475948385962999465704119431032130355
890242731860036263085229341052794571620087064190893802245370871345
170825622257572887853307890522708087171620659920196656219843308928
935401238840655698596747031913407637325926907872443435612264186966

523155565878761688923663590053455581192449080486539165876370328280
232960087064997476905921062370723951200131815609675795796457719712
943000720510481994471417492897129826926630659146835911454500750123
438660204317764553130693646372145727532561203072222110681197409373
992025980133572635061023693636264006056099856895530364734508525765
209997245306841944321215439959596037922522917911408712747909413718
728669235449654947241984974086116135239623075681175867074339488192
577126838944104277711847828338528350668290800954747483693611713548
490974340419077377232041947655887144861501952808935087109408265017
421480352504492277659855154254615353403857581231395511160070112735
384430546811671786171606808477507621577534451486386149775289589937
337592010817788104924939189771592078139129896442799968785202597243
447538788129809095136114765312203158588251909312398178779875540718
897712197335804306214244843545416018470628255544248012531582172229
850525073665835412234314920564668716310911820738394797365724775601
824446122940024351839847281137303602146792720504453025181100349889
254477922130658240689159470758763705838281263052739444927652217231
882649330619742408516271527174169646124135414746157379029857944069
114030926277736794965679137490639570533131867754060097446605886501
002242029747801473887325075653671976249474351374348241202872700197
011650253883140216487221542997525974697758410798260929568537731186
485478117018490942392780066503884496690596083370554840812862857932
450154711014287295577504606620295966778841595108429399227014967686
083743258771462007880052260669087620253503644114218499967013593856
337540863755245587567251357766791727978725012527395459466415558493
120960280223676046222430467867966964459147881508396061910200675192
971643687642209840369990627257003079836189559921310866806451429217
205138474126089516142287741497921627742068344308395545630722514520
873870765667548366070137341044763119058573787807522440239660383285
719110063396312380411037111178521606884091409948089334811221932561
553960796763567898945105319038002889581238573166699121852335806827
312049504145649607166160231004613986360522352251540405428860620323
001505827954923994132226295967993988495237442704745333732885087143
640106761935188226471831014057099590523254620747206947300482377052
350292588685151341237485742564875712590127712272445487224584231753
875919269966452695693582375534247614618807671901197030479246906966
109377490598741259145490548020883659230014416521241255096615427651
211706768397360272304631203507846275504990885222920507984146848422
292163962678527080262360226069053080066737202260821370137560247225
141479584687250425677737720661837467874064297416674838558098715235
699045257511332336605477134548356730193826337792908165174636544834
721759175560118802955680952299658385728682140045137423910773828258
926933166648838587603199913801965668747438552077150688278088172410
036807936349567977073742007547245493077145153983088223470156649706
345324654559262442016840641891178605279281164925573071114301388551
818872610535516995512795515083298782445839972988355949606879037775
020370283675501245802927927558263333724446794415167813618644558006
958614985041778475389848612583243803116454515380548275598736307207
158435762359471380387999059304153440286249244000221089487037189849
323172968344243677484876684360621652884797040391120610537772706744
266431858064122228884985346762151376656283776046239135202088802306
330374540082862072687843488939555653551750998863337457510776469610
320221855111502273625087003529846914608735848419117712973395077327
775155021486497011655913427143804531020407436635685512426871548687
670431113353247440206479440336338214618302301782799046337853739471
303505469003987774820109035243384980392425091714405911639355195122
438371899523185212010464286066729137032993166987061559011236261413

033355760334032409671173144620095369265691096011091907966651999951
012139515811842183927010851725685909954529721607472810700760651264
687325569328446299661420278297645411058426819326218746696852400360
050221051446802732781840024926178227318898902450243151626152628194
747685353066930536130691061391121677756757805495888783632687145945
212947718262968970042962553068147238858757791069134545952824578643
057767200475439788825822848258174251120417823590906630157548852039
768239802964573542388104939191810234925036179884770686168785270600
642254698402521987482075070222663720080742973726310407999698025692
587117981044107793807440082080735340173698221810725256257525415317
721136186494238176835974507940673905837289319935357672454764928469
075836378833452944454922458324051022400012950632370967152531021657
724076303937072736975730612954610731663156504666854801319595069533
166844475836094849717669409597359448559791983494391685447454742686
076315325533288419934997098660596617644008498942985504144474650955
450243442873422499043113092192560369021986733087627764338360998541
293111431814977436328663749578535932383693563749661777338708000088
524654160901165081395669546844048651804815631800993391640310688522
268886247325828504423547791601905580966266718284381107201299342155
114915636144718673039882066638860746902750309205631040687733256516
945898054550272660257692387112128238849097572196776932854707273226
904938852013817219407279158436697030620402038271684028178475750199
401291329141395927028216721901064966827334946927472418162299699827
068041138818803845355925808933283611612267171466934303616212720932
352914734720381258384595102872942402242621232483820348227780594778
160833297042246890693245442522153940919024720757309215521751258219
453918666315548569503387846488594767420995469602526630196646312346
791407465121078589229521360900474115585548618434292554307516475076
141505737288857857928676553516381152229479949943535294922426281821
115237654632865938852578895592338243848681880688866738358377451787
092449001510462670924029875473591727424243629354591063949923020081
352954144142593984394513644913501281213946825083739221928300756784
956840371035660948971896989824069171908114272993956953877263598674
951072130641942098288437710569173370368269515230048857903721936670
088537432609533656352771217931123337679806116454664163179493823583
138154078660281746121658499478527716774557612233503732507017180870
827530133275442537597993265215544443991736773302093506515483450328
623151370271587545135762811664318527973837412348134160498800667920
017607528419677469010914597350755926594785839315816119646030056828
482895097079069639810734876543787694270357071836126454070368959010
923609730439562626723915077528528525059126055333218639812472738036
110813402105191845085950834213969180869205953916128698468256602797
621778639341773450462640528607405885735633919282087553633951431321
688187681061323146795323689071547068297439336588000917804778899010
893447921483391669563575256034098074766802372020117803193199309086
767921216158767352481562224152880062985138423620765575963247907911
300169265102055362734934670057053067786477479293625441523172016161
193309948589788016480724882256177593990108542631663998258850824878
923600423344460595125078489795218435946449440272605559520239627364
013991314427067938613833982194910109141452174761703034713852857339
788388855490476506475647421047292746694136767048146761271423412889
021447350144467200301767063683132437227953626945602167220460639028
199331545695309248257129326159491512283794195853559049797800132260
125426842583924722281768451254177971013158118285937174917413032023
387160130327434362331478320079170873666770856138122202068378099549
585750389821608818686007351954012605579154814843621054905544064814
126739590822836769810923423439401140506090737043876411576995172594

764057112104658504624176326998804006544021603809712887857484645787
444150356639794501945631753081106313316894154872739421061791567209
983129904989852608030260387782190465247325727446090910825519684769
977016037643824169688834596940554889084937640130503002761722487011
464562923137023344907581513723181052440134845043898182371420872349
602506368290475915608705012109118628944890904495714254362679090687
693729716625517445506167385412984916378307264694727323230925629989
226329018442121322572401253525503579787933858415123185322118773687
432921068950256584141914640838413204448537371017185346703117868944
824024148365280215762473411656049713665418618204331440855194125173
385870204610248139199910352473269343550147297280968689094874622471
108030697014771882963941308302521317797008804966016812265495663069
623701230337817681567812855048364099947089534114474091132569178831
351178371537116275312205913334117144287469487988006537244551083852
078717451869817743018421248746490213449113968266877383133251956112
055820932522890125656293022676146992720356651781502535428760883728
958695292767635329949277205976879846457276971612724675462847884423
684912928442258864397507086499023877822914070876652973436164426792
018545130701622772403828786841857025299564743952587876371725982279
611055284870008909118046462721284544913291802946451014226828760207
036933828425010888803248685968940640097132664929413372294795907075
483990471815176408758704781662892888949722756062428002393851140071
813540839081764821117871019280800288645970135824284223117008514664
322326361952326920683055792156883360649990582418226848567082281016
820788756666884813413739538673914222398014549455648858193087800383
532267151795737319674332504782162081255147211054407753745938917539
581564302445105637001027528295552693959125657595877685570859929411
552144318577518426394254409256648636001270976277798319523396015911
639471320399895187285852730092921228217281165968870904438084327675
925580780620771936886503634814784641710061989406360622643095079566
413050313902687945520110454678272273216581514784367555318090913924
965047678200296286536382305681765782328978807186654544739999561112
474601669767587497071272239056081956352244732606458526238860870006
845441954995604482733542459607413268500193125084714800040301018274
197716234894294324491300483684116258187917831398538251763054563120
412930691402754217524635147094326375439555900297171546878167250690
766254860882588195019709111751847973999603692764277173269828451342
610845209864552373648370607619401090998189776327311120768380079227
924925826390015101723852074999157456555673748547841726512424832142
780801503203885121997967421263376300995115368663380981636738811932
133969852120606131874430577014198145850397236853472186995772571846
207033882956822463824928057453144020593435870415915362356306589282
044927914022024927486531143665588873374635209616345577323283225381
391510654679765291830988593652176282965018191637704923197934196057
154103918773309369134085572409983316807897683231773732321242613204
253368289697612292113122782197106053767913408557023543299056702209
945140065287016236477211903270118931726634951114312158444365938774
526277548871285693283824031843799213772568707292286607266895734943
083733666675086866635325475166195761088276661601867015343852215068
783521118709838853354877296911690935259344563066530660334624737148
135976442660085883091991603116179403861086397748336072136165091328
124202375942259820965806138854691835789472486837666155195683426975
863315591085424141446200710793264678023399105197840634167485812140
355590032608303386642443041617628744070256253408417926742430832164
076516547014754838298158439349265674950760938203406722731576658713
873916007604647559647135402952170538222383054086707515505358577806
576286916254160152372934219216884986742698057308388280454989764721

138122720577833661950176585235615651553226833918605229087491031532
760167430591197713481728662950193660891866889529888078601965014507
605452041729644532098633786568954100707685368978550438347083909568
221994424405352539940260966562156188163992799841073682163088158456
092427104438381223921346057869903497600428113945215170332521323903
538722506469988061276772556924849545869642561231240126331217051058
366708737482059736411054774873934132002555333749230809453089806117
968485901984086948868785404458459384670408564548472955835718017293
466249159368356481992636514936597382560762345045167954286388010347
998608935396159148326442744992320520309233183720920008609194111213
789667053005898434685790134284427644730176165464553124273427497564
737311329397816544434986449815514790646174576335376536234253508180
887872290051578274167942213738858691329919969754297933330324670558
352357455356048470314023365760240483823885060499130278286518536710
221257969110578869864072567091367114752786011863815583303216946661
076448629884430602387587636282251831060760534393259736897202464494
481573337705614002320271356302171764278681913828696508664005809260
897621402128425874925880987653304645233292008566003188294183293496
443697996684028688939194093313947815003734093174366104642664682381
790521118974127124719927065385790215237081780603191989742643278452
366725460563693408504733578490544398926771911480369561371001165851
969671008323052811328002933070192920381984730564334241723414920497
272220006793433625804660456221623138577028913224350661301435335069
292453543163767929394353394632403577878857301120219334745051239275
132172545597805174809165432406797913022055510343639145591128967505
584261277610634472041174842702583981910981933123992996622528514901
579265547421744162857509165987293497429104687731751236339289995016
542596921422338760115803730572766728264005191378546577304349026848
429198236652740640055343858983038870501128024423115752944353666596
437594010712576335891284580487944089849295600904998598167545410759
971093577697740575434829642188109351827109371918360488918671640999
357819431986544503924148045682153380986845905293110317727424083029
058852552724496690019566630695621010774651259247361244470963028959
200573012393901090833575275922252314553341235270425385976684615511
084604524925129077380329442656637975476495416166935639402564103535
104335364799707914364720224594563419156122958944550757750598738265
848525888895250313843179094247093626396217739981769764987489165074
541683918105842112081286280502316770991657209981438444624080823264
741743194209740350317485756837345441296691066958919722853450943951
515838010332744503365227486914725975362676940820574641100251342107
464140027253530756231628868132177425760432680731897935808452920514
846463533291983174232572243312018280358939110871847751810544619553
503355249779445714190971623928014064158438944895482151469713000755
086654506202051870993003974996583258926905005146426369672803298447
183194228346017906100641815711354594747397618922515974319480485468
489190992638918626976331277823716312228998545956385287351921555173
276672877680096934397502000041388997928775763122854644009406959841
176009914035102169833363193478446918249879814087050954595198121449
059989091779419117078065974750713375143903306512697371898935340768
436475462803549787483182117532687872119261834148913079820617867475
025202526529122997417598351749710091462207609463816038798801889222
552917427167320165785876205208419946278637216097050769943469983271
617206467544950894288695918152820795743166043145650309825179316484
431852503802985038724079449299709449742220822930869714431325749266
220436201060237027497898145290763853628124594694868322758220142272
916838541099816766602073604211514114567350186675813421256135183274
100924121856901348636671355375661203745377658229014488641668376094

301956727642479960045661165358235494009230915487236479253812785126
563157537691484892960621826513803710616016310872533217969311507723
748980152244277488728467599350589639539492207907394809331356964592
195101317477131387787967802937564370413438848684584400505701437491
566846239766097239463284005882934957781138585941613698571752789205
304865526491172343528270639314076776728650254974863708567897966690
250574427147301850383840729037627384193850108217056317368511035708
949724658214921393444330123298268002934874355026686120518372397496
066122495409379475476654228669578114134837923055224152563428131345
604752885343173218623234807816215327483445076660517322549932226769
464604522498497056799045976607189519428040494860155302832640255153
405559170447290415356911799278110827928394550454938398492003846947
014420749203525046388656549931911712759507989933298100859123207033
094118374066027593722418931786118914204339015967091674432854481283
255974271414623912603077109555545571035682970845936078660428746659
038437296552993194123374437704245119023012031568515262126507928110
198030800231671814987869201786291510019988552025314504297421330711
137554462393026666762868444291663298638951670675545771144349281942
378899354806275671684962786916768363585793360555124482703590037001
636458615343350672558171763745169753524892228354194981466553340885
343535779368582940052647015157714357315490189545387569780292368865
735178987048409463259172883475968405561351260466434173589782932818
111021005340942309077672017351401053631317992808496889119343008137
888873668946836286584776344670387172602028805640840373439287481595
288837118119974002639166746687396646857586383236858664406258904824
240483999566711428173440214307328594227355573023898851741678308920
994341889548591823482713048069358501489450866432053623158737620643
878960031783890670618999310840726415971360608594306863958455143713
112750785489185200237622703315926953648424496426326878764549101116
614689951408198530230740544323052550698232387013546377887234233284
272063148898645777422442002272290938761234544460030410087108020382
541202344516515826825944227947201533053325336931008752150010263203
142829519120790148374291421587041121392227643250188995835302912587
497658160054253937660622764930651949519053141152328319006958261432
569128163912472851077793408007286420366966629693435676047905971898
020528896946070111085427919852972258361502048669243588694039021056
541358182799716288216311529531606310481140534016646290447585885092
648444376491776901552823945855684763124437909648136319127438244157
814039409645161396332369152675130703269986105713248884775447153597
833225939979577855549849019483035107078284514725562522183635767263
012905223327179640506437894207162168973244765875358900520840620956
169617004487755450305746879919628405613082123791292666008139183019
703686654794789546418236512787497680063495643830533991878869889906
597861817609788867432441648914662682511097671596978249500006372845
138429108848999041983455945950230452655476045887190981101983614627
850364356821524456733500603883243136063495824741245399122435381819
511213063285764803789709262896279129078931184286848795016414357966
936636421143324628651885826061565693799136401761795698240494045226
604211941465593419242029446683677934069811681027832022355241268268
515801107676543116987872095208838371448993718467628060610754336802
465211466328021798100228556902699553599149807121342476106900244587
861880282783926280865519069150520262344787018605105041204197712397
288786033747109010762398861359803761397092907294272616728764615358
663863752154466966551679634680781362671445821389704110554437542943
467278819844050790920009504425646688000472446304143366438761199615
621567807165742105569745260253357478961992843655927131855754737850
953187802772558942420213722069126730972184499080972987768458898949

4310108987951543297058405629920108473124721970391217715469706277 18
7255435254165778186813879692425316692324472025112013755442317112 64
2339851337559330304484684949458749933295712648829450601239584746 58
2653614889955125372415553375218749675557924644295548068112337425 63
2095980495232675690680249035125696714068984881094206367399618573 78
2114276805601119885616850223891889037656331866260411914009732588 62
9822424071045083584798938013247844583363117604870683760162470080 28
7138222682628165326805788324277344077607198325569151268502912620 00
8750524395775948632415477398854104092703749533377492696748404817 47
5972771296564029978338419256796650779565510585013852907899711317 39
7397474688112484267824153825318698220773980225547081480570107905 67
4594984618467042690288783177959634959561987103913567521404557432 39
7732506744300505018039531625381004755165959611124927150828706779 17
9465636635716364896232312751137997508526286997378205826029729692 57
5270022341224800785263632813773030780164526647023372376340510330 28
5842556144032576221643241713798567125822252086931696555959513436 10
9552618529316972726765347761865917567574497406442260929291121591 84
9051534698783144310992507504586581827371601219367671196264583736 09
3837939043548647703193970784151714631335344516012893711690593583 61
5008879927286412133353598193342231702684971355839310425965829704 52
1611998197044095824483342544103742850865098354022887791755313333 85
3101685952773349804105616727980472056165886284753685106907683311 73
9506612091477532911415937337100721104594098818910554366257608423 43
6534777817983460365113761614817218967154116244046578903229957403 66
8232954521203074719792786557307470428829566229290290104620415812 30
8251270644545723136533162994984120402372649918254143131541285728 59
4741321008420521883013243572751001173796361668093092542002769616 33
0986216403933025007282059304108923669794557163692918551643749666 62
8260779732646765716580214979975701892665162574724709320312554096 51
3811297349422638632853213041433967972653016001312416236510490427 65
2044564702414728831405450562510611362616159290121130541536880033 69
7342882037724878985423523494178089177250035037576950493599127332 94
4876808477179536668096232775860049218174390092071472143359505318 48
2516635826689416499617616640940282219266715248397555987143992764 74
7498940674922249633354033148804229100942630085997370305276040019 94
2575883855387846109135079664594124435165641798793198406924576523 08
7488907586408003429486233026098525461449001898642895125297681031 11
1660164995791902791257065089168924987001042237117380607072778118 43
6579870029164499909533529675047010462637730886571999238130419654 37
2422906373284815309649465811902475915396149242031144153239629424 67
6211711965850822385759401131446458736185551656964339691980828942 38
3309464165682431767968198229165825245139043064239044927599021580 56
9657530301601916718739797030297967281636284683191435158150872211 52
7564553197225667679184217830076722110762746038608499989389729755 48
0318531065053075801379698026725320354017255191006126882206988708 87
6296542552551225755561033180414001638664364355995723800663747858 31
6658698970608447362952412158973636210567123921437462806648276783 86
9028447015765665923310241348228657110887343950652549808453027475 29
6749928405586079066166950434577295003890823357205234068197584822 02
5408684038534509963765400076315420983971849688096333311953392745 17
7348654066995853919837128844167535382936549870860475037042047574 98
6488666838603402499593476090684186997499947950346630648496413484 06
8107675033909769314377161074640093246997432996585031248537235646 65
4553324315494746836664532057908098084413963361847082925715720325 78
1687597051121394930341081240420660770462483909383237015016036152 29
5075862063568358546479573522286328574420848119978364722573121063 58
9950649368982481509943856240126391934786842826770681912090652567 24

685750755666714965691059056993447830040162078140433273332674139287
1943457636539051944536715996067312740547043562221295970695858121110
7356767799697065608385753595805090012080344330001108658741700640 76
362601172601557031916635419013468355180180345625506207574407994050
574636184101049844268087908490027528303739464513427204340081396765
342408018320849450808991002199627840052933862153212772517665849137
763447745655358258505778714539023457168143764390853975186507022592
073764640310414010475503531031151253662394962847873794570738580186
739537544644439406763782805108792124716423496737462151628494930497
487069745474579150082882061024890842545951686991936916140227278071
046032800974876392734127914689249181688358333559860581860139209433
290728152838051935624458806565861141311211984997993622694591863723
860587860124592811122870764741677797429483865618650607415205229575
425114546701054435422335873482323835115359908700546719038926164543
805770773953637754059050632649118195354197503309963561606148267545
427837152377620352304967319481724051928471523208154188504909291067
185504398883916857366706729422676681127948811235006600794587542442
440773532553848911709893954031292792573887199618749546123026289771
822704777006744471482182405166612348933737046015486909987475441674
730808251126041678501761840424180747991574286895345786509211845912
153792493866720991204053709513488950713585701533137929340202924397
722423271136677446447020730295331820999432832197313643346253726620
894569931113585042770549490474601429445346341199504961356949901756
354360565097997964822587712154254055486560459500411769193600428171
838698681202261054972013512749447589201820024257598183604541146522
758061498999103380028726013453380179878917911647127458000013281201
587856074935139529600328397424738536793764251639188884827537870730
926943931602022694672117814861587167503604880095025030874413970272
208210307061948559905705894452054135401434857376997450733458952453
227676394714678008016231001262665746289135258384911992644989734712
902982715091999273508444603616594706574863127691751770100676923144
210508350059592916844167662666797114055666845434036298514172722861
557655512891512583138428013193180211880451305997550846420267464038
933548551347630927978394947698565764912972364346070685034969455008
298740953372788239558928081805656762977581550032669677936200788389
173397363119825790869574625494476299079551194120807213987411176053
317119752730609304200953968999435012774153229787614893022040190204
679097286739594330056588464975738342769849339402731083772151598248
544460562438556347800185305783196460178466011618445201451064174215
635016536159313780533241651932463828230639546333049398392421565627
568262550449199467580694981420441457103021345635170295547952277931
163964795105581608927219645818710032683416592665688793409106462088
884463496976904755689768353322885838847947673243005728908462808991
200341697074392367655163388376608006056057939144440068230981445150
012054702934005599392364733265519676297943102409926877542785308974
367956696697925360664204985609456366267266044998353041362828289553
758177699073856420715005947463745138787392553131579663374674587231
037636248694699191742779153647513085005977435155686331605828316295
632904062749866677148145408025513782759787120600126583481940909322
854484293926834410551975660359196057277046162895399873802463085706
803522843254343792273682738580226793045223005170633732829686280089
675750115262065090156278060904423082303455225609497152965804379144
800994008394020172092810978230918984923054581501960404409932278575
148372336424391304329867378856575585730434769152550643860946127098
310092020890042742032182106231469950347905746452345235478806531276
169381607205927083499303608182846872584505856415807281360834660505
720326487875258020411920850875190171697056853522548956528218398639

9527847241922907033302874530876589532242414510094897661240359770 45
4244463890866571790848144184585352215665011655826777967012981285 08
1313993852974472603238463311528731677390750356328329559142564526 00
8830152749845474379562660711008650687678875701354055126947596626 69
4913868794663008666648717137928855357629911439575243181364355094 87
0789286075924447031087297332968517102497046095721236283339511542 62
7777670260491870185105922404186971996732375075426733921840751324 71
1870867883278967390830642086698401080740667058093576317863085398 84
3995618034102700720239755688387195092282174966697098895013546211 82
6689852441298704706303013514413239209964071178962053130131534764 94
9395027009229401591089706582512687605684885517523963221093761294 47
5028678023005111355013732055919865443788472994311225955851378879 12
7034768334455541037625415618434486487762329422013266648984238070 68
0346194283643992929900556159064060504253398010035780297515908722 30
9901663046545670472070456814388072345930469997125368974181953691 53
1393170290177322269231954386597135133215210086345732500383045874 45
5820996085107957405561003975704073225781887731512604111074744241 03
0994965405174651163236742338962719304043578627024651256309432527 48
0272774120741056857672163768326945021277453391334223126065035861 58
3431761316582266649153925286693746375686663330171397516764629335 19
3648349158696701805260096746498929360409459362291275078736690591 99
3195105290617332196000144939426391723702455347618028855374360390 92
3886630413031829768512226117363822686749435922545727184148570331 04
0830674119693359778767885562566067256195381995412524684798391492 35
4091118398989823830162700763779324001021019975212408468201245043 65
7540257864072417424791569539900974252547884681886214334207746405 80
7081705931459003234328610436535634265453866902018093994638394832 82
7387349550561609749749885128208658924172218477673607513907447956 63
3970369756115129039260007707921155188269108017169896639447279375 31
9198784094714704704738903857387862177212615440209850629428144564 92
2585480730677313570961017989428817317079794304912613394391176135 41
4007937138028135638578691908531416076899558663440167084903364370 38
3957563675742452700722837488326139214306437875707850842217318152 05
8199588729383725559558156560020173947341418014176871463758057260 22
3050395133961621336745833594809234195101326516068063372883636025 57
6004606687858950334054173431976249340693844319468350269136395051 25
7161720465613580229496369280562057515308977915858756500373426739 37
7451411933255834044268641103563379803845206074763761778186181873 39
5480938216966669357060425612054391618599955929149385792630626126 42
5301620956634319936867663290289319572216935971118371807192672218 90
3033605310235090575771960298021864352087569729724327984235303207 50
8608302038241558673816650993688512203426297133787867968625726988 68
6348895516349242835195159994541519033516942708400617465915373536 80
0958180723237221741449309099349065906861268041891564695080001890 08
3135589048927160866119074701249945466749453790040769996635871189 37
0641830245167156261318855228753960419670286019292050592320801028 05
4037255537195426352065943237829531726772218654813664487173704650 31
6739095466182798121517090040048990212717940382443615665390992295 41
0813365407742254839305380217822956636417464313595702348293362903 86
4634296515781423536630077399529969660788782440616059043568564238 16
0361522292685592602530433312597939248550216409617994595344793613 73
9611192815088485359489542081712555972025415440476855599398841509 60
0722036920926837449547134162655448690430561827327882192893267399 74
7750356728931888808889351341231563399129385830435823498615740075 42
2609141404497353368016559115400985909361387895540921415405361609 54
7759856399663669654555359834751477096833313708256725563134160146 81
1425799380361379432805141925465363736477416485028026060075215360 16

9446591109595020325754186639009083461681116289587999820641219502311
1797049458499812946783054757047384649376478771239408766925858319088
4565398163786837965320530146320130986958899277681742657752914974511
5808008737232019210517373497371476420885033868940638145994600166422
1389050377075054780993261033723599020009941889169956220335593719399
8428183867697814922260224078121073889466291024328896647559311881333
2607142536572660158244480456151712016822267409086924093368363164500
4549652441136051900453385959918815084617090454497345564394701767388
0317088497798054508420998630530703010777552191534955375000664693566
6041001650653636269955549499202852122814318535296156924958784645733
9343131592087698650670724457825768765064934598784161530586439121833
2498748698250661439693305894127558731275342914315230638230644875633
1614363665232797953303551998453909099945027466362107708572698555333
5914631247763329654516737211507096837689019734508468618678482122888
3288900057582689089582899999999951748586339827633108980378518588505
8518383006074076347675057741459075101876992242872798643703990954133
1453444705850392246861400109011639757783993953111326142275191885899
9249837209389973711716483297139716236695560726229866278079850173677
6936812793085522234900050932709242170757730822564307197814848366644
1583657820476660944806757235994846778255918066871855102293009584966
3836431135636107428635937557240308044254614005633703600250581452088
6573176784861930862838801338262697390652886546811711880149091611666
1035861126681163972813708239473474584438246405140600743565706518100
0662078520421280677785042907637143646460143337656096999293834071677
1228807061949996242879424036415563858245608876914209454266281514722
6430538791604632465134134244341691814873963742006022447645119046833
7370165741980546862539338148597580677712015383846900048024172617466
8325519609276179575460815360634499176709079959625211008171686534955
2956058240965626523892962912995491718334638220798940525217043937433
2889377387555144886035332638574088631720760188438877932662417389133
0260656018644119763620504556037101898831542544951072627314482126188
1946341915752227510342110458785275370821548190286706362421021812144
7796149549474710858634839220675516978050776642214478302315542066488
8322353328734931462886216442332129312047763979186615641087662080677
4520993986736826855106069792146508263014498055861611847236933710900
7948822673320931607411192135290712794853297429306722337482505525299
5455029863055103755580438287707591259494661030218770539422475915533
8324960572784740599656277439875028111669995755513178170772680208688
9634422971958309099966273223297152274086628181817309771458404827244
2951457789934945546925359565924917978540628964344161110231368249244
3634115662082119227604157419605969967219775014069544601651218770722
8972180312667288488695944407516178918726469300625145538725579344344
5983885507084299968645763515100947645924515624531241903983732945999
2656327036318478590509433930634479691913441458220536959992978404399
7098951519973180231270436449758824468564977274352318498863594904133
7543797643249371289767365525854616194986503644565243184708484295133
9719650328734160532938999053177303671570891871482326773834543370766
3675648639549867880776437217443936752088309235118300031356617513355
7439922712841652526958117712243375314269979462432076106072502988344
2736999810407715842230980504644751693219183524477034257242614107211
5481755348557523849945973439270697670034632093630352124340126452233
8703279142280576114509881188967049008121320403005051527453907615677
0615600982241700879949737815715184276725192173829262737122182523866
0041619128043663757823436386941208314730513388182133241667104359799
9244509443825404043927489849851530299858530090338134098723054516777
4452551745948593727823897432474946565351457847294703379786778823922
1837631421337044226540374023767183750090535224001260297785110982755

127675639608498696597869693946617102672335043753613332720390922491
745688786837384316814850438497658535177752015124833563623252423915
354169034185534374382689961197046935722489891026597302878350897546
504968360475479440106697307695734677028869129194948167027715105145
277514897476149479292336973484741060715541389686227149150313624364
674989876800566987177177130974927950661128639094868054490245243313
653428034243561443137392787511742846999477624636151777181201345633
540624636896775093269217128122887053890905267036808451339124079577
066299250335603402102431668237914115752452582712401104662976582699
181978904277910112885519674192072189859633561235069972435183725414
783269175689343208121673321280807292748634349221252668858456221128
080211894053591218607657755203001276042065883777719813691032428239
610758135095548750223700747853900595314105524028970553818397212433
586257300293284760839841866754070168728785714585928469775451654138
915441300176244995703597509815377549599892101005994169240102373457
695404473229969693207296017537492970801910902114531866173539988793
689962703841727529271349938674997004106327531395024753562593838161
328054303892340379590108284863079322862157098165662256660013038460
159583665608144630220596805543122265104472512295467532843547900847
037219911316920043686907391105394003352921689072772037937323587882
008815269179361429124808989549631064989791689632310253513737578848
553651940986194834167638766595111433606291247779694081087412186017
016108627950970208190177400120358321552465390847591300222093358105
084719181093414749621447993439221725022074505605691667118404631471
883001778286965212727274743252857117427045311915777531534715230259
585360243580809046501730654912001957828826908754754692495664806738
190836216599488254289716574148888427633496421698695306986918314248
921533011645938802843945181327449889632314825489045551743271925085
084585341516131931255812482707060270942150164182136361484611435699
785626822101740707355914066137663981673227343726439435277975700885
540576014413150675227252281855749512596899211115191678738100934549
278078071275882602936699138517431839473927617385458566920888244106
035581585874434053090625227645821094549033565104522907314309198023
054127904177629228305788341640646675814725153958324422208431114234
461974996987470103524401312553254250034869472606027176812277418806
663634147767260091956621791627969920130645780993060705660921061640
265072693296540320366955388382285469071840872417185767808195225474
938457717065701833896409557099994332107407676525174561752629141686
288325462784984814584433355350998228127625921177711625367747600993
738010064300412125227816992834056899161803194878939326609900151195
412878922605425460033127723360652677977356798537111946363849442645
640280671129836151041181475712179797255649404211763872494594141083
694964991999953155274481736416964540528940935191164690069056614141
739601282745347954504153227566664184766873222255478978315443858042
584412633028877031195788372632462074780424542636772652985382165008
467736831248548267332818576575636376490374022534459411828151494902
805671054518860245940920589918073665543499658355937709254334769531
304196236796137699720192541708387506764823510315249033476275586320
133960470125957303739759561947345032998578706687270587366411695492
408416519654529748760553730907720432351978184098787328328785822710
512715650223940789085001239105266524505493091572728123455514612350
181492796146064389660947138275520457108118819800240905525008688487
050213006698652206696083149912784898878145487042821989956934551705
3052005114499220089370600004845500502586939771802230674004438820711
188732903580251318748721078971653436391847130965600486283239814112
271587305804494527732139713048457731722626479217363328827823723940
354324112327713583196147021113069322188551028811446800841238384379

535455083394900425727934144508154982407866606525911797641885441890
150872861519490048150734850554561928824186990115329847838528664247
861714247270026869518247264377696245343003933846809424901439709617
216588812471056566027679061210780569674989281399266258279502098998
428623644276591895908505760998718269997479698185207573751024643122
221434110995819434107425648021309245488955727737741166336734486029
574945362047971671929553308994939577051962291711478536243488458099
875324316103074183897876213171330645889603518219839161569902204894
566116486532396910221685834151849009891334040740763651059751385793
413512538298435462860386325111383511743066591333404045597681898734
960047796641276937252165648633619711022349867599199765247426699938
573319380986159901735119677354098828450408635992971935504215971458
119623036785152534487871740367745668525440151609561303757195869066
751692350890849019440115219573983290359095041535917514969196887214
714674306879281127477039333798913827694263368109875857351412242936
954952552150246022142590935348324102111096440211355014523807369408
394923043017530492558581825923715698275179052438928644727479462739
052971878979571167010756528400238227886696098000714727449639152577
705802767190672846578853247950681462215505775534096030626352778773
048830864138702793381607037095900317206904363476474242317213373027
759877375408122821016591698429333575955238576129877160770743622699
640630638143400597410024743326194363751771989637617273246369178321
759399118057778152399047139311763750381395977391974475339313423300
547961929584025101244665020676615342948902671396934242957218297799
287918821383372992130490432442798144816898090872407416801153470003
793422825225329084523708661007087244130974799152970441524906328573
181383638721841363670636730643397001822598567046065921774845062148
866385653898264254507210649487772852978407393664469100300186190025
943590263118652050561429246349998881217981607902784925666024909176
830113466245467590031282279067778696944603865544205979536953463513
997603347280948564382067812076936566585836644293723142675070583490
458272501038483414679474017989321637710631379185357508604622859525
829191525003118464519482036128310377490287380600081525579034715228
968411640723235628888594424452563904283866894817705654249533760009
298120545239382260502305332274445293079079281071719376665571147375
138900193829588150702018152089120935146718851099507795541014622663
843101206764289009071236351782799552100797212963095084156455810981
223067555021287485507028541011418505331176204383282229732164602703
721015970491387581592511081045356379320053855075843257670824759639
827868278428168133826433691673350421451201864690758033029371567327
008375335357927479269210942473843789196233733185491826920740222257
387421749365765681196498344091901487628974659854538779748538249365
853813636482898681453293924153175926764553127675007574009446998344
847128387730256252031735420363143080253573656329290147957159260206
253772336617519384972461635869443155649080212773574245712906788199
988342538324060573254640553801487032873826327506787549429649902260
689362824780526531274566680433166715274607162696697550006760883413
042767103470418432866287788372744524404303569894680394985971553991
165523204032825032840579722226095984265939235821457720796722175610
224524793357457332045401189565388593272003059347076122181528601459
673679218307373213714484442544107969535154405487884095350330321557
526482676181061923236247188328608350290990168207187802978689850917
098179330287460058558228275507546264589895380589334815590715515960
892625117844031819949886669973077341088257881099910426990190809754
503177416235336512927878457359108756211789742814847172323279407915
348810123943854473830045968891120532677652684311456403555267878786
072023853508153328135076703283563128046978657960758663266236959728

919812955477719881853661433491540342227159391761801526797555198573
068637399993876712946908493733452458118104344938292107347936287209
869424029811963836417145232142589523673080817529427326891845259222
487267975473095030424339215257686936071947393937347581155828206399
184277939604638221275736949593399735763348232278139153941091330610
406445337464089160705116862662478738683394782512342006567443995547
514250403262915875890317520208587941361750121662445319271724469277
599833346842926638762687487547947133308030915901623572662607122586
174623716905009694621808190890643442757327213419102024193789393827
826307805568697206020975097357539975924697902363733263502192404786
110169952839851004694896373794191934721714562447012509501769358720
643542159070623548286262967576306787462091554786523915669141168939
136220520023620083174600863065617675852151396474566780949841009489
116322903420290572730753144141820211616499106159738754275191215047
256214151032054927931901522694220639991126401311592164589680022051
692999576120894863345287789566153840580312391982857002450239630439
577943501314913945062398019550260107792793721846097922583050947037
012817036302968569770904364453979484103205692400053590576770391329
528476111724243729724776583826189188230260179665576425285270735259
871594595058133054762070635907664626145609700026936067467665449098
234972736759358730047640573893100667217613928526566338374777350439
284531291857530539139505159392166325438432309541773599399588999644
669405548984982141605398065838928422437519808924844437357970777043
251988245911254136718766238580147789167133349520926343087044950296
513333144964530653795669476007315837734978277924115784618666710510
229490653365547809185848333216271533832717930113430840479098097681
551912035735330893979173568982385465797291408817471114815767153950
812594635860715586415036484027179026544723058086399696558877827748
108049667849505455068924699093324445306444611106977027196987128560
755902842868039574486897269873685508256157793841322945792607643305
928704733220058500937163689895957493459575784356748163584242706480
729150651180225730405158116619478691051756390124667428367337375820
012508719769012537417451309804052192944514803659749062154560110378
098065622412865024000546886642842379571843135538277002730739821977
905146597245944896748597818994468289319996712564283075713226281516
270364980920882933394805854101668184598177029831956726956658746299
096857820218965251537117601898081478119692051481905438690960187656
882440419080049124195339848070987256987386409362639567074287583832
320019322344467326194537078304646680401796585080660260597144525579
722943627284219538156019099833812623922883872562915348607910929343
500832831005935908642473800063625391215155463919514447689124243480
627678101983545128509627695141948420514757076563265377995090681231
869186137437438876014193944363879234720716253190742240789972646042
807054621134201638581780041254867984874308298453594698611298359201
514373080617023591321323195835225097105785681810900068134909088085
966863932309819020745015438441170366951293312838738924729645216269
869310546082849138767206904647225521819508279459622271378563813290
973844138885916261787155094970949972032447660706874162335987862225
424826753924501972278924244284663838316194987519383498106810243008
379096136375375490248408454740473036516301826335734630287619723410
425620902886182262561514101659881895582342555412216497851197522960
358850880910860128628955344768217561355236212557610246845216788934
814540026160900923303484678627965570635315094277046861439162080662
025285985669318364226669946794946269487946420205197455634182946916
524499416813495480471118819562493463975668111480582595086079357814
496601166895051409936017597179123073991804551922348774875894348540
061474771348598524138153067332691260882855882093484807308347110100

292491113795849718905967401513864450622262265353907509725372696982
492721142771334364949239711180252449175886070841186488138110405203
539949813102085252820746570652140432486587819563198415663956526211
678706108545408526819013691934333017349448802836934567641075659605
284233176175879997299770641987231725859958423568413231396164445614
219872532472164599135585014016732263776127097731567881463381292890
397458941652260180578683724169418516436975983956930639706605212406
549037081586067557397970853800289629656815481073281199982400649266
475340428567392089238162174512072840726350793708863877643907804484
762842302120157290987717513513807829374969428460280059354673282799
809181123008529747211862471303963961501251274032365019140146079020
264310893532801314769076266870328675407238787268047382762938052088
330094601756631631128885583763164557793810486829365171505671658791
720502105971476913864105834722218388940849704482788265032484743839
344710439889016170206299843959476496400734892685282676268235151634
469179191915428646052695383509269256643578721909075388914020605781
080656919153014249780587448700654415534626421371840494953959557906
650797486110362205806732519059418482764350652794859022093448884790
220267311875731637505864729491121506251166531790907841169407185407
786665768097174847866427795434521966705669747536814228740753715724
596976249821320985730755384795226909253424604012586057779524277636
420364690423149573371242469471720840249639530116972424129957378656
272074016018925900810876239525609067347266470259415548521488904513
862918261723664697550853350604885110122463067811480847542068397547
667322198573762481921917614119840483324472124926328288786454158169
870909651171980200663730353200216276451329654516414327929090009534
232166565284971153836334360001213884853789042843666879442224424084
850689840531304390359219727743152559981420409673710265581259647912
732299639293605066269388970760308045467287030932729840502594766824
060107557801685077474140849124907759460429036704746634970491039186
580141654022836035060657488384509432633782432517686027459283387774
508499630231990881526884599653266197078672770447180997442393497932
648197888003546889255231847789662874725849719458539212116127476900
897967288205878486481417076795265177696074273929528067061256045781
763197710887154025939020295749051032549002520215930919057450534945
572793156090650570640228260750537842499037982308890698990138065144
624295915113634276606571162774236646418838109184117336250376126568
671835667252829101438257537078824895060825466770629567505909966007
642204665994421854967983531198006736076004811046585709826613196730
054009892201644943240774913230782323554002897297233445459601892727
501214029883641535625272939403901036275158150528050711158733924726
707866442793437941726120250250628760906958540765328004155208609778
759751837725693398639363576139572875718105734951904710873022118361
910054244751484893066995312685371931555201115626020616737026889924
814526607165531813667057340009783912469671401016197237364430252064
479520024245488319124192290573952438087977512233476291604174867191
873254519808963403068989347506011322014310989187372802085322358021
889339597056159905180386950310465464834469313003282886652921164030
087338695186855628040004877545900358059397720947339148001883250648
435329231594961982024379517928161177567794423377565530686166466619
838753769511678980128231692676245113169952111371359366673336636078
623809717986764950375043744324288432123807470123063375856218799983
622053050823342222920014560521907242651887826605907506003621808163
711002169031693230385875757889826841378146148614185226878305477181
086888089722035074251579256887217437409930844688716588616238382465
447670545574046931614579697239550934020197452391010395798752686263
846985120573144906010851520438794090478485529677495095780174966589

492850568459810414172382590544818178995482512710376825935989597631094855059214570902700483112018260368101567959294338712846219865052664935001089414099518825884179127528975022678051111955776949060764599751308764780900332154041189844471892335164143805170759937104237944406227118525176293824113828368135754178138449645993052415115511749721248549774022480814871173203738709137252930246644528812804232696051163965623976443325896791954491281448207789185988328055878512563445892343853489552015061276778533323403224406742964066979383090613313529586461690807387140025601438543800816375771579830849356792568085415343900286258113544076948304493792565494814681576318879672415422741953915633907509424935363511756363251751072421049688543604208601236716378391821588181834759742236788325716430863220300446686446953031461397150531792365939889216261679037375928228845155525735830650298386252403134639008855444657110864834440780160415817709205178544858591763945801884333061919957219555471193824578533269680380640201457104139652330529024086806527040026259536642146004048554240072103831748032492389246398444438987570347514514107050711514663062242038115810047624093556362211909242164839775267547468882229007760543474369588567716648828839348820953582834660728389817133519605777663433138078296322932109546363198430436890981019110906461835279350115893356169161721843667659058692652916285911602779890780375607024143172720677954918520193050257754245992081513770500338525311100441578624942881834487768072332111465385119509534106667196664203298342888273521878042152927653941116002943944312785600695494082574459016346109254803373273875000390445802194393571666621673181254107729147054069185915701793122506235228478350186681337684718062729553727866054707576464441868852850898872843614406380791603838796876625601114728169970816066825210115507704914688747392662121866166119379447514691036243766637370516264577205365378749959976055381484849824095761925620789891760753721855649873751623096412318889922866476607728890272971468400499447294008195018361431188581976152178184879445669017848851928017738471294000763347339368038519812434419411255267334032517154649469747621400718008136032030763271873113609882971680615359266536615227564473470436399865125780391325789033622435127280865430801059096893002094226760728936256372101858729789035465663774305775767023692438291823166653222367534562611102394943888600055406880259589459631604660907439972368511331642730097373313694903734869619175761978198575091734984249132153799505401748150715049732544708557700426562953649279892383751198722641299000517924221773064653855465145174473191015831452961464558194433668835146764802847968292169286109372254323021178455464925280756133507138874343969834906561432389655090478903198673688046221657768655971698413488265986299067625293607890710830296100457074714264380994203301978689044352159484809202223700144708609741830751045815615471259589328918803254601697199900568109140754664081472486167832666348386051361206632630335616229636778374982056464228196955640268870456174623066198442942444239726043289190220923337002764645915528217457735468740654562127402422310182740568545360673703173279669660014675792103309042754697713396863546787452400006780416483146776617034963725341538012046848244172051790013889949173900023898458952694864368762514710272461924736709541469696477410575191826175690476601913144500567360203987508419879749220937999109278992837555097724222544139418929668690238758123166197499365270567659750424437726877640193662053781334292412856094761024385729882590980528792161928352061449344488681816464487680180709036161519546194663250764284311035569954852604334172495887788158257588691893102497547330857326100678289213071839330024135171598707301073761046649906480623147858019554156905184125244990054659728767210581339755

오일러 수의 첫 백만 자리

020474119067265584483653177883656246603885477869627010430163344341
855751538331657261336273814535746968473865207446514089153339026816
098794399657004482392229305155329374672648373214770273595467683429
841007723719262761408481682002356159057317601065361553814902894696
284997663799354856231809222100337154736671235089457543628571502140
038872486965513194293062576751725298719243665516178464160680185402
918592875340981590383046694467920659932465938761982361729962896272
257488366846247694346597837296314711469922196047621094499894717735
669594339311848106875878433411208132053296015010585386935028430444
161138773267774681362982650660773667884879036965863718890418561706
389960448307882198409552900357839553746125769751320444855714262864
828464280531124412287535094894944000257728248722702154609649212416
651518596299821930629788092485447646399061803414746906860104851745
903787557287067416833514819918450268753102621883554034747051108243
915843780721728517611644420911601318045277763939640902450141897596
522797562091738825269059968980806956686071537713915511227174196448
342089110573786237454459106600385303389032185702869901791430202057
926097717504153941080527400186465655613499483594637745348405782648
383932656777454894589102692533612611584743358397849160986115373815
034853419090471899825234577030496325984327307440309432772723646725
682078930100107007250985953687513983309827264646074275589781635605
966114006038130650503274169435503769639609347967891447871674987961
656340606568129242549654217908538563739039808625864416115093333128
347543911433313581914025585701789174837423121847285259391159168214
187110750195971502089897945650827800167338261358646223222319341678
768181596857929663958191449768891258137553634785000105159999733084
384465083979865277118935789247409228529362279542689236381740018062
603594408173797934861778429368487742836939107912229022080234052016
484453540233005767670039885508389910473537185979449573858862238522
781971133520602039304298593217911679187341665648293017911491305623
583485718791493530127739421460383517624699416428815803756617525646
667430309809319033385475740336534419821319059708664676441679816782
491523663077889684906416967942501775757808101204077137361306185551
407977372633660086927685244400123689582885757679882700299357508862
659984426791482683204214393763826974964531189137352716285900657474
179836835619889552009831331438636200840732578764187982818726453289
228384383535665401789443137628105157890751792763878879785055596022
782577520708523071848402676649003582166802063935552481679713666382
788831333501576760841395552708722197741133965308111387692856070320
293421733078223890416592285461250311198618269382753996237124398502
141655248159238133409856363866884404075025295786525530595435060031
801503165455830989591204309251444321682853182779114691049398007471
497008103208070951231799378348075414798760810745920520236530397499
436567983471966527420481879693080935815621289503423546129513216024
515213828613178536630718150185256044954098626327525847805753739470
145788663961239860868120856244165776434527963983379061353221989515
276373413081622838747173058812950528531336364719513654757141625855
737040686588441700424237797570208535789152253296277638655888068141
577628910669505597556983245657882242053518468834854450645059943880
284796130557816898501548022627444084618012957998072701124272956812
541803438826361101618425656079231857920864727395665198357918763584
276494850684311942745961381631214328865514877445603550062702889146
356782150074547882750930527835948383740622284757033575314342261408
022713504031712499604643820009221037711586665713702724447287265692
321116216111505350214782704275559018909139520873593670625154583348
467042939150017820776939277657884020201858245542123790871724522569
844756251034104886809671068411068319135492418397539837653050230883

오일러 수의 첫 백만 자리

819086471307541938044870331407088079391011423648208362209878475400
776072532005085813377339264214599695651795868340518511179500835175
464161160440995474398291022013461441587735683000662850590131294357
541372112186112901814589036881538296289996397238616197431024536046
515640694957281024410805159528904214800849257994351167660518769409
174822551918890361370766766741188952621786054543357989383939972631
576160003855906594777141275310848356263679013858684855602973953169
009356135246004766804838718266256204534008316739295057086205791919
047392489331344184983031726171351513555631614385523850353148374191
162820086480697165673484488006124233509742491218172161966905923894
805037520385937453188860514643934246730638937982386671913094120145
979170603231620984907055335585643167593363650365776142198062551330
615772482018693269957564023714140573610767876586695009254171128472
441949922413310072185874428780637703643069122146307977015421469765
649142264048876329266504043797625468329298598825091317361767259583
753515056519175118211589319307734534110137498602790704704980658177
942660262478542119852354626305062591591538016752331026865008782168
857335238354686933582311515286499405992864379121174855669149617589
758173213786462421253847130277422559478238732255031695228375086352
376083892366731144388809658395664817909451709591255505367861361392
128777328508824304341628277746943067857690329905391192341698140851
871805270685165142150751868739264962196403367631892198702217380037
550388092442095120898517482559780820634037607693974130202200256856
524193173425646456058886967870564669964821955712266386491883289448
558080118217634090013746844286156358170305559810380030483166595848
304282649572957686246281853791865619330550664372152537532586838925
910680008816845172648772617702451130571008245287629904025452617667
415172165909804647217584018821793973551820245462671596733937936380
165093064248495087173452912022942331133154572489006207159775133313
965927243681689351231747889657023861411756025662267804012573894106
207271182817245823035900793466684816160079743738748969163370357657
790468727782202336115698511853608173437005440267659977322294825590
571057552282469986493497549451348580345585436396671428878302836279
492168825616675223711324616932907500920655818532037629681505571667
586638133041916240788329980452490010021073296693455520439693994577
252245434866511642483213967862758834438144983446461635746719889294
616064402969437051054454258162056170949190302375523148508830409391
680142041678765403071478224677923689489046683643026673562087118547
004918790213351973767672726858914057230220078462877507692161530780
524424549909529657639606805055410818573668294427643865827739637907
531025704943405554154705167998872810581423204443859873144128313493
139493530047143767944833880427071246912301210582312535508836988153
121052681818117585751952550106566298941153096485505832883184705046
326095719882545420276349764360251617503182440172145920356352459864
801087556094161622617743853641400625313263125026119548184691901448
288985732496268919833423872800829076188599221683729925349995487245
411693924158865204649522303053788315202675029520933439247767308616
273979268688619439900694807518970263826011067321303468735843541825
686264458733423172574418353393000813890743654923263191588625303747
404048016426696047940393662078008868862663411991731421361017396521
946075080711819610097536352651463396555798097224373819784879377269
206210836256026689718209903281372908004349773095631125476571543446
199138670251962781423095263615458733539174997734684219098531712822
658323145337272496121854796040751919325045261209521664602108203125
086552462162543232855370392213521575645056213966531920760645868902
461553833598930785187536158380271669920881375280798501678405993224
765611603266973174363620886029338291234415755143531668453585170849

8076935319404582662396097765452880203100516732597390675735555516118
2632230567859699350871160457910514281565544533325858446879078324831
5685245027269004819310062285522169942925461318023974685435409935801
7526062009503338726420286450895912561052653869389460428241303486231
3347801020102866159593269392529028727149032288208654304668266548321
2374395173845960006494684661173625413175880805099520539344538798521
7436746974410147102675210466242658230797238077496871980671438096001
7991475124984498793095067809380341128353121292605296945174774027451
9572472594151106538890232873428640033514800507274240239949756552811
8367171887788718170142097353938363069087110391915831482080520444031
0389715648647172790546655800347878737384217433113818948674294736171
4776700798746153590633431611385689792950972826776197881771308429521
3332728612966648096222348232478802209661682879886848513013656475951
1027316525877705860120008233057069821831529213008704509880010605331
1010401832935268021007863579844126396645470634552856131535634904761
9985546095592139148367656672790199441540285751157076062294161601421
1651956462257378482134564159835144007119691828913477573497013766711
1305290388176385308495634434768878394114307738774524087210935808911
6386278227579635351164577653361352787288037883420259682359953438981
6868289445651144262516276806162525117191848426531072243307187203531
1106374290064051565691003119018397355700748409527293900095792689971
2296060166934996299314674704444283178434171351349244209550318693101
8692190430160235986416083221591343237072153617964106291802109238711
9013903982429279754444148652640992152918242655948727269858691539391
1688143143551281247186903530720313144768115873837920406501829631841
7584627461328754305164396130229790010284577141163493052960589455221
0632840791602572366112603245304892048260366905311354491131444843611
5202487309682847336060606557901400190803769215887103143615369836181
2133517450917455865983216118627551660464001662332515356503125100471
6815657331326604426772094357368210804399317382575932969215862500261
8623031391359402378528900477024369367627727536799144218655430906551
2872550816726974842961975725708410953729675296993342455658983850211
6136047455222853900160735461053732124570899321573518282168367278861
2045347500607822658075533748604832590631740150009218529983213270241
4859747221910377275826460768900296579692879495065617991277972287921
2964366811295345034091642861043317036451408055301002594372687948451
7002693004804197342283347414883035358932723092136037621845900367691
8327388119035973045422795858896391188060076651217160084314683371211
2386049878986230673260432547016426821323726407934024206492864555911
2891982417073164317582822744823853523572383117049855099521746170541
9687760043906699923529468747209388590143393421919322458368564068131
3634007761735514732128603268853033236360682300140593288943674307271
4300536784087020080666026852116161381766630780094529866147299504281
5766467076009804757847642571630042962433508631556168956694835507101
2634807775471116089153052252882912592773630564027351974916601532941
4644151682736747012881560929899159165147356186229539496209485670891
6110904904871496325669906184405860450729348781756114095146098624091
4165292175248417854592330325663508670203317874497100296148946749901
8119744306060251631594606549258277700939820898554382756616319215411
1940893689345256862530934125239075258235433291433033662024394471711
7526560616360535717186348860000089379865185929654339872288024737311
8699302778856924587586456051552059362093815546411107229800231131361
9544394992933345294433224568112740656171264838471792188505388290431
1850560969621131335948700702161972341889868452312291446108046260191
5340804826739304108158116842355696349475284760585437751215655714381
0586769969127735066305000622964207123776061116499371490562957229181
7870322643061674236452675154729991254801500705367805676432218129851

708242233621636578693047955849853181710561310533004245465308750499
758929498221889005320106993262213485651920049300277278065528642599
169348539815950475197754843082592402499001022546290492329225975903
047823393392591353332488643017063010285239718921413720371463899472
693751649445406159923039753169181303937621519456706976208122373886
377379917343411687758966030221272102798792065475969254976736316751
437669069231939241323981668414938863041611800796258675942262604469
984339551817473600757943721228586635269027138303780095975688558024
239260875681585718690068422478083579234345991335521794284721168202
098520588730626924552813259519468593451074719360836040858472916827
504267453547951001981052973113630773844433799894536802020828792143
522346517362232568596948111159852112160417229431105521094933713178
379473673054967567052114904509179296148690101525193228519326457917
290420932881439949576783862700314087851520751211120117969229732639
312819892883224779440090185229915229927782176819190137974413019433
295441713880273469532003530608595051735713797533102224233845118555
481426917958016998895019454854023600096626844109774002095228303117
617975869320006756566295742498376221685127215441243961320162598045
306277134202000591930069116493043386037092717414583263275662565440
665307445536547337005405547682448159900939561552409626118697224230
690727528656394651621537824334688339087247213518308561624270228065
729552541259719287464079632004929446528422522499439329800488377167
608288051010258991280674741106721620392952224669377962050436241911
083929505899905759639161844501716376177221992310544931179663321976
235335997018164244355652906512000993480595454754368701827501216924
745733765527644418471612356937426626391237245870842655343057257367
336660926999231127542450998094149902015838554855576406927097439488
260734477449450786048531800755062225907360016913179747646364212857
9163309924222456214599962618889025297634989086947463066336472220435
759002734968091630641706533269866750817775027517099577539704013388
162630114362399652217399969174649793385201418924350948611705209980
411713917714950073361383098791491502454900151869722406024787600972
364590154439389385286257959523164449598637450734073748733479161018
538546350664621108547105213308129789964411632298490191319308182616
607778389237885885661042535900020220779639025423235606416343100963
767648439457948357210420105021717323041902233739018497352904398259
273164725759746293055153252789393724227732147550769018867646428291
147514225245608150601561049634700555861360611926571193771844855449
692575399981276190755658709768516997343899971316635092562571919723
723936609236826329695167346035523382569223807443283885054028378546
501674674680224039072320762481276286652020913943901437997081308938
863295719180758791190876486949018177835258006097809384724246117964
772815210026673017414976021969769212913174835209515369895026108161
876528775399156779032773926705739525899699366676971141669859998765
033271017195224646752821997751459332683473230269397761319790450653
243981398526376541097858628389649377087407893536055553520024257483
123303871342029711738859902249829163479279159621313759871351184699
147929837241884015563005604738044304416834822931081176498238723433
950991316920128850185711998993847667900405103935719916379994121908
862392584943398556372853127336778645295327092685060507474936128237
186329605254491845517190943158228659712404896290571544564911477971
339517341143098123329899463170445823376930300805929268887635057041
730320336536145455168137119136798577953591327324658669765148388567
118123456255924912820971891363518465674421600076461758232295467698
566046855746144090305751452879341611177503689438264718265878252972
341277887458984937585470398961652423964548905198949531840830401619
954024228719944944249289851147543083673694278761387578363996983317

685990910682263568191568934167690402978792275338762487078165706325
586531963795226284157899538689524180295073920743462548326040694788
976497314705145394149648893037380084774760267475227803365496991244
806032777763751621601335432558759289628525665076402357514215651955
076936483486376178790916361947929031144719424355679787079318330997
718299293444873758927533649564776761403205662834438332216106305261
898458877431405030605043587986105019314003852153594492132978287724
549661406496848268048171942828957028505353181777401082907583035716
401447111942488592492920708018161384657913450636985044305114671394
925021835699917506344647074792309556978304807511729153520747079306
556221838845611948996520295399938589416467149352470283549861341255
233554908626082112221538560009857295178497724827292751231756570442
147402977566395654924199663084425403132913299406112437507657710239
831963810559008909091316195770261596076170414309606611417629451875
382228347986340310610992227639919326387251827607295934069281448074
281080326605101215834109161988380490916025173930864249458448861422
936085180745324486741390556012865090602560839051028638051036866522
899059510064415112858367931207962695974334793813505589397953240972
489320479041775198347844175291827790732867858720833550702585233800
949379007102030584465265999190580957720278723255581619807632442605
081193296402652192679082088677217598445352873867836461584489678011
324735438523226983344826516977604175802776195475303662107920739572
719890374753123028500825296871642598422989128363367776886203168871
105022892481829574347967231409916324584666518119265312164559246037
508778437460723780682542755535390809901440985717180958320832696260
582508360000337056196949394067366359980296771222132861964567552965
360894524182756540712584545438958569693793009852724651545179259371
386237485856618237356624644876261963115699277714955835483779684158
309966847889519228312837536869385286634821444569828948470170998410
239384234899832921095629209818403426979109229524681422585333386337
124114026541802016229193364138335898748135381539786570824542033501
713668962886247926158845868350890621655522309058549445380013856003
298773197480947276248176421477436356768382102811151374688285164871
020992402776385819326836417555946647875416233304957180770393280546
555933778746052704146142017122438633773800435351557250201628093679
458634730061551497723077864288117108845268281525091389969545790829
394881571484460087321944835282355951770123770251151643842645327834
864886733755318087748205109266023434834843947798810871986914607611
286254677246634906248099173653929141071287922137174432450251109838
200885577229157558250273794336546675562178677311147612421797499704
549605627053666615897235823063480803369321770964755239049031825985
057666974395348511992728488027558311063915558029782934821111626706
500025119484178285987737024625912076542405171665602434016448364918
076301762130073008392336211687699939089941453461946864343831384676
788003813458333765683769666624001910516539737974038681064087496862
877817998772444090683342341668274383524759187594910056465656880809
387733329948984380996670478916655332439942937823031444670093506698
053484581214137179340080358479627090136165512266085239897136966947
590989058605598056580964530448234832992160651720417663953888937972
060254202715463457591639061474407750197127906126251666691188677363
467998493145605129888057191019373980399411129509716304061542693097
553867322551625366938235864660021408421220496687511788126158960679
329976787479250955781820252419150124045808699141074951931899942830
809581569441880179915204617389325723799354811994351209759858496130
612313550097499574428151265956521858048035811518005032128099038111
450428029524745650647516134898649907795978457033923469274763534996
434394740243560593554584350816524778599325748393553560270062130789

564365006096298652085947580996433721269521498958960274673783721610898891852909176859134442223268889065633094650780851392149421242423987648459688249205984348028953601686165018824619501009295828039660954788305876181406804280398062795616827598498584443328670640489411554743193034855263445758489661236660365929222805239194894310337351315745714262658002666231801142258252187791935811503262170008735644425390029766835020984823537291068377830424792297897721750451604788867581898179563017046814204985750282084935276703037017932723187695438262173363642062637698446711007281993666900842969256636558974416625619102189983539156718435095887093904479744685699412672163965361420014679656348971946846851486669771564415662580426287722949049180724088366500482862987639082134535168075150786619319387420698588199793361801980993856518558803812928752247800979218591174446177870288335736656324240766011179793226576282452218539813678896211618138138923868244320393416037587815009860347609637299696263575768904458323859413803669034788495187421224727971983382670824511281997746094368541128811981981165300212873461146132393798269382165544995117359140774651242922263469618143409908192629537717374845380240412451032092061703514499627162177606601975817150878044270238236453811493406214442775359974481391755047146906200002034760948989105206669391117397620100691736322032851792211435202563898839209811992542415779754497782218486105980476823489126153781523858963206089333541969487225471458431326020613063047943887062008329158173689474569844462271664653360198769141816848336551826308954284084340605091279048969957169284066376004315164540669549612977668263444239737116528099233567445685903876967731602704141946046348022442174977824209642641226426473271829740612159231574786672369739552930275762839275593562211940895758789208346268086436818138209521905102131682642985221874480585891299873885780708640049038154938592097266767666751533443699179440607880184627592798131344405166265591033961595872353514593662056077577323961533694515374954394178802484251707379285510815234563816140319048046463853968415998009219106352706347303552922177100345889868708231096349088073755787144222327695930672102494055713142042668274165155339390137942993117414449945449709227111973924730491413925185591265360385213551546803470360701964096162186903135541619131522035828796020096097502174005568820248879516352736078755573032834668721445453890011257878589619812539622425552829642369406152450311589996064102465052082350428218479583112744101614972195537263303884691402925583855996059765852094310995016809009184471801510785693719286106218217866929050828098432467672291379706845378156979529845406950582907165062300735767126274601812900033017015017972897315933191936516545127697220817274907965663348087608577666235528750592092337591124242540746586481810054840744786687663149054430075534984229267011430228460330246759723832695160091798684231266858794050213204178837371127984637088989877704832393839395290691998039878108019664326813368319620297202084005253378846869159317667571691075286271476824783998748611863233091976289502692237882127601626123466649862064632404106150943061330689438170298876837282068903306122842875575034810394459071192952052041203943128661399361971695082985114057117890962955172438395676761861366276835651519934492674540643816657293867173608053200267850731503191944641229522222539613410004157948825110885259947764452883934473366614797636434305444578072216275344778106036750347934746467541071165056536797562924933849085489259455850613269653119394971373118536651220189915646282269118060925844674350924981174152739556302580237125297422557442725298013960961510744134887325590159822363169772432495673679764167660724757530845421427178744440385551882003513939940127942180157432761334742140147911367201390669268537358300

088208689860184428231773573681684548371689083037696716299866077920
551707723183416210391212873504552382716518165968918711082057691495
440309632164913833616606422226532639927498968817420314664135646161
275389384641289425147341412408891406889162814032358763105643304785
711712355486674646914165800839492767069813009329978992316293557642
241627638517716520429427237882115511327320594803668147082749620353
237506933665426257188179307900321570026633316018947149770209100143
213059953747722450394279445465219692074164469542251597225266596905
684606642077726532254887825910362771424345475145341645602977128745
660668233502951438076079529549578901168680259992219177955344758978
433755168040061979269868084809276180564086384354107557216135670014
967645225657368969127843329057377048271183531446936012364699706339
118060438879300519744023275726544790752807832040702386255202257974
369995919626772548989261649660050282661613149219207576342509518701
438837985573886161294644190658496120461793442872847012557419865810
292326407753482526491054135547963459493810977437074399062754777765
148712058035975662233906500818506355863593718343503136183762724867
375962825807503323087848824849067587306173552468756016401300616538
656170912823823591038209341792088084608061336486194063073654517173
728967467909823415375026470899142368196842855104254437671786377584
217607702417265218556879666620141441233840506656488756248717540071
875943227459339596502306355096518493250995477797271452492034005344
621437925329250813318908136726278276421901426284743770704159244587
337175051848400340645510589072250306751068676569538561506289869130
083348606751647150439846680397822082496489687741331394669016872258
917046534758534717889336594314914299654919724655935684832863287400
648307662043353330442353212254573052439375049150220639747918616942
504118321565508004865489809657653806004176588304464517387763600735
906992272062409612976379739558715837850386801767107314350493068835
956924444317506687795551491696501382574041013602668646669475819254
092214647410023484995951106404873644689728636587150996032013000226
366524084154434374574959079028237387206656097458580277273534231829
166512658242676094515596738643969856166640248577960475698450145737
621012721748325750655747050837841905541889730165795872522299807499
332591295390776746649586545764292221674593421196680628568245783769
655870537361592617433213478639377011762081236318134560958726652678
727140133477808211445077964779333161958691083307869804611960652366
442412692180441647803654733397179536668234758658009031893310227196
589137437510562890359373051408595155520153098361606535577047184962
888840175131901920251172966091863705809416839372950283931536134545
568519316479451995356587918203209241231013741026996198040273987114
356920288939075502042981125205564605855946962168723085105419589923
143257119015819324078175928150003007027120436749098800939804712309
399850340595605087750538867255639692792483184545154698623029771042
651459682892911957456335789139928123941449931461978404553879812841
255974778784500903400838014352921781326146518739865032357540103616
030404154310276215502614225922822809506416098382857187433278423494
737156354962552133118274972550415251920846674868964868677962598304
431324204489274220799758364977264583171397002443370786625945717528
733702942370690533284383066019137392604085650561491353806416484489
820874594595703041082588242711828208874856198355276071150961027641
019899904712374376015036518642972532410159506155825090039849404997
675092267382796069831942989545620138542703796134565905391272312165
015837514661494612821374186991191768876737798454027453333459613253
999411549534319514788280807046474875072487496229631992041481607556
757624490123635641832355391398761509870917273291824395378316078458
935417579499576906054199324232766944484770839444201765224813932073

609821603407028425483795119606192326014985944559662116946328555771
397809829900054624886481691787699925396950849889642331383649842570
692056247741525668955615076498607703020479462211989730194966254102
262414987217288097699310871117617489271417905073782778840460390797
973672262380744489883314237778340820800939531293611368243036395666
870612602302721572003700607553402978150322864338179467094970228938
404436926712652805821850794280525532096812746907343086097822826434
944736014875247777217615313828063578789032433206509099271583639667
149979034061433118316614489268311958891556904774958159626673554943
548939082510323323124899797115559105693254385166440305474804562328
458021681241520809496907837749169586459471800079237277750927639135
655080070933874085687173070445789130825117645523306609729633938387
889857546566588541960236794030304722828288586271148946009226050892
160605527950227910859731566894013215424406349999185978911894875844
780715311113271954143716751224949856396320193616118018432603900907
767433615828346378607096080027586229608624280749521549689782767874
115580360537112098462247185296788125072053620748583625770197423907
987495329695285338381970844587681701218937009898170689388772713406
680365428781196010141739754842454117030645141809358672488774516353
891408083115865513992268348284056923142968499535116559289403399603
966458092780680969226403690334635783332677298283145649915895825099
000156336483032534604590867541602151213883985272432205357926218956
573447343279618082064937023923767561307384568598845476778702513222
649915826167087608746449079663249035060839967193907011802502536612
102356841253261320299304510579101877154096175726504593838400373631
700906105757598495178590832888899140348059289147591150039686147996
583976880128541781424678479758905245408688006329745931113941207502
270119844683381300677806748308805299568952321200028851752686426509
554066665806488289086134317877117119541135908446468947774565060945
392152504761969363728313728107248603776781173030582659330390401417
792787208006585181733320070211449125196922607832283170249761950250
001050217497022067330484202757487937032189008341256010538105108044
091923831664910541309345528346538796045489235369535961474102238969
418197167468527472916002066190538576215167005270015110431657610566
298758441398366182738723102675021775442573901865749396417244432420
420747223253858086644996196314157008709522357715617800812580992181
632022412138880470740907740507972237337397092801082911993210590904
631802454473460932712494376855586705817544352617968949152599221888
240809052951644795957603856772427033425452655795660460980231413200
895604650721291548863922967313414277054184452899750501504424112894
340850396485485093694546391744466360682665701167138357592369376536
744236576673874076526317075992430920372835648812121152019317721159
915236100323654508863291949888508827162696635349544569786260150723
912267917095394065417445996079685857330953269478958983896126054130
963429538123089419670676406713338203535841202342463975286856310883
358663524231663898874203835018935981806216558380581960886651504224
658467137682895608320410910853840060671316020305953758585355041595
369096910811162181274918198445855953537198953186391528051523754372
975665552907104692197110598329610712017063508686000596645775072048
475090776457318815716201351040281556556850120169617239206080816965
730968369544139633492845001802922710424133922928410165139656009757
018168475686314381081754847880106870518429995113881462867560804645
360828213034084593265791594362431298725971978287154002892802024196
560862079926290557214699982544255046392423222825667152000337231087
653906982097534084283261214708287086555616765925199557894429709132
029488908512557349580920107877195226122989423256396131119039121191
828180412624794346559190752328713059587843994055246336730709951825

738744394615315721656931078998164674412650773968185749132433568493
488284910377464261068348536030304585021493362399961540985382333181
211187843452844525258530291754722829410934848887711462884030798598
389135926541914375566014575934927063321331492702208591170161681340
772330628002048701495200669580575070830163327302951447140569631477
669399840397373113365338989484489681090718232696616969662013017706
949693753987853599494758740887751332221351392440169880161773148322
841887561763430451473642133776734272047466602119951143301197688797
219537432948282399935993320613723014806060537363310655284215336431
448103821439623830259094401419326829975851958239207351306320423117
616227359090218324318564525841922758008116104536092152773916941632
080560165287827504490577591657260493883476121229758537331029922589
936541976323997325389295927877686596449036561031314313042510915131
203127945910351826470783957978694145035285903243179167983630730363
809187026627108928268656777508953289938350659517135847252564713070
277502188747008511351870472987394890156558057752078090265875235156
717595965661714422490332675064773907787888544987219396613715353027
172054736266382639605573226936226626318110622060983053498361628614
819680611471959606868044863265149946995643137838326136817168159209
533482833364840949009201259430465886809060671233549055250393477277
743371642636367476126805047984170993176029516508386270832433684602
830865365814886768653020519333214950837694991247147691587619710015
089630388573581682203584864676290786683982371567253450840774066406
484335171092930788201596061869933154583211571865729794760205188671
294888049349214670386508177395316630771946013442338799109530118665
249679019804876958547868018364189917205424383786130535423217456480
111174506390544969128414764402968055520101932541391941289761371360
302877588559980845964455131270658306810446900499082426976397304012
960586691810872721607164271197740548387128349667662246861043097018
902661903922194026780440613791440935392016253735451132131172725874
328344816517121918574837986104550829088434389045019999725862457576
570790458394741582854054673259099903432123870260626348134099450603
938734250465434274253864963674026892310308659726346156429869099210
782892458973064526555248185414670685896938070754262457581117499555
834240640050060093917845819669008974070443552606892517254879989740
623635005929818837501183624442686659071015602222017342071828516323
126274333189407350015097429618798393758044429185248934597329379921
629212045496442712378362397365952185768718447350591286811892569880
664597991133886023363448885653952272503237107514189265166525735137
517835530149605491392739013858761667931333867878970064093670613757
808160836964427178076022146190472439677824740419881315152080980970
943609724039845149373189376985149874446290060045254260812075947265
442688200435242989521908512244335568357998754466263438540892089706
574725030803831366960870579056452727841445482743694092558184164389
597058711783961173707598343493109773266243517562826573699948248776
506574375393145485324084350299680682119703012114668107037689217596
795423976271754061702701394094082899716309105800263271376774319410
798043635307037762141343646263345396259047509588051688520809588783
177654364018803984130163872191339106572846892072096056223829967839
035282338112230045471124025260326359406336568787876096718123656660
259821096094172802389909273342672379331789521515891591283951170315
410591212037618690855614716480672699642673318547538684198549358253
920725186917356488126156143114969750996350316555203602393286824110
806245929703853223360777076977653655758971356699588290045764161324
501733250318233062767878978029868138953759719531129994095859406444
347791974590108556088876023144711402628085734729835102447243465662
031474813104318978324959329084416471223813775948632640651071527569

1019020801141159446312999007458974609030979202924487186632336742 56
0073847906870539713369189394857566352167764811976184912298808762 88
4777385057419573535959854789449824954710577747197865802654606467 10
2202625300840604511058912089784768163866432145887981287071339901 74
4685477127007018930111444495538928440679984627619186433005242633 69
7865935075872243018738161845323162823591082329157412613706406901 50
4796429276782953628191307709533197451461549056900807938889147461 43
8606633378105221058796912111069496775656058765738017721545203461 67
4381572397154531336921866014545542884626069497267028359089239308 03
0035233871529041732771716152343593310747358737219578143100108715 32
6643699257046768518531006500064576777960770869860497659983267470 27
3770376330500642535060706566130893023908142605137833539681596482 64
4034992259724365611206863025644178467979585749264654507417212666 64
1554810728918852438386748243132836852701054526452608601519680158 64
2899947228473493272833572979384710324438006251123190383599003463 46
4513977072684088158854603987646083926014015647795688577464311555 10
2659982765570233597597611598506119638501073340110733809858713995 00
2325818557916760250385513756807085902404878623178853108386449592 43
3671221458873108806872890961611509605026875332080764917886404517 75
8697310683539520232426886394874449332745745326388601511557622801 59
2708906947368350934626586462808367394773984719302176883791028558 45
0678274711123501866977244604841431934596727565431466122050325931 60
8391319974914737013318946642413531916890042934771083429761795697 30
3867989663853060267470376476723394639011429087053573468124687813 32
6209891361812114879196258983755293541398376491715565682858914668 32
2184366416091458503926887749385047652434398693646913353212655174 15
2087605229078676093685154821955541867822746667682180125279510902 96
6335558075981219126935152032987270396318830299957725442200732059 03
9365063149465722597094083705855426281342755330808062396815741537 27
9498448467739596527063678077142281580258140443357601709061809797 23
0864254162476464004657412004640104608435207911331847550532099705 69
6797921738212014748361076493669822636050899225152416392639355025 436
1231166737208472487592553265631896599949995073013783601423157634 43
3543435967478299178920726830564049352777666002835631472265648350 02
8432489784094517109915842921832516578255908558269954434651099985 27
9426977435192985834707004570721820513692937075659020888411040562 17
0522360869865764720828187325292738479542670905764873026603976251 99
7344745761958607193278079299682935138607249966201238292050613044 71
6726165156486738542497286143745870297039493563145022549848790576 36
4167382016854486089768294870085489374049105317488370551044370882 92
7863410230509409385600676301041351934472394123930086149129287970 06
8903728747923981814847422098969122649259688963549812328215147491 09
5466523344488074550655021030392622540235303646896802662297629061 69
2999763956423658785916180129881978642957064382164900727695306872 33
4875711116579492010340650162239496758132892634678218706808108513 35
5820952544471172824590702811457432284752357835452079852686502370 95
4075604859470914413152276360230075698741931775904622045898469817 75
6051024309532046732545222777569253509388518979638645163684965153 15
3340716094948235953717062487261337870710650037739626850533412873 37
0807375193677419893046233173682873091388249072251303940684799543 43
6357961859903793649799126562165850611009234132510695352456139439 74
7581494589398550687778856814596922954181743961559155606947951025 04
6555750977867707313729007939919156306758502222691124644198645280 29
6475967798961875735646526180686057983753315649194382272309083218 87
4825970277629732776554837986498273434147308756303280212066501410 86
4431404331584429379591298419577150459368518940770799835148427629 46
2465830986403015671737222427638142802202484177575152001156153261 86

808729638104972781193212146226964013027678975525616079595080584272
795673035416421444271511782036622951226464007642395719845955003458
370928595739750582404344022159047949289757555862001483680351829652
104243111965115756953708819373461727422473531638341320973719873882
374969651688443831204534114604031697938632458712700121721010410249
454709659349944157719128303528551394428579485051943069439592559101
093081341719085496120361549738803632870373545325187963230628454644
192942419939095417264393064598769815782529967460925257583366932130
576210945267462724144463118886690185998943300266305432387167552978
212353704350400559396617482205126987216600156051436559622881411239
764353523826823254678715421264199091044816606301551762851962353206
820030158647129288304103077990824038460244168238423504825927412695
985907977973029553622974859631834940745602479856867962250011554708
961728190484964558786320058168105533950538850115702399257301224238
557190242719930954478076861984460565778809165202562839122528366560
713021945565963640530793257855773581934540740811493120909876545125
621047387146515475143087787510774071988009316778556518072818794895
264575236922054981690947747259605574588693565721221970084622366580
814135266085901575927462089917861363674510396128381503622530430727
711813062348935029246087314800439113777160289885457739049963623079
886348689783229660205520816733557753086479314084009851120117775487
931076630479087916575753750445489273473449283236794544850054110991
780575289989929471592507534033531214102459537021494319129517070289
400738766470096743776954798864815676257469775043639136357351323388
598007691490614525473232404480396184199187708630164340730789818024
977062050988583469035384805966885962523006257802996882751133537320
513893672000240588946373320988643562944351790861544750253470245685
273171038005532197740837338930195684754600041756085913618652329051
058738896773145177736728317459137942949430405643011324187407770127
993064565519276493495868156488730873458353114300284092261249341676
920380775970977097950973366180787745753470966572641969580852769906
834176806572518958718214120609442637680805273266274359693552067415
663581691457156116792192450563109255230823665216240347724416820798
346029282482992939824960830658672276117887040235344812525543371412
476086282943068629562883743785985947955542419734429009719409579707
606100363497460443288395865471635344403250513086158607258626028522
411937531799628988311047526503132149231253866525895193159559001721
576113746045442297653604060484228010324639097418994837489447749249
640503306364800426734581920989761200376757301113111808114534633137
473016697144144977413258565170631056141702488038005303335926821962
735711050538526103599860278158830878583146280417974622188520354215
998217611543615023749869874003454758270658330622238138193343790685
484441092661091789359537269908549426446287445917824236626739407349
701405448922434410580576293142371232278998750048423109184705558247
923339364123826988257249338996801387533865457370736150014453899191
336404843790624526214500283125102161120688165097129340660167361526
777565212062165233851016142839244975124718072149459948203753120897
199241417325066275850295004120305049585589729429810615822567073768
100195481304204699337784646574337734515450935274842396743044779879
672838922717575059510512270682935785286349530795125975289037626648
560752776433597293524808798925954563306291665263117267993409560300
527969385387271681525327580075885770336857623812888386206549424939
383931822123244960254623251567298205114374055847926094224703837355
605900442691137307746165542528263893743760327821315454833520812274
455135823408291143473689446907477631607437609740973742078755905355
317610731253342158099794363708049276958221659786403286558661128113
329653464687216085556797498768516032267527526794791363417898140287

149452524500330655466846883049438942168298129479332342804735832079
877817385419761603310421258725550216437487134655826381201533527978
049864489060262199757978518632532338605579715990872503795084470206
398114644376140461305949276279106016778584935825343832508145272006
938759153445802889403002636425591403948243057768757806731251249384
537189877469957004116097707881258725768861295322363144365600461609
429100667535717595927514523030136801647820587057066839970577984940
351536852072105455303654898516070907566406748886615379788473421647
257905026842858713077817301184655969804336242761496762272731033068
751012781820113917899287747324651805080030087109970582639305608742
745918977894333919248440969361882947654027235666667930929257743003
825236896649867186629992958204580360212022886686345777775918843345
120048282507364578423011536437110149737390053773904015078343612314
822716439102242864491747319731053776144004702304944117573633631929
404288417144903861342936206226093335679127640984694533794058471654
123066381163046962759010134448522126495346138995128106348612525465
201639313229508122325843578868787868090539068437912377200949413678 71
287451800424795854560852306833524112875738734945077482384758320407
537307065330954710326891968066087828249097866369457949806013350488
514453114558651617565141661324876014317232944319388680220457038980
061545478961941373424631145876137891765912880810238430628675272112
766424249213043046119281116203147945670245596337213594819270683871
585205735616625294736002755569633885404317272096252118687954797071
517089296108354493167123478921750735271865939075389672114937347104
194201595249545258435977802353153655927128880158837170458544393287
791069350930488324804129558253074336740938814858612711974874458164
138476033737935341223117506131731537536601723328644432586971368535
816565100616531637065542723783913593582684885615205853174421179416
140233489773725636624923452574310073955643776192754232547427866775
045154334119895998176090700278511139013639651067494427171716930769
565747846140150501330952030399821259395812530090427257225143542344
433660386142944066262013520099995203449630505966568107152544687642
621451670241653337431437463036455318832056261308279203651522949711
474557617049377223371598763417712738672474401327050252635096343041
029450501273581105282455500029963370601962300981502478380907715880
286960961884766514011979589788730964041322666802900336487594062158
358199328902845888751296442771327078456194958476595658136300361179
503886422226650300717953920384416920235428569676579311927192714863
354968003844343625679399649403103431421396100168485128446531046331
513942730414277258085332610837391951036741481292930571404816231067
102186912705916582173349173955962300022360778374816109683861278711
562228182565138206383611514894844023821377829085973416787952247906
135033947896708088549994190878179416875867023390604766533971401928
401446375006880367075609921047396430553738635999411332228300305646
877516554716785875003642469969017195930471375698929638537338017974
863938195034167512787405334546399594047135487193007873369191336895
131813945729510827119398120258440145898155960662590300553017971713
176630030278990151960959200369032583275521931328891480963542854056
619638941246879073714099735405060023516638627065326707684346235423
135027071825229251253931320053075179199955749508226681260556378790
732064977683558577088434497964330720365141662725222943082665292239
327490327962996757436023625223265474683745115349001603100825032153
093704300930811639208646372983924884459805465060516570117073412974
113825342149308465261988387512455197333412365398656114941432892285
621669336067825803253600704543357082895669886665508237377530658127
304628421024548451457159994923957100740288244375677689621506444602
601788116872825554415937471804154250539380437607613822697242703948

171670334646398436526414947387786611804896572258646470024934044305
221454267733181428134864794026115612385740737698772068036105082448
602602439481971187826847873924946280008816100805811612949141526123
381640234942491253937289517369453802622941362891511203090786016711
736985852342830657337803529313350246009600814301841381626530568264
377637718088625455431544974078041060344228839625700542045536223141
142755003049623033546654101650322750247400459145848564495685503231
498708513115960734066504895349236788473709336683019233076677206482
614439218962266578278058022335982866155036632987845655417372084450
962112854585989554793331623020615358715093918960562085842847627858
667814462766741761537727018259578206465878522519286606659016999759
251184112984646732184205877808715023575594943289788398594871937430
714605405884024396747739122910853945374711621093858168740000001507
873970115223072525448418686482493066658880782670158962269730320173
376195474294321494490551460984669482257650020787740075273325883739
871360602914883461480072729681541120398655754106288114612714738223
949643023863618745873121039728234326461833896103070080437451009412
647729767088017431370368233695466186265361450480311324427993417592
392289186930317425345801245874886257628306519324825381277135467464
608538165408260582712090644927591028660932530764068250497163075498
406421773313577132805480428649591413012518739120269645932617007652
014403103186270097612442554721074545817681319696453374494212411355
333038709734216443378201389530769852583547538564145737322816531713
150176123069254764937516737532833899054687668920153891651674956035
752086604873988767781722104401083231360198001888834080395420396178
172339902802558895389610421206675484358009795800632920234020139479
289725030502824720976579712971536450677114788643225322486322302804
594903434723389052882313312248738690772081252698140781388574634347
804784179200030199129346241995123828445254956693305420786785891512
239524706809355116877764956908974382219589104495242694502334113353
757617450777789169824302983016676829648736966596601939413036375641
838193607312736004260470012987907239520255028075512169230207436604
576700566400136015680731417121103438070291573159108494766453990789
856254796076446944627405298662527460724125520822634454222349184553
703497231890227314994041999046806467165460360925551798605084864813
872495081947090391885712904599077393604034259228320986316691707721
042436635973287459095309163324479524697940333213503439403236863716
264810654538572947811840801991786750339486745855207042505127052284
661047666856070608021455163483979901943681136304281709626601526941
282562275967584214358240998912926625524517820775523420903907442410
563195392980893221780836124279267963057965213789650517093272008052
028910071232844778602636642548306380288648850087186170621109168634
631406032828388579830074393462223888748217438271336007741969077524
312918536086820778776073097507321712574122424330637944083937413164
981850590760109638028521656241000138829977809113770954166321076885
026316606845276897083362838456792792347177220147544931035665453372
168645080500330743931035413079755714666867016619951334768844287472
439701951226843928256981209141357240435094925333962764000217083569
433177024888698818436691317120560653967112094134449250450782873760
606944168123917092424372486698717363604813464505242159523798324093
73292668054123471937792169788544299907428097453089808495810801382
373198823735327914907094992560652650106855539330931289946548578272
927615346152547952219934898476468864663597877965410360425330246187
559419491771138220354445689493872311902665821450291005637233467982
273077040550764774475541110820711534298820033697529918496258755277
478835090090108516313324159205637221118907554289691574394973092586
102993367462549317399734331944653445106822497403893184032397713215

341915973557749495072014224585895574700104803304340586353154533704
280288676916891960217515711399593267984884581767974322343372310693
519924451571959530844489411017939623964187398210821995069065843529
536817004887316604499285270391872855982662209215132638017355871800
557481964863403227582829415716052187255325288275344947400687155203
631640967258173963779557068865929034318753560880202183162059546542
239638539491328221342783300665015800345582755941400288716915531214
023730913473230728274654824269470099002272410561222826209360404653
290569638400824941722897658538378420051817030585878621338466811853
509477612987821420184981021368481824238545971205274741208631269648
664302740391202851742606185718369649845202308330118185184881585813
770052204120307490404480678908601050967577709488196290379337176706
956101751597706480810093599229476598542725137590104449047477843313
071837020789926175752956936723380839525070364400704676953104432427
697281878465155967245821310224974858589269143343709519500972282947
775889336424181566591249544915236464234870055658914447205466510415
907081209244753709860668704034492489548662715649899457717233022572
741974330438741870620257622659464433940346965903076106993597478130
954980234631569284856898462840858681925211300382382318391155049667
665399796518146074538969463980151470120503473678895672312708132693
539213972593579793396286763414698799355624590230767538425384913319
765441555387764777594850261478003947212269180225770916082444827360
555808092871851542578634064721517933436632657896970178095679054658
825425194609408041802812474475432683423135447833418568653650481472
608749118147875344048099726489397434645243119712525337223382552499
672599598770721514910520580186840493337426713532682482607611132612
319740385504172164049235172297914585852368319479786195502997238732
720635414302403585397232840848887955759226747607498029861161874890
660600474414112279383194452999561825569505748560303983516620888364
097759888269933991039286676767353964803035776752679679916104110372
796681465724554286562119253891332483831070327191279845612995330600
349922650862819696938014011384162123520135043114673797134253107579
176977305961987853259559065756028524482761195625378117219210470704
678167683214594939673737915645734488536802826358342337021615382574
191187564759374027953331337750587787814264466802652657716414043948
940716624482999589115282891848771446877964939607462623001806406493
093503469028474045034982546734027750411398665561160394571594228349
878262286685539163698730046838928221616286418655442167429421593089
550106631766994640332268550955755684232172072395519209722421332014
597146423144232155256776956549802734474018311193248426569766261499
531747524765631092574920186486050741942858384534833602254546796679
494516301326940669409204077339073119138581571498917627607829799927
101735489958614665998097955931104227849967486328877147215857048036
529686360917383892434370656318902435034354169231316014349945230783
170253442163047566259385784045734982037408811701901980768176500775
747125833474889186846065033636424532018276730671800096426685559723
238705659928334627752740139143454463386833767572071000901973128991
244400291063323102853205112420734297371554329710704459222515905805
937092363893832304371375725852622966406657572023311242234890640280
977811835493743946865092588401827210799385717738697716303963696258
739148378744968966870502241926159166970977517297131059860586188064
457543529094403395698527717608067853987362720785711082625349714591
994942615672851478397401388898952531679120180351576843548167697433
008558335818375226258511265316575079394283641784304472367219727408
004410425196497238641238258686407651289191070000069758631008488536
163602732380009932829859254109108463274493304087056072701607499468
477211227469685214453910608194467374668920460184541022903383915367

750611717584287483653045497440116465084722304193075869040246569632
869467811987119407222640154142132026299430920386233134516390755460
263505161191192316537311880348953266377274255759179631318625096748
230456891752384297071365789908490449852909286565074363798621469063
612603585370672396727189582976683356188355099320042469182346235143
588469407874831979368119811907569608078925972314916019432239525196
231612189259577337905481465301926356774652954798515162726695764273
398568576734485351693036950638030425425027333973414045749188716323
683794511010195683700079163631570973918939742651878191779814709587
403614550427781996716202181953660693345192806254163232120455640498
352093124404230991240470235766344726310905223525468098784636569159
219666194143552319637204232424363670908807750734751968933583101771
865020182613997800105702348660968048301437822119189662114416368661
007009629093717921153536451548320980615252712950800854492780622984
167937162593760969482080306372778029954713629176940431189359774704
654248193019017846304545187085289753429248625135254336051633619861
937855290299331130117974052470625876059680301706146734354835229113
741642529328610971028254229058855882884038456201222172301154076677
238750975223145107323647645697834295723030200394847894744088191707
131839205922410366697412421278620369853504373763156679623449758786
536431934883675988646417416323415224365271409874028197676175290715
111526679099559409471094580070347832197703054183181285612821269421
824287992331810504582589320001383839749300317772832173599414549681
176405450611244267556924546446975821508263188877278591658401084025
305772369789156723515264783560603520911980110657156101119719434122
664053658500423882741066675128275477908034226916459503016311157709
492337000541794591302944527211035782250920834334732850572703577834
386167975213996872328204653073129734347930484234214195385406202538
628386138380217657359800785509293819676214960695888133126834631613
247505624438317663672717894426711392318546295022455255063796527280
168172575102072824291499215858768068311309880241884008020771998800
098341706505243022542067837031724381645015247027306831231772713952
139626927692703821412646599884049969336598080243654281192867574082
918353085949183632156911382409573760532128552232558852841155429191
902277378559886229192821348946827313686571719555658484647214971376
436248883184363322605240857895372528154370954455666891429290367010
880701255245348795781774957009605929326396336855345400988972881421
277406916400506867812511784268539627505234677285680274090087470198
952243172512290038828865900370586420171012105455595742817870693522
786264780612861551440603129673837469296067164126595881952171466457
007561137144090003283175828367295067036383531839199845729069888690
870303410206284299877080247767856385430171059388084240618568811
132901393173700921537514434437003758514295878891915889770711034200
274746405120431421278842156101628474548702763295843021713731440897
747016753842199431544264192039360394651643131339127121189004306533
300091948602289753956872658400735263892054746298314468513035514654
436108521384374313981668316334359436296883913696144979696266153694
496019225101637892945336813724234116464805990430695954465035009119
775578858742456332614620097132370931372153134824851892216641981040
052646351664037797992561286834817257622168738334679107894356582562
522255386097647816450525653392294990685453178057090689667729933829
792660796490553290125683052085384222933993462749088669575886909026
470887907882247481342702683019921899216904121037588836124958149071
815279263418759910572726854154615255177010327861527824339777047717
083913308050826588841848436636050608067902566023333941702965840164
230230889263317606075080891039177267039667243935542241091592094187
600750678479369583458985676872132501262159180869338652446172451341

860930508457849012629175529604609585636097054373924879804784312674
943069660528693036803978943009053912100377435109706543163849196906
760320646616058754779169787986108525915865525128953053395130411570
772244893453299302564966966245922790844081895639754376961035998116
529026528706448787285829873637363624683519987125707312988879327233
362020473911009904700660165238082155477263013022051016137350854542
889744595012715795317212743024918205785874486801189674952359524917
073545679342152026504627793619969167333354336402177051271282282596
361037413842875091927965516920601857809093782883441621481277757915
737322004815691373377919929500901221687419017423851612088840413111
509003055975096878550141046168420231713252362643241062036595566291
954855081333118174814721429157091108786999903109642569488274530390
372442071196033833094944849054840103418993794514475825935135857958
748143310031343914418208024021603646870638904296028353444851593538
392970992922951753991467733970766906379781192135075101006219756582
743682985262338605773732968350464833359127004775705963840756601692
850620085986269262868045089997357111107179170521247077608197883363
228654542487038650245930465772522484804943540756611432843341274584
534437741682654962677986603416531758103430129439894602656137929709
109138223098576259075492133454245227831194115944115679363793611168
971319746506810348625145949465023022173113389697960297091595405306
741934444507657928944504218682802913493698095076883667251928167381
196558920830735927936059434707851124573432364472775067322259911750
341472642863032708137767107700915314561279192105795269360283147484
224747274714438729282490729934376432563147534434559936192795440351
547283859591342706397714577406697720504590294353795889889353915251
274839166677435122481617318197985073126229560617163829950662796960
125343040869360626309126213055717719543023846299625860349341992398
059547791439495238199157152456508005832290490831093369845861135098
475651916542933861034026464287244248170811358518070369290569287081
065149717261040443371816784176427040728587304993121929182728400731
937086867437957618425814457393717889335186710636425234228897026250
606235409280280673261005352480370320286551120716492844926835577543
863231451065638362511642064323991416783240037409171381556398453658
836755558977552068662539105147367310201554655267061382999777568626
785448359296365183379743761115713289242929981783599454812979012343
662604468713504080762576839462534650418927255886208974362680366790
657737412659404905633221394065640335605838006522329572337736846897
411643410291816537865646815484808914036036982821938683457195327429
363028430717671821913450351129698653949254175045134115783273110644
976792686239106165106081757236837321804191173802679662873895101628
625745559061146709550420943840502926135088622818300841301032662590
917098269415939930075611427686689641052044735394102601466484225341
006753794806065256607937263007519088977668503201623584446304602847
710489187777320838576299846222174481091405955971953287782535303728
949322760111517721246276597224104610482447094243187211015838394935
404386047014530846454157352302731852949258985478240986849825173836
912958842074323065630834299092066463118884656763688230441717817686
159217680175421160577564382501492312480464578591361188702366372262
230000775288234327205650861559528990257850563312951412398695197632
481952103813435808221228898973393006007044216993687797078341404827
256402922683107399628038254784262208660313522369896599837533735627
058339430771701109708320913335194736578596081039533908326183690505
049402524799549742739026485703482547513746200555811184483942901177
978482263516242089693726709213082217483627354724378959002868286194
358236732992812432382607474616179130003866657142959870954715232120
293488951487273984585148083823838054537385530446295809671464007299

506941936454656693550090657339864007008969048657465670791743313818
330845189851961588832892238531695032579078548548775375838884833386
430492575857954963931338033550960473904187624769628137053665119407
657889759113623944600764327654185700476855053839603436458028252766
745560266721057743651005580615171361604915538041745833394905170390
176636103489239359953736464727592539253862783777756718612572656969
470169778436696352419036498906447806058230486353023002665613169634
038462755688876503084991748939240262414384133076607561114306142187
625578025111882953151126411576086816708261154923240157566408815392
043807791056770127438817277197093253052539152152334105391102440248
351418291725570740021598859748887929268773822415916624837871083516
258472468992774479951528255986036613121430894274427619842793307742
659599871133197852619499563941009520513703386903828582482054712059
502817109904997862238999444661996408000709388301592889846317690169
841806650082502089267285316863994024613036632990679485410608913448
947282611600106606797754581879853367855466639563816764082128519939
457025203824372008558519113743949635639880779190715704867082177608
241690552822073717480576655917713428369416859319765397989391619990
918873709172919730302132428870787430506638755665988975120282163958
462862687901954087980153126880372393053903122020899925582492012688
466913094830541916622523887638966012375627287132989836296987505956
424632458738644601553384250442105025216365231920909017879438459168
580373105175467529476477538858995267762960841220035832778950805736
950811363555829917960284937324583566564356051347076634599804506044
687012847088374515451814857551799529375668223113568758866934382273
845699475748546263705564519513686364685782290115110870138492263389
527971340892942184512149895535824088071045871724246824752198106455
032900281730896221612455720266440743334680425487045007724269995082
692069271687236861799995194643554924291776375534986681623763617132
184227779414907227545783572396628729889017192305960308009932693281
566295596483049993413973152001607608172580125561923845049868028678
247109000968744470618424562746879115633668223730734516882660071668
562898627235350348529459811078406871717831132234460318884335180768
171897107195866524571163356165338951555282039530036183534813053761
023907494463163816943326613545005510969649282207304491386590257728
337674928403906124910281483573223708895516430107261833118264712715
266467883055195379117657980620895688413446077629083736069259644834
390582661216766355513804837863405808580209262170850901947522843981
922921771609626799752116324117591646639595771148771575143650705894
708787284381371945934079283608700204407791323520751941717237621430
860230094467987590950435165764140499122252982443324420697043779500
901817290069891193532971490783854662995974547786261415087061147941
002848577792254592993030276078787887964896735185108162612064136604
554471399253539064524168411258777524089866345110990472941812839121
995969691505358459295602657237497131186174766842959439563560483205
909694716070326726394269603669800332492256839493406287701174751414
284310259256002083064614020735743399205835636313643888256024067902
598896687191381739941110220308750794755971288117632553595845275588
359698714478965125092844173433961684939804341393505276657017016849
167575931608381956366629836097326022431537477761016728784483489984
178356592582722165991914798689193744534037860928176166441259021876
096462558344717981876378216175527964329221810393873731625806282810
725210589682593562913787223632485239178952160792600198487200199822
031098099617916168866473547729133688918720130312891530923100550459
194535742407312192485627401121295426691168682935892985321500228390
460150972331632108498008669249178143852968676582719535830931156117
912717311646597747399478481756888947209689144765329101585001473253

745485160884441974536584683014101082828198284772907857621294044640
846314912158664378270095299887867327764193439293455310701490265648
464633980836834416924416586622660338282224494056622853075936155143
419772169731816483496899909163219248405836584959555635160417721812
353919684635087451466603332227752657133887087451940896966390158788
101940316273452394947070012068704111672446111855695806089147486930
464047985753453535747364124515555017806154949188274292650906948569
346269992887010313179500536394283102714084060468561192836277150020
240147061282867783802530795008491372791665342045356524038071738510
428657276478927747550381290685427925129891166483072976021718712507
068850846029987173032011256915019670572295111623080041005168260753
988940323183626794521429923073497075925018553781935005254245749609
532823670424092316379074046198528564795239961800644731181438812899
433400241619555344130452934189740405628198838284006105879935220673
268097268404813087129174952448113323337016883664462968988981091420
025766130148631550952346122997366502611109081642456178154572780803
525203360245267063029525246610065379756682248868716492733716647312
282484850360138692671559095560884066867167875617984800733990685445
181486090204789436724560686553656494935298264688092060828997005374
265409837122006266482343824289799567657063952010064569705725191799
705949991578362149215560468247720391454282056288299158138505907604
796317856557704779636976215264813670790984086740655043646571933378
277461745816815387211681961400043097931636585659746231725168189479
592700937238561256591473801370790392033835536341782551756336924961
670469411160676471967775851977957064595706863096214507000173271963
000842022596991280458268713158305543472995284537417449388527581398
133277119208008074774526158024664787559377222695087412873529149027
379425567552683699534733824622600647790135142082307222386372766294
620096183404729253948445057286777131366547985976734445841169588987
265492107740232590730755772337340859688308335713167417220428130926
337989884963595981525317771428598559843058356867513785057080340994
659429160487302674704965412915757671203370015305879272845165855829
679186703584616853102509690169915483236100653819494379477560416950
345293547695466082177205162807386086341737473279717281173040537515
448137013622072652765324519448782306514870113366970766938403707604
155855044674821811473821852011412721649353006586384742925510252487
760612738468603630410343005184545977690111727636169410589859618266
487815808659612255161195081733580008542040039817716289974627794140
263712738197405671522358187800491402105932645715223542767520282134
605630149082592927641199031614176999554475571708712011842458429563
340160461986109705484779946909410045647200125921152974941720661646
417264281460648026392623596577000984096239459944686322632848965269
765298277673252840374755646497039770475351160725696145963442581990
729688123521651396144756671998041948798964655635331212851190808555
392033154070017784376008601076012311692437026197047966829759059360
836249799230106528782735830731541334697572643259680847432905881855
169947234468984522845209600213002213449788343086938325311819145197
182194838444012721510444728281954497402580654930951878372814334979
478175841367610354186896824210856778808544895832574879602073217333
206334021145419224700221849024182874245835986648214175533846941663
922224330924916763131202824479899237571192379089547336987435865625
088310544205803503442908549284607957299534693535797113224563458041
794142335802442354107291351904496249850766085675688987686182512829
351689334672336985199812850983729642273069478416976508487391859714
675211935275443116148698704520605539025054875245229838565402931877
519912917652771464535465664789878796146727522447268728207558192273
803559809677357556370121968673778548738488812329341033767865390179

713946348877336285396983680606043011937651183597630949509809732629
458692262139568827822231690050518873153725496872761075895112768036
940973486786394937375157923761040223704645858897344714875024081423
561498777440883868626961780333583024426851026310211892336615916692
494060113514064826980118020480683335089711386523388984414471678527
013496434811085983934968313992652050869284835688880585707742804422
679259941748586429698499446647441933711645622923028477655501805606
312074661977310499494528011242521597510690321378039008652869553078
289429733596345837630963609084209479729407556282859224467645097629
654747359639674361908307843202654406803898577294475747064001995050
465162422586122333678370538823267679012204126488264383886265784851
477857129609930442435186417122988998180671717628800277743128980586
643910431417470602877565952780008698431868748717178293551656267891
718466010341704058981164069162392981953555451657101531686625792821
410369878414065454235514144629787853800281368632681190723890649821
258930719173707689746960014126510709624351311282489181737183913508
414667529949555826005653364066705244592465661345264186891560892200
707085484245100266723007336643140974471497476726746580237585317011
873190974673976071927882903532765750968227654530217089376633265301
677334952538273791495797564787946796270911013682744869456974684178
208877710967483307875153644450298479832620211542406259150862903263
925757300334178562494475022587417161690325784639026192989427195909
788742276449330161620650549624356233006849374198682141690662006342
617680909760785293916520093304908950485094877125266736610335386034
195470948185482120458452048111025479231607200646097446724840283813
931796633375586330771977581146325684068206918274827724766703643190
891709487011443941976202426665873861259469900924172488946416828248
546730206990457641900492474985817323323369308313297764840257640446
462630653774839405645588926933275929846031339392801955291150206953
767076364732701392316822475970506235499470708227742133260305746792
412667047111382626348342834542752725398515029057466196949022560777
930472142634311713191906746292756060648215722756073318757259993851
712965995015625181210728338350255645680373828214581963231757215343
666054957952913399871948142564580899147752289626595369643083354016
521477542008697122020194736606845047963288364975660925777782841760
312733978167612647935491696381586265781330964267040104960744216367
114601247844475045710600773028867011701000223934104407727575683083
687435776609595116731313618477615578024880215135805994684495097571
231886851676644181976724788488390085703740654746647619759335004701
617696363943075902785596619680166769976671841955562192470234316751
082308359382199040024062225933583679373557498257449672632344476441
255558860206090074336936819078497191922646819681043609901360308485
919334950326918841690043835103043129743225834254383858966941578918
444129048558735592072156561424975366096282223231465234806325528648
879275885236746698053053140452493875055524402288959187099386984260
152192996564198635660401016027258429052972555256230969117234767647 7
719138952105443718381635222107148554470465432398330013377091844440
952186236149978256503375725075261131035837523903867195700317892885
997248089285297799567205423379998441338611607227766848227410278046
543350375389123102891101326743948947273135143781463589705114660622
789562539480833188585980250645726047393601397560860011700506655736
863244398944638704844695080494503623721839794791298092552599986385
575475768797097469756401124901857866988347112591840598664900357046
159061397888108602989230522010862740298911091364466643307596383302 8
864002222071035326489854604021330453243027614447118509011013359878
218518361259634688023134265369694678779346588850704980271429843950
557343558738263222171848700530070646650542653208432998442054559799

120839764056346331336079538408100566312790853399716613156076100414
264328477423320344198470353963635008118863368392810088175792764165
713853656164859683691857747822929006735738420496570134571892894906
856561714157237651376001470010244336529689516023917354672230257702
176478598973390511628634945399101965319092957906666319187187646689
634913955905641082784411337979945188917729631544860069143892462104
841470797866167642332274686136936904348288578086572259864727367971
258918095975735946516867728685438228412894190778443211901682073316
964337398773004605437011275055806088516516247587597517303639134160
606400797635263810934674079268574434990108853682520789550541214223
480957047138025134018718267082767727895418878617435714766503672093
857843509437524573104343346760851813821232920255517661399032170676
396611056776725730974476832114436397363823071911746923105455914554
165201918590831682206367695420846195281143631793779658587862877694
008404763042887012746732421972647149750803804396301193320208560286
092134471281206627769352161255711947759503064047547381394078573754
814428437768277593992849786257602777092830457192324164589354973528
538835104185362994220370893256784093612137684068425395116696698851
186208288993856073570845812257614578323319578582638954174402564814
754111579475413659361759970201269414200372488679751892689139541597
364510271051993902177345015306516021937371946346897814087012811118
173159458796634205890602387701992271790425205322938132167703414867
738824107424886013744466906974831101529454806322919049829243471971
907256139309371872287354644681134754750422105669729868465377607343
376453565838519768819124403621176948744773656864426840067802130118
569202161057650923891768872666205639187937153857184352767404815868
517007165740136870087418130420249242782836242996478176583649100978
496465194095712280230002221558356196943909039109308291020926320023
396940482741304118242782119011073621206386432679470050894895007174
746367978405305770424333295430607027627394961881122523865605214835
603243527410060512153942377104913792996120745136235280143764333007
693222938332427396653823315097058763829222068083032052486494771707
538293303688497927729554162634135985299087074401913169052642195045
393059755470159767771643340985022735789653178790413086154858039978
488988605195164117857931684392321781430306592120301373881643841878
488099387427193270074136905827594604097664861803527675994565084412
079644387171836144492229358903842077502409190385769330738034252364
052610758197011213321824840557602098416052626127398082237289412984
376590822467254673983836744119945707102969117499683616541011465363
495756311704901825491018044356047656522689594010720856323727749305
175657910536840809569114966736563960082095911946996564926659146823
014112246814898252110343701080365799039252013833593056983254905032
182812677151358380452219816107429650294847982120243602769327345018
842967701108419935417439780343427786694070610136802453780849311440
263320535915339691520339279851082115696328227278367289213882526625
668989919926747094338789847281520767450485194895100340852492443177
570421865248493433061270457447910153031727983471890442712504662353
492013952426193541276636635527102462004092383646257707837004886153
499680537259801526733956281669531543816324919528135067276293406187
502117132434055495487107709377891018295279482100993293665133369388
570867065259954305385401548126648311298599865222949888969792551443
501081317301739210504964385450557582239666128525689791512702682367
531448343180470060489672651011237365085101453957692120732134223276
744267073421353594823574583029166290456866706731306838558844296859
062695429900252223286726507329407961696870945608139050281991498898
329068894391035874948169355643934748303722329411201290008361469716
023242064738668241252001604658984556741723126139014599364240450593

2756002870304916693507883248786902915469051078545656270332372606210545974372535276642591378088197914285161778280104451148312042675255090736707296107536267209821530017246661713031228080939020356390515683493999871154840421931881986452603337602447613844318833218709168072605290114579423857274182000866779789182605637169869620844124208656660087706277208464737249072076460226583777364897012329992896503704580265990759811561212503747643542456057591699579037439666324583512763116736969274122199668791237407338995032701153315676910233232648190430385274711600023388348174001888230679046929471105600107589422121712013759692843731793024914423885049564334038642302374205457275577549752451903248624915647096842420327658483060990173119337884350646123370662326926992901666762767958049842330583531559610567122950098154261430615929123230626665724072917458729109813956666560705649335974823819177079106399575582682065937149486916646758501025814575392504815195100181981083892135126128471092222545759577540091539136562601321084980400953959291493479399539011303181520489423015012986522504815214697537784227542548593987949156759431638189756183258357737095404568321409715310993936870028353516089052769570833951597913425892974837572059605943961747884057321213129568028950431114185670543867161245362316695846355908900131222632201313652439802514535342888709241401108997649938376829252989447397765323776206766461162509277829830589680031833821598190948150991448486491881217162285298020615011608314697810787495313988851120763119606434275200865024100231929508860025040606725286498609366989288987298718140960914426869075231099373001807710099567310322771323365213268467270492521880074013710578579350693651422178849965221515235093358522907791163655848018752682967780322590019007004763287522877231184474045190091273560602015110980758153126988627724531213341911291883490207881174829946309783971937410946702814863646403104313374707189878282864262787585014828478669496685887952943726973433526830813433063552297130803546709584791986875215475774179359530720634038789905818779972973983012893021083552048441938509665025251959425452194417577726815019701015323860985777669113564372736110408191135526413667832453291731835389880694995412789220539400429131614406177297531904333331164770846277195773699386620628400459251149249759101659296313859314283753114340248726956395083770935057349089140827992013065920184224780850454648449446991547473608963308264121911968203238844280122238415521896132411761305651279430483768992946374006301181425134937189857588351216294780831487832939608420888464632328868710855407051308162131722070730385440546962861712027243535566427810410002370378476330515598475948146665954484599060595186706518559874293950237499904586746823568147213803043005411403281945651940682776480900819352088452665297103749714050821230867252711970626207776041206326242053360732544692179916915166569238931713594325286088605888452783753382832015632159441986969839716759641381307542709945853398702995905520947505045607060511086220679332776783132105440143769235723776614495164543135027366083101014321514292048492597098538721362227250001731987788335766514596094751356095240541120227312197922878081908838435037047118302874030204261760701145634656085495694850133351537979440029872081560233842692260842302570930989069655868004241618482638840247749590914592831780744713059527671356208583364782312279377216862537519646211211524297640611937542265908590699878992209531924495189391163193901519266100628119291706715805637626371899872739332783048149672577480810684123452421784927914212948936517890518675543898175975078863582369119487779324297201010017599553839684231290359483483762090530129532811677781641156952286040634908561392069690599941407059064037954489322659859368453023109598197424422359939519108196902417553456517773

624732768763960751820848721267816597059322263986037835474307122757
413835795240213185539216277786948672522366447020217528267988378775
116102679954384938153213789041006024824143000340666572620153318398
126374900499371117658730657296197479221795153305069487267545624327
834344589136128301821936473754991544269643080596078411297361793900
730553870411068701510461661976980495022718552946901473206373754048
279243211194695274231136212879534523854624046666583594952131974900
267241908964495178228276768173758230026821794229771491417547474819
827401384978681178402830812214128675582714482096524998660398165287
654595429056618741446538978174431234040804565322485810548114455578
644781807701027229640013703505246348535121320076921019043030981044
358984149109483887334631594604624558809523062558140535375852894842
690122910778168623711379617956835415309104442772433800627961322821
880263865677930459746569919273137149067948054302750272680050443940
163620265834285045303014333938546072497249401927923728835444478718
296440460055356686295721892031872511607055249092361955730791958315
8322422224487768547287945094524715094631030601752737488610181970524
473286218851476334296364765896788916336292729512734377922217087649
529167097342212639946822318277181900261727935163178685196573464998
381869290531568878144348914850595241436633387547276449565355587368
079545129620382386626194423722923403371391852447994468148145495465
877799450381442993116905594086408545413335548846870823064362278786
000538914332137820560934925253688531827628937744918223246662431157
691205353253649730898276625311395376091473337037207999954366888189
657871049143678016019351431832580740225074097730581558063926186352
924466514271656957649968201402673423991758991997814215359533254129
553275428031597273625347416315902911206422255180156621051258476565
254032380015810805258889939885301783620602210980446715987193539629
915005728233603000845320328834915225189298666299355469601552716982
191329083740888424319258374402575972324730873331061128349286097077
383284013300248676439307157315439522180288976756359083265281984208
457217295475540363022288641544144812938100368869191658513608218032
965927635902559373841878438716278950667754374051672280923472225817
551420358644617721359501331656844757675079064447607259088750393628
123286467993139802192253114112907367560395161389322885043040981627
272578311434399154239553790582565197909365392051016069937736923516
112763438730450754162061953269898643179040468720236126405900875832
034159902571297192965392012863820645189192039632897951762648556129
866059619145484593649192727742082775868643555120605283953880474352
793957700561826499576309821688005005066906032391381351965360923270
404027158004904582762401873600914075425945625496311970725494334000
035438413871161229434028649066528538333743184195459240041800162652
435754903463292841711712423922305686696160129309710191582154866667
341653088530290769992602968955740441008860027653714148912244061011
203799432105826633142317114819758451154692227533915112598520468146
979950217874930934566807750889300576019808878914831455493409276899
392944795196877839988512738606800538804778302564989020891586990464
486906419300520614069598487954118708177648887666990613636156819233
115967709760039716318619785304920533380246476936949545416874171160
995742023858989881135794278712283385593788912760780764972060730263
019908742329542284485643909745257113046342197848955472017370587252
744631817345330239854660530891831656715194799180443676852924065880
212748675371438897994081559617382461898921640230680855910066288889
606241247259618163237072545861548297725154522615202596944345248817
244205641063174442154861810795740639040332898475918486291928045381
072549978826650263255547475610424674355816974710127020331164209142
117581407491173332038489443197688610183727787983809962294433532116

976402626261761475634702702774681155785534861115844740635281667515
962031045919625204126467402240435705212201727371174437002667711935
134611177653954411464837727914505068139234330181900126164434553073
421773948677439989423899128113601114237147844755280905580284405296
125443948550105950421184532955102125807068006652683241198427918286
289758410196711110255771926657840064408401962390097189354255289280
491682849245747368003044212946657320097153680427759584854267920310
354869006555867755232985846495044068793628701814081568537296262817
642152969479599523532800062937904574722216547842194134054220229425
318955654117612852051483950047637505443805045805047968939489141924
685613523044506594346391145345765425600307762100190636250998949922
180137058634441906154207417733441468458738774764515215038390839893
216929460248392858502772030555486071973430978301724652145893058185
295217586362297573905039486816275519075376071673973463919246987977
850686492089445931378129877221457657643320705991224666882927373144
600199635553600803923822563239315468464516383175865819869802238031
838244271199662712134173134900008776082115426428610181094447030045
036214201025792791086190888976893554930299493402316388504503984076
964118660406586880595813298987344837745955929504529614113049001921
072335291377938237123304223043009381768485236929022021788271332127
881326640169651163200372791421772908108951815371297787319652257039
982536015631120813503680935054850508085545749743285590809730954537
167612492161660124096429930305416803424471120150661152101982444667
633645986292525737655360124908323945111180576977076554217538693402
222555314324585093561399934643882990825493402783037803538430848746
114912024327345823116169831706277531783826036203858502896189375328
135962225193354929926957243584049515862635535949553578590467564279
090863123055954139670980072614320059437351995308900276879951098480
248684324132282662911752843921708268436418392417527700082018513456
566802124801109957339523785529055826244545522428297404856700813785
698742390004134844680624760910682850800340401399524239414689580726
432947957460857932192205222139120036799709681246321240428466192588
314233035285825634529297065388937740716810443704737324777476197684
197752766557977395965369657878945037406892442644905986796321947769
040252603326615908020532899991639105136843911257656810267335552181
875675162546343460580233712129743659400351545966486462530566775303
790153504029972345917974090104254613684041141027518743949875448409
619919418650119233158882801989736867693591646078309105627117880216
144672715067289759433499159069251629936312857216062848980719305478
849536450088522262683389387256320295639344015589259780676325058505
103511621015871530025963667248403067049629678908391195095245566994
281511418073063479997526304272690003042301976302189813656459987799
185893334441851431408500901752658040546154084774918424098484416794
973041723411799798314835449222036477441012640562259969088192269291
615916747271204925569825649924966372674444731407415515687082104524
942073574269988221691807321429458377004614951002690954165453356804
460876328657527652613218760897092587128445469070915785148839136141
018818960069002398713876950641575176243686396934846586795356271924
436826506928252577457941717447839645404239991219269242015531480744
524890066811065801306356906308434165047197637890464424727015783874
306515976767995269482205403790747488918604041418136489400430491038
599915561255640904367676128207064843786625599214804214439002523241
106877954117100515524466249591080340838051605945297301526825985669
963403980693182048490803985431631506694768383090348355654215212473
190535518082694528733999465208811634469481208842891106813158900156
632507830617217598816251325787231771660243098411605040190880935438
121119550708456941731864406442089928463844102442867565272310656525

510949260258442749640160307794626445236720235056536515959549679562
692626003171134312985682397908145744095495631990171783020407419087
313926064959186324927948087207347802484665951787278630264070866326
540345459707974810339347676431903157295668503467629326055172296627
188420452907289061838620549688794443996800621729257793977292595908
052806774770747509990730021397572371573781301638644970571015365692
938450388697244352939328499665604815354760366552759242223080361157
013129398964279343482939165738221807325727473897271325135308788178
312473644641705003504347522323337242092155459768156817030792641078
340980682998211199062986580295292264588222150607214358704656228882
414729476111296915294897053034462765720595765290924643114843521497
089584004107515825572971494193267375790141929473566075616498816505
086346877032894607701642277412058228785233337396158596899124841881
029596049376854943803122658033311568854533368469208396643210617198
953640799406833554815606284780352518644246449507336677632523772776
267509941966578729484916564953567734013975439567196659053710121410
145445657088973205577254684774541142779292904736281590512172143787
050650679701018540522690112877151209163475064013734760345935244334
219667227813450944195986605851191847521244525569877370807580699148
483296684471574954731255010354680479637517025397669807367624853421
848899388378891015153087673772192951454423468544786949731947681680
459562763075962772879810807063344474657863757143639673261819513516
396290553996230232848884752443737184815401524703754147935159457218
802236969313164191390377652453495294492409337591482397188404051079
657944512634928713943194099110874971458717080261716698113720324360
074267841368048801851673591000492147627990217849980653955950990975
898134095100420778011172722002025962143317064878043400540237757073
489711131633519050059819373448696000993844519422698827323909454622
105259904954365300843719122876453762755452452900616947537049083863
906162514709428228952048067569935966223082276147426051860737051917
961491029914923316931786412269903972598315594522901028577996457356
674798376330530601628042156883116088723634413618848961706123248859
175157300603545322130094028343414030952528004411975861502045475058
523597264732602230697607503985941762487561551647681538844367708883
656533725719409897207159573152752258138283144792887707136012912469
120771000963775753904143703284595562956125698127137745065328647035
409565283217709590312081857284748590728420400431275881158800692461
768233796446336143770551689690336307416806951027857305648049277705
422709775507085342193060553043329098710326355914107891823681878732
869246019702817745070008964668658374259443867666816711851269461688
479829172606737554649822035295537823577844721780873341365583140358
825315092853372284190568264450072970203727842244070903997176210888
258359500513506282516817228369510915352897260595285684211884502143
593119186142453105053264729036843419642255721338844868992530754005
671821913719397066206903161673559829810179907276897119833557569361
788870852736433608227553318104546893752744270328675736900170911941
453981141034549001465863198654687976470622910366353892898605370372
253596691765165041884613085569987860236859003992332882883994022900
169492454492791767988569853686225618137805651621457856247600744469
777527304859241014926775743083843322371247495692884992122626329118
255355328131507291848666019620939487957240348819160343169754435218
260329528259686505391915757209414388577837633326549821803674062609
912514072129365350544491393139570426204573793222116513906470049897
757593805390605208123812170137620108408174462427101892514610672701
700076700202573337438092949765551923235342237735037852474208612155
104617295343083531561769157168553217275269468825428792548661668468
689103745089403891412401285624080606298785157040404113591142617415

1579336049971254193179949768648027634240270332501294060812793697212
8821383440687764485466509507954502811462562033464062577338003404892
9532737369684952602715049016348921869199012117219799221680404036672
9896602228802244413750284823210768117924066656944687510084269054342
0406633579209515594000359703366010284670443852409377204139307233362
1027563548574863225244113274173635034305569108149688436948912672542
0443983083912677077582559903924973071921776772484017043216969320982
6474705508548657493749106218945935011060415189955553405899463091972
5239230072182502505464949461761507044766688202348874352518730892132
6627561623631757483071218913414776973667052968592930934185096219992
1234429739927839939449051841270127330293662774120109843792688659862
5477046931779508336385192754801665681530823281537212844491251102142
0159232724805028929799098451928480196700690749047109682692041810392
8410729583321050618206882975028735396955534365421719855101121599382
6246893119799142087150771483678881201627192104254410144365196772282
3642167662814547278143618083926412577506050786097913482098607057512
4349068733019586138915722651098416088091934223388306776776070952652
3795172668506550377605478229207669467655635463897476582465492025982
6077927291164582670323078751942679356796889687525573546077892331772
0894957286568780808688195557112435089249996752038038990535328838532
1184981831951845208217994824274322917307079865123917716744844152512
4572969916882508831465898507381879872516618957923223440699450534072
1376214573583036890544565856767956125441111665350481442985755171792
8505163004984397659095320480574221150477911399763086501917142938582
6078156411001268203375386069499924509252116974866581290811900931682
1721916980609796445390279766202152364119515981941604726071135308412
8636506048739845059565490092529328351021263566632087513957390968932
6712746545005470183238943002999492663686604927499455410262772444942
0283086409273841536100323258290667562039110145403659351727318737312
7723397801238699013157057879701052723170823496226176355828694083912
8927914900767939165286364181466266261316760628077574994451124932172
8226953948832283849178270382391137437210226593845880331778293311762
5657858401795632795365267401138240621960668480768765703517576613152
8197006905847763395412420608803148553224301089858633117984652328692
9062944785868033971861514048487323282945819547465013939142213494092
3481772584823946162920482825891306302967000596172226889079685890822
9845111248329104105045945177801920471251404973434347692744649676142
1684232560711654858478545819020039053964667514730808834873696970832
6248338751146160327802950590472608165795515935381836038437050378462
9527142437475130086771915963718019289947232349307050997964807244092
9767989180298142872287610764787259377224649830916566288575490442582
6785698180290884847872735441887145286879072812497095014071896030262
4853043663600603477749448653309180634490602225686107055097209859152
8259695839159729975379464707275364108841321878689912077969572252412
8607601241956364139449642581818312994931417796846772477683874309172
4344880354837524034655890078333653061932943333289146887272831336772
3391606824577232247900617713979061456021614590800504709474489025022
5550831053510478876489556565408851498361835784650702604714385635972
0411021226235255980282752013461128272131148256214218031263373973892
2785062872116244258648501434469100475347567233435000696294728042872
8358242073152568093546797457312857642343996130326700028364789151942
5372532957829630927325314809676049336636937841842706516751093149342
2327061919763882967305714633579442682212323620409578645753492176842
8239700403157158999728862155222063633536296588994331519234484020662
0147457699569895118409617729417034933359001890112134054076499095702
9583575603739561371552553703862789155042780468843629372496498787722
4504936395632704147616872130126643667798821486135897928845266855792

717154958389438529828746709062232902549554732296846294737311686198
901652377582763347559665692040287399944804657598275350225585866355
825843853626766550312805459246364741627635359885089983834096177209
446440915496244346731549480429460307917880054524309592771877512316
517194823683191325417276214782597961487063001262039201093519103354
720429855615087020970397710391856140176300594478681286505606465889
894252808694377036369798575546045880512286316950031997145204168502
312949585257508718221213821611835602108868274151237927876195256250
963062603650903659082085938694942332335486002094515894796247629126
071928688198124743965666474100287211371263753905360413209336380902
142646483576225914364947693579090342068182051796376254388637525892
477880901815101338732646179129140038148557325446767757639598311665
787293467499071416083751310061261917567849796879113255507918067206
304860705614040387455245376303756906617592628116676469836100491025
072433846656918419450953910799326107517693560053980371863665849316
383925640395415927256020458188487520757108232364754203810308934406
134005219809099503581184339049952920946381294129479121584472240131
640937203638199808588077283873511002422622946290314552373727897266
853731499022611879703386768835044047102705476298494962854519531148
774895793258921681999742513685656359471629385581006671050636599875
011134011599962774890361505365611803287939011015520218742364572741
054194761414941421372621858136335730519997612339774994677695016452
752843605064012947559659804859834757830901349693466244467221728858
562801748436421162297062416446105866042794917632006033359841157377
228239005717931164639749816370234069490113263412635974204906924479
222412566560378839504871661260456227818110379790037365280012319865
375735971695809572283948767050178499042772901352854236459400276278
067877354769938896374813605742610752736656496746069106318770673028
144094212149246470289894998786088228192860368719565275859921779024
453231833663018903874443015439002268959278420689588107601176050778
994771269659170337010296583691922654993135134167542955345814180608
659138123507072916111641988644147929764838963788050673571489498028
008386403886038290387644310717475038586504121363643831080443362428
413339623151583584605348922047596256280816004493972239583886314675
611705125363760094095775710194067407539672264964660314508447738270
904168041426058533747907627915466250057544645010904555637658527630
418502129179327631580274474659942335364362511937337182340392407432
585786199345371783038324654396714444567626812455181771552124967871
934114099473881865563696995139125907075054694853464534753060521084
966910628170830465199648400339139995661416203853973473329986497223
193639983213660718724270135846613909287651729735228208762196459024
136264360317942077242497914889580688907133182038904834085282188344
611401479322087344785678869499535806377321454051703413556404979555
180539921981815510900790055071487286334182688121960825060911067503
852271981308720313042912346660297864992541551617230060405908760226
611500560588057719087889062311943330385789884303545534237261385912
382675265742177978658282911349220104773962399813424582311217474473
766197507469672867066665524339873754395324858641536569052227721227
918307777625914449412590485077875167592382217194835568135861452 18
349422140384903312441152902761165846651132223372061888817096471366
618928774670523559071843116956865626221570556052478290579939336205
323490688299570820787529723437233000728467120555051909943945383879 4
229169292062568700394818411382269403414929485443985996427007029741
248042115757347248743298636550834614220301442091867898432597725019
083439785751689029378449884662887800745714878058787033040477165761
041206965672755949332650275444958611066330156929978712989748376927
933211088139294456550036265929180313033686428171938676498766061439

2090120845159541531201532655659402082099892751088303426979112232249
612021634636897188985812700019911835730980153070770505300301170797
640070847288805478051125913332108125493512964770003323565049624661
870254763324961766100362443335770624887770039083668155343336168475
798810866356157588868853838459736197583425407450400953440961062167
295785309002256089078429393599625544888865583661930827628655932782
358902533782115898870804173292473501579509449653824510093448804852
682831620257897095482269079819454042275466464959986369470161850002
276309173788276473237969492225262184801629015552975056776654079203
315721819133977933218243653709513621388105019489011317235908407427
982999005908240604935410403654133574560670704814538644140213981042
865645666530739620603722522515867617539302461089489924638563460630
149698483682775192913654854325795942135384734908950554215177584585
223817090113306638228445623597252629634328573703044298635111267942
977271157854568860646069564731966398703021737311114798273125602481
556616545920851682680517072405261767263167709051653075806259065993
559033301161817337118156894490469587853915850064656920946384904380
905321618878293956400827246717872003829892713702098842678822197036
699223021792833854140588549114780551799175952079740678692104387831
398146558857184072774018025584760218965185823595366175850263620239
381677269433717985248428369211066747954669371741767803429742655544
705377886072408209155252259945154453797349733431927661505887006018
385916878200589245291121466940635850982257466296556407737632117241
124957421034352797086152907525526603535568641843108782597963108595
145793824531658379551039833603353799231276265937417258422436600508
442415579448807340826643357895364860954567123698081691795854152423
689346339277953152973368332195867043892015440190364575227732100249
964420911880475603912610976885666922778656110254206926245021119234
415903583712635980482367194221939917928476385470444979503179792496
752555460020415023752383569582224495854540213130886282387009403266
930865272955625362572631820175632985105490644521720460613086509939
254843998669276683897699458765190089138587802598990472201820095364
782618983047269321045449173318733897573601122334635626409641931254
286635248000790134407532245799578329042936165271026504803730451470
557546341294036345509418153768849190842066517165165837254549811251
104096811851931309918170987021981250651096911363006768841750214915
261291854131902303902930479249650519647831804466326190676521898155
166194510704759133576184740231563108841246569246379341825326115146
424069736112665418962866973848605712472409407257941607367931096590
543257048368750691819816223444505648777411712804315755609758960826
675838284949060746123682833299225045918519471713692180638445140242
614168162707838353347517169507088789133767675746581455330643257317
010057447904458046535773156137420414434557988661316855963913487894
533493117767746119606570055250887154322709597475023029165404644953
930834853147682919454364936726363854067205432451554750837713984993
154990990221601779739642312869591333555020240976727507199191202676
283806439193089373284260149533017230794131214800163667003464337361
872577448784876167614312125859124067686831862498245315838151891637
911166729959522579259040506243803486748793536392674787426822605759
761116080063772724884409145067963174393205260987437725723151710003
574915268284377444860182693323287952099290220052928236580756544354
730915042691839512668476382467037442648006202500865045460024054366
115701406629278158769931542054086010484391565830383030128684741970
036339198593178618718566222040979085601490075605744707814322437754
311147310998696560746211441662790379416023272398359868603354420873
543044093353839299347411135633188353135470210179391502010132358503
463763309232116774368549549499685661338086268574067482585711946668

3560488833667477492727702906533054747800796856880655669979396838 90
3733856244328386774416322339315299329253595270626550746740934645 82
6476301683081600855744763070030610921699493628464226540116538700 45
1764969537809470859350180022713817986854607269725925500440390721 90
5525340237447099133527268419175151887759552198058688889619935371 34
3701128137959497994137471477914287949308952056179000802615459549 63
7695863408438941187849899137649599132687116312186815735098855897 47
4706211151019721374705809478858752407932737561168694722436206447 94
1965826573751405217124692335741738212252691531115086648090113628 37
7586404057422342600566391122659771356717801567390954916291333411 60
2514121702117217615049194538793480748111099980837260678181347568 91
0563750552843575928612497199249566398780432873338404257584768095 43
2724272386869963225519977415303042473227727805720471986299636412 52
0407863106494501246896847927917040262702124816920400867836707408 55
2210850131596020062280752269502792210488407439498052377682772454 06
4844891437979983617179420678673974494356579326416239270337994504 50
4253618456782120914475496151112649077060630431578647493773234085 85
2939878803669787128085819477903079038860705666294239518994539299 79
6375877208557180113215722747268144893163146621765784066299915956 53
5500164688575659119680643945304772346698479412498762564608755011 62
6069880864232602654844246237184362565049983105955745918311124716 72
9020824763743323933601165465721534087039653894092188939583098709 61
8970385323530519019695681641699155524041136361998670453545735253 51
6744173144788842225574510825111233249310752352383388543757089001 56
1337212974311032205883746764709534088618835478012318532240475770 40
8373859760002659857966586290193891309714405810088496736226692182 26
1266992852683566464870119609838209227170497489136654900679961752 22
7743489228369055019008292984163598305484314428457602680363030993 38
3122657167438231260090427472784347332705562347631464087757883841 23
4645202158764203346811705461279475459081532384858600046268634422 96
6175804332170361627074849398590974338382899051682561067753029448 65
2836735319292636687372383714742402846090548902299777413014897139 47
4207451954233771024400425138961605608594585570414698098723214875 82
6795074955611479105252778700541212567950944310242282428981877206 41
8340096130721127484336587964673896851950169483341467782912077549 70
3816848381727203797439419368271047818546927369336663194897070922 64
6156643658547796475315644871044622733040333599098966023994487835 30
2767349474742134175687956247564838772898112825222808544557821740 26
4183386765341902515277005554267940137044209116916902209876353159 75
6294307382581308463614192935281984719512668583585351791214693982 33
1556371214390754582725183794203849759891513521068147968791914109 16
6744976948791259003335585388810624177720485850093904687020454874 19
6392417160869014722039559844888953622974963546405227555858924421 10
5050651385221769783471962876701724375445541535242772230967635425 01
9424303225839290532146777304320917325842549760448650923989278065 63
4039094729713047429141901909240946772821722875697250300368719109 01
2289693958266406373198321053456076475307332804881199802675597351 82
4302022197078005252776231459532445617356002674915242471081986235 38
7505510740483840479195811561742099652060700698822897169385039873 96
4596946873954322362586028026299962442051534925677103474879678014 89
8956507612186918838675073868830856081691035046136231226470438917 07
6962290373734338627422044111859912940743796423219060471393969572 80
6657609245146808210445486979798526220963258690579771700610285203 70
4497389912650272010137222574522324021715682787449699072382286786 28
8908879607276084957965497476791560027295142354479263656865263985 90
6401034482062514604768449043520818401183842096233547971668773168 21
3806507942372766580330169124265104417765702810332881768894581220 29

140967316183354103377471467890559145116751860307479304625107070573
914651764593311260352078386858717231114705646127194469901889805025
761810461551221616827336174660611840253746785092808417976007248505
324486757471742874933914160563983082557052869837919302706203349799
733982882401280290036612177681383363727735478004881907216524810095
098351491255406056512776215948796328593163863393937426414543358491
995075434162498185681321039380259336886385265553504559786928166722
930023141835286421343496482319661964257484924913952731509074166410
113098824454420738423233532229698179658389042189402427607544465529
368594979342721483554300435380523886610286363840547558051083399312
244033461905692017869124386664625035508211811349183534387054964573
080303110330471951920938466326864427421588715418373202509620986670
902015665792495014749672001427232260367886235380315340880398731145
751397476551728107853590343696066116101272172434479830624830041373
061250709845783755436233515186407011044722640920446559335701334675
480885881188942859683766264363875492623957379152924960505265265308
108854027715330601475146876757905554950776195505435947541254538393
052883048017254040847171931374221846483900654889947203990990767349
850952457093149429919329395200607756226768997153970001083769119585
839183808998304231219946496574233291360497472307122852220380200375
554338129113003917769856425043515163338868582889249685555254919756
621264964901530559179743390564842050841989882668012376062175753087
652405336033780613914066870292688083923331567489138404360051865196
872905356348584995359612544933957131199708968925373196677464161667
675240400952728172097544247885192152817796607593357630963235293434
850229521812210352669160159204410841656224287798971362340850452537
884940415916370722973426004194179834819822001992555977076192047183
361730576894338779771006638952826132857053031145886583951386487252
892750463673568644047472036548946680879069868025303642387713620024
821255275073172074523295896917459228665841223632774851343978297457
549613713649240515750189361304597959794182639946783559146929711026
278228779225566399938297278057656647702451216572825573093404229993
478996859215878167716460627704612331322031107457372309893482601169
350953024775164610793710831548767183858256450098779057650538557874
740909139778159745373476541253145856492745711883843312312286614217
247691485557155228241500983610782862355337605363853839046036910682
811318447627200848728524684289670443784995439144634607286128140106
505823844056447096372393523281505120657555946951207121865913156053
768668421586894258436214391082254181470737258163694320317522326305
917696900296088404238982226781752835750342256179345537249297776052
027363464642250468664536945821187258514573343992453795278167643204
479741060063418129540946468380614086480107456413003166853853308541
888392638292335157557641502690022890503541639654209391305244322507
538441428493967117465456706371997713790967914840911925836348446315
864388284336259079828036164039703587023817627188992024080061351926
632792747016681659316007865490179900256016482270330237414896412883
306107966523441748466041811779463915990243286136453795074625324372
471673711824160769835551517786071318763693611414325179673539458114
881437781533642220258833211957455960097648121120682351277919160987
794788364865224217843755972687136120848140691631977611492330527381
484817509787151742989750674611274207202924275962586785276084078175
533174410535298672857557314284694596177202966167074105133164793549
650118837350472614504689683510351294892429495019788899266446056240
018778400836044680290270561382913990458763396658858205017492071375
303779462163129124612519840660267053220482768356575624913741512914
255628140661362198253791326395738278832172970432572550390520400933
168303978278030054942156913602909282855807601981818078102526787497

384663676972620749778909022625051336626776831584241873927506051009
126034527087868257938028504493819418421914405867656542270121190916
699082093690563411631941825681143869085372885037021074270124717949
364445120879446185882469572491960112853995201634458303511710224748
337623252699430091399552688750842417785489717142874063561012852384
435614452396842619393118094329020170812480779205475903122568428855
371379232998138653736214658221755131577210642854325482714436073898
059461245134703296313409779948182310362507048465051683535704460942
339372087784493092850705355242369156359334411637956769166051318265
712438540400466706687624889708524071018575429685839654848621210047
158158697659653584599648357489060347837971718155821406512420297704
722676134330397640389576117647594153234482147359504004067221660937
777839063037585007355987314151860154872093614860299348391536120226
167939373195621009909075205315322140756519279799014013069751267446
432817009436368677810255108110270005281159791986804875318462250698
384155215991677542931191162649833952603018056039873883233896971237
866166509328861743658385293543292177991810148227936154167288414153
299252637215480876911235178353721568889147140346182698926713446658
996415486086029193138693155413122307438687822326421760017158563851
337781456771522249682817207937152575654338578053513389615530370382
625591141326453823702313703445519945918076182192931100115793366900
174764681095528509694749192071400408549701839278424672405810994823
918741074229521559930335934853569945041881603975047440795556825922
693539241340987923278601930149254575873045855352552158096202622487
285147552123083186788055803964371779432877529857587005435381278991
599649144621546424349001751143727733267067761852655701949124742263
953323213533467520313694944521587892480470885134858780645486000867
726038129235433601125439638357285677922139656824408035974237658680
525795489775001990542446559056027747364573708774518257109683614810
895511562536306860098836448529900917162914391853762985845199284704
967686940869775974685429092520207572157609356994377422766273703570
009386935387568638468800310504999640503846284174212097516791947687
438378412825778811567227485689297594545710852935333784830990767371
841558162204318516366718476792036920009668569182275470067356484501
098475735215669503122225520356381630302114249176167516453061674311
858253987093933567285362945403102803417772102490943447425889841121
545698232944564679403141953961929574461610680091188387410588879569
262904245065329435598671585487206271047863442927175768128038779692
855018304923212936893252608074081571991418365543166671042672182100
691518493627396227338535203674148360158276568285486780878196510918
879880026415951352015911573133678037328019740943498634814439212816
773250877941330602999139639622291531191439638234051841114703630908
118179511102066897723535544743907508626982117248464588264828474225
378201788795723588716921887794100021749107461566590198183393035563
756947629618959979250712123811053554305626004815868313929353720182
206525222770064551934121577323040704109087692974856482922467820628
647097610343745051246805522261868479794666675800460385973499186903
556550698964144866451673255744988729066222368272219322262814677093
892138169423388959489516230343563323122779060221514253055374336488
664095755536895057106024698987000379917441896539798088503200935256
619440254193160793664108562638913123941714265624970345030857555347
434980921378657646826213058937426870772450853057003511811972432690
727222555646637718026092717432701755332004444782861391531049833225
232287996570546070200891268213493030394942230881815189467444644239
198621124977593357442991467176564732473725515407061553299015844103
367093411681845429272115720909510569358219306428976048646106510847
928212711125780113579257645591067348768436431955324079457399683912

739809710071930195856795376398561284287081846058537168222726539641
930818446526967568418716960049507104269511758437816232551495574665
760752765490873235037806390303708092373195295103845837452098818591
795631023912341281499950018720277538908101344057945444693071900199
715059289536044774535018409752089400056839129760223751455252108179
441536025596692328814326793384606863878512981304494810795082698170
862639239734438807455953617072730909524175519209731979212953466212
344596908763450952252847135061489632289868805686993091283692243646
796693735166340527647671832976949424168438724779057246902862895490
916566732150267633254739835831268256333394129155078853603869889863
149205858942828824009141933206842938864488902461721288666169264561
066584412626896512902006533752914678441742276072357520872894436801
787204409981345717279409579690586575314750279297908618564708927699
286571824238684987396603640903336905210367503531417819375402242291
093028998579733469536866048895012489173606142999921981316257289515
361428773102547294338520680998765966855973129011131461956328517130
985107960287151662063288242160149267562260809448610388325236936136
445754007979902725693904695389174362652725397738137045659083727282
234963232920596409043133873482785413557291369518042805036190106372
854341757111127210557136365674939600586415464662131445917351727631
276842564957704528277045267043713030719994593149652406366243942579
152617454672425785833255842666822045131517178171113656100716387976
018782897202682492464376153454098084906752329573294569552298788111
225012400934273921670278510817283662991692565638374351008094542944
276512433422697712979948689920424893461558856615321485197889658660
594446322464577949582267721957873288120600195262958471466846876860
859958191856472217447745882032310040239410684413521833852878524649
316925579366336006859296858294666785903604476964074937377419250028
213603320568053891277082793359489634143919935550419839000615491159
568138833443464118075532836703395364645710261460191272254353534707
904909751529909229221317820705421551402183698960359635334287453426
800628531535005344747041945626570547249533162259242601438775002792
019436904024143840556847970097019190321888935312334801920195178912
200491208021331009284414256289018984540928146603124798587140116945
228220299835500820233323870794261027787109001405375638143790444192
170765055313833483675528407000818592196921140847842647272077129757
209946524990921177002793720904690539203699560468082901071882983987
310312028278586432553626281021435186496722437064645648719221158699
274520508178385974876326545658556148495676984135251419770332067981
509913181279175447911814078118696008685637950450578879459135345827
237324105850249904838220912885970292758769553844347619915818152447
425996075594402421646007481100070126093798613333297140338378984578
937410536836867222265156075918861074549856793109242119627375498770
701454413241848821013416267297330400525339706724013585656059879416
095343755277967310435524058782470254760897098809437788097242998284
080879033441664714915580396588069194510027035534188162648569140108
305489123630654692903384203718357346603563990336997039772340216811
532792983181345806430902202821884144096628717252284351384314452578
716534383506991933909957061837271121154556518017870224756867972328
673022820195427033968860046598901509586283085139614596146006660917
968870516140990808382920176575522108194008307497217992489941781558
369889482932204000988511190247190943821345170332571441457694425281
678848453866968448004842434289122929312192841109983076805487318544
003825923086904701376051468374589274278203438421427085736662301575
287381391259704006917202487666363375571025913361778856984952279393
387432986236811328248416367338975001500142482549694900206404905308
649938868215124626460231356719411547474900923449002950826151374934

7354103267203969760428468841798740577929270105983449182381833334 33
9071770517744377500499536849216137249851208070744166397285775878 33
2583060781424201256718841855158924684353293293207176867722705256 89
3415817027745081872681614126085077669235638582184981892024165558 16
2969944436558355760873566705986860079822604815946678680457890931 55
5014879055704836382707326140490350784989947808203330291603948572 13
5591081276195098013852740184890877452878033144340702219824754728 62
9876726210833957072100108748981358847834536112826624086102688273 76
4581089803674229926311834107198184861362900394205962941648962281 10
6309196399756490255473902178284931941351599803720311352934796027 25
2672936342932394779797742019628805344112440886929777534703646252 05
5948482369003069763165770604379038730024028889594942493107209439 51
0248064990347244280452500417747167184046351550494094596786275787 25
3113035344315319275771186576306993042554865293076665296389367082 95
3867521354681219521751275983613428000874235333965398138499255785 66
4926949883572732691862271981070349078710176655238275089600835115 53
4074545093880359655873029549573026976822874169777570776156747740 28
1981253456785614494889515623806069755653537925478451529584801447 17
7310814705381623588136201536685516469463702626291654016752275870 28
4209675488627657297495538267761784597033419821112063137069589620 12
1106088430673257866155404741095097353164167116452207083826536653 78
5198400910771006956940947776395329144959692678724022045291428930 84
0038095545938399929226677911749163040493817204572276853772950733 26
7194756595467167523984238218178395388079359697347660595007912890 02
1700403547062440971027936790845850814447535153818423652832508360 22
1192848037406244100195174716654535920503811634807759334229270645 23
9259238558479663986048526564633764646481807654179639014040883772 55
3908331654268556398972452194204407147523090122866374272888553738 21
3556451857489427177195891807500601301781528887093448750205356153 27
8049156443744642804976932069730685228797269026526502012723363471 76
4674550792246448185958923044224116499842189897469556888761960581 00
7637592190008065410853610242683041748751576346576926764283798032 91
4662528088058368391136917751105708418165093165777993342841529306 25
5435292364301199740653514302050531928771701012121595431146064482 30
8436341700024876830199695925231746285881940355626868877406260349 52
9451591862910197255687689933773648668264095068845747662108230158 50
6911073693976961875372465710233794392946242500985123610391963079 63
5972018280891082152083568042530078241075467560581512429695006162 75
3615813470446291501024854425604849136017031584826136191334411387 19
7899862473259053371921665515372782572595267846197172562220082836 58
0305660128649933620616187299170816259969142389738258940430971373 49
1294471204132765266243001832753223044692342122807640285177090502 40
4361371338828612261370646418818387144476999651708402943197232205 31
4271745020705980770650282515926764571953810016844017487942162203 00
3187742945674291877401948415007106326278540924162801133302181152 18
0700096984155658258316428818997007377026853180879847953291985959 30
1671879653621392460285352978712099030712766766586005546700908771 39
5765165010327983072377172374141058710799940546028396412763200939 03
0871374463221099171581674051780432571030044528382171303664840046 82
6773159203291557306301185486228278949356228311266622510948385490 78
1164556036198210868927682503284573360718198516873579851994299320 81
0720665970298752353377232342293868096150445434322520708956315868 13
7643084182947508407058736561126342310781239226938502416436333593 52
2288377876783871785805331137629079628050763860743330355642812230 18
6595155117130164192922976686356579506288338029771741450024604539 71
5733231192521649775284859218835192480895296508321172971106515944 48
6512308846812557446047664769009379021683552582167219311391482707 14

522414804557984718792307023347375362257901327975575663662591711341
867986172309508034491415723506815419289445725905610728078144648992
468444922812366666232247086249432102315855740508273170146833246664
348027038753069029108281578750157995722327461956571177716845919754
804959485547665411888449620347136562099582556953415790609372905073
680631918823272514794971826404332472276698451458642978702401521131
027842436891477748227745287288730966915092480660789517848257217710
304927053663979714604082301026928546333475111573252433951030423138
435004335657776047987904173557804917358376164637115215013724542606
828831728350463494484741808475285866399274412797463543957910627959
180422332940086291556350994504104665820248758672065758725448345619
616956516724192339336859803601256806832908132551964722197658639625
968402213258549055616152809630262756534432170589254205923856688015
786527095581566832249178454438466315081345388875943242672100995727
101842962558399865362259031845778789881261569350863851373338157578
406849105999473064401551377634737932352676283404504776045441634404
886620574896761457660913586386554335270289734608997090528911978379
396632619439166415054347041213951341929747327586493626008226831880
589278380847303479964110291368673676394981209154858203328511344861
557172650814589096714494412972179647180444525780747108727322634736
819994672516595899302473747181296683840032798926382788516550747828
106209375302296655944975586459414647278771919930947664913939275244
762496696630972825474310142703461805089912447232790085070922853126
337287114780097976749044299381463191008877995753851499042564799968
611898510761774224573556792338547543097035344360205121256802897777
477066272301634604035575972771184557426955642540898717324694540251
143676402793449116694165147269012568576397894409584357491562923826
634834524966351867458216683251985791506639905075619689663587944167
632401926241919830985679384697836923709238191859746824685130246112
406662313097944326331128291888458622133850773371596101670920401137
243294871088554644595181331899104444903939164148049667438059381959
670642242290332667052285504928949926240216715269500706295008804135
522882372815637512333840127579918061998139686019627442246360494144
597341087208840081279384558144535907586680496092899811624594483549
612062943386621224536625432418686749912043109777446879284110062767
651468218854275472264842854531268787437666044137820516318790192682
761449225538109715645149391789804537384800078234746587202439235960
171393384263889394177848415113818931336831172668743066998263128872
499786038757838444606328030133274124769824728576383981129070238775
979201363346340485800662708460067592817780949071877288614986459380
967355610724210062042165109548896911864026071234789272823192995914
142758314205005207028760120182229540179445864267059748116239770720
069933224378201110107408645937044779354644266428587936881400408393
479032080632595903924141310537076898041923409739586135966262972675
502735886467440444945304964301556580586300993019693672710137711771
531047039153650008890178064552217272903372278411603952913041079398
279704754191993241851019859964319368441133983133964536731474006555
729188844755467827967950657967725980465856310498875344599543851772
174879951346427634065926594291637731749660430602358268499570328286
648930559424089659998010622265846270484392413386873797576692800535
559113336044727562103012814519823966960372051750563781059452352342
362301495580611878723151697144503778223520114579549641764271262217
992922462136517601413748034718720099253227441997406395005957924001
307482520941010832825943239230098573599042891624775636826412623486
367438763211514057123189858455345961932456629419364815632182548575
699648936904038158030741014842218594380052196196748040683239433345
632267632764667379839004332150498726515576730690968901145139464108

5233046800052449214231423744429834795283170937527205474769211745391687666995429081677072029906256708769256133940956135695285453597988514244671077090932881776573512102546489663562295760732929492571230836777351536540454756003713481888359087547266328885229892218628388791960418822950856287522389928141507521425708171421390557768682356448970524002352524136749981952226081682177435698402753918188954700562989548845633059329828577474881009344561946851730158324174933604441110571405879364914606671300842302352238350240872167240581665185678430008582537163963426073609654321714487240817199544553830212009815783737950678918532257726543944547140460623366805364421704421478848526042756311777630443220743856875365896216195764472133729805580473541422429812273552507125205198162301300043408740677940140296269143046368251482251939051349356224539960629997373660458740877482735402050299973097725032118203444460677944423352612802965905042346481716760338036853632691782903158810138783657894056517097132402277962284154747402447249845717357631078440841537193635879958712188511122214741196995766134754409507055674180180198700338411100852714000094898660917336969946493530732901026058768825599837910835980765849028199912436881932944134663365322491770710145107070129332731134753049026854928273134357024661705022570700619123729617827756159388374061431954101897937289961220636295843633692484607965770524693065554844336361336707346441765935275598189190694271425413078093792515391249141638776852876315274679123252234610806885673036390798231548482149708482358993654991515727633191707363507936205924658207574152277947040862004665622536012586091252498066273710577692055983870151967980119038147947168641783977459100789331666597730215575904843996288898555127411697825783960159962779281252821498630209040067745946805731474249925339597878731961722477166169840151983412292775320342353865936647005959284563925054840254491298762376018420259699573538133385089096868701754962527179318382353841802292822745113914311158143961194453813468480214920931268247691861270653263913476936793786048747734144726750938572308231689628692275133904160304763751601472339388200236862284565034987095203814107928654412065594537477571929636422644222505685326371753161628553004826776371891579038544905177501482369152788451295599542154640884726024677570402808870479451183948303426166096906133510558634032197862938732875913193019653509385455931403574331609280281116852393097286374884250977131341634558412164357337652822884588264020783867572130673062926294952136618904954647102474602820076700782282576046705590302552366825402684946152651639702833956308261864351425921761480588628955630564463561208877289711818461598650301816839089131925667569213428278727113928453158957690715622517699980227115181118891359479222275838972680576349165327779134354236600760622450668791824202672752955673918373515208921134057451338652076060555345669030448844811993253873334935231354165371095717798440576971354831954391946427298619545396660244266896913734588504524686472973280957092233659459345051021211554255974952632931308370643199850528248562423293518083845910222822402227522802968408498738568813686795761688715001880851330690347607989792722524488777439945018768987566128030669072979409047944253397941740598658298939531976433274163907358239831619812158630948512850947369868910346957866405105619589427571302285703094465410742389916604006221312620291876984237982453279332118694043957721344698380724327457765483440341026106827634941920651095107119443749177564453331988983220066133886745786648965429863719295414464723843472422176615079588544593460856512584428112861917506099344449905367358239802106932458438109870613082274797398404043495881008892914782387535139792098674829940603923237164450075210774982673866656429161206357493222865946530009355856397930

473757403392609317217712070922297640753899667081291012971405482420
252568011088424457283909286947355359640205537484817568444583392372
417784216874134925852482347859781294077289525669606176063853252711
740501908166821304246233586136247904046429307261346559345981948212
227969914036551448769444346272192084542074311124349104991219910417
701688413324689866565475376151996585669280551793680806046794385380
751302664356397845365515210291167144589593511467872036252109467409
435106706286347022967770935533292020816434444964765023378900681643
292932120953145965032256552549853583963643835251020516185961560987
515719137241829552227998252643384410853548009610283037462242352153
535493243372832365675773722519164157209765182366673839650486553588
720535450310951560769254075367190649677923463307088008870420381599
318712393874790273053659741666966446716343249985545687933376323122
502541203708573350621711406944595167164290630061445948355574707762
047846172969769922881936303227374967631939844962631566350199646741
354627568183476019468479973338465921468574178857736039583496233659
384926308473696603296751607310656712096372848868048051906240862086
841523739105555661526132293846362650375895853696067671078201852643
952640009883296887428459121317410425939192922190522820051975371708
563715346690327257215827425124775614782928099346457651955993383852
680811633785684317686712760653947753677607650935360472239082360727
438889523657986072191576782617690418254951973406658308169811259415
099971795993370847389351609646205875353875441030499401854803094210
314786362433139413820270640226200507642369649066993641826327225583
658635946881075434316814944123302972311661013740533918152223390008
181111272037272845605332944333714757569154652501071282111915859317
287269602038142163289685723472054270964598765076953182262275658890
381697272806141556460472135576778000251886528886251802062461869051
289617957094538397304496473131456131529171043377576435565253488383
490007593804025486129738297068404256502256625822022930251004509903
347101018562580559672104831037541802797704900365677654716616438895
221338942817487470893923806126750981503145602555888333983349240339
116922811953447918763597374745443563246976230976255312268894576758
261045615388976945280661639623234139145685020414925106798573302030
679644949478104563294697924838986366011586598746058744972045002570
250540515168575061663490085645368741700223731671606000987481314221
751791340138243892797889858067782238931335197392500943132746969396
221890411804905811265397660491981935060904168894685645543711582325
332705184421303013920691363398834533655978354163382581108900170649
121249260080300753119422029249926565748357379639641836767077285518
186558940762395491936593559552954911832192829488751515872799446345
453185963296959775131325220993712875109625230744866671909142567620
290997272579735056211956877157586380996163130787752858606595025393
676341218787408950732028049092476701006201572487212886307624321044
710721136788859959647094441521516469077302537369021687920587240594
283605997367241667848713830919347055582107322168150108943903414637
103789367065699255776106118369845519640344449065187896361154636914
966139595294355310642852427663097752794762203023861044693301185676
556847066524840922019132404968917494056548083320687149205069877820
667524014804967911387734513199545948530480235414086606631381443024
978932798923104442455761821634355031367807217870537079357756332214
471171506239351338392684421668204619709741001926040872036771399935
965730510089492069492549920401938215114497996707398345660632102443
347274156123764370642260332649305274125916360715539590891484087397
400924261705031564082447006804296517102964959143277229939774781441
293435069265177396029840822188626709941978518240131901966782088664
588517542942383946072697559605547359216312419986013944535176675410

781367121611444291584921890246187199906991718367438508648130986362
722477115793095981837900131619744042760190745051662024882668930358
471738043161674781219942932933009444299577673153969192006148065094
766375505287269302783978050699242238840949657657848230612117612776
819781079930131133766055351976116637278050322649884707349537811761
232819841174869759201013047480933084685344053869982282385043223110
475220690932378130227953903512850861328802773085970426448796892076
252762584693677461982125294609092026742505826239858959543606554986
279364397172647740988438356363782607175566480491508089940063372347
324668613345112408227114073162704523345164378960158100236263077510
396834416521341284988485709989565323180435258115813476645698865430
147466495514311127138073818722935063133751441773077964387203419825
863206009893999404050815994475952913101458557517655536629379621146
155717088898250679943516283438643001424198858690416480290762161411
289392703384683138249568609560938866708003643803617114045411904998
207312165226504341593443473313497865250491192094563647712219177081
614406783800810726886553166918536764843755360299404753319949707163
868914479545003459602524346777559306183066463315938079833422759470
306265109257963315712962564389429496086689827914953921132031724281
350285563103724295336799482916964051128729336137881340001840722465
933971193801429960602733767181502453122817903520112695549672609196
551414773852863203661918170579471474181051236288812323212976925790
976526579524371157911196333321273249660762401954655495793437099915
215470061533574389454418458438042410842023680275037283286646410819
250492019272226780356343411985473861174066082643047290348766987511 5
213140111459959542378264416043754553259025446642910679190291610272
377825681079809228553571661417644930076215818381310902215160201398
619543773353847155233987394684489795686785408338500409521903517154
555590620624633649419563386318394659832235193884293719386223273957
412644134358224633278735985617395757092860772005968347895890662996
214921400465017840512387228808921961945345694007792181977598172358
982535889742670362562813780634060164781953445431402363040851485084
059906516477801188533505421189943154862866848010329482637294848078
843068974560737977452602789101834720207302006726926656736275479972
968517463056604134844861188151196027271736053239474048362809371857
797779423206981385111697495018549808916610753261941735680424135197
285797453495407767810812990042514685091581379586026172811693230473
132949690274610072102579957247742517985633649835485606291173786280
776246727823694148065353734133598497497092693351407057193566663253
316414400898587770133048321466931702690362785663751169159478412676
096424433236351028511675031472799716542172078272764557280752480635
164201126027153993907350893744729651355093815547307227989195770398
389014161505966977133176701505697951526548357763230399350585555523
705474076826455259255227298826225199210737573539772698917243182487
871774260966746505780833100046025073529120773869255423497895464105
743527538556654556688475932837248452361646704855117574991797881325
853159693961646266556578176464167722403608491476844007155599124757
017181676963899442012144668905273562699945836674406584265165834521
644001104365695595843376395999657975287130393950457255232454187568
258345865702731669802036322273215277578037697081432554487282588408
739224597583750479857235859049658342683189908143425634602121468987
595401299338809013268941093336758568865506198121284863435230131153
509448888809885971449071808359783839051622772226168461635457070251
754268023119470374099700682791781022503205320628316274534525114458
612736270930143304590401388854036807251922170812643517301203853212
018733000731436038584262601283398722786356018903815550611477840970
518242299706546629071301309451042910770628471633769453589741921290

697073603514260974629347656708213137864223113841226878188024963128
022331841843899548879018692072360705318838770157404946618172783162
249136355445489766037667597306356195087069745308781457974012774138
93303387905893309884411137875530324666525301335501269522956198036
224773738319352623563906292871004190202433251093165798532003858229
187129276810981191490139376135844056040454235225763148900983628215
226127423237935787171915181261233333412390691856062303598737699437
752277581992005103051292986325540566587703145699017808245396641863
845405867173850111126982237050267770330991577050603551603421281256
210458337838550528927990670979576201161106267055744623987532766407
774212598726749661809537798817390799475407242855468144591494096260
439634887140073680809686131837358172149239725795388291184312029472
894540848322074096536264211483818817519586133042922317375665261351
330494061894555020370693603778179412964325440361867794304257193892
092034016923535163378921160156541016109524362223475468454404531541
675026731294808913433385570238309917594930802300608582542276170402
611963381658579808822770243368874111747516882130054004471671920896
034516419646472278029556563154923044042013510134230733794109442241
214250212619597009787544704397884757264575637275969301097592837752
123314190125337823962918937243934445355714255136884773180719791230
266056129487504445184378485171018209155465195381521776060776718723
151690147043048811964838512081251034274065559088969033978146420900
993094245754193867317571048012747345571131467262328682076557307270
439302521593639695105493810817024593620382550038367551539815787271
899641880392201655011936123212957888058278590254762608492509959917
348861236541665045752886614408211195073371144871305852564749050427
939084608307754951826623047457650047824733836535564983721778998046
738716380132109317785329179173734565552556877636817398690064185280
549224237931703246965108017385429682291765942999046300655697504973
296348124254232874021349885629819874276580287626147702757453994721
508992182145810910650657686394060313319385182143426505915349439039
867401456221345355074464298236086207203723984167899882069515503772
642703441881103341562640999282808031465160940023780833213353476374
854694052967831838129038690959242466403946647951516068140672165462
277752857335880383131203409321789573994180686305130347532607920238
971836854736087094998699384500791593456227344374809996705334290430
885020515300334635699314713063410070208393126221957018793451437763
440719973941161347489607111323390286012423380064276287403153567220
987415496721455563405882189582921507116681443214637457347046113552
633068752056353931975257257085770214131702534513148187893248299441
046529791168178430432236457807742858589524705620389616665149463241
098247099408189616391732445231752200261280289334183643477373798484
297036770048532209980763440198871997034030468533677785111508912443
072735370737697681547249209747637820094148430678817841160649575708
261708992750842269893717215388395734070173193754266744803952555759
919172517078538488524149854438742561321183203292138851525249314196
780920242452711181525114708851954426189071146399601750578063843310
646348257679967502647934386826112807276090866485220315488594741059
720733865329385446259629468777224266967564497805610497651431561958
832199120264144864017409495499424381825197661518861415360106449637
528060910126318426410619486481865168811110977183564341881914228579
898261605503753667930921317441610795806763286958274181293698902472
978058728851459507367419442724917301545496684765587608525025217998
714850735615881653951714439540345726064040304877465483311177276773
655283800531695815922107011271424772104797535744414699075120311258
652135210877344882279921598139592323554798951778258590269938132916
909758192346718806013844202226950270084125807399554461792539923570

995816447887410910393666813117522267013876754381359587148498683498
622810011913077003339505782001340745957473450657148766215078958899
131893303606105972132872804691400061659106348954637494912870576280
130462682669519084853331796223524705233176445158778866143599932504
726112285576283200870433405968421967897208281893247842334806596883
669461042708016442154534070393319318941520480700162849211463597365
263892681690429520484178018803239807073201317984507470972520857363
851338439009791438279260665439950956542133699995047299561990320876
095061705486603205084824376031636507727126258888885580376249463682
139582627773387666548812885836489037810560378653670597466961518306
891780980264207839514549528647112405961360593966311156084398538273
414234273708780495910614125144101927601664049779119451335042447564
780833132374727889356875352089353189133938040965596354470639628474
720511573174281610939929106301162462286331823552606422345221385406
992363584514354459340113767967406417833843994483367183572346160213
987317399633333976058987073873129040005155649808411898013599315185
263475904284944943037746200494587786747802269536958848848258105486
706911625677076862425537130373634360761147500912904033480308576062
911723945718609695643578784097343022002173094861425243091859366184
288927288371919280815959580714820832882028398929039581116324222163
321123872095778646346472163283517549431858269722646554662134213696
997331953707006109728166779171147875242573566483127881156416846536
335976777893151468704297345712328281925117550804161095205921828962
108196639109202738682654624334209142818495441333818857318854724701
381756591785398012427095813849767326752532195016671896205556547391
845800612492552282636556413593134461146559461719758153419862164179
276482486935035122367208733945720084121040036256521933522967904780
968743520500351356944706547984706081855906458390227942656879411752
259744093622592783669991247913943762341375948982863270862851989621
261038314662118975856944758652809071320925371684155130642025055605
560274271913377047906206302709712454224500288996836709514141790801
180571299820306127703044815810866876885504519757069367160868040689
371494975656652917668955782898351247972298655218547251451983185881
402710475322757440581792557498434253262508048416544928067107700228
891991525551241137832072598945839078774307786673827113384901721249
954343917973499951259511055404858273277726027819941535119159485159
561889781337509633122407861964953246523840407780321205213744511346
499603837669546437777616737030078579331597307816473498926940452592
876325988896127457369686470645635232132513183916049714758570484106
755580004042231199876645180260799978539388737255608685673099513925
317148025189651229650235208546230412842476746810125453089059131608
473681358894834305897840695981193785178035604447793376110624411440
768881650683183769091443184444611153670698843227515287331342724624
285157958317664139580216980316040012624200443493453979238426005999
375506175649104415273342279125295817028793812345585316373983077247
653258313697879749181458680667888203697723986605420490542378291608
955225574718509164052820206762538707462912861965831438697086446191
601887877022327603331630270768866693272187050745960933670891303012
801638595478050084719177019074816661265568180862381688070551558017
609284349493666930834833067501399905281168757570196900042082819510
421358034830569780571865677567673730876592757039290351078781807634
605566897674900521607645312314665645556980627860148409843398729521
385576626492206681327670280725141935857671778277976017829523846220
406107795096016918625809347549839833465297641942978110667322655078
013975746078065139438984182234987821102219539435214488596026042867
814930619812854062973984568551956140295204334681312216642137199745
059891739306221974381747649461480702066260099716099962497778277723

285167114030016860143671901759561391882417778514457763115657662449
015154074869134870965203026444975610240971449941569968316867739665
850652597335124496606783531224612750510368271967499548437383734605
458261176285142837302755736694159741880942500724893672699434033321
875890201817683184068104594579171557117064511098078879111221027848
175434178246823503050013297783021026932348402702554676607337867953
080215690685815969080023048979036107520257303568815115633446854957
416790178511622559936762850158560425851312927979692862671902304949
234973769476867957366333353474922020360710723248677170391020344644
020996196718933808982931428298900840180665712154313030312250464128
478736860351722404831575527130420775640634925523752174225698949648
032609751740401584972816235825675902833812029593962031777516493844
895254804967673445976691612468390255632899371088130117903685185550
609691474109876534547045379399226362687916379749972292769089458066
610550739448646088345414798373082256134908552967969257841377035843
277579799838523338412507942532313497498374611198957013471209801957
480582010167513275632260768279469386246172476646745439754603292816
080594524117056023934813346152280931957074536499075222850094497886
287188515981349361533741687505742220471664988704000763872030098735
327558515523373621183148760404862562470138582902405507764975436882
324429688841633757878562276073579439746800659105835401148513416641
242903847371822472755556523829451413884121287022566785224854547958
353474074179596364432546094275276740388663155600768756251706858169
880717762220466006778437628208634890983508416853384616597413246964
699641812513233500625700108185728026019591821678499735892502635313
319662416605217072718727682583933483677951006556622301496032872830
535308951316360177279286144645006704786558302195436242108359773225
179413481802202670572182329033503178002419620005594127488610318234
724282768562833302450150639350847427326856551941509098413992877304
722126094347031330956106544522051109172102065354329017643519883481
421956325981418874830310805050061520776018589354850716363937028973
644905611077734275541218026956823133453188988294958645409598791978
200644579620840869320167063033900748899368264713334403424145779748
596033557553839717624704694764316128726988080442648758476843223727
798239578918451623775809641300233327764621672449409528644685171694
185245521503240448136670915189459457780020577467641699957371482480
522252411769093386674705864480873578483564865072285868937431002678
775756066335226887118068203797712767879650688998675430931718358165
627418844422329808339095661737843395421715728924810250397323686220
617401168306304870149650985478000238956560204672641652145704037754
840492451016919962443878336982536742171685016509431408678945549680
684544212717623702633505963137864068376755744031520989624618165683
686658249272169626029007003157526610707518257985753559109283428127
940274904674887303916883732267898318755568350855716827696029353697
836784233891493039429560391880960604175109802785446427924959945580
178360180215154821282890861650699597323527570586932320589773338538
083987634362332656750864637980427029492276750075287225838218383724
792401893099288264844266377340482218511943798289850810658300082436
104931670693791487049081714548088623441055506331665516838174129350
481789672327828326915185743009149445023102518891113861140409570371
995466473795267418268699538879271457576974419754491717901542058886
799636672857859801200627414487982888244240876238240433386502197482
902253569645230670088275201827400966804122906473653614092200146228
202217957030204432495532554833353581551974608548727102749701828140
746348169261363395488668237344952762757240524442413938248923271401
801341499457128602317798613730828041574393838612993522046204239158
175420047712945529602020671209260785168387960042396084936668477407

132781452906915226878193008628320704630386224250938613089080433977
743660058800320449677254141704227507617375237496521671861372198017
566613904514291969172329655873321388223944239135735856387010313502
161728373650604681493852561884585967500491094366602156849245883846
444861608940583942138982118041303151617767517310988721721652644271
568361924882549519068018944179194160505835665769257849314967965700
017946192350379148297675195854464035151363097287274202237018172765
727350381084630398132045086742317821968214336923186554035350876017
038823311385247830018216458045427046563975497706132906076471027855
284951283776445768211041931791182906574541293723491137109156118608
770018056951859613174412038853287200952608434393841778917372923698
433327115027732136130322608831764604914113417379943892410551114154
133987245206257021490968402081962049091593596632060224589864445964
8781270944613468333745266255332188809066208191235512599760521837081
816569685673914626093135536532950596858455438120481711735106955490
886906533476171521571356081314226314214624681165203812589614573254
138823064337986700993497762909074320378406636261514079354121658733
628636512679380359608567611751875800267841197133871841997930338608
475878645953728255969795320120993580810222527788910743922768039770
977662208224412312298778075843355938065317686854861777853311021579
476519080087250933912882760322956001024466648315297997966805007558
397120000635682798842201099503269865059487166768826336236671303154
363556762894476362976918391469564800931925815072077561608044425895
095457380676210306139116980947799872511962622602545351322209595625
588036453123162809494999181544275829677910621961735162009538872973
694507830881058086650675461588393734072423238735983499902320975713
108369699712065295442167911709369352578455532559881387819752988435
944274812350984616269870650173542569481695388203657477853742146677
054078476585851365754770880191654774015822872078735078130299294705
005973041713461088057246188976686045311129220528743108849977455659
550080532507724512575266227567259635384297116638388470868740721566
941707820146479979490276395292579898256238067390279820795701638217
447860907093500604787039724970268218690710957304643151490336168007
714042771778573402293832060963745912150654190584148238343244111931
718971642686185010752627149658374380873088382023949001201193231527
822250464366193817850623734122520017443041664530177458751444399147
769061626068576105073873926969479157543151437208486793186989245218
623756346623706963172231119661204851577607433137435227701630001553
038341126400044397404324626500169243507356389964184854777877911206
339168393865887385977441496495623842051023940860700365457273590332
824389852704532564978696585290015262840461996760702946972821738395
344561136588700933112902986154410527408322951959369356179578686437
334335183453881291144600765172112179633290800906383013883628972457
322803641032616714383921917804381716656862730499202930569989646619
949987282256514242910248567524276905476890533947713144771417358191
124056605361921460275983814029404035300853734120964460681872984076
737445845196342635015618305187749680062965753809904939060143776831
739079781172165005027557155900897379667596057678916701267001219312
043078106069167427834517352531886446545476521916898789934247248022
463202249349666376152577156753481936350688118119148692332642056505
979246005817235870268714223402914551789514252363494603074061985409
558712952353580171447537029893431040374014132438623816405052606883
086086624108448939215065701919418698987203134982161379892907347487
352567839473333706764224457259930153731224959655856232979983578847
155467857615099791677302681259987299132951834804961003226405602869
410917100322829101690349745611878479018196901543979121108461395719
106629649935457946692302809168870284402569264294697662732514280242

0639869915485035894663837545622541962177239197042338142386433869068553646397585926326954294004334501572420696792037530858992481669368622558476977792579194988151533106802337915459164690762140206451168540518723041562550145153635210584005578000439542753727931110306808624967129328924782919477326456887641437293540107295834305700412037450050725449746330556601324656952629871402939211011519278782705222413608577299468509973306912334257246817795299753020559741001753550228461253685412530432276954125038651638680031272780638332865081330414003132520193487672642992704807929110657102571723748493878354191192822650132702314480413474633779378740886662973770669568683283906528071799218079740941478078102882121628536295409380475315085265293205712316405149282582723819484277296086757728905217084635225814745569031803544588706240525191517996222557834736201120774079975267389917986635775755362385886425544267927409741839558284059373160553592789901677666478705064006656703504977999728982204653877250411875496745152038322689101041868448872075510127573974709380405560447044499040701253439535551677728528026575639612633835391943497821419667893547094097941560802245249337714037755301919746153538466239970332305764910461454760330369935435841283654202399981179624103849808448736863595928295459264137057824292863471851156802893586281387198031439050605276426008530667477276590055497131369707287726942035369732545185612802163020127887169966415667103062146914707696135448265996099310780754627439216950393028694314311525696595414750792094046159053853825116660354990543879274464757196966035205416067655367106107944185351517130955100531461284089660191093578441087965411420920103717169201416016423103418820342074601594781529199114477959452367161819987991561176471292522484167701066042180336355711327629712296331569375439409216782174702372729261712528473029614755762271380540593073075069984087202909867185193272839758091530817551739155393431251763977987447488969671878481524563505515594759471509406764443324115959471458112785875012948857319525963254334738679688351628912350071524850865188101140394642380573531300765516008129964966009895546257902968220756345409180994395674618894132215580040592703664980265516470419684534869866851221650983928277149375418703000411002314655059439060244742292587926968795823542798978695892291651521162686363228726194846819669303264657084762905162836293099427686255070102366234205960145482876495457036256469235232363194273883300351721976962305616072484676955696623448608638680921711065242027460282392621773934499953570867245413702475091470418511567017169839744123458308152465720842109029729063374457235490844893002056894933882714920186946457262418595727535163514409716719198264242606795534660186254597288451344934348958341027508064675510982949816501428865503457978003143551619375433328338609382749309705200703717258677720586752761896208059690393886919793462371291553794509693358467872681862530190857391098615215229098983727282055923872418765148870789561939170269533128715502927890714717649865793466709221747564574394082332386673061492431907293493372918488005326009771082112216655071308941702851273811535662671268315605218519791644717575174951212745867812992015843943733465631169778911928229587466945480837382249133496733626330540909604401470283820281188506679512946965313277246356011366698746403334573464480766361078316212621606338228056711206535563840408306941845454732883709293425474861897946262396876781565286992546303346956661369030931695653972244640376692085198882182861472124773721202792552037154851323665492176442452946028732800457459629448567401186954617568050777873863346827097176884403431401750550853064742039412805872670131408328194607302454391837991878536410873456287805347046301402959835115008831918913996147784830026972202853761330129756535958355773084

310437848386949367284843596439675035513851774287469155227660901411
623218938211729919325154768568986346543342256361260897095984883405
952369047663493698674429220793759962780277140673480557169425662978
262736462809161951547281112002604857336078362573091730481979473222
275104648977260750231419223004240923525309305151159544341262226544
465923244409256358072854241247724047287765071848063263010432847774
445055969464440488235895789426814056046221076765317210427452874580
475210126521186746144672048832382896254112263219832959128992151964
195127060163378521918895001897486099980569643288112632481290490059
229419262736619194761735504306089147745494450488463554639964884361
621454088020442435134329116157112623296965136049367674667428845815
894785361165328124418782384626315646169492156600253755835886432112
580456872611023190961723028092527725124920817786209277283005346661
558401293292156687611343916741590009689621360212037506733412290630
439064604441389435611829214217826235004195837114954468692753947155
032467332090557729697023795560516957998865352339683241853041288932
397683057451580435955824807262276307360725590146083639257925018995
087259509076581796638375789652811913808836000113874816703306882077
852705927541395439968192833044610949256639067589211000808993231058
361385770683339961989124642947656406661093954683154584194655676298
484554878586098586024592924000557580457783093652581858673639745291
152345367689905380733709368582487341417816083353308579983677239089
409636322222916620414294013059708577122735964520252539436985165599
417898109760230850696805012445800667343106536115704528441124267414
539920387690815538387611894695399702925258042583570739410890986377
507282652568709775739707245214995664306172665511842694132761169222
953047870892276728976830099769104516048827483307215918489186640485
091537850173546803834545590844790860221424583665687259447824646703
919495208033905535683635926032428380685581188486001154569365709480
674560179503301392321061794034890228663274506845402188304889911606
960521081475918594583674094224482274115120790767331680213009574649
044295422885885202438955385328035323472387498195172623287743116795
728689577745391635285514570185803942846805837440713596629900148338
738943440844541448238274731409208390076076452239295927604383625569
177984933997455724500648670124696386596839966884970502142788156583
410992177265724530336218923945413972783556859121227760115424137948
328110737424463652804250843160592689033510321101885568354699150744
282596582837330827924387912501156544834321403998265392844441548620
241428550041836575682781990814595836875487522061454244128870836771
510237374176166314612733823910282811676500732430817626414404847993
636393664089142516464553762517896436101095998252502250026883975335
007082686891736067739978444209773161846918505326294699284749125579
228160753275082966655599537995448225951239232301987360618659397955
871722697963201484115456350505830736683191609242706725087347380306
175887708426222418521506615463747114424119156150585706549975338578
249635926035740698653907000521169794394414820915681311158340019093
091535858663809288727059828316459963268754507411696282908350530435
181966421169707370734813716004576704086925501674784401599210223847
866267080720046436165485236028825020815674440261356234801438105246
016006390176018089022742425796374082402126976568858803758457207851
054841980996742104239028629166700245904999205479259673676612327025
907101570490318782659135118791677888533906698110124978433621214461
224277107734628670734899184346449748492340033742627925630170137086
231481081026438915353407695702795614377075640341268542290682175253
859209072023818090832452450740011727786865116972015722752521205046
399643860175191108684220193846607769745199113319984820840837101733
711494871010944368959058726279719517042653389537294330044630289734

6448250197965847876720717747902560961827253448983178481543223317394796813251717565387301221803431645254190189943653900392235484987738013847934117514514814758468188197935787837062275495214751568186456417833900248289371216096661117400046312100323665302805068912204053416185809879797895149336320751487962916136828658524475247962776545262077761120264439980512240053784251208750694957883906043526246646384584256743355910446636013352018262462847284562483242220594494456033788144138095671843789570525788293257551476065121148513657943936515408565655855514429499079019053775466436422442541506028944654276359103755181467076271995902824605491778861961276075512327689031288156082001513263440604773784705711832007541225059139404275054276988196412457352454831789333275952053423031953851824508722796349313710809617926936342262507721994489444770089698474957434434152429454510320826689371082003732147041536007623938509370275509049963282871296690174935818066606646294566901098457119787536615264240359252379365056168681750312498025975234230450738387656152778528139274063183967807698031975766223541782263882815829781264526586032352504932306560139054036060203544201207976632363646384398493424057198900913429868002373304979589701423458182128691519245772184312796040525657230822506603684930775652295238824220070003585785511875952118736333556145761801726501250437289363043150599332807406463223011288495300564024315404451143009745635544991900468489906219625245673303528375842199707201617750996453322959351341613461652458216064678962740373521259745674379745697543697578223719750859254943202019296330307848704166963527105928335162427543331007088241891840493113019434025284438655079429235238837007351832101318616058210888319174430486860440721976418272973617555788393286376775664690980419229271948066538729540865028045661943140826971041651880068902297285669423180589119702838522400238699342964843423892964363074695790125609201838360740733977868227490455797542501426877275991763424077528739842633591940614832204358555130909177181867865002336532174942454083401730052756724254511350067779189349533374756785444713518291412592924726960184923602763161889563309155421476096898304995511150499467442259016386047062468487201003167046507334964812681328018781047227136342046135921299058417498159743474407358909510779963379882827371779709917715842413720605643027479435366658305554290206658897355884051010675488228976170470393587135301166556013587042825683814888657160837708637618486700875665328133772634493816983387773463382328598644002376341792221479597063556967094223501340885671039732809940366144163691166993697485446968693661558117429402781750727705779039459155083289121406001642574028083407775652251028412650402409675390642089002789328169966741179812819027463754578737903038930125757054848780997441986552919481682327272213354867032883737472240364572728693303568743010300142055958062755526422542311672817776492027387543891214501728393138687005971804749600761354744459989363267457162507907845585388326052661290504562362139857555618235127065715465670773869969620145148920816459013773839210936448366655170674045202219692732218707772155007832879879849281337907924263777304955506634150958706810224579311492906034965869591830939453862449239567879632014025248507950317097976193429454558274843387994842477616821752873850846426519702426809091128471156942587044554239494084941620643261539412594372664969662689858070026850820955315828711203009446837638479039576623552504717509473450639876678924013057859194410137282743178599060412133421480419521656462043898741418501498361193183649716648681345662037612846224713509052254197352589262157345841818278604427336777079381652305782538335016610137629278973848530706922381334084202878577539433421163374762187329133150071779509460172672116139617700395154096011363665398373

966713642567186318156725097460722570010579054935930636412226278690
708498637127510805020692608510600123399439152751803010091300345132
037477055905517392307215187665582997147070615087424294421888171370
962314554841411809629379660749647941514207855356825448169290681722
513603969338184828754656752403997024322932731433573500337232564373
375256745736656759867638039924384022365834816593597210657633803789
657405828815664629489836944398447149317556233437431229812533973025
791920581440677215890990297889771886208463033257471786923508566180
025762542786006709241836616177620401305873228146625521372703819865
401156514904403051048667432391698446353361644893203030170225126963
153833203851242262882800102646095910293654314228524866860157831617
134810712867155861662663032975403392682177960187029667602864252255
956922787251337714203325656528996166088612650722692957490489619346
874443438077235700560695693308560587325100033000148222720878236771
074975742558989099350998326069150315673579237416868866418487323859
604456275705477838126114516470948890988883934130343435219234376073
990622538062192328378784362188893897701648644838908575092851015403
147231647020031693978730380022521827006732740313632884801511391806
889758579698092310233150818670346840256925577718581031845533923804
335599354136580095881795427355100379422942250386670754428691315210
527325138738275586460013231724973362005840622115954711743990796166
169824080200387025842147066966136436323980035180291889181073548847
905321038437996860020659982959221887805872429020247354479178930150
952124728431759945423621884824250123157302291945816235715792815428
198351420293690908947782411352482241140796928481572868123842301927
103324080256402214959423291264409984716552304921001211509019516206
479267207537127394165149288449770311314708629444600838395070398080
826947452612891304169725311299168002311244544394302042869732164781
429693716506300542660059166543700020097015338313647314024761228066
475104292138549947821109706512886139664550413533531308517483519056
459737381778038749400896985780678931126604862436787232537145192477
335415624521088857596192959511516608831646279414328964742899787791
170825295945943610751925695388796822423933660091952264517043768883
220839660477874723250786050117351379066220763603534503967642937496
897813253659005534329044610795676690746953065688396176571492636455
067873986989749387849792485604721136581309319337405479336375551952
185389388424362859920348487700527437205034471771625135929587690396
074891327269916367035880964570929357282573872786881612132915859495
764048005055002422537338624111056690016648967641616686979461916854
070523375757434932078601534127029099750277201982171647025010399755
209539165478394245883579398799239171563567850551890125557270063812
483886584474738205261857692392366682854713126322576265362362084917
358810355145097106069898949163989758524586862421446080630333507702
239409157436885187952412944389191614978313217355519031983135447652
686294058052858002574744037833763636204324923056068316264998603297
279570478196698747181093285419231002564731338877143031894011058149
045812177872024580336074014857014553850910756797677970875237721614
428299805812876665006438834491938405988077962387802239054019516327
587308241883527897421640356729042310072991451149107536998715607832
053379478372359079377722587473594676131376883402250294737568077325
463223675023696075669046678970139474295529166758876692319917118188
453288619128412567268397255057493755227764824787033061424598367769
552389821752262941427674621717766133201913867362860166940778056722
633133396353464009610670692371029910660961758677365316027141148994
725436436404048840647371585169481434720830282700777602621020914365
319049404727789972594681736171194213354968845395769503980744717032
219809615215311721594842506551670259240687431133839137050120398943

850815436354715644215668822616448852739480148466766217593612053120
719377758493588289175325770077802867059220634896201589729711391246
752951247059828122808575392067325881186513405721886365754665034333
099831085080737002485029988640626499545050796409227490288136742961
651834789600850345866346893327241826691531988838067195357016431360
156583000316468528583154070303492613255413832110394815103633302609
282049595547409009742439783936760145640939692693321639172476933864
807546477112989747922389074468406399036609408477974328897734273015
687647983697772796705198150901170905871899311259261452243130970903
936217990666636774559850066220019402259911269590908509423252214239
862224900192390311523556445258400743327302754304279156510949849947
453048946437786968088618546885290869127858327799233891761472414343
682421698670219637427323807105349511693888837820975667041297629201
213581962716532002853729505768629857662381428016302798940760971230
449544063631782740895526318165300826191867463685677425830802347471
106476903980441783852016265077290147922392739248966792333758570792
809461692229470035375316196748404855921315080637640759105544208370
614774375134605441566247970508135269663765929804040690795366788216
974251797548634760606535142050127613800781287109253018963012387192
901454275237771821384509827506869526584911514803160144225380846459
871738968285978691181702421311150399648830793586176024248393012355
256496877892962439292164119634595410194633934421701474392314004137
472059563939632066242203159055411612595404736128022925228981948375
896564773514430811375816900217371443469588659140389305934886417771
287160998460640193571713009632493305808142912083613184093812657571
467337288037225398629021937206466506756718280415862148360899184459
811811983224847784140581798378149015268323250168455290441808631433
530064780848815317931896307696519881492490066284929144866284878627
173490315380597267242442839124950509137047798138689871357140441448
501156509375694856286188401142278249444589851419616201591385897806
989682594562265624635304442956921791564463208766097973296572697917
028047046995060367865556717661951088810606591072122833102601802126
463187841272732745553446743383267713339948115946071895774759905830
427385110421881381946009256994120397688648202566276146651751098862
404537089962439181062336087997548391746178849911375084108173510655
529485571924601996946611590265962128147894890019860366683349002433
071419675935610992896469872815903453628752155667708013979488596075
671991288362146437878716587945832670402642174740626767599655740572
444184934948458540179633286967744849364416777707849463118035519427
451401642772234295846574378697534425529661928990868643334358412656
858665438888643851424711773741124886816781958444254660553457616383
454042073026131485795273069203120743388322210504284401107273572963
442703230660983673332752719811749505967332841377306204185375255049
240458163486560691051411299432747009547738810608550595620207404123
042922747435509956690215236970514723239954583511216709694278507898
064176797205205181520472698242600345432836494038797142463142803013
265101711745159495333664183679677735916739772920020803310038068422
481392525422045499115257994904050584464172762507524557080547466727
992816501295009606181327680798766249075759919462936246611514204578
922845167618713872220106520285871108722142768105050891029478473686
042794820420946523514528156269662663644037496466831839166986389994
231542394949684931468334084083518043258178428550044296334933409854
829325362493325360638936620064870125920306137702106879257075164897
942573867794511025861619052834404618660882568564245840312342917345
843052659527810390454212902506388212281997800564401377364313224327
521078538334141531461469189561074802988193689178744942715781631592
959166476960722528450684607945155131501772580766071866342324830708

715044575569654630876898249303692989859870009927809592165647298662
980514603990099404279507047584244526414065153117542919972420302915
856448034452771941380308328467415982016789645224179587064159077623
196549036774552055266418621552245255890193341818844197781788796775
686586283611875439174442471530586534864868145883132075473913681779
682737139274215990490573444460341541132152433731689027607153144103
375794494489049791863709150314352815495393193818899164571063096199
917225037111665563090049512157151451029555494809618786156894567355
471628614583925531526619413878303832103686753871489268215822840405
394370412080143483647222141346775447387914313373610899207952846121
125818840006554360030265104470883974948248391154836398639851225071
640066974370962322169358813116984524659893807900241125590794517561
909424648869708144358211010405071749717644375802917093889397259072
303761522120847115727152033369814481561037837295151988433028194450
662921180639048018876514861346389149366040214035441592905203462027
757409162120131591242654647859681589008295298319202401367040953224
149813707311989462176431963149999760614306197042575060224545100513
971018785922357723864371711869882078933297380959287518283560193150
186205193473212709777377159944682647711357024408059908208740103822
801697107863787216264185641252920731766534589162998691562378134844
670459724567484382265227766601605982981956035331110799914197401413
342019420025406234811757871676650424835811839464178101121490034553
437326999440883390538079221675200063374125502380477300801458110852
157989650022627249047742911070344253288657075992676566205486595702
308764565741580676552333802092466429725995229816125802446245399818
478550018926429441487536508441735634438838116109599547844994483938
207864216402038031471909668762193290067018992038980017926049561616
520624909140586589214604477506815442915736511094495904587237060846
470114694067207656137391459664527043615441733520198265084737531937
623009514208641036764927237910869530943028462245813470982896943875
255783675199285769039409270012774761736627572669695900421653325746
000682668417898489781874017530936311982141360512324814812916786208
651496693032615904669690046596394775982528232752471453080130988916
189043087868351192161956444973726182590064001363809607121010618345
754936942399112337881762278325485863157410789475101534348726214945
22985550499416151347141142225231249833320623190279225820385009164
993005643716438159251463792820731663362238232317547298630880692673
030227873954057901982903728785268146474590564821550790751805669844
987151493455631847652296378953388458361948682351393185196123798470
384310157767883113657401458047266615602213150781443207692270521558
278424402632613643383810648919595282984719299653520007557892653112
814672372470656403735595531434991431483676465296001613023517677891
302510445877824023971615729088106844178164458561545510875011835762
234584190331012779645940995391310701675100595295413311492277624219
779674603208108803667045470742844014898511857061102683422939605342
612669091238032834927642599162374453536797990165222669298811599295
720146510673561933994469589474828755472323422676455527391288654546
121871955502262096589501756889546125737207200350760714972958889826
416704339495368733782077780941978870758442766513870092612414997763
698433610885764708806779076169825661630728108891503136657953379726
605607250178199753780998972776302994460697351828611926246820677117
582457578957287044977249063647250877172096204614563111003851950552
907385054795223348667085888915834245030058359362228701675681396596
664957993899810148529263743953024364785579821987299616207808296188
813214439740656735841316705560234351044185659249185010542100089276
117250966979798955588919072516250990575820590254545177902346697421
180380030120847761351847994475789617520070459541472731797875931069

 오일러 수의 첫 백만 자리

4528251491759405128655762134182632447112612459172327637322031229860236046245846061867954230028319093359886060606128437548270850718454401088654014723288817409665783044991627882932613101079942655136330679062594987036677089615322072632029085082697355377695649146638787583213289069980806211541873528619961190542758238590085444955368993649647373775330805278933912910595263489106005540302485121719601675946227503929801289892578244418249575449271028597406127161625427033100670765427525902108999337480661482075092479417233203736200269242791449394110537632270646112110208028392724857468412178249565985053927100164974270959885884693347204104355221666941541086016618673411993885696266522942422926088413561259351638472538492987758309811249067409940483788167891060274080745569576623553918194246888444580458540314825019655981070142336533345065886311190716251089858528281542873862393900972697345624305822225825467354717193118814946890257793981647039702714095644659483588763683526722280428063078222321757818996832958511438256433896606629155506137400835783814491882628128344720391264208395153737578795028821311868866262282010624746763594367623685198676841751957270282153731904073151264944849817573765105813387396638197675290760037726843040033711113739975478199541573210519729154418808058990209165363913256440754236126885365418811891758342503335863900448927489566357745968622349844361629006431370741788729454580487846386015042188860416428124838576691705792183190016260270663626684215942332461101367980077764467281369838001736007851714672482419924453943704414218198102411421694313482524994726653691041296504252357115641827620130091530938393917921695406856495975491477824286565970674172136333568604403524126606809742723982755480690266809220640168995060431395382494744580493808233074262378345114409556391833947896344799129949052525497041942660060073438827114854359978727754128416535761742093605129075014998737732978738070517619440102699644321707731379395769588504229711866009266047940645676610576757285007917499411024458276132386918728084139025174008710362026605913031550255289046982881319065703185217184455261630536425798028863661784575434960895022151469558312427358132128925019800011760296353571954825989520330497955192977138391365989248319596329789174301774973846252958983178219010173614812942169357851095595797177198398898613062821089068081163937358704958076380656109670883432838731512691280577382084526563955463244778853429397724726886253322003745826244209878684969709779569116833141856882835057876035268908809309665897432979291581462359991834132319965249746758159322930889614087209885865966549319637170036708516357819615610538053802342351004737492246892262309793797444449357015487083216702632396977659740348692313746730789438385603892084974631817706740526562682011842847744361965916854207967176029936954413845106583264168421306249811815174496808746863297655889130068159719448068481308026479037210719656779827632532188428809164536022273105252531141378618218351016561000087301796742881765363525839630021755257451781156397258475096246387816091565595808529296307598690271532401221194612390307118508615551771287110052790879632499413793335519963032058020840294712232825024727775479784934372500816264823331754046264525658047629443626323617820368012066592403701009059699712130886178003840733120561617052795082656338307881824357190484636120021139459344027857133853653217455193082210743781257960221303781270265257967511934706024658024671087748206372126957155103831636573467671844211572403832664505390510063890152969594046497105717869484936086433037907440833744091921095527665508484785221704912708569093724332352887220674742440247568738432823192588192406249848471785145038749142177342704884588328723806788121998308873281240070169237448987166869071175525142873335347924942397979961493737040

7858461903512668524820998299580873814221919862981540286009471634788
1602353673958117303514752902598700925914053251474537189060041790084
4276299757654656102873538878598557488472654578460049441357087070048
3431587892129004354704714164544384158373821139905277298998862902253
9999122476132035702342936037479634804473202398440227870139306638688
1794719925747061599364695257482847583074997106548119688101019438000
1643083884091353767516990874331689045893305966150054179010704326100
1572320736115014318724981878408530088699248858678394224958575020088
8234837753821076689333582050247026505039572862467231731441390390899
4058245746855729636231261602807139540793115510485891981951461092044
1130192231829432037747888975781145471688566023942621910437032828799
4104404018694999592433576139103095176253982414597708597127372027900
4676380696715469466697173595881491212659047544259107403001202792355
8933799063399877474922479452246272096572905555404351787493401835044
7214432821797153738944221563424676329250589844727594072307352496455
8430123071302536162347722688430637380174622617120504674780413493777
6183309166814297125640073322231734654777574441450250836875637809844
6489340355041613114654088726132450524823042460397871566365132847866
8439637941295731415031439547270117680322190600949558427568740172711
2384557321687287639950109090506618503063269057401945547185530110533
7834337631854849826922360515771482505154425155970834158310143919077
9671784585158608686559852209081833149314818080553695546242543873800
3442563615524211460981949304163344922101581927783417983730486855355
6363775256266866902025326282329222487242310257707454035862531019255
1251363641320639897879039867238783141355810483032556852860852415066
1751476256739151344774893889172340982803737867337956967836808219600
5388082453868456552027871750757589092689419851049474088266357255566
2927959226586053356794989778681415528243373274026639125718604690411
5689521088900005366058052800652713879523118822437961474091829741100
7691259956134276053256586442886963345447458770523971497707546686188
8146628149398392381524170008860835498488874075053729093619742654733
0299765083687651612827082390239852373211067926694205230522241411755
3819705397712572206812805445179205015448130183893595354765991499833
5853176812196021523483154111962791954008331782314480308865368040733
1592452442837687293107202963318996691567422420127334404517821565500
2950153621255989488512910067181257638216107081035149739536093410655
5275453404800449214812817606800631192742706592730585640220148391400
0501043312215342451341499002402967918122570260761983891445415131611
3413464774871479530832671773670353733926253759255051685632956805700
3887667606698102144052809671891535574917172884759231222903988989122
9929486185614065459799383562427016542177634153932650172034968713455
8626682493982722320423678269730368598653384548051907019757039617677
9644793912744181488427237641034389056218034957299839491544157017011
3932448117940615561428258988040413089945092657411559646415742782955
0368047613470476177629781851599400069986048751772806475457589942700
1883376287483588071918445670801792561900735404135382126291673415944
7286365498793303259352623555586560575412797589036045523924617497177
5483511268338850908261417829286275863496916297882346046563950046588
3330138894436033077372684218710737613069032886111155254862919278899
6633683383304820930509102190413963824690800569636161412904454927566
9504912393624127886138503641111577993185533240390905439864630398155
6604229038394925096081540998051947313386457984294773590314760094011
9950189893782932568183117031033663916461152083463335949182055502255
8920152111484916554998844281067053099864053906502832553448766864399
4769199978278154538025206020195836576905542624300352703881241778266
1320985906262973660591319081268322149137329069432283882472572003211
0776209943562149836465155384107406451719306106792224189188529573266

296667829977668611118527892732932697059439574604018644807464010417
619470798913162143379088810095799529696133758231804761420228657912
181563761659076263269695163892673774536619163746514367285945044690
701197897598027940178533919341963698788628103561148395960423124107
971434238084691026936673885268892388338080814876178372612235401831
949397449034309601608921744495722805452618478021447713614873599810
831664159439838710604930164919608715771188565088342773136255628032
234778970164740451589032822264493041036322417785131784629948180667
873806880215428541487204455313190016431411466916395932547229404543
899333612164071128173574524687613424460589263336894238964980121063
150011505719268941683699560965516434901733104372946053217995771936
271267450042392578683863170302935269478454199459677059660109916579
461293217687995345975753679392224613373946338713189146176306382249
72034305880486996062601288093577298888055127423339686296188742978
400030094056251767179835641046130071770129668254810840280658182261
711993095025444864787832478440920947647857726058278372164873619978
593562624471351472953583552002510476449459393280728876404951918259
208465955578407477593046148703177706615419640394631667246976329833
294205862071080350874489610998399098192851315285869249329881626512
882986272331785991055067153485171334573480914566109888228456220637
176658210224259188987998536102190839171878115598614664499038964710
092271039189803544786035190221261648726056220877879631787089204610
508156315733245263672702963001306037446115200972225172548651094695
518677773030432599838259698429566930525849056054030054415797267509
764755619071267840066029531450414280624206320252170454212713339540
213069539901151326343691953142615328987131532960292751534339646129
684876128267469101596425981193957131304677172954812469264289256478
691865751709224430771751675702636697063288252552873812080415747066
705980579684352478739979974055076550913462215077758766865347422051
999103191473886748773636692964123065217409278317269612895120735350
100929452526170552592458800921431588376333497579466479633218501249
150341909693852912537962337468437955393913879325103846122754001354
082767456712537776808676966404131480036709658598388265857915298923
480055225144606874204290011723465713871899879402136474484202142219
142049391277343877599771517721233297328302659703487759100260390554
004042387384310829876183857090563950744274585180071480959010755232
731756664407138012044036015225647806962203922821356619533327967073
263332698160573837407150597003637976355567662152179046234168048990
120850955062388710672938624469071560148534938329551417981316943587
267993987170645175066122834502419917468584942924577199829502979774
296039357410299787121014880323115160763990090534241538238564520306
891242070705749240715767346130099259300109336325462123896991684259
250960562473972953628763067192607363722982350497948561709533558317
013627222064884974615352669905303372448985960592601843645986377117
663235919749430633081395762639656684878378229133262203746413185374
568943322272660232975792826915199521061875541417001831296885489749
712654810112063113992593469526982884510214299003913192898655625862
261872548621762328248393111468166314407679037980640637230067176646
350964181597849273355477899084688006763120459312886252118509442687
147832233122293371189147496722728549902008945221168445354487679154
310395920474113318035224606971412619910423229818501774844197232546
435626093429770175329332910210536937816148930763324709215488564317
455978830506982411981159612915735940045969467460140024073925160038
604661517102465124855713853428361112830824334177371324546119001558
437947057137077576423726479869571468457896933229961386700663921088
864359627312497794331302629575102256434948000092544398097073830217
859699883692730632490002347720208336145469987194738036594864522631

808819567126653239241424379986489230511913099961569239122663001459
503492960902090042022231167945889977736219945858374034217538602032
539619986952367953034725351889707595543977341062754097998852153771
216219138089244200956908874002104862686132532282620318820772306979
676633867545953753632382055362614911482152625999935719004819308516
436961682917725424790380135826421023442922474767613509909144576849
031427636683622132836093705431646780675141492354136579936982970324
212849114787507092458060578220902540461529555324010102224866354292
974755007511061810079767172934777340925727412171304909680077187296
364875985005943972932428930000219879716455265690084627129065408965
286976905628707864606303725045319185480570083096548357653432771387
870572209737452169704181992175939184486833403516967735956484349657
375933409883102306994907001825468218791971957759136469903342258618
233634341847644604887961922960059168629609083856367755049497518075
757731401213695476834218812451531067385341236902199555857621176952
810069891537334646116321456164879381559655775240692881173223921518
821186612251172613954686523966491992773320768154684184767658648357
351273761942669922942602373162151445579874858933562938920341192377
238800408819322989852281803866533723505997736044090187956423588488
969298097668001153803868597377430467348924893594418646970958351182
472521225839563879598055103865064130465389330004425735650175518842
914868325320200174108819039442375542566551050388418040323738894293
282564905847463451952268871440027784019309246123999428900697195849
754603979653449101877800185637012515410903966674876697583187400108
151804545976488783259778098340242653979059509189760533030192619149
690744172569528786385344992573245281681701358899470076943267197208
213464264632038556673837606110021347968256795508063173291091674987
607057555405041247922580913405562946294863594593645762543737610906
176062418980938248645658620099533089093869733443254906280623773789
943183456758732600842549319000981472316941148949222281359109168160
381373638296726040128525160629219446618682947480032066133489598991
988326759454624678225303514748601252125320723740183747942954994442
664031631913659297119296634078830788740226189738807850018665417832
900292630651067842390259330983666630213768207171417848774357311486
664430204870403144430435799036583207661564818855331456456296209822
356571154359624231626792617181673690713611078938661824887210239436
479790436196656977354796324057609149527879092913707332517853347980
808689047427364306487111455385203647960938090535878304788035727677
528532234394069107063328375048740645879961092196203663188525826479
615600424952599001306503429527533874539854095400451175019396688564
395146663709847518544421582686444655419812203193039773111752964162
607573163140397270187905335503098030937901187566944687117192747311
232101494816749046355530853531201377755638233641706189030993326519
554517997533742042060028842158903876775563086673970342053267210677
605335507574466670380302645472655648081701698558645800093248725289
681021935613162474461640109206934138949818361308947753330857794010
018665766726058357519437344751668612918305004925817170078035464292
041779091445851897728979830819202786358153661323072526664526925757
641788044616649971393242906909333024304617753390106179106182187052
236080665467306218740710977765874106820132333600335623729948021885
958402206691047124732960197197234854676829889909092293867723065440
070215273596647611685271542842638123758685912197067413258958584348
721066097134773465911228073205906029426597084303180917587304255058
461208404749840352379347121447942598541565077286404744640136741957
777471887839230886129088954987705469229800885467441199326294912305
705047638717527951432591130004269711474822128495820882934530408112
887632021346762811138896572190274007382172946437162647081600642701

401692284489135685123143475870278493495171452233760351643499415314
741141846868822423886094800639246924430306876271754634302478472560
361654620558277701889280165504361107861239686506930921935943903464
768921338309677388392390446607094711407359470490019836654729533170
346538357938732560395497394489823022348818033091404296861228264657
538290918088439329073409253193697884952042473271776449837312319166
359919087020645191165468314119843859105389446319841018527647442861
316924301695489811261018885384744804001340681659795428777278448257
370056483358602403681976378047360060949152900473859126307946776611
425748527213359257299884969433952867783396373078053312779024435229
031059876603434068321058984730864168534456259593965288617776234826
543086319315677239556222984730506546055752541140668635273536989932
925157012097185325544046403154151922004719489987618395160682570053
022585918414477676913770826774298184267379662315687663169951902419
063741993755900756039345732712864919736646810535968989758354015627
263229801752887728507043440893061261436404394423570583224326769619
621219411049119764026766582827930512765364010765808267044953396404
511079806470661177323526184599441517519195426546884064144000547256
039913749005822111525324967938878620106359627873488172673070098847
460925176494033087980447850735322473525192132494494499595790599933
755946155280728515833925525394390863355331939015742239770652037084
178431988412885021660810346345959698951360987829951702584494278393
464380568210486386986098393963170818907959805847456198882598805552
909381045896322030782179080580690750643084249594134054717455479942
218174753730074431168041219908274115156025731468749037629809374346
699606912001069888202020602616455244704880348524417319336919975688
340248457874426126795851096062688547997903750672737765279275058372
239965763472792149564221515446073448955900569156936772266726036869
267415477453512172060178860323602492741601451940985457006890439654
301466083651104412325166162702998711998228037546467450452882290537
106982282115535962009570295178673990075178167252508170256580926761
572661817578495870535190851000690541758567995610879578054414358299
332214952370170794666212787266218526436484918275892068152802945915
453098603596611216532933433697316679017345687640958284823194858230
194007573748941912606337875464627363301045332830486943719111406250
267533887313036424443306404476462517121314935372785171239897891321
668639408154725593922440484504327911395038117570841430602275788983
946292301395655894245253699457497694061405331481288001144264833122
505269149450191979547783212668883114679853328416668431695712416929
099372848699225724661341501854262965360759547221384653598376089730
667830849552997345829243051890109121950252965086843968480403038393
850082344384815192349081013629335962984288530538887541073782010934
270511610532987451897200859209848298900705723660989709848326466596
156927586305482188021353747898787802143165919281632630011900586604
266176503845339970984080420912281177067184183869515676714572126981
673175847176482423563735661917989529375391261468932888388252146496
013750363409210903425189768824770179436374013804647347193236461957
209458490012112891604953074437551357896617941864015076609281211328
317081752188113581347675350437645673839798455061052551471405784946
390352668276108495683780221482472692686349854073887883485295801420
178955994185509423867052019777878517842220640300029613366862095219
952545212057564810338869639060608434402104072356404234476751682808
751224700438094419057276335679289181788371799865161569140358253622
715599243812594696789824607833735355549809245547196029823987413355
662779510087102851107442999244349418024705217155468608097165984177
693127725084325094921591778024342912914635907604338507906846091802
570808436705418803286954292396391979983370956450519548361976875657

901387744732462690469712390681179745641187713374993451501792490835
381070767234125661007873933430984615928803587343587854663830399656
741942698390920836394484220199003532895652759063598240886377464568
885669090817167591920042521902874303866092170008270223161401221513
715207893374008847581018155772335483399844300041880554857042498732
239238237814489603013079085846671613542657002456881108385235835440
494713658741042881264406062603478490764651983756766099750832428369
488446917590744371272283235492014957437386137270772954948455265546
401819282994003052986518248354936408239363605352544968389115452008
678472410827722007039149721726551093089240557635561005557856663666
252197513056157719191021260775759276221021089755447603024269162452
395964491567363843434060434565863484806912258703421725726576214719
998312412878648723277665175731300233283878377763848532382340652702
785496547919454493117978094691951394915533660872967258305025240675
223355620485818031514527279479866499612163650160196154526227256839
959416710313505043363132492349671349423677222916229528959737758662
569463008394185727126761261363170840404786423054404608813345147721
670302407684220845793080521020389368071857145543772792714293633684
457141914535410200055372309265823938691228896289496145537221514267
154150390897569827740678857322375921322109676269332903452209027204
263473467238279324268948996273604887837090530272835017772542003535
041488009944589455155076251870281783171138087514497153973441856826
442853438711226000859834318880585438755652792816750579137903492019
566214085918000929301937659463370979397707311263007646248797654531
313270439464085400122980325588670486553584136496188365983591879379
076582339127050508419004380997394428193778411392787388417406591940
862897765335118445936425070157320126527091765291111576512120929671
802204910693970402150150056762631985182700322337279861585491212868
416387496467507399222602091341176983769956050393120373199326740684
947455127582189325415928894081545136345913119137728265827859973184
212436262690791656304357403765635769986747240829160646128207448116
207727768268490286058784819857237929202668224242612137499113426101
267115227010299714755866215530772056396793735983852323877932483185
246364094902112673361583972056051798436406494071754806143099747394
698448277455879825490835992576766609214973240474607808856025036069
221773572744944059860673060855908976353082171194430656785517565781
118445850613503290476442483110851374241725366214655008496978884821
301612060869757681375773935753207215446991656178644203028491629623
060806594893130669724687309029076663814382672159478795225938502726
353082902896642628593227931856266051577652918915257693937057741171
630037968118077766255818229870691547665090722160685199157869234859
725069923935305957654060059265824186794057978921453183728281564615
013104392322972943312918627839021756617804401059490502949583634202
288385042338737819783040572270050025773472430678832651270289700160
786091062820854311915978825893397734590739097282338648225610212851
258343843028410361403989021001686676663424423156103925629472770138
099511564765801654348216661908488918514590365345843837968422083797
881908063573693867956311704688654144912771810607248722624937708553
075602480148946493652140704000242495442081135951456977102485467483
447844786019539050855459962217105710388241512646136800000077468336
930998646410642797664883305938678060519530345919299269549604666551
109859954870629207358050013967999653756221011777626114073490432426
013491171572382322982352660585019831578248284649883575476517504967
572915547216476264341273672040218391801331760508180903388068154412
451023278595802631609687135485463351768106368420015970686786517735
484375921437627926363538438068297929049454954130069607776310214186
469800741191465862347997905948783341251361917695848561257646197397

644066941057378530850277680383970247900804428533250547382498123052
388150344794200761195069830202102877593538218827595860887692786488
983987362457897766757999745877129126394639636287497650145942381046
407964203247333513221804503126167362273535592046938808331071826503
492774769623869993793953209880930674477405047757815441979281495347
962825151878860206177771304516515138226448216507484065258791399526
321428573545693470428651991241965271966382868320228306276922122246
962755529195841846334600880830350607445978909935836738909470134581
582280655314588258523295076998193461854928523081284816471561919472
279818394616587603420354242288423852632119386907478165907153607515
270464726343465091943243734476012080036168369042494038687667561899
051423833268760692363240847890564772505458608720093936556691309854
481286236555209927683026604740446980155293375629686436033312050966
622415105195743108584063317169410247347933646660324490683947747815
700659093917717538877685690394885965358421205883866579221307314339
184806993591110681592561027855635269044018728354512449785271150044
645296152222665019139567338262302036436140876897532246165358101185
087681286572298041738792716327503147288325617216560008914659939202
057364621436410505233281719275818020423264949958477229367539256350
170824578318399464075178718214357950927522617919704745877733975859
148058076230128237719216151617538897235494459886213375705411276676
807148450487198371209694513813172300728475629709456897070025605295
637941877745053165684932107983035342747126562347718674629088130667
197773636705187961017818514009948873110625931902219576725900528661
756960105081820452391037812024761517749447642612260651286971048176
111361766276251420129104142730838882734769234769521774655755054326
686147567832454546887792614235706332732358460591248723197744772764
564873214095512542387987437515292936493577327175490219849754447588
872983013741793936257912558988397198692906196774352437528496516119
238629026332227606615786739558016096137926833169833932808672599528
270729398948229146465127321217409751100887989864109220291437797524
817274809176323479752268536444443738298951342078406103268593202575
251925194527363066718622222807953623208809716123232791555209503625
337225477125789653205443317241702442821680149967055870730998536582
272232962244520826194434669622811095334993255916774787165495336480
118432288275590356152086402022853841390216161802169958964633100832
853142196008979214500816483600852729137074741754573755255990433041
780903921542097362012830693850556636038344488492509114518441257128
551655053144842122365534781690322023856484381245086433190385710861
234928204800642775338821612117076411694855915101283541851683612224
033368774662802929004493916915379489803502264197675847850696528140
998845587774359606776621761773951386473739131351188377216248472727
976273674569743042273570534987642555845520000699364481240783799117
825824986321505912219621959030135424918146844973460838927121011866
658284931500814048812074125011955305135352110805497992624423642982
218141827396446337769230110355982714240898610884252843473930810168
026951078301761911241159597581979556338712520707876836631319114912
602750933334992410550300761756908424499553056310436700368762107569
354180974880188471000160326032150148856532976181450643326564803964
241784027228244240036541449553291812897610411886521788153268544392
746341599273527201204371586326225371326679305116473263282448822348
128647180698159194743322485898202489406675302708521915609374459480
031388258152340990833171394330371362004001642296075299305419702062
194180940963338812652560202739372755625739138437545675288243269679
189803482970309849124047768625406466061359486090646007687875600948
270177510616662597529024273817293495138979280004657078465259413572
604584025503541358322123610805900732026198719379451173261983029254

335675729593095791052164500889402068872995441953527900223594658781
897524781726548644762159295094748465952734466906281472356232252598
140376943076769458666903063124576051876535486657664821550032385094
249632299790689127231460458721128328683284217646219534043655482055
327711877439032426242383137834024040477137937090235526112064873560
267589104579371432189498500968979787515652678451258453791155551462
383269690855011296177663119494040370570214572448390830849839034222
796374148758285232455183876867075817821600147107953529319465102354
186030430519883980262188095749647243972192589581265175674513662729
496960819583348990848522044942597876770893321764541916883582265406
985126494316189007794570039079973038993230986745846299709203290072
4874442229004947485076946558380629276050638462847774911135726656947
601121713712238640087562110155400040716004929212368544552256181217
690409336905852635191790467959241404001225530265138678157276513503
188684522463470944559949377313954010131285559339714627275600165622
953642153132987780675911120663723311036599835870545161922095731819
864817576746449113439431627437138518219577242332025916197055583117
687404663035921952235039399981222248920418735602961532287463368404
310360124308670580570872466676690696010007528085587377316492744521
103693422341861545763172993419783096479273792078784085875740222003
582404649650151586852898653762859904851676246806574093547750198485
919697394006774280401914961807078196582984941007269895389436964700
013176737030692935295820711888699249952906644314697710764277977797
499421001109579960001336893335416371712003751110079867032003310410
793923510329452577367266687056278432805960655261782131058468023940
267680304958677614794275115246479660852194412661563547879903781180
028874899697921530265422251850115211641012910936794299503450379199
755178821805390649752083131650265573516811964502151973003702767217
332438586138091178856234878838193843262093790262893315006244811074
362099374172922691439390284619711722761983713777785173243076117830
863617597081749607669053159323618863797169593664232340325323370521
031633206653491153707606328456251016659430963998794329270522578720
606407672280625974834361464358441212353742179863933031292110247628
344837330732618083338694112533323119194186280752150458654979747498
261254328249075518447505783283997286458925264274634915874267488432
845241758870383572105604893454863552474487632447006265228286761517
123778395735709821717924326833574336022554215746365487990201996594
413962540664781492248074454062935090274310611397032445912423268859
256571595921996803619674362721306160131572001779896626180307523134
343381616801230562237043354447519722654550320143881421119805431623
794412922214490134024544942722820477763923175100785688527576531913
993663950166848951738335729870763125935038307303937857579399939623
859379294738156001966452508258605247649422408130096002801157083353
384023254827168447493459607421550286435713210182490089556263977058
977004618815377107202816531764397002198794716941909876021501917856
053588047887047425160330659290532304717277675866913059902971975076
303607074851151533384269541697647743513891873415127178351178849188
659736242817865408307341102259449922896032843623139598581485271383
38555650046759662059697765502320662924253405009472115075069572281
779821763628935752868557553000634142151309622929758186644604553317
542192793708000174022886838195253585712557525153419245920431707073
212968342904523035080960245859035288116787353254044776279226498856
577134719314467803979484587663533322544710868487539064417741698428
576931491087395530448440244070051520026495806949027959195039316424
956062482925512619734274793913389436742917644571578734676738972426
832397032988520888818884758402785422765177831101584847554995477148
211008057251926482934381210709525985295215978169310342410325554198

500739372742488560120107409464018122000493582960891799949869716450
517168167528077036927667559590944810654420749252084063038517200796
820038242580472389750531064765122628624210682324169936854950862627
009991675869839956433362222774321992648917646749279969935291511654
479764445830405369254734916274747726282970824341042272447079339814
219947421786280956586276688753747629697021835660650173918876495266
937823649293384601981312233899441179351513441989795162509465956983
310405341041248142375685543139032627994721236660904553421045216749
992259594037871158564461696024697174465825733271619096102869947044
184425479246499879317400853457873229776892333248842267217743627903
250692197526856971857502599499185086259095771146839496658674086205
686007771947538530315444406957420886564131719334857351816434262846
586192156769619648717613806536233410478722039172681644768023805623
027298712859774003603607000802136438008271991207949013983723191444
695591459244365893427066381121727464674169218309921841352931976701
004383879492502655356456484363241503856248950944381752340237545377
017593112316859664232686796973194377971295678758834198639053608917
571348880016271553519329036479714882171068929273056676342753450030
009527780718390797135823899575516784658465581103045401870321115490
047889645774115882014866872590858991115522945256803897972902846101
089176781930421130615186929378050902700730619525978955323472628331
815998094594582844989903246851000918720905355832122538943998094913
972650835148021630279273055714006615918530191989758411646936800504
974404207282612427718547148144228012747466120263004629831131337044
198110352237061399236595728142516664324645126588778450424927293723
167077141848976391090443140926437091564424339533127199916876858120
529968031141633901671239937913426886045114727585709270942402871130
869622452034420096017590473075094691894226294557308670602623871124
594107934981814755464002811788199423196122387128431273823719249906
858353463687429835597206058698369675315073905951537269947487581695
368427170785396718563036584403196554577209872413962225042626540974
586131888824942989503849438891889199764329425053529782123359516455
434818042368182475632042228606080593589824202305845618405935649063
696794563144711122796567200144759232689195527225895375771705237915
011374991853767499114314322424445112916123774441504852224012549963
706679331000664153909746181428023563533817270423691977589859027865
713810240401692786981053941659644104310400213785717593643991682916
588186134930409659125605758774393638259138795972112115431482422078
892787922287714752573935415504465902419401339490668064556586014380
684639988296301382660515951509902107019712292080569227239531418005
619483026831604961717091001823785195760059261191241949490813678551
747968812218637790855253415052124479102763128942187861244696517831
440627592272134223305150202202341505141988065680896114056590268512
853274375105928778948576862413307941400609258720861354715604388566
706678164955149842068199426107646229069627356418746937543558365252
131621111720162872903616916146834575963617480290481624526828858607
678593036317076224299740654142491709172093663721691822638283501826
657556762366627998006289405241598777854381868546748748646346903033
182986867244063113357731817305958035540288679540520251228387297666
468296728862238043203107769540871482066594040664387281240154538904
790613005386264256791744122212779357657199936225666716571427457881
949040834159213474715852649323408411261416417751957843962924569355
510810305680284456948162396435404751831201086232203867410830085042
932956537612649668076687445805623706208919093427292205441670366547
205184415004404802345936258701441893699111072155789661936092264443
095997910665710761232611451451746261856085061456821540782936775840
428070478505412133491604175625991907557348433555738177251821285577

037202643477324022917880368595080912437660941146625924747903435052
504701316743281985720573683669724883618671915247974094870912991418
112523565971659204692942624314630084696278825537016417646320813277
306174028607939338463613846372194518854183779586353726129195241939
101883567794256587268191301864039822226671643087296729992714021683
634478760624194512832003610781019486869522917748477114776779961943
272662910893849161458081121759894599914674153376864845391810119781
752275781608259428301800943895619582292039803131668691592250348910
349184394895261128013554186286567651348053337837602222775216320587
984014585472069787144028252387710010500888081507681664210302083410
452841880119730958639269671985959151588111697158123267436654152951
526209869351573612585583953726828162243566830711146491204963344950
260187882583966094003808829640523361609852475929004007233631593354
670476506584683488100721655373858419293788273207335773636253460530
955823797326534733750014613524673947814789586762534866299373147211
792851692489515667280531759125392440123519035854912049513179392404
660244248477916528733386831553580069722364878786652398102471793128
399614156849644164812965056970039564622684160115028759652904838050
391539585954653183424911266986273068884679585903204763603762747502
144160537641644363843502921743690920628309694599656359989564120757
061490243142853884171046478117194687468421694885653926715100828813
010282060342393368668413109369640533434890722077354767510443279415
418800635931023504626305782581093704007637117628231065457677404024
593313528968737995127089894176877848628156499378429919601334041276
704739095907494261104613465813998993272349139154670460506483212482
482708317961804315387809462823891983757542934365594075948157504847
662739321619650581414908104714650742131453388815247490677257006233
301455783041876795510610341596861011606247033125580120895631216612
773527679904062866516763464815175790746614076222559680226071933512
700610144332421229243294753573672466867058071721712930198286285359
643676809688848127494946303611942140199537453987834001177155996628
718734306967734485154552383769716580935271811794872552409482203287
991188938318832827222849276245159293552390711735081431946451325931
196071804999385189339696630957488997274163809996710188931761442670
454345614684542021744924757022210545358803391659788516346462370775
490645110538228815763872015941871815492640380901038429986278546959
130694860473347941567204289032533574611807304447486129874006473479
118077417888483719502154902834938070454147347155752350529454618312
449577532412966849459562892093224594357145775316872387582612332175
623801556281117060083890946042089787682024738445560825880519903955
438758791734353899389451723083044001151542524708116398929620893951
915803778871655956212589054400058059121725721931651618039491232014
142141427853875075911858422968486586670952262612859685724589101222
852443045642543521606335902691408286897494682972082670453890522185
985427412229365886029998102816721664751927559110851656369131636138
393258882185098953602865454076231471858343940649916747914188524841
881243770511512588708928536577478775204608316740677887826208137401
345165127046718383079678602772012286546021444888889187593809877122
268775315807281968453609573358807300253762606345557373174672663671
229099769528990260946734851664280307614073001971991947931834151774
728822191693737347536314036154971649835298204141961583088339993599
381979888916124632702355431351836953211048097487651124421590852623
334879862717352033075218725845881005923032671151513823270864759866
539658999222356273822050958557375961650688188199874779950023499234
971051870532953718696948955955710071084369009692016057832055107068
225462594129505969267346481977385784352377312942538334748835071822
960456780774706952891713627804014964951767904215119643885210454752

4075376037995656196752719598938025626607348690749610031622656388405
5856366738209379339238375481232823326964706535548630296366601678923
246264490052901950428882191491550053645267733335117023899121503947
537041374652570494126612197958397764504757335349788307399407002272
363612288460583896865853298449643537622525848017676586330813081628
163780593316959709135219147016813889434659680563276673943206133274
490634340934936195886260397991536150202105296558432368056173714545
327445351324095870484835453752978972944215498038065322333913329274
527063732539654305373467285949339780989624982416729882888080451508
517521012138780866147563795749306025913221851769385976227529227314
598693780028772802750001526270390662754683319541465472457775891113
490777908702837099239794025643338175405581293332986257200766376577
903768604757812385550735413189060049505092322153351984062661526333
224758630702687525024652201914043233414574057185062966505695032041
839225386790809810986042529361542991396133561927949046946802961842
790981475957871982967539596644934484097362006223832306153412566499
508453452457340889259883209233034205548781401956755856618448294542
799512103277928217097619803652321290408050970348760129699892044298
775677769943056774163943302586943475618034073264942185894398215789
634098156377829374143615037707955174376857638966471692649340875582
402520394081533760814349226929917980453320279220614154356727791966
695761941923138803197387120960861562482061727276396036265379998012
484058041522248454907269513979569550720218054399775993916359876614
715084659054223409662810835192445625289386940259023661178454453299
923625855158121518566742672603184347342248768100230045702872318405
663198439347252957168341572046879452171189069474053334827610296621
224423548823491213360016203313109116174615842330849894270928368798
903901563239418911566500595920927004022958510059559375088301280508
513947504343752815707949700925717284844910280841955574345475354056
594045252175780216495240610987156498662588471735960085076254504505
983311587624149701284774041711448462829024364074344525569024494831
695422594801301750034962125315144462785048699456669316238046907331
064328132761647599070041781005883561962668585841020927151233638758
421681881172554075556443930110362763730719056414994903266704441841
088513837682902010086891166311016680542247692560643095926180292936
604639954187139448671100300407049622012006218040578429100656732436
043912095504047231255016879829376390085674496970711196954351347993
045303215842642619078061708189503979161498117797036970072821820203
990186317150298832407193139393410451696349931059773156197140270572
378155526143615107053381545398649898081007951201002277491215302041
051696719662773647103516718642774136058220443856076572659789322953
956239472902834765143910841726885727070742769552952180753991230832
517649373601484431603013146880834421299354895909568713125402477515
276777042108079357417950565188871914502291676176758901355559151697
071992750645913802281652136490928332658636548583375203244978758952
090645401121608331327521105720346610219681200075409207317691068059
175554154466559858398312612973842723562212787469113708054355492850
838662355943860320688270167823240325764756328616335446186585876921
065236915401682652324291501409152879023598373844969790486514311340
039221837824778752549315884052622609787087996351379850112978795006
495035356234472516340962285698830882727443047771720235493237142348
644064341578235278660520069976606390728638478002375425028887588592
308447877583486460450270662450478521758186452252504215618684045326
725680800569487905308093301305263210569438044081521293206009178231
195248095586025892805093917290101060024296819756967331998292476797
082406229693317954797131244779057953660153909506291328318381956911
615012154117627487022993585211870381990039927272760937270049875171

294381289373744268625535039434973575163169010601706198077776962983
381053846356720896898874262009590250026766497663148119571488805537
412242380085595772959238235166914652854331258407596186378959189351
160425743973265733347081729854801503168364273570466471526314790046
272697853693740272773800104271151041011162853702043759058329633521
771737698618362737688221485059757999716525653745034815043143330913
345295663930564753423962826568210726002011683866676879072338389078
673080962121766287522277188783142633885649975316616467840635764865
256499442993466628003909595652485739134100637635402495863546708082
852344720477797211146128485839045425748320898487225733950464015338
390857637825819170130038654083486106224087138037453228136355116689
677257670279396190656118464958898774793504375875319033402506916680
703874409720284010583269174122364800870188363289344932200889467447
879398037924045322850661833877473376777925924043180610371516887681
377351871280399067953278964366120578829137615261945801416290646283
527540343764919513421728651877434363325468870713297182872432812105
747781470383296247335567275293795819717546653074347997257269545159
068299841552549029185227868279672806835235370633033048108340397814
773409151689893830809736800955441728283939193912001435153370348426
400814997814101330810478511026563020368105176841384781167308391926
872503610632022079114094663944679649008398658234578979919059180215
555698053405883733310989742980549674435251074969092460998893754992
463943761718974731148602562453616656040555999492150342783986445682
070257096817204523365743458006410988196770996406463185250589015354
841848425449002108753493693186543561074120985533044643402217772879
649311783063823538772653632861130522005321921223493438886439520866
600679307159346954841909110321928956098006928660473767473372406659
515289917775076476444764040309593947923312015905133494123755400726
280964715431273714764941745350822558888380609221690930312440383771
616778851084454890797833217084297263402947267938711209135009543728
828075969918574872358687514813694578506138498502705174046070386038
967162120184575982407215480814644147859069057726715184878049319258
230261773143466538997300489405704163763063058634058349049978419616
364504713997171397476893017317950145934901952414241344796271854301
793126081303217612228370613961144735259865545881992279937583201198
634821740439482538663889528990157661813490863750823785707015988123
564281456374060813243116926720222699487548536437978885064327410081
981648015362045393748319164215941449745726580746479736951014135720
473226788349700694768426336791081905758233538212918513921833589658
230942334439427347252294953813142835243197908008830719025947963510
340233706257056085475270646934359381800870334009255518454364509604
355610145198505539710725210712625856124906659948875714615114358331
335225935086431478666065179457527251596830936579505680179294570902
566269198537856216691788774211986267073789285837232391555851765573
822224623850247160117876591712971749911867788561742807330834462752
085874922258831699540228856488145334075179335463236469509875265140
893043499319547390849177923978818033377886245343668534487438814182
522498468416348539013207514770897696145213846482187085742200210141
817831370228491974003101107236791786775933879401619043680714592637
745835890774667149862374162732192628480427279370444750815066857484
831200716725034435883401157235376653988966191043133855578325758335
288433688108518865476818568977087562499063616961177812088268035289
154155047264824012734171297326595788074146280161226269491644738334
796222472011863175033015466551783748855148849951921491997064713758
401729783091438500341184816625608366965529858652584852040778553747
576684985840226052244964873174823748028198649225224737272296385939
183188243581046525615026574584882047192859618924686467682929819917

446558809831837993366698411765861315647116590687126794365345254574
209847620803578388808018554344780036347179776259305234539276056316
575449183258665995182350240955277889805036702359455209710142626358
897562652121643856312673316014246422735574604576398152017258105273
455962632834789716422453051100765673845331108929667296642976326245
771426579454126812981117553194531929656695615811194783638019466787
210697179377925038394334479501290603192444051129160576054354323929
337920271258930006391366558650604438683376181993754540810327511827
436234071022659589332262792839514606825927382486706245979297246435
481492783370422279415936837675058594919541164722587006675448757053
609078048439227935002447619909702848416034547879504372416255239297
901019384056915955526247558919863753557098458123607697099150260748
618541971726421318042385271254582917922202892416913715419046385977
668510937296550631276695319120268844107178801298157400508052562722
267276797140042208290454186670098738033158384727148993608578608630
864516246324545303150893030695912254102407196041134700345935777857
326894979807825056799906868042376967884851734877371764053451681695
544865688696670464947460482066815828545880354771453889440337703013
095136931244169498269310934740732460377219771210536669490281025273
995915040119963183188404516616290392223981765520453030984717063648
343458545293818172606452257592434478227620935211185942933110540635
328357691939681184081411954292417361902660014493122914978155935131
753189042021885189527578807107291399348069715910775615447392845600
068779111133055906713747822200556656952058029034922547459051692602
523938577335292178567336553405160878041133391383329790391658057117
538533895539534343952943676837255137206833413324497027924104712174
894619056260094061885446205782685915415555255234642032833332853183
975593874399697214014490567866335026831263261210880060917810571575
100983722492444326641455122708846475407276400410667509576589729295
224673308514431196830853721994148788554184868578655930501904526121
308134254635080677208141744250744915065284832329206510592058825116
834660906073658248418187827837450687289920967792386488453056934581
901416283003498397719176650050728475585024926145898559289827374909
926396969427660394478422853802407530796445682622494996085292103927
698689185158211526915752271079495251394252221036883974750014280441
202531022979539222097161338493273689283560969835601731259827457593
058938678669719763918032341380968963928371601631746332734178181735
977114182871764624183744599715984218545226823156894833459923587253
531843191487077871732808003735299555260313128019138754517334330313
516531600565267566157265707869317016482622381368354918051731400565
870208386898312412311390197883398291002006400814499488286347364293
064241884248191852044238957545028126860796320979646267067934080666
343221280587732102326766115671476849680554045159309525500864295043
563411304013109927889000717292776325487170987465858131731288333355
776371766700447515017569769807467568034371862274141667623744550249
868281409561512964061620003236144922013006628658207499950489674090
825753240980959192652450985040072027517291894617243609867407868136
814050562356903431720011953202015664866018438094268841632492346844
138821098306134993832876267353135776520150930213420140646979929912
651509690618468647014586459769740461234525334151775468526894572293
653974840227481640516800949932043897073247948523373886967565962413
512973215210617410514610015415028258383103907702932555502919440387
669372392739811151636429264442498404241279841588946556534451834547
867280079031350789739805172588028521959639801346983297705004828950
735074047802694819502211731776883600705546801882697983790349525825
036322885889211438523405321182688936226559653031914451976535548149
648088167338006369110869263177211827668844788107644210662703602135

710327979389405288028852621980146943698990920657628362973177628154
764549182933626707200207205750099130311871238658660114423287157288
542022908935537550883599195051850522086400457494791743631021852323
740309043902749491505607149739127918445426841845971202908873565717
032378768769748750189247975211655298509959568015507253467930328128
169613127353380047712387637811465073551331979277099644754157147606
273482840727972744209788724647826868397886917222537397799897382032
643186840526529249631248093141229481393315687059802081214404185244
720017846251408398780719466804106960914471701868212698474057757617
093118346628170969339405778759780494739906015235932039936892443409
044886222271462960555407365588231385037680361834247922230615997349
834017875522717998883574376121122207849612566672807144990702750874
397654996492666685641556222972862400617154962215573965306243911120
079048850803417265759405920941467403342858616158408863251384048371
398942951683629331478661633932157380449155896680100046252929427788
885877327616799489182404606931230417123864265063244199816461088095
953452932389953217591487160220048486446112745564297623641031213247
908024444032616618199620501210610040357026522658178041136432286505
726055772156560948318656656658168540978059137088713564720395105436
824811925897754230612612480511400607622786265279307924879683886086
371431533453705359941611115418142008741925071510745455485011368551
303581846368226514472078435109552939514862975568606715261743590107
259926428816398558366509207485287197177895408133086835602499622066
807514544673184385309930418796543737565140275004303759499996693893
587159453798330341569543021847568816458042957217992564089309969154
113431508573299753395083089361524626157650364151022288067187968299
321499457339981429581778186604702515976391663909666227049106235985
930688397592573334959646562510258006468354732786070385308199995494
492020108631291174542362888599873736171311618073864183213160713639
479908454945596155940886686533158674710227046648519337763423033930
347429745483683823553298217053339952665554566953866838503382231900
770229191872254215179258545480777168051732807877426388068049984204
727541604359253011676745344868926495817067052605492960740242711529
642575263131440880368777745896289233742141202917851479804908717810
906015998410552890732853090397782748580745842398517466007178366196
493893713345005072009919457893504554483916336730053439176122421826
347732672966146707705523389453733852901664407340591834626237861791
060085110370325186957108044796880338053287133182371098156839712965
082360066007909164118639526409381436777004758664861219050850036356
168135099011443817013570390254881071405398514637908790444822495903
233293601004073880512265121134335495600888653477825800569710395589
192751824635983224050032753490563274193761767062766338105423971862
320723388275581445966427523007998890187418073971385200737182166429
772148692680875562483285156605914018679593544371409660950289815986
800487831076913258540504266568359975371765653082451262313954558778
462594118946892357342966521863377578777175157448207996079278160854
094144021807471540679212472341054980821957288657760915195153283213
568734675353512708932972950149940393436250496316827039706750574632
675991665535725111166409019810596283781509139235914120413910091894
863847484022814916688069275529181148614188725660392610814184530464
048004108955523025135606562761035678053234740702315495623923989568
299261210786910242470460575947760477196229257216313067396488622658
453733058382985732332842090832308775102661192584760061540076617550
476749439953953960663527058020820348844187696877397247016983377895
564099707729415315261537863236294967727730147220585082877482321014
684886818808547461491222736396430881703344067927513733814596945740
652778333795885718650756150245576025617733648587868404663568205494

344600563532085374869104639775909708195051114135493817022066144247
590430312205603466157040379603699945761514998577481344941565942990
528157971557996632386550918709218301752271340257714319443083915033
277667886241159895877816127448611647616219991007375520799505225458
511295430627180745956035439413918123119773548118672061378821654425
370154781526792761128975643970712271687651616378765124703449834262
796851369381289719239489538979328777953296162172918074147500728244
995561851139916794107144838210999385196496803267024042150771635954
323370238545485381836369968786066014445357758329997348339911201439
837419812603554680159396433391078692672113724398013358989724942900
041630966808185736123375940755592758461187633165379282141365850862
698967367761683956063701497709773990191675889021979610313199647068
911934859974373276870144507307693154630106391794745818816899802483
850979652512437210624227370932340121082673340967318372688300749167
096915349480547503031475640023758830375165677952374750827929085131
190481976208478428073438098886607545520024051331229771378204905293
646421231917902381636120131767174977121970093453665310784961384951
342263386106610568214253241521762885092809087276252123726548969894
945318996467423387512246983228181577127399144993439814411868673500
383376585270516498266690171724596017443533596859738196167385896875
867202620924867998911369827062749825160994682005705099420314614039
189546111080903883541855536995532090611673791001548208697887213680
456767778140901855572500939809817495954521345540394714171092555755
085645571077586320494459120210768374173671088594529287576604630318
717376774001763068222596503773371849898171434698958032229511015659
659823319116793720233961555282565651480369511316264839947350366001
112627545271813053546636727315487214334896120226808983667128564402
488414557447265747241404911890190495371901122601594867831242757057
369593230376265136166406627590014515623494333553124367179448158767
602257771256171742887804193052065891648091715886267421714387110683
840224264322991509544707826321298043127634467293085573979875106992
231893191764377350240728617435695771498930864085552755461391924265
302697158066806489834006581927780156197702878296262750841085272016
382060189976205705854078178284871526096526191983118484362131245300
416866264536636401899793856975856879060832746894185634951854883775
654050237429483411445172402496026782971589441255636658820521247081
814927957790816611112664995004899362109400700167185771015851075956
665218339133923072930063139385038605610665513684978773804139046349
823668949338709248951795364793038783892604235548684336580266620634
822046346740425240541070956861918994688684410065716366524333362820
335478063489527933128639150038206192957517656354858959157269236062
637359160729148176303927056845327763535251425960522727149766322428
104572121925350321864359560551894362085586361148487547436703139344
719579778711912301342608428698479376410435554016393460722054474545
619797723193883758260147920141175768898231123895862375475436148595
650756889049654059005753703798803703731784016867803701923085541898
209618955288130521368638494825802481921662951152211466537910587160
730696955285169320241708532246801297768045720240878574052825274349
499169199541178218797286836855881988687975675444482460526832929182
446677606650501719323461674192132402553223449484511025991195608779
475832574904214646030865998030371684129036193905056370953656782529
496692070828067789197191538214237899591176377678924408871614990492
965680793932967115324957931938386782120932701890408073067487045505
132306688440995133155402815833571138655225443573988754145097883790
258766608968551601076230708918539169790979757737997704279641904291
433706998700879207264641294111369435029376239404249701041583283021
272063533924814291600952201244285900748962499775008805338118876859

344521352948124904024648129361750119960097707799955666058115939236
787922160731285585492640522516000717205639616780142074603693854259
878254795107097598624023960212000424361867045284018062446685641931
535183891444326724841670741141249786462798836176928669103749069166
381674729277899767934591205895307615617561655902486029357388408271
815492643510395776409753640038551885306639613348591422211298790453
620254207438205273437913346604763520690664391204393552807212644736
414720275398911908073181870625677703240696608970747785026669516543
828616162750466541462998038189065585819362950739684363607966770499
023982066987719685845479174079506670920528491504808767007834785519
564799140173284245279468989020317129723205470123386539244866847324
855898982318226409678664947470164308259862087832226441932469998893
254136472005970105936971791872577705003618737347844899880134424615
960049593126664476561680168852546141677426272433074544365894169740
195211795952736002087981230382232426313787651311518487300575658568
282652391960627468703405541723415985883377894618309012486616277580
819413490606325362118582405730230640053128623847656951379884990120
717512944344786486330149743298534759637565818915610623629607828022
811771397899763765765836759267055097586444717146466601260923052941
250185933221937898880848149514462470305756744452274898057474899378
846207985173665109664343952531676144211411859043972359976085752910
433232504336011036033483500066425103830289022231714513412296247911
269638317651943856784142061101182900263641829751549915991298579918
146854375980914384545769492056443177655738039629176044582391330482
026929170785950669278087219363483843872663883697895829839487682773
540799481951093326685158186548406749727834234184995085485867980475
603318044693675425924488468386299024020798068263080810933362959995
092612983664888728244156375020857918184214602832905796190661275185
562727642242837861382343475666157325528870282141797041577469639006
799658251043065946926841606082752993534286921274897424971467680461
545551767957698486835200586002021103545531265954440994008131052376
450272168417002603071180294817896576605151356084395316637791457597
630291693295784403990267549713040974611614422033787734988307567070
636713544054901158286851974546191446150772816622360769300716980773
686440219362916102915753714295771421348842198604231160590366838296
452382926347116589919411069574110347603642144395286681155527417613
026450739437321906518750908340777085950717642008304351630061158439
885909719946891420823611921411175250997254994279596631158220986712
955224833276856926275786404852818967286011007032406161062285041381
661335812414146853831269251692110109057659422434071055792706769175
047976050563122360867222486841025557477982688033502677081216539847
840580430942536513000981040670207036879655377524150718239548317346
130660135692761490697747735095717944897572096885816211499464988464
012578691028911321924137128801868467221416946542302111209446438961
513442771183377217130676297526628159793151442267389180990015591778
240870969339458840326202008375012334127236596828731467346326363606
274497036306587194396466838178784214070590896510760051741537373063
128746381838963993560053823827801500131115225198677996622527493708
860107808785493899128584632341845558549518988997168954681935604467
554176559518859068243125147183285848875102218779571731818366323254
015438118108262975473353051297839191989196425784645663646945346748
454742359637329227797049352657544497762739970491535033013637120133
577956615560866302496475745615940843051476769640939350025959071611
585957046030041410089386576779506172775863059277326936062329767752
650229930071331017900056318166893353421870862061214598224705427267
546131855900773369644319231072998674101892438208078732626680086588
687801410546349020496686547190357316459730590813073295532404204575

960361270480839960676373972057334755394554873194787418851582571527
196476258580783005448858438271746535889985398207007170323859684497
986764895586520251861326369674533719442949548122970202027283958532
316406284993790599041945939850964466875607014492394354806796590544
352482424721171864016839626744791691113332628931348003827354134351
154269146045623674806167324258278603445809890355279683428235399711
898832727288365805123907484157279516078046879863604661983459360123
352000139111280039726971563770770404278058547935094814616599398430
510565790327725939245923657695643854882645910457291408115044072850
006066833416071872020810264908147107543511852908551113683718425234
000435149837935317900504872700528648027339976299296612418882011595
000487620194254205654322172211586238963203589178132430872052301167
747936447552973474002045492864233328038243928450430842225693818843
488956898490406369642654250949910280610146429123505033418739827766
321997098802202964191442002532243343713624438347264685890775228141
672132163404525231440488324629618792891656376173095105939169795399
803383116638963302160640072006300069135819034556559267515247695720
488831043461556125706271373893654386299097121415741170788395400268
711783908638484006648595440800748608516789013819159502327023474599
877829582326254331949033129918097668856335353475692594636135717066
142773871466600067627236720702950390454025317312858536884254335664
341464562035809437530965476534887867087789359853382638576047897926
099121603385040337969249042599967610723157070779251099367063591269
258712555366576815417903878918962528934397531481535663640596927858
662499704962632865326565711876854295670180176505718560782396348871
509768342430969184418656806503457549004680548096462758218896240297
624618320542694310033744449763994111524434471731777389918352938700
517135705035115012431966407868774272426925073143535418524061407380
094472586352721887474378437016462293661753434582872278980144527079
382506406304913876221225434268765316167131203184016117032109500769
559566708016444283649664048435770973465388425898560085023301813256
812047567376306547275929012155348188591636044928909642919153203159
548396147675994518604571247903259131633228590357913805064840376240
735222172298130322938996174376058834583529657217100869681103642230
020483394095350678333115689792320595129176233564805237260072479275
919571494115033843898886371397253048689878076020497768372159227825
821842635281486084985885785411022769425950767203746943258168485229
555489938494497742354722044338105626258035614423289855166373299246
358847488372752271801403473416351207240999543302181292173528504063
143654650773130393984119171689513624517693090679407505135319093776
996916794102214078692682376900948592117916745478513769041048701471
234654625604526301332887076634324520037353581379023800845404247738
320824723987311295339594956967506424215574375586548335565956887867
026746944870539329604710525986648459602000660863787563560839128599
487025507869098531987453434140080862497118416593120166095366805961
800956590583947304141772125938294697768983905782832491940081446069
672789164228140799963031467236553547589499651316584772275122839339
596379730837729800533308870762924957258878746385583797076265962995
238847810625715226857057084653267193758685771682351698125864783180
618512501776813593114358806804489364855295039494511522079610178417
225223474941831823502369761174785258663815885310942332011217918338
486561632842836947766143027045713912082271521894349337935695807871
880829807929878978440752346670565735957253313193278975334240384424
918870723968744629832120513568877192011693201554683231671579987325
471909573561944702249811642870121897776167238187973841938655685598
339166745150256368252672830367588763201121500527605887573777545815
835138631784245659134379749109085941331641564605875651815748540335

4794255022781272992263057252278419899932241384643344912849741382299
9394917714066642324608044460163542506543693163902239321132317991594
9633773481236207625189802363514256536584174180712189582730166991507
8908301836985776849359958626699665190130733141585141986478174727
2099156419944996198615635620810018189377094072607120842224870106491
6277573244153168219498036871458123912901227344902607711288192099404
3714868854852812478870887721081035566159611960408306188387149150
8895627283008115700836659550672796782218438625747389029053367708195
6940452683689688338392098287034434165335845055707575305917132209945
1160441725925744311109472581913619036243361011995963946593113947
4061449818500337070158749418937419265191221166336816800524022964252
9690846758233250973892350267642982185970238796882792471371051106794
1230553863443212041785477193881039781007569980518050820987045549
0408856968262466633175909924839892196437960063780453451643414062525
0597809044112359103871124766933854790979753029012110765082940703239
7779895799278297470648529544281546090472823993600993488222605458
0824743249565868422267207585077372363268430338686207986834061670968
5828688453525140631604778360696650490197848268227991536899282499077
9744324046404079797917337301361582972286595119100176286558639813
2972226785796367884802148118851339120835916502062598262724911846384
0515162021157657749484481369717300686002852229835511196431642635817
3150772677200720669285710309840259334818361227576147019596032681
1255847919502105893607421400669337463998779938487740053783122901562
0496793645835621161170871268032382715601013895293682045963876924681
7421132042715124570180732555311525537090883383341910828083365476
4236267029047455943007097738253335258505512569867437773541426640855
5261303064440841384088602969053101936869364698596261020971101387195
4069274417046080323300589106158826891094095106391645241233673012
1586484932716930437369471020268380289978387472061868085563657689588
8416159793970877896057031472288895836909622257811389837333659049055
1406840154659483807489746949478582146193256251760655036564253623
1214791679073330660718510263518406095728181390506534907423385052822
3344181358146985301474044671694930159452197606249652854131657730274
7720148573987854089256808364994714654462949316650934321738091891
0063614892106664680231173278930241309882016251296575967605527186196
5487761995203693791989220208307741001725860121496108022289481995226
6767093032173980120619051098160705478579089839604492147171123053
7845184606196363900577882051620842405072784686758737004774599009852
2138777198653153746133507226916029642232339598511360443837228972852
2223771046446805152898462137325112988447816065416120973087772798612
3719483138753400134720394149629033649044608665863966332917873691
7803050704405653401670652997012113854583204617662933724264731902548
8305066700250034947866934965346560024439142096995326357527033219683
3871470720857715202571864679417043639230147033607605744116287922
8952218684863608502569925519052224494858966807920603564385702187963
5675631083697754213337257185641650303593428130911361755336406530823
4028676192159171441711182687998424442581092796554240250280405379
2871989244363890124326523210110719194317859087531467712714115930134
9992600030766720689476444498127390633246250149800445981327078891255
0805941764104150110451533153256200346408749982452259055423504830
1879732283817824502752084423741628787983148843422770524374277960591
9545508091073186831370190381172462807518249009228837114699753266748
0498396231090173190564688303409066881530728475283754466068957169
5464320929454322190786451655422566063790079711081875134658024252965
0402804247541007645222108299917427279321155947371252807897212942535
8086415359310106478015225988343693548000352531489748816258972356
1535158553501879045420666981596080418996574480170391290614077514344

3777047009148201323194249952866936689000191947846259923497156031544
4888881080492230161944605573501375612156075220309448129221120651949
7477531449236113303891599224019907101386019099050884248038132953266
5030162790970206380018326171362814062067277917832590833322135765288
0370881850390394337708219451079106616818890255251216467332344132422
0616287559539128606320035326044732840635591678687064889629140752166
5028137924021605836811463750693436109075048491441700549851866424900
2075700993645241002245880804333355750539382996460162839144655369744
9224910294077251329839097455734348758610334447698391913769579943133
8906069869981836243790962931844705557321603884707813675875881494777
4244496880020551712441589368085706141352196992809114160505864732244
0216720038665656911282923730566515621126631520650651364678443799255
9630654617744196453689295429177486585769590526425624547717614879488
8483658750848325111570768322700356627002987491266628865813879455444
9398138128658581731893972881957086295755088201114772422397615778188
2246690175490729479631375847196359701729478992660595614286663851822
7796744549489280125364549788714409525789210569291418386117544723466
2060391525547554936675331545846069383777993283956083904788158177055
2893527311856307875411459112761237451655203909662691698998141209088
2869989950878652068227089908071585528573185706577135231950715354044
7085554243718160239124157461218845559598839353419149204921854491399
0603362996597503422824105804807607535749933402366182544205250441100
7014410887446450003360894669464316470353720523764321792654294805533
7110731853970766267731740483080645327935202751199915386697575538055
9751409765607496600853370766739385782104780240337170568457016931822
5204475787960407417258918286074111795686659546583467802505326549777
0263441641022705252614808399969777204269012689169233506523499360188
3061502044674696256905551725358698779221202064241040942549286263466
6660539061356077548557000719428940405836065742470188903776344402233
3383219845833431675685360569399292808248742696957218159638444410788
7508478376546779317151767731299852212210173396050283327884483633399
5595189805441306485457077393676754281913836167910863412604484393333
9751632113483733552560836225865970344099217832350123201441940185533
6260800267403685972565068368463590389928476626885204471278678246322
9807111360847587000271740956627180466138457307370774086131447935055
3190491586183853621705851229884142486736670068526740259414207156555
0523299667498856501317395174244704535312740582544876529351481632844
5929177530716784948384573401591914984891548246725422890340659760700
1304860580073874648496616559510415638526794820690715056623731418166
9164901948031620617048985971318443137860359762027658933097518812533
2862264605575365169561529154063141501957511687760343177240043893944
0477921381949638173225245623693105674993764563456664167907597989355
5345078698362692958221343261704327810190944866135435882575113889077
5989243794990429666869898180062744858796256579117346184980669465366
2094065956419174065758134798773756131905523503817186414115920499111
2525231995787127773696463001304978815180198558126010871738917642055
9633492486838734011578868406307588934051765907623287887832667351333
7221654919763266357306980936871456740224937889089060617445814813400
3273776551337771759510344090386524980579552207669711505626188624522
1964045426323023791106566090096434807368488742290450090132986851922
1705617062709515461109191146492625324334987046841796841038733749911
3654574821866565868370156346007046953013216931894511988991857225700
1969871549147117814006079560637966903113221151090185898365355797388
2836733901981161235225451088141260388370880455390507209781721968799
9364709089188185582009749156129109834091058774873886938899615542222
1787288330706007891760471378921085883608352989685289725037998670522
3968837962686313788388999121500149396088362514278593404106988687922

838992290778244638061205375627875458951143441067754418675334044579
381129499820117804158923736041982260507609978609434590762784546512
086738727753407674435962491417995111213348326868615110005250686007
839609062697528345942404995503225723339732002942195885876058323321
241116267829277738746005951590857232005602668481874583451648390067
737729262680942329559090985999939039243923962556024204429081637240
543977831141696560420140640158586842616104308740495225321886269124
545529163183192849550826207688411865570847583591277926174655407533
973408226545621710470079209616509657079647879842288740418516829147
275685163009400666255457587140932077279283532700917585432321232222
798275269487287010804271863891659114046892976191735780036325312390
781888304937584282948931047191681214081471223680488287267357651884
120517538402348972083959941473353902414577412066046876597038512442
530959405678506075561042225973129983158891333350591168078048574041
078622555696640487124634356190964076437365943250182856499407324468
513051397058059518666326250960544710606084756097696060836832082388
572685203967072024488965187901646242658399238626213342190353261152
806761182814559615383668932405780121007541015071365828532960196731
043608373991482657120715243068755090305400776503667823229896988731
414742042622963460094058783189034352470693708887923199246211813322
440517786004153058721716523190065538558234605552954721089991651965
575813030403242150237244184335349231385125832683558189867494424739
770872253422294016608438533685329526292826150808923712335366117965
387227004312897345817623703967711607847959505808278366089796131154
402093627949977256137616955718703957465116846376596517730652126729
713983119387682006106515210974067715103877489603073881676374532977
322432444019545432655168001043704363558869606740061887275376827467
336353018399423232391633419247028949329123013328966338181951452220
121368594423648466685737774523168477713824412542214176068217519460
222958252036416184207855628937115810808237347604031239754756209570
555875239370418319594348243857472044207513595527360401699534666799
093503142836154424866549141228235858137481465838833223806762966324
359677743744784222508480743224673533559292464637931331890432687941
905796939145431250988360324568483334143524363725209473664187877970
068609698174900884799450255165146652257722445351925406014304108594
518127270101037390186424666692779342116125437684317468757408527375
000103992330539641868942032325083420325396959264651749638687141213
500859971003214007449011098960340804633293992441099472073332650844
304710963883181071265767949849421608198412481676583205497510915653
754997609983652002239636339353858100354830201263379674731407185642
991712589338863713724918391186729695490172887835119048978066587058
755692380395853164295996130407282986584413894302070867909588481967
183705049929448800371087911354186623379966934902010456038457146599
517322440502461358639412444137674791435979698913987178797270040773
256336040685031251529637157443178874901105270813783893539890168522
007981958077795639328901627017987179568458253428185271961501731774
650001307958595777213817325698517971760014333032192591244225440748
598397066157712850853365268126768064497723940742812107034202621860
032816933066702590128196027112275978628623524447196010047014925059
849762520299551182119129088889239556920426368046104374982060384076
840787293502696239118306805508874435008499809366592703527100193191
037429005082870462829968750136637010910943612744272477521478240686
597040698177329462608623247687744848367648600005661549587512931654
605369993960204303360578628026525905320400072732672009450550442963
623311550288485933466797806386836715707019451632138336942845114997
068115263995628968814651342041145549558978294471803917443939871405
536135806613850113556895259531953855696577170498128577139198693339

087382968417882721978692814725460717185261732114233662586556105531
164504787114824540480856040570248002408339018880150781763539435425
555565519364244277426514424194490473231684272016139887435237398147
355390729316671833652362523993771770992678611161992593706066148216
580267474896669755871515031353305047152344312370046687401353638936
845057750235989293162484030654906572827053150223794082788625464297
929432443392820850044135098872128868555129765987887733599594986965
490807569804332809001785032571306649664154371865773966169114574186
385827262280195471803786013356863781482061871690237089997511170189
490700044871390319034419752864899551930527095373961396021801594966
150177944805916503506736354518625817804132672874679086072473133891
553020565483798965799920012918066469977831204663798539935746674900
439930175923386414446450029874173422687310889477384082609238675886
957601657015272160092880948581728621303560166065922552618424578034
829942437925320890123380601955773526702196938428657678961719476072
870527545542461666648471407690009622371550974625162015821464442902
715182461985789415793066073588642692921318325645726654900898356105
954754094451098563902053664671603323276977220281614927520102502805
901852364448167530947391800220210103464861979876539434992825011557
778072164058762445680960727997753956484175823831250687468896822512
749345702175403137587728014549097853083347042214332816981018530086
157424271074098653005701677261309035016294613267559794327629250178
813033012200605159073488613116314154239090492038340291820461294835
349002755679208585513779604359401184044180865287236772149528260192
855152563895650037823119354906495653024619441555690960884057272496
817293720087185715715704667921302684903583315581074371197237457935
847216295266691352089018197883596749528004430065731123867912286O6
648463827274878047608109737606848972687310586104622061718535386063
792749695843496410346440574643529373150370536605628348233516512521
998440267339954917238754992779927594247806909089111380390318542943
229624670824567593747017496191175748228404636575814138125624631799
024103899126848942974928046656658741712702423220229494063762261083
013638703479094210661365048341679034331290474154575698874141770118
412653112258199650314868772494002814367281476488662786440414623500
610181100022994579712680678166875079341833677949762705669541037397
430073958290372735318658205215396264256735778610195326466950077743
202416785143421457441928101134101676493819799012998915173114286001
697441029183887199033048643509011107535580134824185891387796862797
171702704218434732180505579043760892425778293339090180391686316969
224192519659715791793093306288708404838592661906986742909250637549
892294549993357397522075713765659251628935266485817484168302893195
227324905008693491734488195475640054623884354164330796005006237007
838461653794455993466770064259669207551454880550071230464433976196
305392362659287582558964718757033162259538181618959091173580454866
168367340751167368839174639536497666341154920674326817020717682711
367721988254427330007079214369431262206193510291710035979369758015
399169948346724453239182718114272773661125074501074880845121572179
160696595122265625747415591110407168031247827423710480813795279550
163265961072888917302419819547315361120901762703180301618014758692
121547261482503388040821545485910514767609148562691096453301904411
855080226545867545914638326947246953169271985602802063708836615987
498472968671122943830360177521322580121610453520051701937405741661
737425246108643327868881664228074400094929582224562800967670581350
070406295890671701424732996426011887270659695053637072523181286535
689876362257235625813719311807002374184279941060554513591229844480
020218002661533136095939546863708308209834756359079921374782415103
679163245411407914683312200724428015483714093516725569202472245528

949534860108985372063737689797117920133618114465864356547631048548
141868248997623641957464257789231436684485473208416407314264147154
599699418985451636526023806619692475964991408299522249820053733628
682634716616334210443994608429476710938857453383403343262147856051
571601375483218922456936187350878527873683540465801338971965860348
705834743966893942819548485956501940595946322935725651170086075596
969357566574968131080465347911450691990716415718750164880278974626
574512630031019117265315522963553615342994053310373132792195165611
760870593525198570194740535292850348490894594825223172109011337597
408407269449933268997455662762963164003129585991339989192705616157
915005391617240394644202051854380561013312776676007133443085606667
351558796516328841274245446829435037091709965194780654204770959937
578471702738092543710114575919721328320107759745673936803507808385
002845764175489927393539560849555323021549461952989472269237260886
489608967554255358562923350675059388836653310982460188896417891095
813351880914620167463163399369497079680721925840283244186579524655
319612305067606611002091829079024576235671192637316244738859345074
582164519271680345350904038899426500032989430182084395846390472836
571738468942711679252354052358981582580573662473330976714929515535
035623172797893070724080685605898831951785156476194616130600712920
852332905554332585931767881944034492868715056087618947280554191054
868209266287146459398957893244191864204776220192140769921402890642
055167778984640454962645301900338875959997935992709469610090823950
349496500312331893181994511257181577225357923342533240692115737905
311844307935141534106313010092462569005476434050986858111921572196
798958903262596371437774962444639747247611250691134568615545525826
623040200265112306400805806653382431845301703916569996707368222682
992460205479509272479094321155874217537882169430521478915095274447
959540465931243155897503919841277638901860238319149668271069050133
101468809213216262162243430941133776562305240725229792577444214682
592450803372119736881252765756900130959020616757152078132011945312
035303074031172172783617230382775335578743265164604779286843577429
633697014832965585246781740296860943091989488607116116683329154950
392908793141762529522289056502374692583249243899699719192384353470
823094877307282212498985135269035970807307712835999268136697945740
869558818320336371191220653928392665902518905476305193699690997281
768590265822369754993542699687449687903333100728589487626590408930
249547748704259037011746096257966549431065428378230188310547827940
951341946839755012936828784652205059705338721589820942617361780672
765699109560152004212297027827070022051552360576076610731829679800
688293625479862365628996597656245076336478638626691072793269705242
500781955827101537777308776500132875367918129220980931681669587067
833982656601208012662862042223193306658825964730456149501941883715
508274978479295094092468332227994240001235049165830533217901066924
804213978615207809619483499613142549029177901527894962028556054968
550009095951746944664247772616588889080917883004493707787647416503
777867053012263791046949785856879802502814513048531471472948687398
639634796647536245383626233412207863734713985267485811393680995168
053286468757789742419256058117578503274048636900057079152149036446
047732276873515545232068101529681283015653226162852880205166245825
797449484952669458459066821803598010659286638785932674243456765249
458339122314896318959338522958024966727981370173444645013071620231
490834515527120949314984265463233450229387525714908752703436830047
269108724216332708774191030176116132031169802989376193584151941826
817933387685658914239413807877485954811778480911416636954059847768
822455469947891947457348072202596158880686862596611887822879088027
184499730912473629864144851996460622421840333754605876782021414989

3879279345998899057942163247442599744863367404126466264733735431816
6383530949832155237218619029497080336759457902317532821075610513955
6128572246362607293175665695172875897885060575649427117461681060544
2268433134054174147386659289318496967876310935981497299948459839588
8240381908721025171934568730226340768225893688812922896195983903844
9557645277136990725827098230753714294116069411614059628426235630833
7319288841519530157970217795790261838995266269777152736577732372055
4608656427699655700002287673739303047271924695987842851010726951200
5550193398425529656534371281227273139895380786958190276229854936022
1568448955591474333075042250922183902486042528775773989678335319377
2881987553678315670212034448118834758974451149865623412578859170722
1207920403401359919029813444774761551211851471630569312533879899666
3376717657692622381570317317078306269113202080773142098095226523933
6043464601174956749470047350851531568921036527520113439525963017088
7694518746661184108329058638500694283068946732254617935439543518644
7692013217885839360146148317330071111872719034424833778963431263099
6706232525951440080662087006103498943460228179267847644238797924533
9715785867983912208421001812989343279713071484073709455092973206799
1266036227315865759942626675590763131552587793470084240400274988177
9556112751204893448059335068409219149834054439458554896249618581144
1041884533697379771217056264563697726367686817517090822891558464022
1996260383748787620404919782955161376832812687406467789412339195866
8973508318461419000370424718527204584312058936988851018748099535566
2759903358956297939605181158395631050077136754291777784763880401099
3074647695807566058574048400140718330114913203994422618927271898955
1153711733114504414202769396740804184510574499170376483814631220922
4641196555513302772024322513626291836651303979675532785811510259011
0018925803224917359129959325206900988211654464463768102211266222622
2884376281608468505529383363600958819491112105907993688350240586611
1926793239370771696829345859906536301238066960686659477583680173077
7142561469314633241927467813597009058643685835384843115648266446755
9056386641713963562222624310272294329132931219876509221675730858455
9151647878831919302412060564700161858841188750079207745282757668222
8982099106321623134147433945609912017677194068411561601703374708800
3112673514461511626001400272837261128326531315153806207344432889755
8775826742614094448105280817698368454600317018766833347096159808966
4800577974718454820366587382271364871008810445452260974879115737677
2460908019284586619340995637268050772537786493192639567242079609099
4192775597712313604220380036321882407988768442558432238425584379788
5304963098709348685766457142458713629531658814868702742491962142077
3836889813123511048778388757350386694672372165948735836840511211433
2041309301237228881849567045031209053327140852753744935366678158166
7978470519435834334440794671481084923623414668016719646579394962500
4820879055013646893192297338640113004059332882773595200913370318266
3736462668293202470510186392100827049632668628245879908736747234444
2947817650291555991284304128957177781611031101805294936253914023800
6820217702348451518123013014948441363576872214823825713639630853177
1938803981866524065478364692896286828853771450993851180137761040533
4633431359399863123015503768275306902068349302350581124421584927911
5943971300212241737637062362919681041440538551115737316979277551400
4503552871071765965324921266236292503830128874565229721871343366433
4364919792212829696798717527477234526281750216154735830233328158366
6858962339049339428175234003342911904556518257275059545570536057277
1998272011958982408128994810133242977351158425267497358112498874688
2168541163266839705267232948414480432876312396971348946670125033922
6212521862433854745786288446087662263494901313809541726112554750122
8518719386150450905450622786476381564313468895809342654759137178455

124127403366182506915848690247803909014571613504745777625598193959
372013649747064363544295505768674994801793732033328966041253334403
861014670865524456352552270259712774812017476041170677621683016815
727680266832170991513970640197042846881577125567060478684831789220
631931450682732753626946186655724459908996878162381464510724180092
849567192183250126838372654412669498357040172581824104956672507380
233570104309943773844124069405951611877878174603992293532917960928
293124728373819063073055227686295469404451880064594460775730163419
040496806101709052793426553696902887673438441455699272245908563210
024933228826135692572284432560646534534006203021108384552408532016
601890760009148573786573278811380092714721333707542425392110681959
842659140626380954581592865394244182232288569012989082052284601868
300678556210583924009763238160911025386654382222464771892312373701
798047758866200714484299992835064839113075123507361715154607369612
173734099886909989227085340194673146145558227317983551135142033382
368034478160602408673346083216337754346336754166196514333615976586
791448778244817647623871705990055654303090887654925807783871041071
735782554588717433833106608296671913145353764848262843672167936746
012936806720116810762291888181016604833792308417399625853793746797
715406118641994105617317596522272059906579717797232805814509438908
385626243818013362401021063643828567457424492665504104528912924908
258246089403304021917845326813940085638383219049808660566822760834
953645456643639375721051273369737195169316032796946287559066346162
432113604007045820953760511376662543998557541866023873141271059221
524569680439270066393165251321896677371375063412138195876419790196
802227792546369107399182629383714977375400150757020190069634768773
657482110276456698143091328837853398983515110948008525182479139003
272047004264160215809080079940601183310323329304693179889941304969
686402079152333452130084313952641790926709517278639109107527209062
377476670111227470857116764598259502858236988891049482961263163604
145855541523830873064382976163952629743009769500455977847718406720
109531261394096247923256277078766588211448619169738029233657762201
166491396183463041285559616594456607351808832849249355597574169354
470862005355705684725979563879022648311483955364044419023173237364
403342230435941066168572960083553266880340347501068363950561258101
874377030284641290632287172819339181429182527527903700327504767650
833538934571405290654954894725914288779123685628827563049965019888
205562871431432142559603277581345524725591955346841394728860492139
422344231305653070583685143196668958512910013846015374173323252071
718649990617261172373943688458760486915667788222263584318337168894
977104028591025148709977121242751895436291300904078411596871673536
170717428727934585642286973550828828929456203601925790285590499929
607089590343783518005284540684868419039085748146544157534389408849
321275700265006522966852328575842191803707842740477437649586233759
998193954283279794494788436454880604516721105903412829867932692087
801336297757910343933276069011709195373334014241761529847061686161
821175443487081697782400111926478792730409675523741041652087111366
367395320032130196999480021793177779233018077913874258764215351416
086010169952502277280203897530441629724949075951014274179084746116
626110928080603764002015671381772541190205021188278329906170861075
477135720754939208427184345284179369895065768176037719412338238604
702740249850617071911816745253398138915947837677159023648753161644
025112365309978684811391625914457146685304704253742287858579517836
980805238027535362169859501762116805270646366061395746711873626238
857105440476980757613064053267144370845492456045589520647086682642
689203325556471635156461975757349986807170045333029458309594295296
532637645814757210697747054413979769714884698510003155349055696195

659393395654112681151864352817277100195961419784828776139951339119
389829895851386635647912321925579056401173555484239035015484518524
34024560448851123476630503172730388800924377847097441450302572783
817474440291677989468871438184387324497389852283083915630920812458
118486800494235252894769291146132479188933486737489039455823176694
928492766662385840236632994273152398746377538131173709737981938055
960757521227970110732004649476191477140896089443130637658466179873
078006097252603446819777759649783805764766682878173511157012823580
073302312299471414941216428543964626192197856552906466879810526025
726728868954826816937979066081434430782302820654698147105289082848
652650325483771551483961933579181619435256667602729174699824138431
493038564214150685439878896182044594589639753887283109934846966340
405314404702617318707420545909668881323162114604484582632361556532
491957980021800635471100439455056631927158765438469444893637646482
065597300919324473045003169627822438449985489061278051995060429785
958589837346915295674117413257434314952802990511988747075298617278
582467707852701269759024643028960259208547711764301747840274362063
237395938354369184708782895042517200514373489906069428202263528394
037161581579755574454726257591493523505093762569725921696808983465
825609455643614763396696669422922246357765024747453352399711453503
271509762593510813359392892290052255279590611814466142759576761353
737147942428780769243040117817454202686315953451390740359285209350
433485507757936515413698887907275628457826283340535963729254686803
273511970760336725671700438519706791189104894125374439325512574905
074608453954357404332460604050000945990015502928099834981827475511
058918728707543466808579229222642073268969802942815758611543981322
240804893401033206105413613355881065841581234648207686588016686359
136157148557535818113067385645262661048413434734694581800123590939
003606364932591926226228867138247125720536725553814772608486773979
304900027516681380159126207820727761188873801275039527923203372321
550529434950674820368589418690741746427296252877227695238213838869
498969513005141260086088863354786587690438216185781230166642624384
408377864486178700097632319622963454218610284769762828542653209970
749025523248847832534292766994036595661765770521917730587498014847
131360549477970335962211459996066343296801297571881445298810633474
508246530724717063865399419170586986341658921382296809660056934436
379533214689762049206603863931690292854005134038727246474451159000
488766348470139307744360611922221525843246543758594557475149805128
429751072532069134495501217738192962439167842667921549289823403814
409597844714241107844884944907644061510001616795398057396920586724
852555267482168843001379706647631658416971507886318672243158474476
323088342578348592507362023114892332005114366315644882566855062474
430896286892873506974632118560972768425625792951346074796979272386
272203139786212564717273672432098794694939301659419192230630084378
973615732850243875965059718802248990743656513677318487135463313796
083764317993502813439050756188302444449328433729689080695711014643
526515926055875565051948966032628784148146269432617726556488897550
780317998077200382052386943408920569349275048552682563471064892720
871562106974609480143310774386397533737022755321110169907166040393
559744313492295904794445992691482235392519540807825712213306083477
560164051797784798453264387692709478330422216534153989848754355911
884386121346165296171194919575468374131681095754919215380769294538
468883371633627329891086989697558323634964636586923490130644439146
619567637844503154357771919857820059145578926600992401127262891755
625253100169203707889168372917509123233549795493518486024917411759
072582267566203136657379845497461137485728720577235970638045389818
187758469032786199668466588086346353083108264450129276861633351733

260770708256249576355999542025853909525365929624484478291756993067
274675640475820240278584628932763478083706965672663426375333725247
194201002186875296438819799104552560998236357259987644505288738807
785092016079683569630313154067776910608904323861725856772791101701
643339591619262954081051062080282234234610437894552214460102008384
651196282418063597000346567463058403388080554980382181931787963183
345342911941294786038632929437978931806136927919853034147158635506
664285056223982059737638819392466625497682536301847541543589750480
978258791813424980750780104634339876565135751281593952117457283225
676997056472639935124352321252464199079256076979038544663133224919
470535051791036950898422616058058717849257152872273082069491700394
358349730662793217016523880658464580998607178328127294436385185314
810012857402914322217268374518485443793349756939658072783253751044
408140180962635587302131610110257803501872765043109178743227649602
364875700769270728331985892507856296181346448673368421841087521908
074575129542497671019407857484613887413713606745345300645047182154
551802291826726131480254618883568208990859607701210361863972225494
453589069552117712248288001445807044493249982495665345307825970505
657406269587075677351788320006207595513399907435046391589534889467
562506388216485522358435939927968134929036988966213377926962310251
856139781845547796232182506625930775195214277017000945840791937173
851539735979075629091972731414359013651126171375194874746823934002
819565355202899126948495327271023938001773552627313861760060134185
588963244275173385688735695093801187096652955201905094944596412549
226303433279394836758456971023525215577904987262130057175316052292
849707604818356680875243828440435251985139778694324723437569454968
580499551174713299343545053895384186632280618773132753061534193496
036816420159322287060155471431064304382252240122469424855621171945
509272394835978464568170790824284219050109484187804316058384363372
982688934160208265644202472109585544639905356629814432150739013257
683294199224894105026095472235797380542222647591068163342540391285
949888492599906589602192373001365001353347095694672042553903960205
381789088416936046688128597863070850180502683964230420879663446245
293463032714273918381824205788983331081851131106036970216781163345
332083148004232849171831142165014927419856329890954699610581337744
129186828288400373034930910885268127519331245304013235053001067286
586464579164986375814455313082576796400327355105009798182818965340
853950183168165726152849956058950557920528583421067611473746670578
354001099766556235965150304229952273577709354548183321282679886507
635622359636991632445406528524389460036773796484723134227536980437
320653649143320253380277282445748554860031764554092437080034064123
437405882427741248353567020353933844050754627747723966469047961571
263255988350210341068415681777383662551485701861762892397481093159
650428714149105299324581408884662494481950566390569529072794654121
011918210938062851123944632705098504381226908649393440487733890208
375008511906466609567270308796028251715858651731737042845906521116
338088466630259059391394851649903686785770206514125334497983947379
292534725931063693228983695186458220674231276890365493624459458574
303648941438026419179938995792006520732300712297693172649136032864
965984804409243035224141646230562562754329157445662593317210533572
449913210058782855645021551360304213601862041166810109988934008930
999785465711235378334029383247772213529763256180525043327837297158
818909586673046887342955173637313248112523293471048031169258797843
000592852642978367818056913046128379842379249380445103307976450968
891974011572602506957530030079276457485510294784965694191265835567
890920608130343427529550915050101603288727624517420285175099030748
768935270314639197457524852724527432602023188591927763276765983338

575251904257301124636222429087353660267189840142995136227172231805
286782917127688818153713777661992528673120476976701827143716315106
872147754747327636619084905322142082832610426506342078185613278887
614602073251559890820957670116516824694622984962616229660227546985
886126537384425149500453577660029126822882371658171331796308295851
355329212328315487317760613951844137798287511678737946722674691549
545388051223915640697082652902957650163203852932630949351084411953
942084582067561833057194517831576931723904311618987486499530972997
084704244468647775359967055650541906181904141802337357100647238814
708880864891167651830519463174283590726393641667620957161432368233
906341742972872268830140753322485711837268649678000445879204075693
560280259601524994361955271517921288914996614546832163439356598510
263630250760476282646241669945713989125704519112025432503148593543
731594978793318882550407850382625680897404486251397482802056153488
339639110397886532426756734152892092279776010363837476150398051867
691260062175142905067086350020973005255577994875314523213845435528
441094079156970708936027852759824454032528855401222390330679286025
003491711128489220185934090170655970381372367090160385712973002690
207815790755885111567797720906649580144699052556568219141360551665
208249850300413365298214208606149826311619659372935959388747621880
276824268359728425092645774476730505613705314115753287056562917822
225410087769789955483498369734870398578992292580909861559088815449
021924106915693076746763275681810404056220078548583489209218307114
020523973348886413320110697894176486942528273106635593078950012813
915777477883068253603899635793210637665561472446462278019208655578
870370763819667437168207356798244714792345660648810700069820686640
990195640459762066351403283775985201845134450715115071709902245436
935695334328563642316591812737070682071152745254071921241769041921
373670734561713994415085544602531228894952235727843125044576347056
088530813070862369602164095161546847008393411470488602669215433502
264842472580293929357831588627047183115573541018405768775612198938
542853732626504218564584842581021367426669082394066527650926751521
347266777984813812604992605955912394317559267457423059586324525825
642545615355313266895204647084755608999545342193100950460909449064
772063815368915280319834292205060543409623395313142450792338581646
662896507481526744975308382322746296064386733632069022289936772973
974796073072413872976298609079698686268978165575074442665030581607
793243175901169596847324091828431855667474304615697462887693115063
568423400638128341421279013350873330689483379009457833227534111428
078995162733688578616259165963321864867921854450018887396086775709
450348098850910180741818903256609942703504601528884708749583540417
949647339222234830087486931687868526081828803184211526057261549625
267016967554071554880011409888093774905873917878969225672575606978
381906760754422423575700474976650467396180881973998625705675791858
157858573136289914833091521164072346013346041036744534386986198158
146631320172994800178131803391201363142157792593321683892959350990
883012286266392592428213255345471919802252781350580182537812335174
297117799879762178306412542170604560737564190770481437751708435668
415766946459283205431169390516226287694262517114822199032231134036
403886888781002445863134386398961916248890194529020631182523480828
255638005356681658754190059957671849720191626045073482773428947001
363285030969420052308473726045520457270179150120235977992315079278
355366255616505130649579521219364063191253851486394336237957766727
022069431540397953246492312895928288895700318270252572186911595175
634835641275741580463154236874257235336374106979981271913607365787
354992564562754481426830207514780896859672896766887719845299898192
217848147680300489687170826384543446594098305443221150430347283887

491271372983885277033095608898911602037918407910709828229137882464
160649459020821061233718824093827310743525180984570498820787839128
829659215743098969353206030633942336816309421004922467846066042484
709067142621190096687442017686735131473862896718009994432297221795
895155774598846062773375305314249579401153370295471864228384747920
049880156968476251460464998526463696443491519103742722548914457386
387402436177073636399827899290949957080563042891777024036788650592
559001663251039707802513483526270997435568471158704587969459849356
207608253119753840645927185942103175998641270025370339184930173443
361939739276167426442986449063230690880340317384609159226809618489
545298660027394664992132004010435766126637975465730882327867719838
237315661597629224349247258601882068183398288109365663510580412451
929740848229448890951986994102756774447804476499755591218818048966
041077299657281588448669834647195069938452570129974982053019758982
430927251272370169432982715225525940758094307262815320482648859834
906803293547700017802499730068747951661896583776697443195846306797
753576288016836314585892775360847360792817609897695278526065653390
486497315894982561123102311406366957114448717908035957227350930708
623379961290600315071951315863353700831146325173054289019317618296
974598425051298193355357797884559297086003356099635115192911905303
130155008312063193942074296160886931957804896898369090384968385305
212917948579190159638160032900064067208744125783946805483552122917
776338118812837289141781140285518017142825457889814250404888520072
687160517122922759150753672032319067506500690739744676664854844819
766491111139577534909640156973308399201475819763070368192685877564
753057215260686551207741594927500805397948738255683698290343039275
067496251425791665732178441488823926580500461616086244297454841498
604288561735785669173611446480872388464174325985856108138566600307
358280032509293915011511377244902376324282409153635291113833428535
483264392943441305129015281792974667968440106667521462783856138613
706709769512900247389384205222507693140613431780055315256604817861
599770656912459580959308847990215858793420295009845292778875936893
087421497126582514534083890506358612057252293983506846699610204015
622320063498959879863334341039108840172900826519013193277819855949
933389794720906048448621568765103726844505696253093754257896332361
156804780287684219437998681680059294425657014029570891144357230674
045958522620595506620061213685231087507395006792465026337864447179
407868525404446431308798267611392579481302223599479842427835659501
559701443349810494764762292373567002250198599900005048311836292529
276154903388678744731148270364388817370576797940103394660385873571
431423275843310939188493017862308682202006288842565870592105642954
817965889996326394929166109813238104594184395106451178488475228716
189550742971532504915785789813417757623174791552525301790419959265
7041847142622261128991462746952275219868549406370820212675982633382
859601225486081555006359349242103386295374713958062367931979159033
467974347602669829253092492008755822230872742191223378425111662912
837630153577290831862380294512998259186443863686101381062562790529
733554305108986722300800093549679623992845273734534943609287158516
918816080108914244464152099651909913551089480469504139692958667978
893270962587197971902353273523634326619341549470671134573297384932
670424985382108748435560874151758718649213715822043658010210243592
814843281801164097163976087314676581734071635836482128438568521218
697346497291847825623602911999365316479635693893346240817649336001
646571648666756346124315297773966610513491850847189524831160236115
189716146887404225999854198341894614429370436575296353508434057761
182545690435246201398907947984648657272347947214637104923128625546
103600488805532519849509480618983166224686568882266896301485216327

3025684682707913774796401810896351921649962753479285884186383209532611609375463617689427065034725763722719208689372334536989318236688740868754346341689992658434796892367426362854373175761797768331175385423441302204470143045601545855683952261504378171535360320379151249595274052932385557532943564552180146144011981200881159570913755256415157026205793994964979621421946593251937794870793316860928165714415248194727491761964579961526553618871003018366081016856708424828315316412725618691235203374587515680991272242367670925859878940767320596425927760483408861595654127988943408858827438355653983940785958804592364166409554379488305819775103883205680658023635917062315315286483183473058164912571971360017702646851381751599944284056896466382288116376766907510121323570449252550032458448608513054057336752818107256973240941691063629122280126102664819042003008244902845091333731860741747250524088357838862345941624724789452608823808096577034839871999292057583248222051393665744530246912092419196981235452030963795284684348290008149470189968155053643779130381399119694837502613346938590475361102668733041213149484134283906011515287299316910449703058476063999954615580117201677809997219584260415498724558452215599517025860639318905480367886285748817365351167337838266848847653995710035209253936173516082541811699649806383383445712753806869534845392291655838369776160342670586114797722935951468327991188357156473026391562936441446523012261016371413046144353793072982871847161216055092492578126633754789696497973124213650497858078582042645819353812551828087715898513385959069955778497902080346755406757363316934800365853150891952645206894500383104617965481335912142841651120699361603109083410639580908767134979181905713973180629775902609083477109034742773139882143504024229842128723345683411241101081432195159029398484976958291437658113448489332591963127086739045704294230985745081162431872372290480657372443121655396193433052483854810845449994571094763336473447716907304862304578159073282224361522061731249752503004070440149290972395460757367009071701207992962597026041401245994172181306362026238555323492026744406325593140649324290754300101947271184337993959816942864601371378564710555497172490164733517191961875632462377038968818051410339262408628785404067202108814301452544966208725372404386562156970447938076526084617260538878062141849329848430220795201184630336708172382265103127157257831097132510464385704158311675923627421212854099151691908218259927216885795185036634447685245422461755892570476282827476573785439865503349640387868806547370588037852960865620779071272413719859174205960129151650512963774564639829234319049102949544503799795782168530519234065341529222262755723382007102976262421624918444838121389204409601428717067699606394867721427443984531856383128609753583667850081771975451318024481178940255996154186516170026195009417556457360007203260732838668345174914955325879022596460215019896923673311481817506738383841552541286041561872502100324654230741849992626454846120408839380309473781888910367674369286434870236086657619996100901698981310514305720972955366123489655283268940208688574360304334643729990326562558402705082788526261429592902231434950012054301224832697349612276163441308402114884803771677447702408947915045883593409702465191981569041136011076338936801766948183794826341894569097505387483944087224203643349166951471023063376283463635157365211090808836658364146548845036225509273163946128145768960475874077959145184434761089547927172587446166576402898694585812438365065677719174151112332046817014212044750740230107628693109078696436451333744245296545037688479854158559352781872183886323252960635022505520409235650085490514137857048215092685322843804268070530884794415711682060515144399481486912408861764854329315770557095642929310480521355681

133046841767234907085507306984505513284979090050019524789474683935
847323611571996907544633821363881597998277324430154210746265460300
313425950876010835896853685018069411992407836168739896347048209305
063612948197342920341886959346928412012798167709360767184950877362
958765178262874592971780814759645732706359389743284852588079104431
789565198145882505856738715622043580520421644596921540431856606783
690888532352243651960883115221522036200689209604544654520650681657
906399803895404697964471264290718861424196267116010476957503267155
596399674565151320925899032577216921446755545390092708853489722028
138898267738052103573661174033304150162484287574081482253530645174
717775274330296336370270035799365480429222678007777916183017177270
717120875558952175953196756934465269585266218458686788948568960508
770749096418830963358154774889060819616724097567153848420544845005
554339775594671501979471857177483100534258217793022761334754862837
855899584573142638799333662465831931624627382071526328895537863224
205782767352985535369880625919854216435666017224822161233277197265
655136622037914273480679466428322036824493729890106705251982219307
545435072356306853671041414535231088101646366067191773638748299917
723052775031013205210903174610434006945257666559745808143944555619
437836897858768675558198524803788772804540295904066955126207081585
191934035335049113328590132073497112450594391805489543139185640839
832759562720394808534214105104760618790608151137558077362812883217
005456662967981379443501732627252486421624111820553646097853414409
531455307892748048530980686063131189477669070232728723297631352215
380614497210483939782249198701381311539029053558743242338062951496
302693150889418241376667816792920126901558393195183851334787497797
343454312021939970631686948889544282341242937172317210134379285573
524706554724555105650775430828637550543069833754830827850589596683
329917624028223456275564151284294895661504974148347803527174699389
280929412591447795218744010757977990336291812261816266015268681774
857964151082747840153533701164741248262696699231270812079647083581
013748739973565455383677536597945925920249331198006331497116149967
127615486853610240737613282283674863430921701844090810393439691742
094042690884148168632138107500662065071772646820165929882923049740
047168470314256843915649743841578570900183260519305142903728354599
237900603287015244420013294863458226508744897766302316876592662573
366041408594833422759705436316498797057038665723605257128783912302
229660114845277670322931014315968795148303996624089635784600523788
307774969284149794238569063338111004881420679339686059462146830946
959411382737608527746543465832381176827513324656903230370185492750
945038953966409630164170764897066269997231620365487671575047087856
882815898466321006267378394379503366944239020083720314537422950824
495026599401453419722077303933241251688014786312776373631863262233
071472714079440357426173879698857787079551464667263890566254477100
565631304992599250159786690391639690193224179606513922353945879561
990388083381830864015543316559874065814768524346358288436045958629
472013782744553042999060307904938121012059690588508820003949835437
578856661612852982833869028883840081534709493897179464951846796780
700306261956570439352774520911191953847145144509715699083024464878
412892806861311074728836175999493191297584372052357980844838363775
721254550103275730422416612544023975051105766968574847550373675110
702451333859664265411595509121955208284206000271347646593443416697
495605804777601417705743918679991295545566341138640231921659606437
428204119407118353909478819103336351231463464659720152482130239722
060149301864794613276870968557067740736296664115253894810556772827
571484010344731235284350838405702606162250835816731752733024045702
825982488275697890052643233421976566523293182013597989653694898092

453102273516607661357416557444369197425941737479583023258123783880
023404684019117985838415770210360932405540552207677528007950842407
231808453885735539618340281841113473448410116068353871405046780955
756203712450886152904682036176903040693550460602443633161167024019
158281258406862373772086113215175728093691989368353940496276292271
882528577713553596788996139934004328729452537366334483371106251630
395160624849652970872164896391726154866627485101459710560950156010
388711808029168459259644904982327889743741080829148006454691889676
727804420859395834980951981384436213139043842882952418242254821873
272345466457894595700401699530446572768240351225636726541365544889
745750081921116368657627794711189722022250760933291417445649780975
115262441943304691411631024351616227570391004986307124496309103206
702344862975855224723093902934931858315883793022629156119564114173
851664590960722271217329673805174580101139675077515397074580052447
894080408620672349721679101128021725621404671995687213445791833255
494655263417547643190917812572291454320934960619271891755377112116
329865130680869486668100297071608138513725061659937995915226774094
892701955891663544938640368981795784656130579783957639506760544583
148748092039264066934974807705620571589729012812792635459515374596
533297387139453105675361732002359813863357412458926677886407117867
265990999510568018684770850797526370504022027220333002258477097016
162937280937511376808825991909168374461929799314822255780483796360
734944145659293562030255633766733546613716667221577355790680738165
294422953330919763094109247095763343859475042417185078362752367948
881767505095877877074443153917197078639811430484586457851924279140
310083785028957271551789941692584309951085998084919541826916974022
824429242631672357067999056826520260446384788507091902845642290522
622091757407619768959526461035863866642035928545016239819417715205
573746701376767553166120334016555897044137893195290871889631978658
096016316012525798292430423930810270683775970147597744902886988398
374371961254836863661288770826109804028528387950000847863669386628
686144588876106657556606778878023050962009611078846980476422107918
333394770585560411114694923840861690590843250249942966249631784631
913954873067235463729275689150180174264892222757562042183726411000
862543538233496023416652162844316698314874667381674153821304920300
680393390358514829581098782222494281304103485099738050081091829204
093653151687144640368025908887138680304133443118287813675196418808
192730327826774300503953223522717471351952646101766488796367352532
485315448990900545325416217857285307875658646217259326496531620813
409814661605620377691972649518018899140271605372472929771425478801
812885030526980184842919811835751858018960082390044705002207957407
942886884814843056748591979421144925347935816068011450764848973278
514297714052449280283333210376511081284784147773271474314923150811
086914926819936695919217039849033316058791236022534220735449826024
841687808458184869281572295132962669101399690114080497934305195125
004359002455952235874436154911437013033676316381900236916576815976
437942279462476323789671256890792195363548347006464673125506397868
196270440515946155211684703073727235710369975745339734960635968938
245661290000694948174607587469468332315091338964528724915939224620
166871683598681267907532731979187219646601115718730661985683186697
603710436346442837710462837189741911430131813825046233033175526422
675674649355705053564554383053276216673616927616319824908653849127
028312968969762107241063077142234178506824104477477187721858814628
153579405978879331338269923457779194491746230349934058713203742578
859206060933292024630270242858385087843514805032440355151262344771
404693919272547187868247789145516543242991581854350138943643918800
008770582254553464153780353658527397031574461156938577116452670711

521147716404794903107642917416750979158530875945959257276147756130
790223544831964145883820376745006853999105619506673795988539185808
182517456672600086266399600432654134561897016241925172701009087122
937192093243029991830035990959293389147571186302641957026808398643
236169822331296320039395487815083679814291105492765766145065468113
327067992211476981032144481671517215838888492195450321504586340197
513263650370696389602368425783575934971780795491596000317630857466
975745131013039457650239183254621001126929698478436271942511533053
297512983356068770218995934990687226508986907320297739485730287950
617177846131882282219223263853711287048824037877286954581367484186
013728599859302097809227981543989072730571630885258380036715870049
337197733851324442555810936261953241881425921330507364343541454825
512286558642800885132207308429405929263726182047733262746027675616
646251645960843669730994150842350011929339747964392268403838153535
735034269401998980560557530672126782320470457159749337669011246850
644476935523340039347311163790031187320317511633664494426395940353
331640831951575998299671004575866542646429986292138716482924653146
039442227836255755621767757575215651844279298234826566528831862041
947788669601789368386559252789779308669877597288649167209214047662
941014052686300475034249995667796675075636759650341171353719520310
782707434334590050550153272271433613890624844145273329508287368588
358507929761914378661974279181825892258807352556872300488294778586
384029551232402479821647066612968824062793054228148018556527263785
644594371919387637579600325185871918676644406277390692449462930257
474029556042280850613932060404268651847402035156943967804401675182
983068683067792233315916858326778166693505479416799089122634527576
265322889435497094516063054231127391262522594752659292771017648277
803114445807177050136337049516428167012599296502015035600016624834
472335748149191204978950070670199479415356680483349893405856537143
87218883818767517746449356077104454827336430918423766085180674278
455527240260302855918759680182648511765691458958944774217515721714
449751800385173872169944160375316052813791910018911568281624955187
213056887626195057930781864649288553598257012993616667009643263445
472401519100410939621865108535637217601778561112214470303344057721
567361473438730419252309182070606902854959685003052938558581671059
358314750273695059780708434634096581929393384637449339936252977213
492464567669252516966839124987718202787496237444529159554778693383
457746324448528256447648895753775168629410883551717925867644670654
046775429830684040501709226140828858755016274532473283720671043016
412446501209169572622434529739290554142724527685866079398227787290
724061291066263415367928901787160741453207124445659255120976860517
299588890438452233122062878335486427386084307375821615211274934438
511251562276775827040722891413950391933788314621427346213387206749
867271762122085636971893354691120828322246901147921572834056185860
114791427700400402044279947587484124994938897618458993606402375090
482881993256391581354974906352134387948732252035790076006424757782
281497628809988511895603845112058495294311425157934435124925906309
985844873264914303290146351803349372363370573373932295588928239090
095869466859446451673443678671811561886209343139793461883897460538
887641521628412301675243860349941801498265518916610188155524841096
664538450382219030820067778725118330911681055419251181402560506042
593658795705432575137363921979559670667563271083090413154788467264
341350970065815197915083724601164552331086375202685424287212193348
489233020888867785469577273606195875138832863622876507492088069026
326164418336450244919181534740686440097003265952894063061976825373
666261494218111753082870977315373078320764562497765882750176826212
910103992533996606223550809038705712019698933128102673450140412792

640388605955234337489414979893527485544249358490951935606076376613
781728299305456149460458484990942094041966458896370405507804404828
490489668483943834989852657145745220906192547088691690113011086454
672835094951300795630425393495426885039082421130666474160957036341
432151774399215033839422425648390729019922467383341518724443152633
130170489841021043279612008440464446503362081622757847689017158252
043305507184016946789220350155495490962763121796863666566955403736
242803753730593246374826760320215089474716874525836140106920690694
379300900041918222194509782894511186663638292755575386259830016328
465270591592881272077479501266888260450381692456523475945096386228
445484216610811093187423916783770239023520409585410609450753289811
849372371003903907233789175252039178104063364020258814660668497487
398681633212202345775529885450658848774319391088896545055746322950
374962138727345331595978455956389312686781051902358735188195507541
566981533465326714084347007341525664489029674240997023192731060589
237423189992049951580862598586412469244435431174987153042674303658
496581277223559240350468222369874725346987395504442078226574194082
258526998796955760773117255730460527744548050943516671595344476809
469707492999528871265873965785223338753856087315574050298354419445
496481300612566325234932296585900618890227978175669532654920059630
986347466217164763191611838081159745939968293684904673340824708201
544029076882861160661367236378473970553924822389685085373157500223
892695256072846279488076106695579078853297787036961789845934352413
499160759865246247584498115716276395753253195111414759648714722692
067408992194884349830172930736662438172317294778395684801611090759
056983040477891535656634797075871282873272188743780852171170319623
235452759720518520599107973867683473673414598301945138691659358550
037014377207652397086852274244635415849688014649623774478397494274
911893699629540341155547569058235626569242567989158762387329537519
601732130653560655313772949365110177845633067457910384967672519912
894715202445677760796320891565808737063394116656965243851910764596
293669447069154338238553283390366203714318406678203417824857422848
085884409479876695259613605242419207389829635318623332481760566363
527129377619648399067309480148793047398246542674626704225719794725
202962838070794288077912088174777857074633153622604193838192935845
049245023760988149039598555561696012103990918750807215823268746683
378440525164425199613004803308705310172644777828082708742365508200
581233220723220104916593024007283816028235791801672331637452454167
625540336708613887707844624176914881615079033858906751764876368790
747169205725171376692235517414973778940360390128580849324327577325
977291950791094874693312880052009611890653581906027994527950408171
945179618501369902038875250249853753357658298055453904490159092620
502310147917386906016005017921154830909907820479385769707960668678
339847512312194205149254753934124417261409337043350317804795699732
302569611108123445908573683064768661002778152719405470082615073594
961299427187465068187010951810812347940658877829693892997508105594
801104143258777490446271621877048048319361759637553232500972433911
679366752356535300116436546080281572434827703638462557365533661614
329499968407328950268200941534192974977804338316323609931521039247
688312838962488332467201036039332104957260375458270209985699428894
793416653604095983863642631274957119914151095376993180720852028699
918446110107357313124356631529444369801767766803521344573504512791
176804066913805830617395684314633455136868144607885356726282615884
514405727146517721099016303752894596274838697652442496737621017944
233361415439263502882172717751815235484934558890131268799898082855
603989705859330187819324200812013545907845011368875492829156987329
441480060398735171904921661885802858098495180786200205956364583740

805445663779151785653654886972466413487871522961434212834395718932
224004768531512346822605881456723331805351969597772224968651961264

876029186664329855291609057863328306203975386134800376747176101181
059817902003081123593189603528098940566503553590501480793450649628
208273408433800532562478503097550211743711025862876965212950258595
365476828184695698115306698310529731925150180834433038229478545013
832772248070937744256323585294920103077871127802353700757671725884
036035337727270747630902240934280308231046105709673489348274232962
928048826971638093906487715496989467503081527623630733463489386376
327802434200034199024131083297343830709798445834186309038373118152
587152413530441389030216248847871687364803006119896939376828653718
375099662397341850792984277174154968546927708125894111323927861446
189032114110387842956979270148365540427169843115026056326282963991
409306374371406394578324877009286685881841256244023842432809430982
665739396499731717441183283909116637094444138975898530368403654260
296263767380196066085373158883745751633287273044291360360014078087
389122153192251846527048738639349206934785839197975308854490291254
931737927928485359604695753091980961994840710061005590379111094735
372824685554286120878740979672632990462886685224871229267749650585
155086219886562949992725610210485745416040088809507328105038735676
333286224257563822975061839037447197624193098676227125221997329691
667156783045416763394060622681090941337248483260819762122659521668
121574904355842128917213707607953472808073903915271149431814788220
514427439779055248402572309099342946784191430190543875914171984933
710868177341158218521367959327335116321631561634081614552606844910
235125040025620243901063083192183140454744532203824987520652112596
155616308975409219225655820875558844654649211897558806649699000405
192876608767780421443199757990958434193058913891880743190376867026
131278341798360555403883666829158822310590268176886110577614874670
244602811924210952935603347047524907675016265567288665257506156261
639607974202458287865653401566787232698790027912881227504632359648
370211560094210398788330586338137552195998369715618606604892157550
318331120542031461420034415076699936371749217520416262455048051370
779861238830596877126626200967862727644013807293632263598008286796
479998103193369373447076736241832434647980009339758358581844479495
509080198317107787431882549513568760708455763376074835477440847671
524504927653050470016891580343745176219554868104653297095474131305
625435503696161038822539042497748311297574203231225374575981314565
999089549770186080331834221695808879736029720541595449470611302191
504537759774152142596049616440177693874022649565278642319480543026
441611538411687677428234602189805503489627334143381373793614474747
584157185242862660627488098980083634532033329068367924045085305225
366366878827658839980058014830884326638205812236273334100776453066
932627477904342837352654558290871196872390869229712855827058202633
527223623913227818686355364999390033927294944543482526413276626841
432266715618727408166795865578017723842461252149248412256519015560
130876646634649292432332393835833419873745127407636328546053882264
240812835172893852975751701451373073503539531949426533667585807456
919681958802683777630098579459703230656963132943328038885584544578
702027398087471844332037460419800530061562290343495772570864748457
184770846421514641571682449920974208056062433145812341414240490643
675164506282020077797084796273760238017230058666610583886524913197
484435164494510686917123312540843653177779830871338835044447620451
373796591679540495573607317944416064608712206740307438653619724488
263139800806254223395696129709786478329664309634265167044269027774
804296625897126741946301589875865428050484539940832223933241391824
856224326031138972519967188779992498725330067079962857938545953243
828813573185425030122967179538721935214330010428935634351136657439
943832911073048596045625198576530660851593259525730993337939990963

203006207189004620010712624405972224967244232310994846655107100475
154763016600022522703837951694739535658240010933759679078540462831
199127790492005710718775567842232213504492664200003457058092483951
807290958580083517364959716556212461506585043720384841217083911940
707406328046641236589013345132247840876649197291665713695624520034
418584791906962307458741835112100700717502688908955205441512876571
658236470455459474595486440365362377090099740632975060888146492506
689870990828866374873155497939972222091997874958219617781692904499
932166523846131904240092035176676571760472380191675206864912682558
390655028312400760828828397524949921495667049405300943104174123853
654283339596131600359232032144331131872374249196700023273589466340
994189125369853511570744151017290615845835987241698243366369776608
173225593657016080825627213518903872329606033653970392733114731299
056567057588977013755332062070256106104476695530689307799804637433
918367689996075943538823013500662893296460161668462527621525831678
235526710229245161805987874169803266762227544460428115020016194560
726004790674991939003917809972750076650951915327245312270654428517
158241248587508508894106029858078689168776497917424105523990768048
499072171074812289181637656023454342480247296685563993072517532430
397420137614675590479703598322967845880030110288494734895580819361
872114208371824407644900032824431894829087265388576557896449500136
761063341004653729318840294978110894738646669605307446587262552730
430669469471664682469976155015154582488866724117585911393080262518
356917216039562165585525392686152305196022068520001714148363934199
388571035754276197116355427171238458101195970696003089366883013643
797228126046843968793265069264177575546422344906017856469417123311
281157845370357161617815817103688327835081931633181453745566615132
354162224454434151705934954813108117013084268709038079632997101562
405064625723944859315450087467186539058201772485016951209434776610
085507709794099684090733604986623174389700501939744213499908897464
951797972086150935098573144742959342863303120087503932625534445326
700958609007953316904613340651658504514854754283266492540154521584
871199340504243113800897741016249212055318935928592094108818264179
262923284327643710049535417014908277632273468299076872277627403341
305079239795151614249142664964900371895205885209232600581592117298
369832595055775468303618151831649176780794698388723309695848143716
969353998271715917483947594734604692902087179799338998159527763231
795606670615718837126401690430721045603788397435055815708153874851
252892558094324699582792801718581966908720064557842946623555271882
468801674828550987813075877098943362543739034108088487611086058245
622901005274548277307803221170358468686284122551835203076160748006
437113656958996652432398831408238317493165318243167054982604908212
036176246806473297827178770391184443012350506570406430643702398331
854908088190158809491402862209191288975738602570751504708213915992
298328867547420217065928777471647104459453570610852277116436050243
081608887551727012401446835409721456637373745683150803768254569301
621703245462212823851558102856213595659826850387112610832306973489
222192793586756860685870741079500318724942204094143597474604630391
524603389679998873129968088282949002941837931599480166473742076511
149634070475401412460449383935221309157782196844819253401615101099
434143347681386606453359731508940077972162323383429701018312397653
059185290130804103984959048655368806475236985962787771635267231562
332811908547645234504940731235164716512399328487478024338025387172
476669090406796141888037142871237326566580283520706037172503348121
772654078907923317445849675381570333832811734310888388163100587840
104455550183513504971238621414424985671545661377617385886815679453
595115537634338531415335883605580155148394050232215738150232065453

017866859295644441455193585079154956827244201989288616998975885192
689070581214182357140160761085967110655618334983634584956646924296
987174770295226087026053380772281464162479516029000994079033858245
967736001657191247535455720266731020971122144998517531401612899180
366377164923054476660331376995627934401242850730892125608634525793
790823119038929497839569096159036134542275424213098233530416559143
562831088219833128852375657189919693513236566680442919239739107153
282350452824278498935002537069342428206612963451439790527592235117
977431317340203587262958047300722452136155465968742402490410901592
701984708672464902424905780779745633368088088589838267260967048909
126970076516848240616691449785520646287803689975581899780901146428
364183856871894431923384323557025387929257868528036043495880712371
504805654215242141893329019619665685526074934413569043855573262708
552730107681127386282712087699747926720612798180217529031780068804
673693129368051541613756353958004701721722492137265001608072743748
634294380440795222009244661434468913581803913730980179746222390594
202703410559734823031652858252378249709879241362921999587710535678
312413055863744129928733909948944836394323789417836945322934359179
279606951656859243617491439653402079361909293745943060365073487152
222834252256574526076202646081271791224838254480137237402311156907
478770956922289450410920974484884380693726851037980777018437838908
843144949142872981608894622451011468712399489024803930203809681628
280564133676892746798967240089335043248735845956926011650449308985
869370608310862890077631429804505521511674699789833590827641468221
817950940564697549685430722611617321997347867810285780821813883968
511926046119072694778441734281936284342104035214771574500038523888
209176025952868927351693701487421143471926107415086670836903512062
876797988018223468799780586060371031824954859836346090963014170757
117205728493297213878580607944367718255528839860626999941624860596
035521722210915214390757939980860616064449070052200112269175494336
265468933686998995405482914650174175890239874104491596960775311282
307005269828413553764783327417193229533539262675382079044407324515
616051391367247579786360040678855135806770879526538263502308375508
688383168602573731444534425644075177821747471209973820210490020381
968760638996901197708395387253564332565172881638717197426293604264
429240167170850383179707734595295052745883653875703432714251692200
328453848865231320548275264963003416401151299525495857565306420182
579774821005599893071270000825509427175235179890023448893576777688
415490646117583664649629293988267837648549981446858727219993063099
087772026137921092963483708015578535414411758045289980822177950594
371553418860212099650956475379364303802911811059170004075514444579
358907349611490035803333024408096765280773800035140933320366737477
231604379893915002580761411783974758586412905243544879183017842548
210119121215983821547813440484104516588807784350860211485324999817
728416511520669544325625046501666841655168280877992885588637374775
628233672559051553958637315278435476362790500327781657759255753521
817854837640986135447607212919052879543723065124550487080930869803
413398710938482373868971150908724609964416341741837473442933012975
231904397719621564503016922211467606758400051293832468234858105793
456103817172507109813735672971988987741972118028461395862045744201
275587614357670446654294200607913181529083721728137048168621676547
439396393451863046464542227682332103316970856496579317478655710519
959386479910002426340459443717367987463592486108629693080957593215
581636998218262359373738056928933227165432746681011115968475612375
708519411811673923605795123966497561242256231324040278415622372365
366249292621026245735658331460005102735626547619054622760268935642
610788956837930632019352801258225355358468358252030063183331618109

오일러 수의 첫 백만 자리

392206864154507044046838421068044170727434242672243431467326666854
627942039293966820356112275690400580351616396980978095817093257876
226278126588461028280789738347727237920817035408083722370977255644
216398793839167227503621602359938637727130801015998488031828098769
488651234386019198563684923042810107246048027194836714064964245706
537124570917708199793022771540243922812814218067960121308052001578
164731558101721468687298740016680881018527146939854794410972889220
689639552634179266380779531356806289450205110737265091626084387457
625254478497116398525094610186125920743561894738518852537618628510
325166822044087532075629223754781949026659198359881398838693356354
672954978758654218891771051076053399304199512978507458918178007317
676065546588971414062285753510950783591304215292676638738031344723
502283884832126925752488842925805009041076809176634118109870106246
355516337175299813027551892429429802647605394386963764707100020331
836392448712835888949023349924134269316968469173358974268250551664
754627021129065642266627191311128243664144971780912322723614127701
515402924955533739907220061536439415596462876346753002049304782833
886002111487373020893711699239658201589271039335122747663523989319
786967059095292932692922140208016379143949656080986502546729314090
194407410321378087261381221479777999389121374696180338522364192626
180727856127349144022796555202998454116888482508135780556026962175
984246469190011071821747509959771298451680975062204800360798058162
571140101885614923435698569876910923943727064227001425007318053515
946932608009948944856222677324433609374029133791466068435946098978
345838001220497840925039210664867072333966424243583937456160157250
992421965662296448896485192171895240745334232772328267927751602297
232107581650717091078590051781540503384278592798125671731255581049
774262427701782029522138634683055721906642166042388133194562952930
552461234710371020636295394481657933053524735760175827198834195896
770006184121167711806272822725614993667847561233178068422438049245
648412812992235481478468533043102214512882318928928822518322830614
162680143874700179411233965161464190635158098621131159480401457723
881876859997086107645296269969920475914711088884874575409402017241
260069915880605353653730630728464576353893632558734676858988874255
287719335941039133398368396017311163535051661888809305492501585479
186422877786469280485610283054539049165536714849165433539883358215
019912801283462434797962988879376717181526344692549640221574291994
551834013297796616855984216471447852089269340773976502432213592580
784321613817941302997090177082413461540714540874784178644586936707
343621934752604125759161499558313012424630105851569355039828518056
180655353954955462539517332827931569274755369553539702591977769942
068581173552644515049642073504008645168221094291341848514526858527
757152061617085528691300279357576831319571287767874782613094694263
151397392942544631572971066813618624382236660848033296635201194447
703505572581849446617814568131100271390820082053451756025551562348
838599377649752890087787896293951664154334923357465904573741365342
814329298993066406777599181864982510284679699873317321693092146541
671295539735935545339582214376486214862801805114230832586805097510
327668655135459900313116976481078883586605996839561133885122411947
113657694513717322259312367746374543213907763884602459367323483907
723598880491823810763065018170092297726789860353298121192782111912
108450024983755865721868854031383306139659708616969735457194515790
095200478413203903737102414074530376653205366539848236030912324057
470182664683996807674878998278846558428246316807719100508911938480
249817619156957792063495892447388867270988613662803435611926981906
402505119618166893982190541003946864245437496696596651229938869621
541863011269079267040007531324746065390801860216170860479870201253

450352694747488009921072998899001225662430750100390222751637587909
296367693236540113408472787574142417650185896472110880810795994168
289705243193322878469808996324475500986237812158180476837368819697
417890643168279072496528275043242967255039992320281828805099696469
688490456072799603315617623808343831359161798421413274107402927867
996516123962387577739282315309247134583442449051828209585125725890
616885216271493816763179290353201570822202396184889862515132024254
170645534024133509988590515301168660665127098212785446853798629978
926968702262770910317450328009336172723702893729410324680115862771
629468681787507950631240943538461286715159256497909639759883814207
386653867528712559121719204901337294403377356233522486136307452372
978562698517142606498627430629864008917227622883983124002614615080
890447850699823870248355483902586618446348951493358417393830038375
402123674126761077982605253464153472697968845238903481126455235353
096601294659672675414370949403222531659748480746942192059900361300
704908823841081275092468673231225913403549326985228576000375172417
842064889648906415181381578972379957572125958221880006849668043171
972617005263706684101133124486726332966450656451146459616646709228
979158839289968345548639657251569587526799582242137515132408783681
844691285726583447503751475293679838896854081945763265467555099073
052447474902860036198791252130705265888223601806847258167163461185
415432680065757464292493153844920103062282360967303322763956350258
520600638605702284254437500497296915414925454190073827796561475922
930874572894980427433072341142279901651139022974455455587986556381
969513783157598874076644185656034635451605672576703993263090837817
827609009229244943351188513868065827490639197242089551970149561093
774501491173699727968189549344642180386832860169183852778897312065
844903869316668049503018268475349683355709545357424730131957154711
582265713585966743502616569310586213309082160977406074856305525539
155260878329374838237925048575470085523563166294185251354401412418
521931785297783300617717166734502893129224689075604282695806225063
064987431478312568587195332390066055081548956161672699439457363629
544413265110011011049941367126050986085245535591142679016883296869
956616082717649996625249678348672421473175855475118381229554021132
446969900764811979760502140155110255497096640984977952213500931193
464869913463497987735579236101799091461802957912862557627211038670
774633304929409203856801431730484417291299866204494765684533031990
842082186814437612741158081018271590961034944225361992003722475904
858248940705375843594011980872748400691058057404639012131786014070
228577339596767040409940748003557710775395948175321755977239605428
584276882374415533594711265272755189096331166104775452502596354241
556291088763750869608156956386109007608856298934685508993732020689
087304667762170402560883220730614679756022611174114842974611167820
776323500045630891454382225437137964053378338812912583640718173555
271547597907475544814100738348532876752461560848584551334975912637
160050723861751443456468536816977710792773830735834111617107906910
967484896276652777167686261562501066114212571717978348663299865698
880568568820373633155129185063199404201241420895240579120780902242
643768425492425359176019603769153456901580057589449931890748311760
970457927996324526731511642717553767145401139705645022565559029500
394014028948297335898495603969812861958400012202602855214705336398
812908359221023777851340748810515802410587250206857355139091602984
206311074066299111351817722655767607650520724095160885833886843827
809115471515308457179079302292315872649053962770158655178240753600
016431522875090659084687886250513814036248937041711011003206132473
448517157610315112084306463816769174693395714862706841506851487257
935448651298839938105679753559730506841728468372187749979422008748

1780211033474743764869235714952511721780938734745608178017697147646
6213010331560083696627829483268699469371465705930000322653848015 32
1186141133960210141535891801737790214020084596409610336540556057 94
4491388083084218702871499867972698244175689544405485634159943915 34
1135892912683973383849610905805587366981791809569907861389848263 33
7631007540554141497361413350045792453807229022492663753185668781 83
8506584942983258962681274905360645124856732516591399106486972639 74
9001382929430844452415156674104670784082147818000869019286212101 64
6703622677684975581330489074778101750141534812114386854162275171 59
8927124063734637419795320477364651188109298235819005283994556265 48
4660045942030607247590519875631408880002654469132629853319552007 81
1767515058596093129162556121091688065784755792351524428630381245 92
4240398265541611897788341720489008202403889448875325393377375680 09
8243533624257043908196278986606689403495528835730500913967927694 35
4008441976657886256745323656044959285131764083280882437269041418 66
5031305220175822908464067570683345730026132804506799210315649006 79
8284953900535609171605969921025901743353231165128632592414292369 33
4317888903524780263866407507746537361347889868986351101381084900 36
0110671929326926934024393107379828506381473709979562786753099370 18
6133275458847339996770256840326085999473311903571497893457512223 32
8282606661003022661433408097326674166241116135865117807705077947 66
7241264088976113730334445311946037800505482793770152410767151422 38
4366258041997915633422083211116709972257853097192740688421414222 91
8912151443584545095253544500128089700191451591197117598119486228 87
3256255393801729707761460142052999082864418335566265415933414188 82
8249211313505913436801149705769629126422350966195032344328478039 10
1721850555010287407772068832250974671724390250814656946628207143 71
9244070214164437929988564550400821579709886454690095227527619182 67
2749155352210594625219918393709427829413302751011643071651525558 54
7714013169988161157229184245869768816570535880124693878695252272 66
0196819670287903826120644181239827588281399395283475618613394226 03
8414311900494780906397101043615169309806630460919263478139088741 05
3701063401591549556492216175688331345674338486590495968409828510 17
0113886419837496681556513420122714713957325071581426627093983888 70
9305437573748060189981699685692595533232180564306103519065788431 51
1430129581615159877295210122350059878036306464312466073376129024 70
5329539740693396193751630880453549175726187756358102547923397541 41
8245829422638257010819301399367470773021302473734783132767874206 58
7688908354464990736837352213012608537338207632532792447575331105 99
7822226653723175231704283117216933337198019638919817938762786740 82
6705965086179152705581426745806609423345217245664542821057055906 07
5112088490440209426277930999770364173597893469927200537366776005 18
7643380778751832056745113021297891481335109042246256432920484888 46
7862565516135306581155418395334017574343697728566101517107070545 11
8283776996743285947655367440039321355072461146782888408698979377 23
5267604597076230462093143653216261706819011294501131903464465899 60
7725293976183513631447339936132581429919274231284044977497427438 74
7886654163954844856259197507178539427768736667867990222243841667 99
6055750370383607095984556831669065992154902918228054694436787093 93
0724323966229573260535720990710910514097325536168962055345999595 88
7386528650451063610852316453353567882833872054884092773725840065 62
7798557712928303592052846079287771841102571635735810603206651667 85
9861075483899942404743738377056624035112112116726849284195962720 57
3388965808280262125368689483879375441175928923951909966630465806 01
8421478429723918423108873403241883458191709169023552691319984304 76
5182499958799977181823698368657642058067994649109858212798999132 24
4262993878296342208280698676483118026294295406415275505725476909 29

768818536737756349148767019271060368670097129379312012417182082421
960379622640890961266279301194380747628529542600616436949566210224
982846374668742004055312609227407368463816658708197033420475761668
665737977881643545518913764662358622724431970142907144114641700372
735449386296947641200652243207816358837046412582070041060314532648
234422396655465461638924758131615506014511700620834841151183432312
339940242452070698312852307457994746534778186709535269128588151509
633860178754077834509054440206132087181740334209918742263179008656
734799668934553164659693568920179488039113468371532194893105733166
627975690871849157336587099576631019983536425099176436163190730621
076475824616923436091386190375712831576663941256934414439880784850
783262205666401120481152008220984508062098659841004266411278298531
330908142771618996752275105594450451622758341121778154133517072765
730998407695741082362607912130797930593419658172755085888329185092
306303935653065298814073547388290128333586020912460665642921578291
762914191986907783970054100862660478180828251814584137732613752090
930831579330975035933645608987903003687329863790863731288689204815
575552234536455346628296450506893337434647865001686935121357336483
676221554959928576331451341842605612628882387836146580520308939304
964349721758534623350168412207891490127149855030153190250363981989
268244525587805563834049885654194052990617021316481047529148249593
643443122205264905505246866331594697067638145048168766236654991908
352058105447352831373880085440677363612359211399747312951608247644
326296196296899351947204372089883640999724054874740318459422461988
348119867884374755614628824911771063442479955504611688739731412663
941435709868996145744737935880662982009093563117738089579817784138
424947028473745959467735884965705083002628646210493020119301377533
113365380579642954596429186937813110668737017487938780242167691576
945904596730873642911844462356433596186413090416033214384760512182
500670930507619648213407170139271274793239446593304621322315921089
513570593549223090358208139243258755654469570586869606740359795480
661503316042886752062916083905527690773715130817345973230188588771
854429724026440418010837596401700777684078635831555479306659950914
267674948403085220179151225302151465693252849553469677903422409508
267690483373712873856217718508779621863170270657177142058455872373
302207147090048229454860927402102609480360107756250270896666494884
091109270054109822409358531339503037251581909791923406460779804781
983665929079671416053321278946360350363543462990629289540068297632
810299834602909231168584735268370374542641826276426109875468806695
696114942617945048105368158132538226531317982363829848177490017780
873556586270187117091384819390155048197833927402125127067462485631
166604718399414219592146689604679221323856117804950549399375342860
306261475969227295785293312573376277056869809740586695851364444114
652689868558700566375233372263609046866988385683623495864694528568
773682771408795980926062458137361313995634059225208044634134615564
220081090391509108911876013575677380115100713100843894868182609669
978007481973610916544033439846270837345631970704202962347800905177
966938155917209299067966821826017303159814849457984777624616712811
322276364171092174042166087706858479811743164356350816893790576092
195872583340835680231573943240496870605980625279931306820261096404
174209357942840461977877332063930667612277018810840839287865372938
554033632162802971742864292157160856616017761727862302165767807703
276603129032243565295209970869913029297856319631567745414725748262
127752764975514709751677097301036024360216273010606218605299917554
471753235709088145551159649269569420859200085384340464440316886156
254259681843735131769903806943769849862895468761922169826626392914
595492077828146659296892417540026993264526908616480272637307831989

8227841357312388824745771083019045258745110764984890382469832709 40
2240824712556086579532240602513631506219275746315705518829449083 36
3837960093359531492607425272952979922923376258342391268014793724 93
5821043424258619203217468216075499568034254204601928318471016780 64
0521325798773064062220008105458595606585103035523004635369809961 83
8320671068602079456139837105525293615744766022938646223340750307 69
2428673831323246789547728056301128607479923338263866287174719192 14
1227044148593435203608648506926583968013640134145967797794979026 78
7871151168030190559869704053569080018319332454684678290782841813 55
7083490412308557458457896481606705645604768392491745134574264874 32
7929754788842527313926728253938769444101597351132490660212715780 29
0958807619750240492519943832587066659533929134273390209833631132 85
1875030200045084765292948627886937380899535910723913253432918391 86
4527918150117886603965844163729515010279186311716179735748740257 52
5881837653925388936471589806100796861968672942092646436432588615 81
3485749289857531131277922845188143818806487580471004241928458963 94
9701304814536299321056332088481786116009352113014073393639740538 48
9717742781627208421298515828525689549300192178784310437046579526 37
8265165890730483664469326509436831328510969596833172416284869927 63
2361413582767424116531369994351420122639487870334057654313642681 79
7688370074727242858652860196396090700369865606874720488455763123 44
1704940697804838745142443453078598936267618744203565964984127685 29
8060890312951081543593793867962849947568349378456610386469708017 71
6801876443318749810272126070317577416582059142749262404590079564 97
8675125721361026164877842788049277974839649322179426469918842854 07
3881414099095326289389881596955269965398115577449682050809874952 45
0726849258130967572315941751407336176042460821676773329411504242 60
2064195329154976038215135964951534845521373206858529607247370127 62
4956981973209670505544867911208035612967427614333243313893866768 65
1697092748356063849228609929260129317237177082983055224110685266 65
4796523920184324616070307333152929646377852774291586106689468219 55
6657497841487940744608827619623378164131076978913289294932990412 72
3647129706431734877151502136072703937107054085423298900658528369 81
0814419099574118291053189681361361225611674839399575758209390986 82
2661102532374588561471313906539343490497587252721558091226203552 60
3099394542996385994365483729806707506736424522823013286618275347 24
1628629108287097755281968433465276494580651860077101549080874171 44
6009449060907037350286974309628617565571520169599461592215501457 85
0998845987826907227713519835339155794126868570445133688557634912 23
5259773911244326684365780559186904202740577524436871762911453016 87
8130338725874176414762313037125515434764908491770693117860256507 56
8737946908604749059690328076016833981358965388734227641206351473 35
8107190870757736550118541187310963347298461826356471072908003870 13
4549218821854062714645211675602700573588844505831306278513563427 42
2351788100351445392689529859002557263503564238701146441609532446 23
9204878962239142413216694990490312190672590704367876087039607844 77
6848994328684745036029483300800117270033621435602028468076081557 43
6056531739178477594197729902988623686281564409722572215804737773 23
9392747603546783269325380177937225966039599701036653209976319317 17
5770767176114118750646693177621377109277250452122562666989532057 98
8733929640494574842812444999307517216846673580452333300290446256 33
0324816150774529988642855755987906166615805467801824740825002046 85
1686477490749821405548280059147790194830242789340215020338646316 77
7272517128672094106653698585360201415365236812763889036535519603 44
4790500058471814146254929817667130496172848274997109562023931946 47
1569135259603355454516173226048838675556989545235348599957966180 30
0717616079498897893682771598029792319488250058208010096908340313 12

1313755286239223277641060586792304115748633991723339619526390161 42
3566366743228903831767155641662687719812563614958602296148083329 53
9184833625508963870553617213384811271429624350195755322980416578 39
4785763838860846968299506384270533348089538587303381847230602778 21
2758293998107139795054565641735771691494406654916932131292108056 76
8524454473921664364112836176255015917472472508897972732493220796 78
1476292168555449900641719312147189413383379590171905893071413414 29
4608468039748122216259237431377991546672565767044208890110453442 15
5302426294645275116288300613210115031815080201345020850741515134 76
8136755848769873513549411986392104206093171619425135337179427941 00
8778661682929191321125705044907771834567830408234783673455048294 42
2106620857997614665539226032593781991303099833987552723652463093 20
2842522027218589527869485982461735389031602542018720326024499807 91
5512976283959799644361029327884919427222931443190744400028920130 87
7139644091140803237561160527221492600925295127898546297726693760 41
1197910749052200344354344754606612166084222682665119483847263911 85
9080007775205470965094805273361499375431937525677791512892687625 96
9160336670603377071774818286932032616926424898263715151522068903 45
8915770065575704809149966471616605290181865525730140537415342100 86
8809874466268697988777975188195976014813610537014670835494445042 80
8520897117164994668094062617331884144485483113110609507742828380 94
7166800158080509297316245475392246161193942560174625246890327989 39
0591198666707650883233093057732530025338106810250277220333628843 60
2005453098601440663145760351000699141259694073384661894875813291 43
4471344066136067151889004685844684874078251654898794438796106498 08
4124728510055344235600053089459821122887726548392861106904728667 10
0702898200474553693835561873235806194794340862881663683412306781 99
3304004773930652023424273210345205037527940016907634722008817583 48
8343170122589957658331010521790894479888091049796903007620192637 31
8093559043902417416883183082318617125823762594227014414624938098 69
8516001458642724924327905718392165373495149122835178489046360829 12
2808307827673346488129947792649814027083426842382842751945196960 94
2523208754399121486869371739802400580826011195488308637386694200 87
4013239899750229653144854434301815011860691403168360761771478640 85
3454642404529847400295755539095942750022010326694904498566866833 72
8391682463329152630231363969545327933900222226974008721877845564 80
3818836773394193774217651648992117896068110654865348016286344251 57
4746435021164157985757098629660121814310423187354025906102878083 40
0579969987503389750821453351102371875967727355576004090727118061 84
1511293296777109632102184297551547947239479954388775364604997500 62
0592029389246745786168085986524436231896505433753300130918928686 82
4991024670175958764534336125170309458662716999766562736474857308 78
7523235403791649733468927456350393411886568992333900296209384508 78
2150534798683901500122007824610320657055680615906919731701000544 60
0644497612090980813600315306207501951804099885943880249554626546 03
8172412509246831106411773226813243225858173148206464247059179786 33
8168179482893275743902790741327243411498262612266676959340150298 41
4467810667061263890575286988599514978615093842930235790444906641 08
4442696174730069859976029267054811087300895865259253982031588232 54
0866076595928818240834517364242232998272153991328530517387283887 18
5140796811043886654017042855701629191757287011992020673926812444 20
1791267431923445663406260217596138661592566339891849151851129505 31
5577509459002720608593092277092698262680227257594505074905702737 53
6346477558590594976418291495819625084809090989676640102685651041 35
4119254692814806919024238038324447298835234024967624454142116638 80
4609556325476382131886757372855251034559402666115890608520922382 85
1370318300901113140748329904609547309356832061166371861158590747 17

270245550985288317298260841760302582927064289916866895436366680215
399888278618118340255076308817527351368018576870308889112061547919
578546897693347280194329220806564919198354239950597940651380940042
734813524310680041487749518881881232107613971164705543677594034246
049083407626605189022720692091854671807460687533371064814339534696
202560628095702389251131688657002235599181981476026205176892990628
973651271036541728845462440066234982294623353589447200512320443018
581975248085180382283555993256372799933576607275597366443689339356
445968408069150458090524588898260988709027786262408516792572705504
374124757679617232358018530903619052502672453858976437358830819724
652263358988148001643314489547932569637030087805995757815016970956
819626822159186148962205322812290697842042785749832752519348810084
233909043164214036091078444709964115019677681837129264577917908044
198257056567340937623478192258815540210644826564180746093829714695
580991706399341242506486096689953217709638069653273457872334315836
793214991628581875410856663493431977466822218121398018667206900126
417308469607598693451038705905000837941873448974254678653631585356
529994871206603724272229218091189107109300538812886964366269991603
074608897273691899875000937538318449735512160264556326193091840485
808171911122207304520246791319318788763274122003745704284097102198
802618474290709016758089084821573241677085777748311193215915916400
829540672446250523348241691312609719457189549045825698327155427032
912698321159924573121246351957831768521379242397284106215054166603
938292966401589645372911322845178655786970712248055053846191767222
783672652223627617955783709024961629466779963265716332232328577409
258928901658133717545961953820983097892076763334402870584655899047
183343005679791380563271013514142810564051672496204265726251657944
085734574660946683804201214363805984358492031366534235478643499165
852842871355810805415318443308620596945582162277255228586073604038
628105923103422078851712450290849262844079506983288155484114120043
068567410537001751760172399309925619159187073216589236840320950142
613467985192591023627337449355948663218822318244209943219704127139
320143494352778492291044888857982787505428451122910090540884858571
807501421867939654666702021627594744878667558262783890575784306643
547772024891297047711319994885224454551092680355892557865376555696
772994549782962765807044434481407104061470727862092024226088808048
185249033894831949188538730471435264226508597222937688493188293171
804871062117777243887060020630963137947443016202644347633308810083
081147311125484534088252248236589147651979699208759065375219244610
085886013681788995132141387315862956140706536112056722964098797950
975688348097449522746665533903202202996672086143913780891863019927
548354862677252615131178526093110358327059453761854389713068160758
974244580860515328033879481020503691091710032379197739154868748909
674227019066409120758259071158229470821658395324263443919892324775
237690423105563693427810403256841595637816566953599337291118116790
545800640900306909546807331421345704121505932790466814942695014459
112728508631400717694284495361270430424270040297298925853567848795
521586396164050321366694316003726355779771809765794481639978827299
664386848036163883275467144908780069425743418298102396140484155836
798041735271109157265476400749774677877537696388825636978686280424
351556557121164763657733683906634311736393136212094491700590411187
892656262196537430977382452436091741636976683543942093860510535305
454925771916001111194987470499673772276787742684206261290206327065
900109499506704536283985346194343216567222404338295595875652126157
579696029670391259493857218586983610659428495854117136393509399242
527068492838136808249072275974203897561348458549915937314390307221
767271622181710312458458552217336358752179663684948297679796933436

027442794062534045488916017715361995614308811734690214667230385251
5039362628275616245955500721337649042771037683352945740476818103 76
979182994758396798428133994206601318255025023278704122589235188877
461178144310895885732924059267662116083465516102728216364724879617
030903241189250990082117076916172472425836797990308136637955039075
008070236502701357604935863097957700344676874847462080725328763584
037966659550807857874696822203930126590923358612661846895723918102
572798177793595828310093900036834485721118608002116226442178907381
657207851580455182509515292611026927092464488415125432919612115779
979317146908958127261743483701491555636324403817497242022927729727
692638471653897823728443361627363994527946667199763105934700568970
725829104410770837543785720999357335400974425068057333421410220934
457180233931834452563167070579881334558596803125560591742381391845
448914424965274080052413939819638546895403372119172546587768548405
997756583763880836630904221693004524850717607255941187751515675886
614504293975068039270477777238040836284211364650153620704231638586
206542562534542549288638606953623776175868721228853816519633117391
232927970459459694125864712342413780345367638426107021373020826467
626545164187445290214516320870370946361987970550278219516240646797
379835115857255488982024997061062343424919254123573880531947556727
631266664172549419204379430197790826094011241764157979207835961332
400456847468824406329647052904720320765178005484199751609795864496
988345900609658358478703795050233937396690032199680431652510176833
731812769059712423499710970542323834363465415603707906310022442039
801695130084813845757941020921259456929551173913335446023194912374
128583562735296635533929767974728368389206397458026033661445091568
051119206575389325738152857428250906768316640059968702965081330202
059641051682451393702855471038324177563871860942644622418146652416
313743653627691453474067082605875052691608956977592431166750427315
207720584410324783389923213964522201057495747984468031462632434248
049745157149495558750238017658250017865691782959290737139052527685
639229152575836468902137888161142513708769921654643010844241246985
505958658645780874824105619295343732425744753132060839843195114154
398847575259223222233316504362602740916224750867085818602204494035
105321646161250325667668478883409338648915261289904904233605122763
071857115268697588949109588052537859520220376155036334013175501163
762036364767493445388005136891914139458660049950915020078006224023
740786532236928478706297664808405124775697684056672342171355619658
721173340209683995845601396597658012459947392431552609305078756757
373699478625686509292412184353932768143156824779612799020417231932
602946285498031819677703007800794122052747826469167347583807922018
463919117478815018000492053987537998441700918977082238900846533288
618897184059634379891755724568135042343689778577848095718846876275
480260733271834829876564469492606934789403154465835484266872456981
399201900228130811600207219293861200498758905232492697903496548678
532191286432697716045406585726130298266535142567502859733461066479
539807733789520847775747914123997545621125958636324950520408396840
819047648175879466288374041492976271206706126055786571190394929749
705813112789913325558886707628496769413932852122541858803617993964
885777742166104744554815590173898272397028427066831968100645421471
859521306021228147007928785886371585008629256401993579220890435176
418158494258816588732514974817432330257394142266141191679164636201
726853389926311996257914973809257609484986217734340585797322021775
010212144549185665313505185690274947630167592873489467979222231733
745790575251685718135569901097679300818159806318644867293542602328
891691859096237114647576910247210258616006899513396107935005392079
966102129731397188930051696444961715310020056033401170454145266953

6455921895575250744959289719054421281665277318882013368612507251868
8410146852425572679510270267858685572721185091718096970111072325414
2777367600621436538641788691972240345143358899492050016679879094953
6827254434794232059400812926044977305026054098052441639608679863025
8552358646559075465958411615046367324063807253689114627134401713670
0535677350275317797196035291592195511444738660189874597579390191566
6453897611591097825881918362836314004620581882366003546160758115339
9938649956051081871784170673075183590612097899120100818504881300898
3006209191489544227064811651984513213990538772444338232923555120931
1581313940948242203730246938429813876241515561250153076508190635116
6979386420597438001493253000927429449641936240322034833264420346706
6093522970275836914948184998981716094898824906009576256201252694513
3013250194824337464644887816799716254186851237034649985330514484070
0700335682153459903166669831768769800130569092261849829051831573483
3687138822047160121424139214380202033948843963337175496042840054066
6164356368267508392795256248974779009012659866749979528031600860275
5835510493594189379037562133226767663414420807579149446609898966836
6698606077599139270079168356249632637807002052528320828189142342390
0569483559102244782717783280146631821975208475756306717216464067925
5963532959857650284481274450167663626027151198424462754821419820627
7315244434175834185136582133000411917793649393711406762962970022007
7478098821605015934309001112208311883368352680323118107852612958830
0534485972182841489063199757244435130791364476338256655264891545403
3535043217546084730749818512664612880626763182884494437979755099063
3730236987227396080551433940661416661699829272935081081941887747580
0829828090628406294758820006748238246001544631354680825338777533965
5933429776859586459822811801288065641083432666164120532076508848549
9849205558353834007685260026359337176862142404304996950336370671781
1201614026270730124139604363773638732406642242726604387979549784875
5502860125700428504659586170675792765206874135982728601485361984114
4087856357186443669081960577851655555372658365266913563572740779116
6794349931400409981111650464530370512025712150209670198019109731425
5725981497236118328084122587070262991001200368159910054965612178527
7654119891811915995740918725760208994169378432687260278546556954215
5863942783058237198364498978490365642998439684932267095902875502905
5559526669468619649417406780435987505788384036085667909684474410464
4988596106201234002628506202079903918485911808550116040643470027913
3234665432939021932168510636182452960610610577016148734115558144672
2981789415964276348139296129116511474007132122440814661496380511701
1404856119423889514038015297758001614158034283268522543643104949110
0572645559408136468183443145675007915654955109736618837386392403005
5433993658633500118367369257483655505741659816026375389911191000994
4318009534733199368262204684905984558609354118044955238457395181517
7824289300314748054527958104987241967279128004480913571301688733837
7420281720526248578881105016910237142290621390926469246927775827765
5779399232966355385174717134660664327070658705547117368966649604576
6610631025969296446011410728980246325449619940490930314304112024730
0357968882512834925370634745619435659896404710422740793553370491833
3830552847021973233487379727503200915865457275020068779990980295370
0351758880853059054880209762896900484365435930302127690889017187540
0486137050249759990405190585533004666018131431202152774452559760669
9653565372819947391377673910140563365408203020437026000926015536677
7170428290620382408940590009293485895213447331273190621987514917716
6727889055829397246818594536882047879743719998337424968593765211104
4500610082834808106642305066779335903652367097858387995242480145868
8463600704240523438441825841484778300709491222623182413164333637270
0592310440912901620155455872119204333582944294134947393543615516600

1681354245328157064369041994869129199960741473012255655079061168570
0284124474972824038670381174053716142366834869197934445449137285250
1710286591044565779739246029665527280798251936928026157270258473570
4465563313483698884886330805354224631416127603057948064958850382300
9526659959048834810505597938900173689469418874056618802633310709880
3608780206034441991845240963426152764458107740359936680583907082070
3564398391712317763916226045352201180940535970756733095121684208330
3455089334216403117029145564416931138467437774845973790429549177510
3762749661656444632431003503494004696697337028164571710664116117080
2730975323282732983774720451561955632601999888092816484812007959450
6185351191752941369839191157959770319353162528641654242782153154740
8633160702771384552535649142534042670714132874847989041740471546190
3715275429542738505673381129725331685336383687101232290843849910260
3580242739579465490927282566249173868587372827398743465013915244440
0302831769019172567703887242280962261945745618859939241162317452510
5303303885773832266932201692370046248956348883326514122686899369900
4371209230565951743679009272830229947998007351260231522134775867160
0623550116697231519296207041425258227413931519708898986841260976170
7882696197932147676053514846354807985218081753834528226387529627000
1375035198845870873479844087910507787808002984811097802554444458970
2281065685220572448974298912653930024574857472294613946816959201060
9939685376412080364303238456287106731575894568995120314297105043680
9944524615423370847227518526721716792023801598278614679522124128970
2219981856141206987032798903088473761468506887586166587479806882730
2399145443685284757882530855925642485697417660673585662982160414020
9861592678347850988790937935246764182807360249842217684475595284110
6245017149373953998140394692854150795810653980326682849375171633750
5095459632644242670422880064661645310343406001979475107567218922530
3587459375568549871477632438069067832765728365228264302570375438440
4531538917137102777376967956013354419587781681519966230242936353300
6471852028985265088667565576036693896315269513051240157358541826610
9295705377755777814633266096340620752987554205384131749462881052540
6470066982315172915544969082496823391020395495923451071575351284970
8968363381547139371977759686517544414020570100219371384986364735990
7440135174949876065059252853743080157040494963340648581174117870700
3149737718723821391556183749786876218833840346329284504147007035520
1790546450489928331882338797789651307131746156414984978130767067340
5416011151782737861389504362506028968247165833440641228740597763200
5701875952611999439447860688121034081666161558775456135931463590640
2478903754210715713971643279468738778413891248210203894711391171570
1346359528743002392973680945726999022095815025413107066920657347860
4419002895484757197131339829671958277964762241173365852912993353640
0612210653793532060543568594531668153625405182379717667451398520600
2037574147007247552715154089269345172271514938464922785733140713020
5022852674095798256180387037321822262059308325399814594726434975450
9526051170394188283846731331562069695830092308923730016374755432610
8626230001140859067897941337889850661180372249256579350452221877290
6783659805400736752285925807731068892575100301149786530922270318500
5300051267137826732093489932329344341672379457950246368156138145030
8026885346463608552576878743221979198952842340577706201338490317460
4479301344404156795198217507991498564890278210737604819332242111680
7621332491768196529206325522024707318734008835148702699216285486190
5968446901558553869979475029003404815344746221709186624575492279400
4540742245376981583366338385630515920289068626296680513751091389890
5261971158453612724764476204577759527361927148419858530054418571990
9276655751192873366182064297621958188609020416032559003285897932510
9178032078671721142886336339655725883973312329574692608286362138680

119519002383686108027115433152905132758403260606531425963285312113
128260047100574988927030535848428253164760478350971437300293235842
939719403719104227742471966046031629702498527556611258309875383212
905207858914918662544642281383008480465626878779465404654461450899
313635293551505885144072874621363601149184189849516859791375739039
489893787453872448926491882332372469136508714556446979136183549682
162733553236276703129387663637702869021862177994781206290415101937
298945264975739828777740297841751055746395561524834733783274368269
072553393908132691785212921131813696844479766060224107154554362862
347835483292959325733071335940948605742778002390252327147125500505
825629983874479979161330079500033872587295344598666805185850875793
382156771187422738145623637858062406194951072726711283429955683283
779030000325890150190900593483228519771531219687162527151397893693
317404421716666197015640777603609615792521189926589541515062304878
024841795669194815046414664511866863114512980824987394397187244370
870345182493422926930758123247487140443419900091818219082128374080
051101458338430905839492945982024672938416528494389344438653174913
161424126861540372367157277338799009612392378170333965051804357292
298517527381517175900498750058704314069203192124991833851759351818
455942760832946669092754884101318244259282802950031978560646880925
637806381166640475182538583642811421059843076180700712414063807781
092599757839949922249381856747647707519589348157954432107919513750
304222412302283334840696889569412735062712456705274437047978458705
384638572061029639628643696266059053103622308347622244741856768890
215046242474094536110919355407604652437482325368144535412757451269
674667794705526806645075020571161754916403591051353079270530399735
581903683465648610899190955711995319831275567523079879348454913352
820388418557089108512863588948028612839509830706824251210093594854
552078165587990822617881488810083875607744219753990901548623698061
936989548209226407864815344921288950390173517459540710261369584291
671923326500474648991529940165144998799048165620645008928003483927
108507200470252498224752554125236268465430696498471342017824717629
191446806386175714729207167897346206058368410845237279286053252019
290037144646092156408537632585284222706379714531712830136111271878
842688256879462931750808407745189212752079550605144503776118175067
234550852021412345280053173117560147703058019618549352079247477794
488893119894083029713405755039618762636456213098549266919270328350
900881442851180779638588308989867526010173962671296010254688480239
158352585598103803075970633878750899807945272595735979720589593204
361057930496505999966828520109367513805773604811861659383244282488
764278854736507439032061642970886944125881849986069328241359736367
523445298055167818117176252638447590752830215181711193187381264316
825993861798814439178438776823704922686041831703098772632503534550
151207037439166476241384839955825808544811056236601277524119724166
822842710753750094599564791533331556696816538789575802961482979730
370474381749954118553851715912144285141278013794788889040924083344
757045111885223456282333441856453359392852310614032512879261600331
977073336885220539261423946453192876563659663911657150278696238078
288134916356943608139558514947672577501534239173369437133598683583
501312525815143164348624382415656474217578766947231774177319774296
415292147463696907384292636436067063750213477720663254931803705920
798983577843929199592907532985567581365861707836559724851739001057
722183413813944712177059541900079509460653310768625851517384374361
010783303626046754619058287912508624785660154376309745419281456002
315616282196221705174850011227560206993554728753309651862576648375
291635438076340619077273316383192630811209306448039243097885132555
320029292936273379294618406169600878999505787115742285761519394653

5667248641467951985715303859976240391384263351251830657544945451 34
875558500125190949564111483153492162266963467553073523748258330031
601204724941687906573409710025334061839412124405492512378139094876
023377284745787509795941107382092781199109586815484675198622908325
046202639931256285041553279038963853251828291728448133964397985048
802164479557129149979870640926534518396550488404348354701643318997
889414363316944860885301633759383189656302358935204866421127521417
538590413596804805596406271646756656290486764900082524402026660468
180296352160940944278646806184104779093920751937374399388088020587
097332198790951372058740776790528812340395441773832313012813785674
561525090688767013290891773529592888378721733913431494126300654558
477169537193085775834522206007410421755078413787556614848807425147
933732124758437938247187225822962206218128633856920520432810092846
186978221985702539927695233534265864347840971947149325370495551040
535101639482491471941774643880173015257475787633894294984800452498
792766594431688581603621763956696962713094018092611173115049265573
100374570961671004494122102831256439408852501649666814145913913546
307328992437920847595107083973293132513990065607279336828271891452
438549986950009884721429928399628648948379802133598075884403380967
411660927675412610015646366787739841653817867773470090928917498961
614365440560176244954048081081404457074498154406256518224444197094
151570007472596822700392543703755992742649855332847088744680680854
190915982485338032760879385351266435163810105862790123993805402739
993828210047628551107773336952046048042149693375607101217983691037
924353363778601902795212291925906072555258985561611242896096903859 7
510171202610745461245872460532526329606187953643798262103123212234
791863714594390731966457895896084228027911981361052801166703880766
464634397610408086762293187370068207878667140667732714396021989660
255771202291315564406621375424688276358952027168963909727632192317
206881773218501731300022536231815394306277288371451850436861512720
306819515936353339445778048145113184782623801924132491240331226144
313764709988405091319904020589078774920125643339416714313567927802
807326323581691013979054155289740155752892357317829449072190047936
410739890473091246153972895840408606938659848045466123220012798423
097608983981686166910141384309852258832350181226243133934072161487
537106169427184627167823005278008935490708128906562084036736444882
934372199374604706882562918772332806314764361908402262999181383125
715874993656687520859736792932635465745207362863801231104121327732
225057192752626557086297230136811147828415897524692326935175243325
672709439022285876601395539633771226296201337337961629118932628206
801213603511795096086196708850737459443853642264819275150059393497
160175888531884121096113342983483790738402581218647288369061940061
921756050982024014238352802424785404243753909423595476930235989376
838143497413312229311791372939620006519210899331924288316542377150
762711249990935793241511043380354226193418437309932824482781178135
984852682408092882414949311117489738198786006959946488015645081253
961183546061530044936212181349080547604808480733106676087853083058
455271222634329940720120590138663263253409145665908471382951007397
863732219244584505472127324158810675437113957439187569866318840673
309842678288906975371967956744145933797245147375030949032058429817
175880936321980337912291915573925391334177664918117861978526124503
114815958620186766449729949365656806002153628828591323086469607211
701304640287294803421061699056443908275204517976374304392183975200
059895426800957761861721694746431225013029027734678251191084757647
878156138598253352591483464341929299872732552788952237383301208046
650797522075376381629694826971153996324151835368482908082440727418
425417571776873565301098212034503050031396955853006325273598561472

219429931906645970277620575695756593883627404641192465049623233092
489932571621477829645353311671055602274822937134834104125838279787
920340518540653940798103600763742456368138235184119335761515598736
154068542938138966873215736990757510931367880529445762271320830061
937701763662759728530797004710730496548199976722477892348260577034
849541383113199874949737752133489924729437692187596801494001127249
633111405624235778130754426791635621396223764166070969399889653090
722499753987668284690101824682663963760960835142297348696171231561
007804713828014101192494621573791001537818739834299784936803918095
368459165470673602887110102556264795610178207833070321649393448347
999702590717952915145399219042748087581907802278782477123285275581
079626928653315886827286154689974384169529365913866553007261543913
677372833283232151519407280414011080374612646118532755884841490334
282922330732663004606609806726569368307103525406236157694529168224
984741141332860308505997079769322486184969285167592993189667958855
297008933351930520569250738273538771082550677822949898018419406704
864879306286173152912006172034959073140774878776983089478498110182
147448811107599530051067752262774888630876005223402157195493782994
264543414416983215820115062629068792555780980524761202825085692789
614992419854840297712365257094566366841065305354212831793256359774
684136039534625652844534779608577339720461618018219799242858344261
434899887197024784997247232583705806745488118016936416319440830262
561435482623746706117587601884351572202747604485282214924570495729
582061258803849421805041139359898989049076124031874765529944864826
203903881447046333048639381051471092442162748520162384984733864981
910524667291305953628963927797592930828396230280169814237873083287
274044003775255702966548562860680075071745712552947116441502816820
823269499020502919196000092157852694225176737589140140240959759360
648459107896180978569197447561617273575979605248712767584271365929
738828066384561198774541733171994369644023702452899909579078014866
925222091336859753280885274787975539541170812301443082365914852739
323349920441648753193886771368537277542202070351663869447923165403
183942452702480109336382905097844865670364561708564691584949422556
166559234050093384161974447057128413449885122144987521048683119046
463532912240234644021433273832046055720356645775451150470428048565
905848461020693374249444519846664769361040435355025101582270075413
256204131159739741154607712701342629897201457121838165432442069752
700982047469135026051079042788463074610449748807076135950369524115
169890762216860769198389633023578811706300205375754282834577908377
313687142628114390765231178295310536098925658514998591624167323871
375714853617802475744790624282688909737494358322526356648977536221
287370137247875288460219655057817702718617603810430600838116895853
956874701609846214318178954649352544070796365743130017509168573616
537734498124445919729328356068972170897715207508181817463985722920
875564240792791717040165308356985340610082860864382346812831990722
995868992360587542439129462783222239496974312869612634524979969924
735127362660242015587146881129497061978839251058246610693043868911
696935316285511078451741385838287391805745742513251052711851382159
789392317583592752798274290929594123952580456695215235869112773663
062304443283493714714429077644048691276589987599072335984107472420
977422585071868606643218139499253310663037832002457621531498782606
040227367459345710075737762217658774735272532729772850289931110552
288644534494933750243564534755859389105906739073875907916133070648
268785978912417708695798311476528960006282405224492294331673231238
648366038990013822233856343997440627608106520862896406189317317653
010387452495544185900891742831168356104391093012212671181721737297
337433106416230289652734759141596917491624456179588178394196569827

381638453898444327004041218089846194873454992084950955785820202487
0959207506981956983105398894526563032609441791011005537062573839 27
0591040364836187336560825556594751527044900703284197065158682290 10
1764988206535757381380658605495102412060874818842190214533515066 81
7160772291016660869888558055518935333107309937780419466669010067 89
0582002282467098605123209418098886875980351740719119876075715942 04
9281776769454775607809463192016888907107320402731287452009168486 15
7910913779625782738097538326372067145237597035239077953061240937 03
7780793249811272250406334046515828656937372216949927453361304796 23
8800394927724127244135200216543797102144934869660814487806970280 58
9528873022714804229676540837230465903655163884356631482735972575 62
9097315583691560049274025570794896833159744252234877468051235786 84
5680946056316465999050933247274733222919879061159811529252307530 82
1467625772020255745344924476112360167523989789501279077804824401 31
0171627230440820794459155634356243860193617151579094700334530094 41
9553221777800725431963394241122334899579312477620566140396142699 87
6282317802072312183427029848491003469941977861796912682017585593 02
7041501870617078784157350350282516307140927147768631365603933513 64
0568711377286750841275078257276884574465719175649370821300020379 77
3779021740576030719698614404962365357652792599675356592600384562 79
3079888252666781924631901337052966066845094520661932003524810010 23
5678505124246685210238841518932526497329448357603360553379604685 45
9368520735661720755901406811808582555233350616386910649342180602 40
6735467904429110739609974307481518865399619438359261351899889868 27
9013423453590721390311968800009275395175945703052128582035962375 03
0794034278400786223832802762893240814810657877781339742097325073 94
1414379512379021285446096064743211045356715651527360165337321824 28
4458637028300892987620007827640617177977746742490950291387050955 86
4312805321517415544150055385597003090899349279869909034189056146 81
2222105802031328664138604061808102785815955597475143737355482926 94
5455351345372577083545655482605013082660054743625089510475916232 47
2738663306980684287284571270926423606655503062370334199652767456 84
8251957042416095004633243389599504795386701871915199162627193298 06
6640562695651523650935845534705917554409597096618126158570773904 97
7162372855615766804658747338742938361213140686159398458426309413 73
8314699644965913855564261563245502487175148887183805738019652581 01
5289262038991138246255391919786364464012524809643380373628816231 62
0110937971007587150622632437950170311024469998029826619799396550 13
6625532174411193561878292944048817943588432744520255983007693148 36
2695852959420282626909727098140174256853569383381477495681344290 34
0145064673648599196454612836618563401621392348118108323570689765 02
2654615869721588447869825865754901868827009579877077300683637229 69
3462623367858989414087189162129349583310663294687465607465479319 15
8927443501548605379605855451212744248608837576361941607935869644 63
6278356844111956788794556063051334705372400317952146796460665150 71
4973096431397820916453195656915763962298278201235685911690851821 94
1462715001766609738258239413707305523668816210249012550076960429 43
4639697374611901034650867687969666509316812066477431235213857450 15
3297403494177746807337149017981883068617380093278205987088302935 69
2614535606416560787213872030403491036801779126911781315931935915 66
0119763081577897729283013283697781684682926297771367561881208917 11
8649023370532465552291578581608557537953144489057538966197971503 51
4742265687283635435879057447503085547338358237117620912139516546 05
7886077385819859776273612482050338354887197130872986795119376996 96
9608875364208921195460264895958442091528675618108978798383136840 71
3141521709892554487054498809995196057312272044039230316559033473 32
2166970631276864731129450915104866642776870499837620783848454293 63

947269496526738922041286240477877381246034680720524633054317597127
787906665031665347137259215418225685256576088599706981920746642847
702111197134387971204568841502486809722780505511596894972439136906
962859305585273951324860351617513394527510070900901971682395840961
109078738302153495197028921883180776057708718275159983438537181965
314618291612168406922421143956281550253768211479886833412980107996
232983290143847421548625832931411139171234428701111885509396073356
790011194168354638253722324017794963583520382763252128172043769408
716622395632653373364566909376818059346238087050193320116914460171
615952197996818560317702136168080756057972562843213542458658730181
697081614467247306166944810592733810659393535714578551247178919157
184102734319250660207167820524768589371957790503017984877327947813
918915917931745558241651718726345022841446833819829692268681464841
930434807592382883090702635978512789873099803173242951955827706949
877365901498921733399947592569408228979738769769154747673596072981
033249646990689008251502120513344029351523551917527124113082159461
397726722536588202548676861706921449141933218016352545006756698763
415125204737354342178048364791594537139237080068740753808464587423
756992047263893689681081998107501924305931097662145501546586199822
902821854859657706916388830865043750972356877502896880119311125536
829926809025725976952976006948462009623541997203061201547377653388
362434057549048302281807465772140665421158338655076706558449296136
527656527449294487121400306534360984799312855257361951656688555881
363882470659047102345327384169857165910763326513880070516029203735
024461731160303553323573901271703642005294073035945932400209562976
534739484076255743389960615476121883297419054213591535737433772629
796272537604538895195330934981598460238909732514598888968201487288
968555330250107573709557013820754572866895318263496584628938546917
374976493748918287351212244534606078343587870690435256377653661983
524713036456074058486436334852859570128201918437812213892485894407
555903215804788267411354339057076182325974175159108565259057062231
870727339120445919138888815364192551427388795843053251661198529869
306613955820166037970937977373732666162121431401683492071368861815
466865996783774123213058311186546008421561246053232109945977497121
025995969245408118246279231216819477793902633804547466569512613725
623073932010056965603035545360955296532120431185602175561343660504
332490053718494208134536233059528270798854116892929664664642271150
945761535895966973987957543535679779186036847521486430078366839842
843934342445641868832956489172596092019033144780441777463643130086
686398970789634366938188448566334741281491988443881827275253102113
884529077181299768338430501846757842487714895099725465919485606678
479327160386115479114932894304307579047169419919754086876393474717
590555780790892013360533872090928125294468044101108760185909855905
939052920770960178047126704245169616580855105793921613327869652343
578209021236181349003297042693388100117736955519286764938250891654
702392688438721153628848264013325805718716128349163609697804166653
952678156809912267023436534271626007180128596699928396071616294321
774622047114871328158692152095081023004423082098801604032550944608
245429632300771958967723683150157351658850351474748014449766574898
390738203832495896016240087523004292730573484852434511656521877822
577840330033870097142102824420730501043148528017435794082166581526
251671600128117612617378725153300429002769882901173675328808631846
428600995075878733776721852560244004921993392885910070984073106435
718838164692821431399407924496791265453540252292972773352119494224
392504117413657014322020758915411614066758497071133249479383323269
075800600350455275104356927596849101839103953703555097233352544781
156538733658312406429727288046506882844543212407606039602228361894

4646006501234264840617180584256962272585297661814955415482388 77631
8911009153001511614825449855023780540644314091300027555301601 00505
8299737698170399439159534001712190700584039950192847712964626 82629
3363383158526772140345353219607240158955576182661628811293616 05376
9328495303424059487353114711239137418764531955778441304434572 87772
8812462508484561683823842311699428730467594217178788429910648 84678
8404631170497403658258115711277194975871384955790360417372439 39777
5095087795737453201590533523065928137271695564146160067796616 93321
4381082332761721640780810016854628173147426256205832161786368 28917
7622457347471381550877156281000822460016928365135941956680062 73836
2591342360497420594995841380286696094688777537685716421352960 80407
5007226683794410860349219373527603635872657207492946460922009 69400
8082265192470048732667002105378871868867829023807131461604909 45279
7505783856302035683340537676459773281162799654760042348425967 54927
4095218310349329176755251764008397752131521691807247820985592 59117
2375230952311207995279484673150113199227774642505463747057852 28381
2051668393638939759849588498868188606533636167844542898051937 71144
1362009258558671234462318366923735471165365174002893632956099 54347
0542242440940075909505271850524153191507111532850414513124794 80438
9882593518681312405795269497253780286787115251141472555932711 64399
7336101765893932087293390494110235700591779881836824240376835 69961
7248030118418250698646216704502377606489297885717242375549599 60500
1206684103229538116284478255854308481743503554167835056027600 35487
6027043588824108049760715445353835351412482579155684141166534 56695
6061818282758153342980228901250406536195922932261872355561241 82884
1319727561589683954931158318282169283382115787989294358034765 61690
6721526911802955230309242921402020629372279865237220538690064 05149
0091794305410400954937485311092783253684512680725218612899340 53203
3101050137932944981021922546326912770895669623078513253111508 66561
2644931423079401516211530604089447259709567998932957809985200 30960
6060304016182862089636757110138286219339365771291022547331948 63353
8099920779715585634925756938240987177390506227010564934322305 68758
7927511172520710168162703213901074095395805280643967225737119 81437
0118055219136143389249280067731867332672690702845690937698820 18091
4336107466732171946879549162359497256281229872337781594068972 63932
1158275050267978469870749909125340376410863196863302326404725 48757
5435636026912501965044930890310099613309741252111941123515147 33051
5152668374714459813429043341168369809792007368878371234842836 63391
1056716148254275130595507681089363780073565169504377941139401 29359
8126791981007754873256052966459037221757483640023997891401160 13334
4182685127032537698665356582173940232417652628772827770750761 24298
9208791096430311936566594443880664457941004532315978090924720 60829
4337172595268670212939138459361358358862348856238955791841578 06484
3172240549225806318279199836040744996393474517506571775823549 31045
4860846805289893079619158801530346914018318708302669621673071 37106
9690240952453676939981908238197780952552664166296275441411857 59994
3562959756688680058759365769000081350981406740208830328715957 03568
7799694606300982594284891500420163153418774285468519553091844 35835
3425285704101023173647031416533731953459713032120230058322246 25166
4587404878694490332626075573754776289430031191677739085213337 51678
0016437436794603904956250832599635888378980052686624802339759 46520
5919138366761061733265744255429994968498775642148005885438432 29746
7738605798388165776849337142268558910237246492118772436808513 08734
7333010330433610957325741326172385501398122577138170743578292 78815
2533470140635780888686119256963103207006459197070564196455229 49107
9163584237712422715914042368867244444995323744557177551561663 35987
6756847625211711032871351082537038433644274213886180856967604 92089

954551680985752520389560582376417233859511366797221156321975869572
362473409039906845419656919434889981113773738959729404552755106498
481017685756971110996760507810593848296308607828961257211416134604
508376069239831848274508788496082398346116895387102862069153748151
282645306470383239385392406364971468641573099519103010496459230232
432023455537542140895484772376956431611945530383776516024475994094
844847606398353253364176170290837423347080482722306454716662565546
543278184275548909045040093961408058123376265556905110294933190619
158701871255888676944916201111363739512931749937931156017683884658
342590502425704485369535577837709533056087358072587351536673936759
435971285214896769284209643825148106899278197972789034059868644576
987986528504728983797484178387063722560860753013118689885872402528
816168924153623878773870328265508849003126317153649245612290409941
804937581528718548809120224864892332519223370228433428608134649622
491172585646917924224967683895308621670358947640553058697541701413
310691601385038348390163035540632515417578396048159746985136636499
587664325893377536411891580165953413853926649714692298304078211894
180059688702912007112422354064491635972654377931570770731431379014
036583080071607234653481044789791651467047052459959210553975387489
522763516573919569957869924070043535905136518774562234026808077863
995445974917310955916068696221398050057666255309200129807665032545
845992899813357456985064956719284817740119300591053778186412820271
331692172708719285356185190853586816615047719297388430335611158934
525519412735402463822782390647647834143767692717662930913094812344
817454388479112579863362997720566685074378174895776647560283195182
785394445915570522012000442946383342308106113489399457462271738425
704051624285395215604424689341404650066697820813100492330714799906
498044632181677462250271416159167326280616073254590526893087319308
016408910781412101074647528758713339380071326586700920423827608186
633704773860731697221570178478611671969334898681312545705528326856
399603170572125446647870570171797417238617377599414238322148507880
052998826771603717660444814008959084272081561731691318278827724495
624241896535362488811726934212169565354675048128889024380430804686
894858103625442702453389624447176401986227321805033205817813101921
015283654359044176164004194256861287139718864283637709268233427742
950281392168867794353205310981805435647780070689787078041418932489
487652227765868514811967902564561812602964649255309616997571183109
919265224715115768116431614568387694508989482934760356411288704411
766232206860573730182490723306882803036616690726976491891331094721
661624720662250823574482638983917550617826556052611446992854342419
642607994778459752104213335070941013135928608055487084583617678270
589244242085035544282186723544404648294973139796602467056254947031
230374107221032241678639095333213291815661901127087276031969760408
181228442404283812414197432068434893234391481430162117477131727430
728563111678223833459329390395906939733764761246499931809266230534
356512702208992834831574348767552684930999247999684680191225817416
134148629491594307953061870989816739123050966576771979750714746258
047370333627053855953225882522840078923546732910727940194935156114
240529297956014440557393755084277720307407173496756593502577877674
079219168979019586177567747674479327440084588546476399483516179755
855912269684447878293172122470646867320413499628955448350324390931
799595909749349395041975346017080348759244441381243738808400365026
655205732017241164768697494378945657063620845906820232945094342956
229330119859115927111061486773943481261399168946482714553621295589
272447583377123991894216359591096939188137332935480519376395656356
379127980106474217159887411320857560508896694790693370243732585204
234072605923845043821455614405045995375502913404240654526485290130

610277072704885982180279889624330292528964815911508439494868450197
444280541040085028544790728255111412650721385258248839903514184967
811136672745574847756540324628674986124262190667390442250293726414
717075644713507068781033179893443214055025080484552346469428847223
113266821057193431713914982661117508712136688985891626192746906607
4014738173822314602505509371834175102145444753366314635121320504 87
4484800671625520160210981521902893654505137094586269621345716737 18
1872310687267878541691441784222220446730934707691618822189343147 97
2556203902157047175677600973735641606961666961339473623950661784 69
2950947118051588786338588731188721670416234541376893476170492176 81
2377629711758880921817595428878241193912164424279347125782327190 75
8050559181532832220952006618678285656328733984294500404568646097 73
5916286940557574125795428541594143261925453281983693849120900928 00
5517807372886417695152164523825424743105544066964672609308945004 45
2151841503399271822997791445584327624472524639036175716178004784 72
0965967551813103132509052674730099140489810420915867201255959807 22
1611169544015003768098954155599651109814326307986228727086015213 69
2915024785718060509412058569064128507296973051758904721610761214 89
4148952203157728713461343022917093368969651450608878341863106720 46
6002126602719397632691252059498017569055199949306688328087120106 25
2618890561704458095034415340075206027514555869858677351095515856 24
7717101303596293587740256247488063024708609201580290970619607819 59
9473887734856781655368719090345191574940488156825201324010751327 09
4455462514394157778985575614835532323845319362959374278761532896 88
6890915946356661090168400934674366407632395806057879335386382959 58
8279179557412656907336673155524221125192159851660494857340694479 24
1222876773519543082197307979629207539131968815424187512415796767 77
8377558901139147584327365859639972428373945266983337626767508504 91
7465920654102934132929169410899860205115617069296511409291093433 80
0199945763944034477514684214498553433692866310075632942438368503 86
6598202341117762500946042636296251545823631136171912363857426927 30
4867889913916282206955090475388566893685705075951755380167636610 44
3817670220845471561033890865457159491219939940513671237513021541 30
7171721113022413325260281069418922656122321458295497172675660598 91
0551935452938169374676369139675168168928164912505225235513372005 94
2965168445363872619640145460677166014601673895804665178495837267 53
4652290556319670630551382530833029522394957867586786453596031171 37
0943155706319896257838487579805408823640691911227682322185673701 57
8312748779667719853312340589370809130721112501019836345981598684 74
1084103171209737713325774110467961635693307782963896650083933995 19
3166975124736603098171719519219497081490275281793143868088650933 28
5217540393971555688832912046674563639739179570808462121437493976 97
4349634558108386259361226389715938392035927858004423502961069109 04
8294279260538751192079329397160152596337202769016678919167048851 74
1456301631170496383107546191023063135788508283230242412335993125 00
2590184567757578280759478465585471847829883008018208241500855640 01
0106336264139359003098366377996695490661788559470484402188794748 33
6275896341550371881733200640384796223176500619239780097854361636 78
4566015302394235173488484922840734454770854835039667312115812084 33
5847903252660173468637379800567097859822809453537813320318874826 36
3027482828415098470127008254681765240300373910490774704143429222 26
3509502690650660789353170636990969975433683934097383103169944974 49
5252395024028502439294977794850210479521780931556292414861626936 41
0123528783523012004317825353395135617979527366610075539626423342 46
6614495360076173304295883254809268753189947280254078299213184820 45
0478737704990444374879473474999179396657928075670759658902658532 79
2318411554539586020910346303141054425078256583842341497297483839 14

9903847376735942381229644014005948186563629906626098737688525293349
9041687435951234822367790332770761284373578354519626502928192393277
4118769983864006452117414885150242356058622809349219572613875407277
1332416612289407331354030531168544698002472244264202614196743626622
1367680775778263600098923554535025171741524812035880637432677806166
9183052545535691807414457421197702400134296753212321727426453023388
2863028874500669806627155720475996268410972139536239170151422057000
4506431155664751584714601441613368796658770332086743028422891019133
6824579628189843083318847590875494522990869258831548259437756304144
1433229090969418567329585501506073868435793331366570902991412805644
5180871075612015758976076312226867713363487916164502353909984180533
7574648372921006464497835244395437776702349293664650686118439365711
7851913746157043912499296422503580055793402161821431001185939924900
4761282754608769334237843960961708322365622274074143273734054498144
5306311689002875852028394591113042003519225323603076686653632251377
0779042774809308244576503513744915798756534551069829334468701894499
5089115106133515129081615566544822526621124676316466218090654326299
9577876115394125326157550549273732153696324964577064645859865207544
8764321337356012844382971495897820014264956318639365307393681326800
9859814177184869349009251340114996120253919841737260488688821885333
7464973035109584521720169075279744449422174084488521947370413555011
6844046098126758421221248806823545622980104005541020838608249994122
4930279282127775969179954855350382618864654831786345402255898663455
0631339835867778843372875292202490893883234256427277069812877916922
5069088741938229820235195291592830711676450273310609247671638135033
9850727930429988987945784409908531162466285096405736776169451495411
0255432393820489991961504931241269262432168062036970886521868339311
0023944638639777409052302285207208176331403183847611354557465230777
5150329680668132828737834703874142179678458692703026639449580662033
7703455444483016280675290612325520927664822276231821488930830357488
2420725776400893555139526771193936774444080109833255766133129392188
9831759460277306851710578806061812807717912581004268484039080067844
2780470603264659179412329687642399570367201754292919710821560100533
7657494879010576669828884721337148287698931762379349568539930121500
4821834932401461828903241612279076975745939036665112686190796207877
9172735739013831729332282222670432117329481253424453449470977377444
2894074086963171259148185189227808991729626748437193494436575776822
5417169443133042512832028169447340403094802520399597622769956175266
5570665717728133511299963711179917302898943265540612363609528764733
2061719776167391196202388651189191008228294561179143287447968623277
7180751616871977624583891119855222696750337771730306325263403324166
8298942956647828002195184700039124992813534833819221960934095498677
4635639417095515120451978436682234811679036550455378833509095781099
9940947786177543825616254176823443812753537051911300889099649709099
2471321525361946363764782210787969330536705406191362668912747927999
9679752114271512243817007725134884512023113378898038928558806319144
0454983021485091967034475355463147123531169839418220876904360171888
0945273531070173029295144991661050248818682351366130882772415578388
2755675718751397900797026684337214722462694847431453201693788209166
4613487045702234540912535291331671975162264113791367770987235443455
0975403247452991301603361128805262501073826202461933407661203568400
1556290369266134772028640970210960497804700130700470087617827546111
9498136580104158787159926592303528177645490002346212151598927476044
7890316166048054159501709285264685193828276304238404248172513233511
8420080626441262299375092988977105584578518412294022276840638432200
8399457238345037851222682668158866592653654809682942731651741231811
1700862302241697607225148501522090359911670630693868663926195013277

214326893070921639629063549146050818225731536874669965691068021049
679424728191772569844695630393003868042407045674365251801672177508
920118855761940296827938228590639450725800083290753709254067366051
927172265545294011069306440772367341787838848054525365474755988840
978596653655509340602815210060162475111734903532330179637567331709
351919331132329834557659707117923012696815563051745163749626045453
499992135940882452739321559543505922165486309293763591859871874284
621019302562158844668112681843828931713972333199810864793531008772
895552554701987779110377392367713063274916945017801953501720688980
674631252897377035564564146573626252051094168632368843957695303812
785681048216466117670369644970653438069348419252978175190261544397
599980777058392644837771910064159847958618022834119416839670363811
285817744168574775563106668311666376424641078994314971065571491611
245385959772553595874933539052836326828555649050400176513606408509
049594170172437491378941957521007413328779664732425509765466276862
206480392614233040429778264653324382741107753114781706080961110574
234002884855974389991764323130082269866894760675157119598187075199
894021557264792871198446468779962432074067344301191284672207819938
468515204170910549993197716398988071255377140644945595761480073299
739811562752640538540086055295343522557141093588531332156586806503
897733067857020603426575793257064958557017107483142517250803124186
606693120091917668709637483568683472093313145642636560800704103706
533813424129025176254928487753233605156762145545872044349520529990
064545131256547209120338896910328250274727874306561312579768119604
606478888582619394742872469407388814557768274464626363779462976055
181529613484170459285516479455611837521633329249956073939766713889
956318952650359181485930744683061477279040941125958029203196326283
655730651098281685709587255784508440473587785865321157927284672357
778825406881763096533357374936327367960756575238689768498177339086
770411794773074131874895284731289014986064659777086468472974316971
713492742260730279742606259989645719144117039174046748067469377448
603349575222829551945512663424296492162183247959059971520139391615
027723746664836729231800490522221391920184289269632192589729874847
368114617622684000175013961869286957658317492656093122201739904185
751341456322985446079992218623523825302848248958589994901908683866
616421769205726619871199588626077643446287160100599750985995237251
456073494398366709097774461397717689663940934782850390537066194109
970072209515432878104635648706148941455619524917986277651807136099
596874327300195305001003008367100762958987800298263316313514633295
070648318104081423050722094524781742147367101317097383343296919312
462282534020905589786558961444330634563659053980086426498530196824
827744254045083138449811950666343805769476123212214830291149295757
967209551254528558940042819336163400688557658401213172555615915492
058479911295976235034390487373879269454525945891844482329786762073
505271028195434692723024673104029807359657131075536030168551492091
987059883093976826573489075316325674704635662492461456948364147473
863095198609574208037050523967339870698887979785889815947192230985
910433381311399837925428903161605470518343914429991695749700753359
436920436631738059811316362949344128215936567114898451146428964555
087704314857414949793659070626230637128273641886247297223263447808
511556485189520488575879792641523302089610875055149896747418520079
353824079309959342431274772446400861040308702402231533237813786587
004619670327938297251740236630617016583074397679027179534466435156
880409331547493029215462227354403886087500922239071299477415242339
177246705584220713774724909561341431676001471247888866794032765761
992983386140865632723218727318357604554329656473389147955966103086
179748693724329102964143532658844049566356165757328542151176950641

203718106997023896369257794875100491020649693308793732412026941107
294857346304436027800594838325872803947066534983943049200041062179
815835563125200543102679260506106011839817813518042634676806788845
479233265530861999375397211266260548168705651747745877138882511361
946504624079213461516278987292408815671275837098480135368825930047
401467155859765479397761956106259157374348054875922962566324880783
895402070153303295359608099180096700588020718065782239919225082334
199003654429426581286508537178547896038858495964337635723778026034
062487444595274712422900259246190863451404118470294958253209297646
228835010173203397158957838439647170298348363228501338377100585306
688724032130773132411848500300498354896189161962907563416509800303
926509836845721975478303500259026562097486978020147274934184955469
138954879202636452150112110749962398073910668504673700517149822343
265245104823013031594566733510879471291114958182578702908747215032
227681742938372477386364297816116297673844445189560134298347472733
807077794737754144569795438562203579709338837575598245951270575891
461832532290283199530239608392492005471559849559712919877842867387
936861784968386940686254534104650734597068583415705494999204491224
813679841348875452727769969004965386760637723685744920391271558684
291268661994041451333150707024871000282876352863498907491301011460
061838101419523206955618455985622915287793750120892689324512937600
970078174673169515928351208263370292790079278135343263569261736872
655451474262658673455686275876343522090962212560517759480868146472
459202992683545587604329217625773089120541766172351312403103621742
185593054164621849274804229488393311082042845257453997850283233300
133646202803500706560002584447245072809523143768698877984808378660
092157516314489971519304276939115094606737353420934511821842899054
659970861072337436959714214599381449198358663815152524356122619770
268901306857195139087704906671831625475908142246073702800669540936
807727370140166439768296269074146380396633063710731785674008987963
298532604871540642665630366340605034633005256607776578037154989881
138112249046281799495074844338567988213578554632673617538431696032
360521675806389569363329671526115613086056192276676529754033048625
899085478954552753154212529423122612224613017854975916728340739299
888193417878913610677383011004427171610520215105340361693007875140
704520632084041710902210089426164416386476481198349933286041773084
708956956743447376366694627695828558008160257840905275863228828757
239233989671627265261056834823188711821615482349753388923141757881
827821135814882920176343518529730915977524229686170609501049738023
497689281681305301485035243166562746809409096431388823421152899510
394905712440439115288620023291221204236541078728178928227494725994
944076780802504457193347646259527847570679316238640388483517212314
017451458239813701065880745503357685666296668519561645593900383929
673150316621206978084861944187224394641136115969392234476074738038
753555035756715451055916375387500368049745930655542285528805109457
134624715990364559746516249523044674896003241076991209260422089470
216740896451386192265187881856056608218188185132572453397665441028
014302997576894559699065816972032414362517083858870219579770368817
760568327492275482741833578671055226053922657259408224268830858074
033120560153873006230226413780906692973541554116916472730559304409
893987845866315564395767439983654847498305608505047662943439593803
022172080395431264279099631259214110633458994157042962757974371846
217419222967185089796364973580987734325139776012111589797061559175
826080320918666383538742750104165363299956688817342293643179467285
451882729452438310079856541198742515071149273298342813670895128440
895798233527366328637781080238284872625262213678719727705634810913
113728339563848819319842518105322794040114429648869151229743585867

4863904043997538033333799540717605569165874923783553591153187798 62
5346677115720503843887127952236464767099578610330899661499337974 81
7242938588208867577526312348886638722189218485683598085027779415 22
2634719032284329745091464991325867963005286149599553229792840049 41
1201930890108231788860906741326231045196651762368102844971163549 91
5093418890910411826057763946898346517610842401028759609254575967 46
0121678442625192481200061549677088966196638424844255620792696629 98
4172202824056541457824695888502395267215264327062481380322264231 47
8910266490084843931012324485749590250333923183609886768682893774 11
8245216717696436394971145444816608727654958568056703795055996802 06
1324905670389785417559547289248211045495218230750524195637910454 35
0309846981176446215270058378558043533735722513715480921255104766 60
0242624753755178325001906178367086808083344540519944620496215490 38
2127722532699066043948349327377293154963781212812145587661974723 72
1652673649806661654822529212215379608377445596997450986452574242 38
9948061720028390980196189984013487101917321978105104286055614118 55
9058939184148124680153651889910610006143733544281504240839590746 40
0478364074581114031396513135532177871196928009114786713133321634 73
3755536084067152724400616371595153287786876593213111362616380106 18
3325653256283055554492859036721544294475879261827369537494906430 52
2384076403199980826949995383795576610413547847690080492603721599 49
7652163899875534408529309344683906823933535979212888827116090965 83
0427255125227723112649343252872674291775255860999062094237052569 92
7562396906440281216543515794603763604352545553590754527314901049 74
8383454099012160556356556063119065021015377308422630982559564117 73
6515146762495533882376101271400629065880790870807675771724323508 73
0604151176729198976634097938030070694237562365342493025837728982 06
7870920130426817264144455762537801058101260777364919226234623696 26
6412270805066176069567344789124668164259634743354450823223230465 53
4152430871077064398560465164789512304825839933562332371328347740 96
3527094346375846906725955337184068092060896849282105301184128437 16
8911054676841917350800715513862601241311881373018204637572193484 46
2191188543265630792795923349211104854242461556565772578637112785 12
8693611904602076054365488414917655868806924576571485036952976900 44
4128492698199329170996499855862256352184583061957738790712024217 03
7535015907238248482978816215176654174030339130296679068450331343 44
3080510051097774287055431319626334906409854167197982091121332175 34
8258917019905787268555385535159793252325160402685224946120736971 33
3220429773332431660565146385172751387189243238626562859007170105 63
3673952613896465775551696437998658868914040737571681685234536345 77
8233048987009238912467951050707579660489515477791016665718847940 02
4524837334824152302029988468156639913139808266815593955472181923 16
4254467588089110207426147600497922553099405867423569816843098493 14
1283188357236327991047111545913497481404747157207501624204373401 23
2975048039128137003538067449796740221315602467994346605028304063 90
0792758465257463291440270141780706213280266147616074239646035126 25
4186430515185997245619454593878400639569587433922878442627685180 26
6481100871505926026836221681019085126107619641413139348953591978 54
6425141544972485115718839490982204210634112738917216371127770353 69
1863979284677076063593760546808746416258534418668094454439633953 58
4301156823218301932909567741934409301253963771177980739429130739 13
3961764053168886239138455318856808708733915311101302447825515060 42
3049961703678762083985681375032260827360288101529183945410092922 54
1014633589527510684661210881734496324533919214146042447996909798 29
5000608157659877862988474515482437633916889077366952759367600014 81
0465764602830587337805956865193905044526454753986162465014297375 32
8812662747539634684047956271012221072129774332407328929279141461 64

827697139902465144816021118811045939750255451433523865934042437636
751761169659013836612348750576785718771590269221017902879823168649
065484989203842179726277773469361408268837673779122383331892449427
492030453194524042414757550526187290484577045180158052462178607593
922901675812704343969554814581110481713049218658202941488687965386
096923378404729182070788046762368292995635720613723008215048967417
161413658060994155393927345608334339459939645635436774925589309094
983111195084565629607804403603249654728411312510937090938575102281
803876517015219239028850207289395145973197125604090909785346763337
211731252476783549806170687674898542888696892596893966579685398682
302252083098501780286489169265146026291277259476411458194089967953
645636055520164246231687078806442126427781247105040107092224351748
712911219688060203544008114962514337642893120536763881686808336062
956917960663652911212160045573546350749230929771378559514742825162
355203793918700910257614949899324429159425391943534169490249805962
672970759425164703189009083322614369079202277127646057966771948699
575803254957020779180520925987632100830054587263632353352508525123
490053721447924599411169703702530009971636471562233114083860403187
913123766894837308181986473187043979562567213301949514360614307890
356257416884616861304806097446475561210027356711404994232976489832
194387293237556120924072126425941304533258890261964424514795631915
646514412280901323396252605849747575161138693164196493305739746302
279612291837618650794468343162811172703366015055212024680946541104
847878475471373150243024740306489871925549851889251675782648767123
585728081227699565534352806186916876266421901820363200986737868887
710393255263580880303234900748789192689226350204585012937701912198
599057104498121462535236705041824674590130822518975601164884432513
109010768729929195747660928218220760687703327628589913686396845348
813759412510420701807952865637065012275156926631111535162719479799
399282700361440726684321066053259934249125259782604233775926184521
476973735058953810935673215650050815473335104519077144675822028776
674874948934663958361112166804483944617849005975082010452208653110
878076817462815183006268057247412646710932536980896646654768878634
804752510608848462000838477581693170529818004763444102574430938749
967136592560469036869934201552352938303812370792620831046367654894
764250658138625467218963766092722851132815526147920786776217643613
546990156771832585201432542961739450751514058287118705580889901515
645635602245440871554497553659014547710330767829372726918201204444
686574921958958451023746076930886573792237911628869662705737451148
835451367610150050598056702303502953509694217188293537354261337056
945039315358784531130620829427042291501941332498909687334973097889
297304878176638605145574508142608411331085980886461265413954315448
795154523162490658735280891873935193880378741667622179028084610140
394848464723667206661486618994177730076980823877346628709474350317
041261260415978894412573621434432221005596223235288642188733067485
423304721040057893906803482271218248978835914677330307384942568387
257925682723531713178936998998788184761286778676889869086831151494
359909287903746753841573192133390160666934083329103578931977582678
699138748617401686987806024229106348845012385196938170942843368933
596671945727760641640787627189336080191817276202933201525476395783
304132076582483731155028213635045863956878401685225871977405753466
673503179073757405930394874719327578173946150033812652929798071400
976433343864385946875410346939938272913078975875065636987601892310
198912191314772805484694343988275605245346120357066333963953608627
746862470290547661089201796816981722939034032241158784762754549357
881507437551517023736977975059901838380145044270825882525964829608
191108456410143282961045795562650624012271242165106536524762423014

888295217493308578252496796802645322529685907937910480395182708505
542048151160155253854085887788266367930364185529737919214036856268
277997824502970832980301897065157848035426231024948662845872495529
488571245625990093599538618158176715825086219366434825980530700535
748527451239755243204001113595379669563709181063449298513077998039
905285309900565328015541599535013003228337778260686981692482376535
471389757116702814918032438017047939652954436849166311488453134551
963377710937379666172761754353187681617274854429148083430088020059
671107120858369598338671805407242426537452092248985854360546607879
073247481727079223786560351440350879988622003493603261313590471855
220000142933598670470532043243412352387005212840483010717131858833
360483002842941457652032595045672300611164435336004056899013272921
860853796812772049696534855513875109631476652136453986692567100705
196590599972428329031843537755304560010634221698991341730562236384
555947102024290209868116299650410507307784604841321734871604498524
483573059297449963648908634586138496072474307286089053883045629846
920968759322865857673323813313750118878029242967015177606765658940
261283809433984002046199328692408274423660087890950302725477780434
921271487431484355151003852876696042452765328466989028541872407180
355988361433976692700760606134581873493245487186406876069540408901
006144890548594118778467433943167499340332670257964998693697522130
497542616133128724533538590983319009904959079899943912262983098751
176143661375665369146463281761481293456147228140373761936502106641
181399985745430012060833007015103971844248286446440079869716033330
610148030153190695992496521200821483704769097494722629692696525506
417284792509034279947269811608002769329476954220839359730068691659
323254865296068285263064718569882906917129295828309227308070415037
716736359522709731536601171441865693769804991621423389792693312380
403220409959991207019401813015293421631311058848485741193406220919
166481460116146936505314404693638113203225498600515631054669232712
634588280542452393050869159390449200553572695761952255144292011531
225314703036574490371389925587899383416163512279825136549695270695
116027466109114379312549222552773279174920969788988691144512031670
931336027793992247545911612117040321986264200123064754527045803841
010036501790712390838052213551175950146354455908425956925879056750
649646873764070613824463506165887998913779483337761016508754966575
919900071872710329854397147786372591557959762324049511387553144918
145038908386964560344284751271246196315227103999455575943321451047
831067201119420590393707615838170789658463805358223282301794732941
017971433277519070346226383380151365489405636775661448880194844704
117341925113871720059475928717346305886052328369167309400425407350
477494122807085344684649205636612165853730568542388154837902923260
578592663903538235576190705744819641875005984639652770657958627227
881169920069939997680927937098542961470265551918884602227022313994
322245437244950327656926455864217282308269220170757708476701336388
115294876984427121907308578602883258911888109074152401707600348122
456642449372984199588517097934976858527757799935700344057224690183
469805347397824667096400774726735586466223913573993929523264201343
476587739257110302100036121355267187518083973423100976896236849957
314501405403648632340893044945712741326159122928394889691926017898
275386628528079372289447624358988204724451084255449612956651816929
540615322972194257656943457743504777450789605587331614538653746753
279688342517368808995842738866984157386510048015699260037564137611
913401754721124622176235030808174726203969848229802579141730792270
996239234915985670171595769739737949381456018662855092632778220514
382288957344153463357596787716912482533015084288937874826838907777
313242504024315840821664296445329487376804070891938211105789722674

032147336961941731821330397990311325243742032969389347324445236506
416021975991759956774698012334629915404947253882967497980277998105
979624178300418951832190561093448404823394004578358228039420295879
608194167940091118414446196465411517660102146794205604030998874219
761115407550857232107908620965533506703069811502737024653142242664
667182257205064379572448802200913677297026187985449690061488438665
064903511650185131104109508221833609625419248161488761538742778209
362206130004226967668804886668893036004255555662603836675777878400
404814799677113849085617053543439919186702498820317868538641705487
033008877390002508676613040701486652771961075951793934708798592060
521336671547735268718861985770241731653802908068330951205398263458
460320718055395901939156805960602091846058894115760000285068814436
809243174841058100504351614010468393355338332861466488352973810988
869576774117321197767965927615350421073890120697139772622073263971
788688854160221922699277158638950825863547282420001280703151295374
311174811656420479959220342723105425149204979442816090708727476283
307077213850679953011863034020804903055587503806894287556518696357
108176665362748025496238205143526347263350093040705253621337190641
569807333086867208381166161544470457890442324263455233974271279527
371287476060664584666689472814249701383461600105839085553379467783
337875245557682749454850951129474271201682725642612810715450387915
291333033180098488338758892738436047279208707595920310161868273481
669014668159893199806042828372434278122920026057330597670868621760
942572447916025069955739599818405063730278518134022434680916621242
138800065099751570171707325573572820951265601740681126858018265422
505778921442776856487294607580817433280933476986186928829549304391
410069705129744328582252976462586355357500895148288883245358991598
521694088145351674176320274523246523796055219573328706227741759817
067057007861218949638754748208654261624306506474225851986317307185
087872233608313796650948083363926341578647402378460506058094583213
289580782471846180031304391789931062664533164360170244319541723207
571305507290109734733036441683258571711307521356038805039820414409
982238461693926222930496257553987682152516893388190887946720526918
031637287582793798784506791335754536934865756387652261524971496419
799313716243780000811021909337404305461751261228556601231441993890
145091060568979097375985842352123362398390032841942287860705193476
286714538135150554464268354749685479759062303135492944108653130789
047973692526116415504389968196829239297278295439804114027496770786
045314299593365146188381635511717311233878753137810904863891613450
670743067836958431334103108818649024154476529279531187172688118505
019551639070013934816603863532907905705860454054416664617289149752
709148628981837666617928816518749269882266983245711159476016492563
126691732711373621142840026300979241632552577710080181238222565227
076403835768457594204451330433201130269351567195780811137642020877
083384331209796245416421772305919476086065686568026102777542486824
627395171389735880148647343691870367127853834594140863315689883130
343649478450300122061083353924607942017297554504671701595588774296
510467162529609926557918045292519886365749042821342648937622784962
666229627430858166226515408773137048481151384744982266112963008112
666865679769347374354256489567989086861647368794335918721058031196
192035926840856992451685677819652011265596562830773504109094542429
011295824262354447452246707818638301856493794749889461773455143462
241874177916719838690957971334737289112794729651108912390587276500
905355899448162116560403045983936755760469246263041973269699997402
291999143472616522067189619190782034767314674772383738969027155759
861669296481634847417068096700813826132583539975878277434632409092
112312762389276641799733318749473018588560702947452815651302447867

271345286709165069668266282594702301835897712831251170836984814095
985416724339580434746167888154163552000212077995567860008074626335
275804047094127830540133923619565241115248406020325995694690374757
419933790634305445591413041972956764418136881978063523227394959782
912362760249875348267469220128796810164057007321155005799391874596
382929249142439034397939921595903841264870814663780598386491645665
929354537602987800359095712910019717468458636073815036265319434210
408039659046576337441166498695600194667665965064620132133322125737
582291683213030063133966787682840409643524577794455737923904589401
000057930665171954965558332333918174081513467730262675715024096184
462524514024673016348109468635520639456395665089638933313154758360
525033139605141651701270309360875569963670382883867463423404272470
365212606624172652424127650311925356845921189692544555394316063220
038904675146083622177184333980189754909304921909860780776438168982
065048892486983273075607179208831720989366031462482740265069069935
070644534713494895121796869943119200466037996818863643613345015203
190628219764699640975252161293525989317669886122282628845845323076
424340913669980447779251263790681774681381096449731988453597674871
326788075856744556125063522155406265544232768916753529230768313263
977781777486951731159967568357690777760578375862861424892010019005
372961705640183251650710051163228093250949727357306333102512304273
058618645339800283588040423877666492199352609508401454089083503146
788384653241593216574585830700113217112113525558953263724080049611
835024400606547353145004987106053306187667494315890344138930297592
573529581015578400445829718032444571129819953652098888386131136521
364645826883566327846189518912184810430364806305915157805854410867
758055713684316541692974653623933720694863273371660500893275326774
131480498914007218499648060956812834929579380987810292482101903801
944576117982538661768216381942188447073503929532678039544153196255
072370198294325919625523000282562254596097548687141837060996904461
274972834881298323089318829386177871806522441450350602716515907684
755244784126749789181811689731049429887721784834803540595796509505
090589397116944658898784010583555674641723333266693284388335019280
900458885983405126724021670622919598938719567206327800030792902396
963711068301676605366617138116033942795191456084972136494021882397
942838356511200133821812717515955498244854507558271692786026962160
062248306345853875553464559494149323488585186778099289756409748949
970077094179797480937628185631439754535806659814255526159976852150
473147923348264750084766094762072376538972386971837997919727229204
347499490122028550489517063443256579866248156334942047169365928040
492493814740316468053935830644079154526969797487735601780600236784
785010695194465916063470950141450864710015028054573378730291956169
241023097580606463858324417221997691298969030485068992683889988006
570951721362043520930636902524654413470381339589048705180450653294
265445913447258956557799337418478042603600982509807288010230208118
077592274169099211565702085504614902784288665091111581175303331090
130363195705268103813428987214226983022870681359024379868867892290
592884481919482519297340121401838496598631311879065830488178270291
215529398481628480845294768282557615722096356123394400764299509810
790060461364862154563086627076383047858505668049064909690739451258
730688625306443212411925652776799721886571732590734351885260376824
700069968459330106901625038772967993089318506117436055696362971251
572111567654954697981232420547766738869350313380395911207103565822
932662427818582223393405129244599169707936642804454453815404644036
226520577084209336176225962746472811185179582536163146305374896782
015627827832434155037861624257103484536000423809981642229089790555
694237985979444447820323631454254132614382305062759945621863521604

168622824070714450072033609239776714555906339898357619238675986942
619253631918211030835533632835625760573954313825080801864756736816
160439304485127721038508566395151263094298513094203440604882139958
740103994657405328323693612838799817934572367491666098555413701771
270366693599663303085358230039391265704659337485595765319176841454
375436197237542188102403747040257809322177353385544170426428716428
335308012946849558321196306808316905076727716390241823491563234910
025631876114540026076290538902431440261250873006914278129597077254
927872040272692461381722637237365683299686557095626205511982023610
489664602715318966613210057777365469391928222301791476173001687343
446135166118460236660958987373335384123720223178218120575726749786
384845409698986701433587569643720868380967472235173181722569195644
460565760623740130905143173057962042590839341800866368332409827866
087023457232199880783836341942974946007555185420633250576440240686
307541334080118878066052077189596870837989712964468677000285451447
089925334872059584641052020044256783677998812429519085450771280630
305685845926704990490436371018043737536649805320216740011674287548
548793686923756410635319827770540024287480987140416612518827183993
680844017705909582462452289213678503664258548960093475851619649566
482460781663871482952509699085786127104059698195687944814177850364
036563172413754663973031768839901234944209021834321073459074978671
006390801134686617978506685665430560291948084897920750465311861653
696832452270622701716453267395582610161513233672471451041784866276
366319951769523605756980561006256011575893269592016912319374614291
827607072208276056645080398518734425318451727821455989151493228042
618972916766998621493553408555251303439823275612384483230358528293
315868780754273424367441668213513040408602256275539330391724086795
186916599211820998279692031876153057287678099809568695565812933836
718284495153419890865466272115020126192734683615029357370098004136
990431726347571468887446944257684620120453582155445362571337418475
472387466142378867006775256664575460697205283916215493479586390627
934763745405191134448018554936998964043967256229310988631515021457
500947236185454991328249396065511211112237119515466698771116288006
107991743679284145101624245669721125129918343107368266287544128563
455744646457719166411026472867462084311636759181264463304197380350
277260862342608449153087750803914364039538714018773620392161386375
582058285414572421585418809691510373504668116360417775665810853250
407653084724372449788888431484448531946443074470347243612421868969
045273819637180542084838002647021286216466062739776826097521958955
221147357403149301328967913636268212042262966984579789837486804058
673138936935936934178228692764402320164299919738704267601464013750
852041413539763692963359871974261711451294892741385120647775293149
657181643569641942120537552343328832234037403941849390990782208226
407688736978062201217007535687082975832534971903964844420739990155
746306135003515448786147089176552614404500175343467292066068155089
579824297881477970220460317366307494569413362346854344246964508856
951221833808861250630397642701223041612612995652977218856743093389
550755745795174325316447106315922122933355484370210905920202698387
664771797173500076252001071870829075418779211342195268173316649847
193530654560174596413907172745577552434008869790944591246185789463
120146412690713287361449341515225985533479826084304747504180360567
253727119215586662493673582188426589508697616692222359771723377684
978037865129757156608068921709984369004265551652491818912339144758
475141089356457769035556046682570766248231255666265847507635476392
703567396282496042105026633949162728821979597451778327609873603814
023427488295289430236176088193442563011078382679468813886776982030
665358187037632455911130427666362011004899997856321845468111027267

621625857939866198562441835289595857237084701567147688801296940186
365617305542548870240176984535884194109595109283109462116475822124
227202576207309199082380920982064916526110716968529884403714196225
330614493500661480885650300049693573075677096946625491581238458624
428111308341488293983554033328866079117154937720918557939382011938
019932050791487154558164372210791143108078659391735823795510186325
291769707939558065843443675581025497911507701342848676763228562643
082438996137186156792752465180036367335353719078186186154077174721
894379539813621602232809298685009171958058157664109386209804076649
744527602133546665208323368154971354311528422844068922350582375918
343877840339458956685800215109174200758498768860429141126547987616
570091586863692334834447060577888322156096657807440606198200039385
307434830874042447825090388786706355529912759313850387597678204548
825806870546838062972791138123759086328136996157086802548995810741
840532581800590249676345335783898561318789435118185792374829873322
568791683814686463040289010156493162450202623605482893527532677035
227732648755114662451914666578600205201311223315232792697262294767
579088328573349306491536611349566899500299299767271514891190898668
284021248889015417348835070730075493827907272221409248009598297153
879663903131764590403562814379790917576773424461479624604061577228
403977894020256151811825445516325100082071037811409613359873106600
429528212110156660838430322250172810004814161387020177339282694509
243295982357482112200457944740275311755192750812399036631440365144
802656866296774742582743524958237088779012587737616721371949976574
636274859831247740341677628407952026931942682780285498555618641898
260332650750788285198369683714003391965487765079761503626374409961
188015636018460819668837074580711511332893791045663848711403442799
193198570026760589815261463046121720896977773579941824744494151353
693502010704035281950225686161116762579701895578571608118006804999
702211614073695856127425867872126130827340668196415801083757076625
895218960063257356596547238542893788788991790128195477275251164290
535803987658863621103631631522931131588582255387927732746699709519
382867048516856154633107997710826056714866670702612625954048767861
709055464325318107630151398689961405607959550752154172015353688705
051735735267669873259514194014246879964124305045216471471384006696
291705470735707884481495353978059414331409843943306702710697014320
050476438607421457408765845285193310939878960137695841747047755345
696116222893921728722356244976730571801366190829590568620879073056
733292001646323363425035424518955299217306832265207227585496409457
929109304713629724538664790782235776809005551161562921068859380686
710641556541547533943450735533842566759726364249699801792672686659
054038750828536690506695662715082645402258149335504469932589486094
260724084209402888644957074097130475754861900676581895005263047516
047381838103718667246556592682281289844007034184208005054159691994
883207680587834078061467164607825931722109991747684937807908562098
574320377093040469071811883226924840864259278118918601080811986082
640623932016415063957071377943826531032882639375058269494576432752
316479364755072430605240123065253701984825399964546884820642983567
336420201229430655485124073501878655287377115040561783303959384979
234945594740824158701273276915493076712262624940870949924923295263
924578501040618213385424690891575022529388912457164428446534416288
531231176418536697656215775795015737992618884500772733608699726072
965092576980716450309979278743626383402263409237235439425256619064
171355141431806822951700044060853981592207042572737927080865371319
550038902601995095750482862051193217205698076421144328677808173497
949204075313889954987682896024052033695902221781337975344280849253
940582445755376533801015081288213282251716600270545246951219367357

920839581812718331332871730224288766433388786358366941298208274914
832706007222123782757898890521349814454277975960299491793724004481
873391869373193076156894273475113410013097945836131421927994321129
165128447554781706172125809759860842851355095851732031076738806760
490540741471772663049104779610617556257393188819651643022537626509
000297087178575164450124193694216324436028670205804549300577673237
967816343239913225734058646676421774098990482566129458505358049912
850391328975015490380875096289482631993630878248030078870011023164
472039426851334976600028469191919411191066550506379845230816784717
463585446337746623424650386846678606303731418198034258762544352380
459671911653079306429360164610537076878477159260974764655164234859
917619586072847533523111562553394472426402837362216256937628711770
343781644756389505775810498247070364812276268935849253715925457741
097505198630003507192635195643415618161090294914183132385727305580
643173907308657048395440248706912683095593283066288817145453369892
024454755520265277419626898862785329492669157909121588118159175577
731217598613356713359354467495316249260915755096576911075561638936
508876480911072928831559155576784283955962067312793757626706754161
705930767151115274255248019151688279152880367836349622318358720839
286942550713187449426910423691118378831523182271214146364103812882
635431664248879039198919430689539367637843606169315157844002745637
240768928597119185792939151843838307775581721099437689035650381521
350334374396994208924952149771142814034688656597900674978085483382
841627328987774363210474376760583444857366517035494243111658542541
368808986497217751565363532818194513864599251182260886355913277491
921758263852197907962976982744705667523513390344623266339078926051
362446112835701430780043649144797120452574037042315571479411795429
202708389588101170334794926022407509538372415711072485235050362448
677437565554118523839647599364809477628888011013428522095808621597
248121389056036445174201966163242997902988298391237172648736325275
105826667819200738799768288549464655876776673948727432140167096432
889895980729680701954705701057208769053769035693556256744896007356
337136215274496928199850567000787549707294898911820066077916072016
508688381817977342541190471011333476740340973463598618756084889290
982514207790111784859234142901535294802139931369763611470528707417
656998266792437210947729961955374866121947371475949151282782484123
040654616706170519403962413712260613218651207294755100068468761167
247200555247412106293950606749477296039270148347315969198980921709
788376124171283453331147390961133217594311172430228808994821836562
497002213822526580755328871864214139883318608251122574700313843622
642147765915988789713646812335614005690442990761501277857306947341
362081103507625442191785605616682319696460012773812391636689992907
847819922110420409955878523497498227336726232843450165734307515851
318255002355844409710363990547933920914979093515307131406846695933
328428010182677528035557573946539271543050268255813239060703473244
982944822200247784246510496838391022266728272447218250315391161003
912993779074882486970791377003800315495349431952889800506010069529
700575632318020981339384151227834300503573910752288596963690004425
214005838758012982740537366151619103843859947442487151710127559959
468408977001290385163275316090658451756735888596380609637314532010
246008588147830490662030085633891268588855728106551435758686124939
654069769492604675051707092284837954335846070805646208498428842880
588385445736709745493047712334565840858348982048317994169731190366
393258326827902040067265388176326312695078012755415466789919807881
828219517289132190197739469174623124888538267931385337536361359394
023173326363400957317540233905000488690776914217372188203723738102
178522170666384097177962613392021426563172222681279930178347831621

208415761372070093534800897405936688712898507549626215373240366435
114350307075926039361625716089201104091094836323402012747941184886
231351971804478385665131619784590819106534687626403704966245573288
032044556850776176302001041735175792723860804406534190336821393976
707959738296347830663032969602607706491145823349980971825773368949
910604209927055877275353028372998103709363420218200849162773232347
215942861925412556058396252323874234342345788961933317664253499998
732922667057590089305747860128199325582156872192446150607155443664
012797533754844527147052399032964951991196794083849031138070523367
104375902064073122051495679898448730175005944078619549007837782461
733577218450335382718581699875694602270537296373870930026818618686
857579277861777910630421029168074194551215270548540496761272751218
995433790314518546182813092564411482798944314221902900578369711248
455492158329660551972790241318757132533145947638512654499621624691
264714917860928377959979697776122429442344547777730791978760239327
054212389667267915960736845984558091130597870100859856838906778749
112125818094261302383974933528946181210908969053752417563999095346
583920120225699908306402083070332451154298376006967495170512092438
080751428253611188437318914025632044645898752997737289001172429753
568299305686243033983411384685479630639836592157448436195141637953
239275551556572208260014174866496915584760746571424771737797656059
798180433400652132697240312973295341679687803197779876992384330793
915436092367610644338557213220987366771769853243297992976359794211
400330612956445391787372752365337569776554694226927687542569153710
149611567764975396327069857257129056456085450739263254107654893984
106709357126288043473068358707393623377907448560665771856783006590
723724558013530815265595998775842527023483407928714862195402558323
180712292605712603915770055452256962082736994011163222094419003358
208726924912209596160635544730301188218828014232187510382465613964
758765525309547549503223540255851489674237250487497605564422774756
678483561079371637933516020904451505116196776891926101375419880133
138214434959754865960508251541714612659654209590833243614496200498
092101235634118795617385783796222792746112921669992343244303417889
089547804327702803289793893812833968279915287728364726575784072091
232705262074311958167751427779072354319173259472060202952599565101
164893923884816839246631736187361124347449830897371747029475661649
328170636727993998356574744760838067319868459200810010973818800948
443944271790741201755532107278101693490964877564418275442848133387
526813204512026009858642946955499418418689453498620902275246631742
229556988739621755020587096551722648631726436076197066126558734901
780029103808805324842716884151883291582026317232389735934317659084
583132913932727379991947874636529521042412261193685143258896651817
585898378018050785190187514835118305557955208827953593244590752108
958082045551074115326108600551725884231918706899516107788903500222
304780815890966656216062528913033292551029469005324906677822625251
043359642491080878978442032454681552339917125025096554066514608660
851837294881947473579183112662813579667238764195929807452352661556
173045041819313007496659370430765193601973480774053385299599334382
982531155980861485381869442406640721984109756192274708559705399707
143884911769479924834722812270593879707577648850079354019778377561
247478834357480983263443952872886241319443310706914559371024059247
857289067314513795661801466410664477185953227387478189904079327633
284656629355731242657653991660487931950727916991808150976871107964
848315357666975040077677338254498567029843520477774197525474660751
529297390946614383953247942989345359442669380965863682327062871278
915058005888731401497241536788930425619174784605424103595505371968
266822880503492634721919124000464625502574447930938145528759863643

382468636756483994214930680915317839429562119387936295416284471435
077106514693206463295377833859638801052405516664527856984471791873
742630663530333148974772600634048887496198947186687871632698505450
153107407795407807463454984231596391152346135085122663599082640435
214707789435995005256694648637866787267852430422655991665125681270
364204135236021244195437361147641434453345249698306734095169439083
980750378865947600824008328442661125167497359119221595528610815179
856200394512197066534001448995884556686460062746416759969387920559
618044516455695890542074083139465408935568830439100996486286769986
967987437273468504265953239784179559229494350333594782807751362856
996573096562667734353907186775583799162426170125053132306313109849
538526117204442374437820454144219749855548986365786211851020108060
410914227496995767287576815549217189813163278042813431201934939416
092443243908459219153163151935768553022637724065369883909761422102
770373329885430726907389719272444279433435391202927357569261358679
386490111480078256733497226422229921688139337931924606947361478381
749116662431558271962416157495684774809563476317767940963921644654
193147602850469357831981817389395734103715219359942041311045882626
738171782688575825380178633143652070532078394191680100524477030894
313932290869379012281140811903114603035328539778263229178921936169
742610342389020717690428335964787178542018059987870743009239584438
493917183228818677117885970807006810618401000757679443168711353261
449350427611683483848193096270266303783901129079538786850222160791
351797432971933411259811184854428251974327338038328009976560978960
706797874995020527785649092115840395190884869230319307319369113426
510581760568001524094930358676859452439297456953459488156131247191
663525998422219077426720163853920172843123266299365863363142665987
323320481430658000758874488679113936236871203594908887587298287397
835122265790845944154652551416546866620307119069888023562795494724
963303677033545983848628223528248233116337644671493422872178587050
483059870233659964938669441888348834571816441898334914744560702569
452764207536363516799270336092783132265358547223926843497922922085
320945046100518480325057210917781931445726233237238018433470136570
481357326584755109756637678464625899717549858818737063364179672367
505588864606081319662091523521450404554637312145500564998334036018
779277605949653239961043861340802898899419219260467010930680652620
975877386822007851272835460329805457635353876679999682196801383172
326360175410069482992691005043476144549404324132251267931374677664
399416654825632390109819427170058751022264547861328093910012749576
361748372348532794043103188638039252686485629531294221012368877610
196752104027185274806563029431557627884623370024584310427493943060
077589413086401878594294337175766319847855740925730701674888506896
813336375575333595031027848724244849694802477863535478332423309663
328980020580464903473296294971047326829971408139585726251848130929
756789674226079747334452158526968419462047672619537914982157323281
765938448867224772687557375526249881822735685566944078585847832178
465660789404490297552771911612324048623259465942382846756873831459
582297504604564929025930690993563154535594525527484162629981806545
103221347539774210000426870593134067937052028012838595092607152170
970211732534222330510035981071185184805488475339429864170065125690
921863168473247543604374200038124078742618703328235200357767210429
781366169892198586124774316363320908143964736487753188360541522040
355793130463299770896153735076096686666155196448364527573288511977
966112692564868217734113326188744209425929530089383446727362785855
537446631432341752103397992514867370637648720090180863015036338522
371261441052468954767197436944344788958743331400038226728318003094
449956826560688775300081656781951697156113742669043734863809113422

126105473631251721517194224754156695904824635643261311553120770880
443845283491046489548085090523812923653589317998280181640330521068
727825399535749847984571770768467689348289832853675314442760759415
128644371058046485333393177449835394846939131867306522882242275335
099502719050837240564802582518185560560696152555178016193212274450
548885139966962214664298228195854265818604172733276829734341645407
291449616460434589019182431146440853813481310861092526910409393421
301898533692888095274012496831939816353437433648711505065714946430
584051066413520144474743407061620475254915304594507568880219413778
906201163844711789330990090747760616952590939996027069124378561218
178912768434232369632455829693270883304912438389854168144828672876
579733225054460863837784777889662010971879247219406317354061782693
338516256287724526839459371769565393170754566497778521543396975904
210537826408588313301170185782434823177182859573122631195445174416
588057931869899293090818481498883691339787514726656878774835012867
269781828837190052510096815857242362945814825310549701351172737093
533165299050700051103416439909128930996555722592831437556399392242
656290718402836815054831690092693268062271182656402914148938629675
351323769690936870773617620194963808985558512736739274362177031935
781114848291542520637173070043130534230816331915862500618278116106
325789613687293694750275654309366309779798948150910788480956875028
553583126960779535909221471178689073123145503610178029834521098573
798869735971515925598086623552252490879089005115279316419848454604
841795512242882063500262952182989391360176297020241627364998184513
066577523563644249766419614619250942964955723892168178366341701310
506217155353801131409937312225046374120468016876316890195126149059
774803563581558628989959316465262400676493889000818478288119264549
576283846857312566594693616078396724868659403157413759199548408501
888510976169247034643231680642330650641863304279261557264375455593
102793342845215291921120562596850376322119454385757006905749076781
713094520616058873916284344774742524289004391116467103840261506953
479389745079634659829396443604530370221593839861050546178938017321
104803558492050075961995981898159095551313980519076243277230167690
944961038273408160744094461318833137840793731653727577128392422660
024852689581262476001246194498112030825845426123724235712882719476
982825295047047263236829960995295644615857354795314426946620969230
347130545654695661085045647185190557523011301661463590400037454666
799785434916942117182897359048883444620017393382684458883475069529
778474393219478062889719897581308019002995677689238337444433454146
812529536790983973532451047950209282793102834632641248079993828305
288527059844973886366045770388380621533841769421121014867047709178
969800769217492594862514743752890899016610975898897638037526308811
333104468444584232446846481513613449554157244323949796882513833410
825921415564171593264539938560037965701114682189015316263031012255
063395749230903565339745866671103805512004996387932354648454412959
380101179670597761310915743368128548352246714950163799803102300976
640679042075433353046928266095083454275952499351326164501598307893
458831621754842136043478793725227309249116461715815157504853693300
313639527454180063670012416358435705641691650474924465405514781474
794634862834471255124069066716620659999139206265750320249068167244
669998491591597324206597854057506419413911687630755867169031953238
464202685295682221891136366091776366733080795837986466395221404162
936466496090029052622094917471172313254398609071088273040660836341
313462295826863749267891354747601975070275692562848677912017736704
089398730602260268811726893712474225790939955143960285386813876880
502022561785662958897991418518706750324357949697944191655428743235
976091169719493793541241841016426131447754184812619447157444534164

7888464284061931886057220129596696243267898883454967223412479487 98
7790018535204460330272145773515871541841053014835078421108305618 82
1631111312892035616631737363598226106577412415160341804326546496 19
5561572797640674561251632317981795059567572877615625565819621757 32
8774051811393987358698277443158008742583221437217214687611234716 19
2718026616749702986969522891387465762627013719890787534142834481 79
5375182392388404402465836519272382823980440213502072180059000525 55
1678133705975486983500269348564342289766362841919172181583060012 63
7895546396931867537087337704305333645846259172975868174088500840 27
9188818766146817483375513291547604490805470568828396654504341143 08
4282088305499943792780993187690901208959586551869550278756022430 51
1420820584266562058589955875343681848117188695787169046608921256 65
7670851925243479647210776372360188978604284565123805282902945911 68
8506891046742778608456363230886216345091072247957806786779789840 62
0881199926333991459322442411869657770337471110122992949014293860 86
6441765126719786177274095186218734269094224356162010238787429173 50
0778148086767541451275744919542956674895008178426992041842093440 79
0554211900803392970191832131109689719059339267713456069255597155 26
5957277376025586711384660406396645369858985732742521662246720437 59
4799533139307392248843516275788143483873511469199109937762205967 13
3769550246486583510729725950757503426167126741780843326225467784 37
1596535131136748904570519332013557217803683206849124464844251860 38
7487003543399549193863292701272132923921587246126515015851391864 58
1180588529583384957751787085005332314256825369350421216804586035 08
3152528128840450050499489557618688305342230480254885794713885017 44
0668709468598218911362128279531504642436295238111949613199015679 94
0731786504849011858242829662238634316634108145001184335212536224 99
8402637841688133262779539596352666072238140546029301794506841357 08
4226149178009058394243293498196784936495291194834845633620910232 11
3469000169176017480275367858205157515908169952521745556786814888 64
4313073238744088367869911526849826137670769359161022700580120629 00
9503227271608255997935314613893621288491016110070191642340665841 00
4210444654219816107829111747395747062811719198869934796055419600 48
2797768715301849552408447612247977836646987776480525080725673498 47
8884283598893846428190944262864844348627441482028581327508732614 13
4577946422694895822834201606929233044029890247125208019441186724 96
8515727288248568094856480729671797148047568305984069221851002448 17
0453697523540822009331015159002965003681053048902572180520688342 83
6313545602864436301749347119471867471084681311459641289290417356 16
5334423669888521488589594167492766566402193490236991005610591377 83
7868532648491995659588766082976896580945512836498980779417775298 50
5108118882459604607912469169894294840106147303964597929352098169 73
3063909344174126639505135264723115374700963617945682076530950577 81
7363230362344113708304053701053606212783581734355201418978673644 75
5818250131459428735999807760209437024935573485732098388721619160 39
8919189249698624098993659603922380774548735558404435506647644537 45
1370045421281182733582664889457253754258802181984433866523754964 55
3738113687610350795675661146991400027759831990973371600299897535 89
3731474511004224464969112964707487251768146048981239990445925876 13
1649180610341836180597193134405717507258210835305958264187309547 46
0465220371902591217665574346245761443495098329688677543919773833 46
1914401579135770516833703998386092302502854794360934880916334309 90
2406603299137591229079233084375446116947578906338341203843134659 51
9287307033266220561069488360772855216477222930408465917469659325 80
6238411514880947353490953697134548287899592300331433363080673269 01
4018703893739911091219297575402451109734026204579037521626448910 85
3217778624924534114175178560807838453306670519134727516421912794 92

423143606300899342383244372010440332440872716527437691319256741033
434186079008386014434848871357024995598000262820571303201265977827
212043974571306293435611181900774211143937418167637528999457496905
276127497355111098031081314776602748331597426232776769584939963221
996856149258696680622767839528785211520661570118637036543570790643
534941066108021043683637750964064909970776593021226912187363746877
795899640246914567927398787818725038024573562353186344163107179046
345941527500034137393593179671082189920316932611586670831101428147
797731881736602355119149268619968333587634406311911198410058330476
618633628673093911650506589814458665976138210879025447642782311024
942461830796378625173546628604488028367208150604280025141573296643
640964652114057827993011369696507171369111307928022111812125697385
278665875598075478609039431592271728625822426650007999896402577678
445776879218280187144374675049318567544390393050796727846090743717
935687036721674890153679849258498848062954147548705137250587367318
357002500772071956911428836672193996240273704793578058028026173462
355205668443074769180229856894446415908706814994071312271792374175
453026251614858078557819911616089451655947660793562563737731636929
121136920479477131604769846425920811060400625099468070033722195433
259487785523135422932314547209410740126792288069385849950796009771
328199281923590393297341955201486361793529792866254762718448282808
798424666631126874508839202070074012038267594375003043419711277095
270281140318317783798286922920465983103322731857578202743745392231
225466823877773061504227947863735083030968527692799083301581731371
016737017249132769002519505484456632306952123688648225415443991761
337397304696719687683762590574439137845751572349122029677250579978
533834950231441164148924617273592076779468141907631795214339156418
615792651629737608184824372053849123725483230347205971031150820275
832705063977440305077754681662518353690152205229873660493100046922
872062796856967404214978907052369423576266375759624455407054121420
737122073588654622229172754651376696399078249444824144528600652809
447620949276526249010473482877160063145864948674993916725550816956
851566370716349912645187310859104573828892187217089917504383766180
726370988773355182675209506528653684320560879870324668283488294184
166984338709281446655823682829881269803513355477965397517225665492
428258314015030599804059381824463877490788985752142059610895808205
875907002456482232982346706773697841464290551589489492954386623993
036000786258384968863209863868142953543999133265714475266614792333
638382975059257674210439994293105709676177349651062222697757027899
407723684149136895900827746945360056927842656950345600024071510796
253021921067641262880992687959453300005108326168670616243490890384
598339574765043169076134698883409105436648769059751191054230365635
941550552784091273605015351552341939375550132737936768235140123998
752814365083438403628935713002782410985573565375178755667679782275
161118621440622683712803258552406826105252298096848631299437390351
271798379242485042117673541632130359389294377550181351970110356709
766293572271304537718856332914853134484943397213581814875922748362
224715070930641358105521114852535896266709577607917166634560107460
206830842293495041220321735491721048025932859796391884242751102939
091858565280447930658839838217040842173974295929058309750545875920
981586238305578609740865071134477647740096287202914732845338120442
234309049390086577241839521047786330781926575548233171143530926472
860431102891719597292487045074509489451063308133845758711335963051
895790224974282632993000469944539850171879887275563515655990786653
395697940565563908719408469156127597840985669902806436349322202626
952179557598576048867545118486926277402827667981785269325407197182
804281082320145189609504389421899203889158997272608338292320933444

0476825165531799982348231805907836261672298830621378642100923964780
6274822260633543872850055862689417205403438085438268580087459763630
3959620209116848661295121943670723239760364355121675006282773071720
8954109298375360642347533699260068566757583364899876169703117045800
6658352383589929070687515186530925677076896620198856577124402618310
8395202954790691672318023346198381516811822511225899483559698933480
3393369023442372233641474628565974428740240550127208158918465659990
2066695193753294978191193317745900421075255344516404419979476677950
9433785852723075639745566536406055086900917283207717446473129763320
7111095937180422764466875722911842276299302758158880450873880737930
8238232273978751158168817341369471112782437742116810653262096219240
7895561074741916207246876032231670446445087178655723301522111779090
8844816574832061720129896864102977607266305862498143390186354419960
4643080526698331713799425194778934137596728050525533338950318515910
1741891378210489150923356766295214957967995401230829550174585913480
9523819160008973503925060130352017977458700410856921804797794914270
1658937423759348084959198420603190899837803956319340026222759430100
1547543423939714409777567820173253383002527005185930708716081764350
2720672239543908622872770138122474212266538796784389820125380392960
8005381177646605898582652320649628207260984877658018706537067952110
0753700527280393246588488185970334217739219102506296286999596751830
4075256292411915820729750849602529065344357420462521591804708391640
9079012738842639666986755212646873985527189838765323671736180171240
7627895791519446766271970146748308860850603767067397292453752002740
2709202979536135726224084691427022266167654324232058928860996320920
4751808087024788865075938394056768638830875378842012050542386824130
4859735053993526528666123415366469934430991438313334619498545098980
0575000689984821089711038333781256770910464436079777291649788521110
4834611770289526846107984842927658449851602980282195748086909633550
4515755764414644055126583176850881637524014932391871086051280917470
6797938391042178650281771595638684212047217895696976778409039402590
7166554773297982577751259668405498471965859325776408059835255940230
0417917373989006907289857815237890244511226536547052466891905248850
8312987432412960996385930303224773714017916553410934040815948339290
7169535750985586579947366680326445923749543751840521684957365516210
6286850106956012221575992419352099619981302244767551036099308043080
0402195908891417090226681840072399906176506529690090595970891218200
1523042751326428838935907346333395522411178392677176687894261948760
1744092018733311193271762155913012993941305067885337085125856693450
5293776762873006151749912196808982926234142251254212300064328374620
7169723719822808003837766552204977928426974748504385054753979133200
0856250245229426642491771303180418981329016843507627700151707479500
0889061198748021563731283478022433729234053675722648022597567762210
5210922981575260569799364240886204654756305024322328680700306428850
6242012985778162606070693969026916844081737747748166412758971197720
0944082849686579681550576244080387017860122914660242039949715026330
5969929959441821238254767318947530922451073461111053679271217764140
0844691538297899287625025417377883597653308074175515149533174528340
2116306341487239437446973985358812196595852186737298624321318946790
3767788912096777135776332458607053541981168516940331657083872621930
9944507478151889934411831429913585380650270466966022036004566326780
4222793552396109982237397450381274024463162757901167117200623984250
2896236742937861742112964577947216041100125106933339820400774900970
9437905402438201828167816334631125491951532333560838848428002687100
2814422909310319733415295981728031313160026350585393273752460402070
7051034943637986882600993094075332708673761887938983057091925489050
5110144703104130706405910119793541080708216889320725638469223400

486549629423763172228046765762840371361958098005468778099276072101
709742564827621375959013699438057472667287547833666085646514894944
834696546481522047533869300780188033442165667457758986096540702063
352017672552352430229752243901980272797121021076508188505955143715
990831954433330456381165309917649786555348429819766517462217292687
066271038604528250291198036138179321837152691547270697081246306889
97801505399046285966758948940414345802356299695333336535975378674
882301916461568191740846243943035082135089350589164014198543053983
276703562339348484308690742520318590749465528225959938229178734982
325996194296053519667390773054327703317316885809461218515142861750
164953982923851906115219789174706202139227097327833531828398943157
644256509562263360314921855599070918620211139530178811589856371049
216414906505469418961359631412565794806334818270903033232506005192
172197859994743668475256277297508122744690175480168205599483959139
169617691783898239227291936046527492390684922213606109474426689080
730282074854501217903810129019101390375118218554201494265395991854
172013869933164427291939530693648808539536412392936324053168065469
193967580131884628755956428224849031332570041100533577614549044375
080854001637112745963073522552963165097727486630930208345563658998
326454498714648606171233183371795326745309876915471278176963942804
869894192400727574119514430454122496971838813480727028488112026387
032610267966738665828021031957282705144680879172059680343581372667
724586039929250350984899325236311998383595652410977876499413333470
218240396809499122669500715567777494406268749271491779042195381884
362138696494819888952163700783277652137946600893037963417290111588
859841532705105463336386123968974785705904355905030673754614780715
057830539830945023791860306143142292693704682707737075968712091083
231293668746952765561691848281989987768781241376863319527345758563
030922039455147957390322275075314542962303677691714093525933161036
136192967224936186314506617522515175083888137548199331607057767853
243504792612920194351876991022623934558789826997100526540801478404
013640022119914099235391481355323984246788857840053577181707880545
681591156715181547285834654071988070713659366773651118253931706747
130837457905588950291181231518407812225927613868578777280573489519
370969927642103808755888281299201690358083876931845760982888183250
071382179782661496375487146796939494053720408672849102099173584922
303693192814358976326523214067516561681847446652749970609741665814
287517092561123628024178726657176313461665690192503759872309447488
754539849521623992594401895210429973074903590395070556666578744007
950211487134112454913689141569375526018918883910676458211061128403
656668221066803051095958983431559823374697595677648082493281060366
544824757762188394373415873101514268146463516937404960743501435946
265492741385743184587006256917595321617597881554962653477552174596
669737880059066904764093096920712073385417538234466832620668592891
519144521645622211392909047747940650720050579587110921620762172041
084448729081801643699736262928755109535374849390675946553770261941
196411943963880755723900750882911929960639721319592904400915737630
197913750424764490457329764341981557866864418697442252481062026301
225923391492751390736941725350235976648226744666436197170697960787
876807739534918405911586911690417848456746673109832237950512885492
344496938375936683297315896955932663393467236555862815937984254777
322094208723354087309117577373844223340261266875624498337308730933
487354889358949055692090025137101381119189133800513552190480372806
919861811487101329461651660963359617490153778395093400929748298596
772977265123534243061866624300378639001657126832239018852844449974
337001050043746758182459381207919835433058846333534954938279411671
579031394254573041266900407678569051461754307232883418409151073712

71110551933214863258405437782969215969510489070573682073076786824 3
79155790000029182635715082831650004275902564966208003688735063475 6
117435783967370108924531174261507592860470941063068240377040752224
305981530946596323950766479380329288508516674427107601538139213752
954505020422431827461037990507554499982112245821236418017995601873
143565945876939553904427260828363137997708186727240072245461046360
558785372795374614991570213502886269930902965962577821258159084578
300269206577823064817371891215394815170016458790728816513652364516
005004925916152274494331827444413680714295220190806667212440967214
872454274172431194271412535900667896487238524380456178660838818943
100305228648751758211591509449621713991273744020541252531564915585
912405063572076474494622530384490806579328713951574509670604553024
191342750855423220889473584308833080784143904968922287464875292690
251464866978657421975879916345408364444849462653116362558741414653
808682015091133126370338040082818967634587900349258625822728389946
059266215589898505756687115573401286543165471032624917486205053681
014604746629598245116591607670414987777045903183588599717259941378
833464154196695408553841382183596069657972250160552987742789495047
142674597377669106455509374774146971677389819512695288458933486300
277222699669170413374978690475467572475146453655475337605652125216
458013563456424877226531168392577247102248467459490706270248168422
660147694424206934765017540373491234091421588498707860449687641031
251921784247503887182440759000009284866807545347842278579487963096
322214576722692954567209263642272195165228168257434160359703955679
583670932654829079622760225366168183485236443810180531223171456010
380629969576534608422842748657029762764715283504394984276088895415
427047064964239993123465019385497486690889505328718182957627173866
398897275399158654373201133224079274520647539140582902196287465917
511236669477145902646976591280609491533202096142652868374211454099
796572144970940939121887223277012252071894573858180573170066430831
037951360727282913499135152055759801390903077673467082962673542845
533137068776412889019519534926038550667242991628749378442117135076
262723046573475909299745331940056234028647126428679395464363418641
946675261869088453446960671335559198723549886636329007955360052443
548106649320605819909177479678585881247605889609607650768337172480
509628581677119044141613495881530715656059304330902660229411993170
106211330488777806633375449004005796904868112216744024037998123143
975606504879587908936012170009363460559421473786412131149164921103
260404036442056351920355214761987901083315992917881491397926936844
616528454773116370819541479579537772604711386387904083867341135513
619388201603916166168474762411121377132468377653287209629671829883
913514254565972034368525513519780942798361994586517326648700289671
942290409687687924974912181199755128026472282697545885285583372764
849667211430558829404332036739939761843395595738827419842829375804
578382570219782578041415459341294093110164951226423135126786810492
514937793047486854769064231722212164256872136660945588670685473809
954234661788740416515059813054323408002546583183109187847816429198
724158303307166008462463515347894583596677430956107543408852468059
380640953970854374224091832852681949039112057656919479458904455036
337547886128041826139134951864872261791937206939516950247988439456
764416079812605908839882175301352373172439403831302017428394621156
385844691842387231251458143223320151606252885970341488145662350622
444106788917426758842194794583952756948412792765199989273821541771
900590323316425151732691656263025309389769249567248048018694605646
259743536046429271148412863368803366584686207909785882358299103206
347758771844447751985283137270231414078336581841668334541461153443
170023007589788587372790062637491520254978869306696421325146379762

2089010917985626948344348680575840932066418774103956997091692922496626522416059287746192004632615558792432295463756680313639896884506360644626153982048871086383593019511985329035190810467230586324727036247710048050336457368981846556017566866988333981970431001950093618662872230104762996198648566981138560252796596877998340532589034346866713467697593914059104180127677735430790627338510134905275838107030333487385266007619511479610518939843377183918648820504812678638755508302665323155452507011353413707178043822420448939276686204398806951056125066462924188053160003909057990143617184818883106644000006056715982128139528359416160123935254511383221188662530694121455816541789888580073406578108926988690258010053244668479865807317215992729652518976388373949248801769123157758265609674448967823093341430458770213818899088441309603691920575883864535029847562883840385313571274933730947472407843322799162692565961597566643714974790770814411240261773079739620571301771399005267889333321135585454080996011527082392323855346358843992536436496615665255775136104300865978872234647095234506866526632755349570252403979632237015533363473521728295777022570467265185040247141068431878610008592493965539781961548190334690453533544319051614213127619301702379476686495625006668562750639159749806831787346560254696447940078448275120403823617683620991132249402066522377829882570479371075224663834405986460503853520104173844342445255573704766503023491098033766857054043885182401670340061286417136640778127102787214706863570126487233894377108060831119488519413011760359619542509836565286655020274385796565921072820768464960777083663544436178916050619274264354690711229000621812736291624411045362823007811868059045405040979018681132897404450022495950494206741059387326936890281934534941704057007549238429028928791505404418532693292873673595796383303758943959509550039713983874565911534727713432971462920723567675996541037096800064906206146002635068710619113141241159452408978358396492401265625614704006011093746620784786655131782398074128106838413396754176186641875985798366418676861635552693879806152517214974182798032934759690272163134593216961931790822777211636440946925680867571133617190826783662429099531760810946384888975273779000012684973654466489196914683815155713261122337922602362995977695252216193528335803195356809422460140679530660070536377341174278437599252109151205151054970690809858206134376519122278403919228777018552952463931876292820777206794437259904209679915806011389491694067363846593763516185541049823079226436942468722887549818030089938503770788947927341558752977944831902070097646678523127922653918209885335489293538442010013513437181731611283329645810913480710342229832747367155490789712629140115823654119665067882257664784082730078803714149021167720309792381901937669717936897652456954793638385713928443664868402771523406910795783315380302531153700066648073739538703228329826760270113062040501079789196073480349278926955968623949916766919415500016341742135898251652413055419717961772311335357174654756021289614168412527603590575919932955173673088337167411441994830294606660887272058849011669671394240858029346770980093719038792421746105563863382763239249278273157622745654797276621888200286585048734854085655675064315145287215311203721064777026986132618953287705923648548455588865779884149872211114846546456551098909983176086763588419434538888379380198225031890701570218288908628433391107264074537845958825159856463258469031046349656828747475566695185630964383327860787652979143959906838568554140883439396860607718516182507704977403716109501157436222796864547615394566232966708126880377622020214817657983310218498238608438267397711211190053109070688988436325792151767170263450642668691018560316366400957620381205395812558016174036112131895356455843143930576 25

516849673035410525398122359973368085972898527072391685712799616408
683124177940937776067582953763976658643022996804612717351591305187
409520611842121750431520395205467630954854331225419737008543631932
602091222490354799117749476637149414149528153136240042619158379040
616721413780042856670898803259020415468696059056572966107586322353
066884326616717977768992980572584164626240135023140924398174606430
778024003900544619857344624020150296479086502530934440413529925752
658967036651281287850654618208824547931975475831478890167064282596
543697632400250459936087412921966095507882246751081959976997118270
723068813413159473371858959369583087830959904299222047937924634052
417794630492223032588850943104186717969077819312691473534751259658
733304054112363213183706450468148445329532670944204119109606257566
992947818731205313050200452289803239932883773074163929395230837744
062075876176650670730895115864531649893465680071778815579697402219
810629213359177721322354381537570788907392230166898363142598538084
373135156850623989594426758569630149631110968814624911166941179265
446531291394421035381887473821574464756745525567758305313966613239
692946139775331618654471343843334720157644953530900871987454799585
284879961311775996729327734645169588706438526112509197104739940693
006069054960119332945195250955932678334920892873730108617329317229
070474266831624384380257548306630314739110403173025549276639526423
170015365238862735808845852232832870483386865104955251355292092225
211173555347117992443357549466648227307085365437778207154383599460 7
567117763780117347939929647128588794326139117760450379046965864201
056483004800411643104705107463197890479233163210183924052383823112
690135629798070623344431806719787184653030530655900675418872825778
368499704017668167352968032971452011507674681444141025098200145307
482649445002537390653650840766862911662929127701661647192448781654
750466136283457219640868902810073374908509941795577167130681071408
146034330314213726706800775742054403221612502908121479510804890703
948480524657755720363120780935946577967829146127624295117127284544
152879851197023030873497391374677308685856837079325815449856907460
275241167871947292619382965797421965263358503708088327192778413571
820861898524728869595990116594298728083643467896984797903549819331
852076341299674226115424527815271422576918702556616088358690113567
586785453427679665294505614373880757857539242663645769256746884745
975444058791375116861138044964777681333057074882175269260613262100
215379009223382708771408499862950394145196913559103441072483496648
669400521196103204952813318688325514055826186243903795181284211238
361896201532353292764979601223481069507830627766928371299502093046
268974740067410002123185223769847480780538810978907870635026627903
101139738986205175767092390014108061392476247326006699959970631871
597183156836765906749885873960134871940989518677074378225764145259
208552828373019219173231592172627560109385786337953536376386560869
673059270607208166548715689293231900673369435725101990951701543994
900980664123336932695576514302507962596059253355713617546151297006
742936094226313443794598913424354107366704665775018362483988922058
703706275733330882680783935080702114187961136263734485519946526448
549616139226065182096893606163444251777676871940367477381196196021
847914222260250952902170345370599904285128937806524717264158872266
220187569811860902807591403537791532221158304621554930252496603780
978159747989959990460138074531431973280397767475360283770287812127
734011619554924094581438453483047687337269582293752530211365591171
860529537638939193436216229162011195663982985075398684334502779405
452523414633403970257164399526342933297471002866653900126942927908
780006261321590926783828892142899554796022763026536556489661124727
123182504258337463091623254014635566583885224289509852003499098542

938821097966438949781704809323669119335584952348601402065172057458
910480592182164626211635990423184268956579751586648350032498913171
528265744632464756247878063597690784276950291257115060987744814440
906785979213235549380459650343958627472343665590233213692459839393
561786185005131385040201085525707076137454016482608185880737071524
489468689746528155087901941996731296802174286903104316212468069644
381784458253835804728229759811627557306277179053355741504385845291
222956041546703365450097422819757949075226706614118147160324227390
143669287890431472465717376805676899636988871906455360997440833080
242814004237133303655089903770569318413623293580579017015253811904
331656314682626971995480067496016466028204206908722872221005560488
783395587371561847680645687441980632135593664189900397282429328519
491389436189426675159268724192973080196636883161336719422519690655
727027919225168647194241861674600908090003761022179092405093414350
131931532507809312710135512242272001319582737330803939261754438671
696239453141997259184063639833407941019194793693176655413633063921
293745688612553292595793932713831068416238641402899947842208105514
196709174535448232493329036012713998788335378014288906298453064509
475464269078497954115459198581607901515966248586764830434035240598
661762386405954110978359610988633783714271966634312938205862938844
185129261040340612759450069042240785931475069432756396409934625844
144625797366650750061700170683595572760777544734308780775659756891
444046856007432207253601041138361631423491714729834054726907570323
300062072244648330430569372920621800469521056033152702722279340732
515052898034737414586209753128943184997835646522676156932372295342
936186036032830777488958216506925872678408495355797355944173788094
336761650392775950435008192799271416936930855087381151992399566609
619437736536960453605937861284218319403407040391477172109490641541
818738577372191682121070471977056290290367376182864986006556721245
319815302340259148420689274264893076754124319490820378636671502428
295569181312511516225549340061294110199108335965086264215030978873
183547700030364675588307619529770528274137699319550374387020894614
403773349412032673217274383528388427681131303716972400084582483965
923856331441268112596805093738202743868387952442089529495565713051
496171514921944782079455960737212573209869037208525021338442201125
068604085640110067646711186533128043783534936143577534742057642987
980703934043445202550502049171311994239187987514891996835533687008
866641858847823112831744770583573875265352491875392750984878988925
230047737441044178540333977326701541269038455060757482518826849136
562714007587598370332543197386931395412657590443060651799096283288
137324784411326572020750898269692500564604473482418035951740577559
454183744999787951397411585888021673413747471329168106776926407057
467793549000925649856843337120448415769939346587693260434339172468
508649592273558041159344031663805341262125457584603275793819316560
952821707975783117561080345529191304522399810616320539789772325964
934750222249063433363203153694033325869877217124958623161811995442
950006067071154634493143950687207567023406443475092219750642682347
613879064043910029831354044233080377322859502630927234091065585567
157472080581631606060767412032885113047619369797352057947120687279
456406863125298509149418857059885564449709982821961621860583560012
373626722294614082176039742850474798725154193138058256245875230385
588803208100799608634954818793976381368236765970677747818457315110
806691536250557169607269285554173408898453966398967130269486240406
399238384459355260095352902749065287767581866457385371558728194888
691801083745183120557911944625559677788917954073094175540286490693
678416010815628755982962726203270447179055464692599192936102421709
641396750590377485880006573896484547743985102972441146187401902767

5384430464817433081915630489338010901029691435886036740909006719751
2646339451587089979785464773383593126380465732599209882602986972111
5722865557321732661411441098103841125111674891900495554231957147901
0801849730575613178620013111112599529542303178932932023966237782071
0532740130471804016844566107444821620550431082963362653352712238871
4249650530319772245525621325072782724704885320384051420464594511751
5689493676995220691944502355473383973154968021940788987613319366361
0028154657670571828470724289182894617589386102265881119861459650181
5728722888057955359536624043399424065958355020202318457654920461411
1904774044716733005805929771608377660800921865483838352542427949481
1071985061754048983068518831629368277165542374849865102675013089511
5717719522153263155810716129377721623605558829391005842231193399841
9142923388347459811519102232670613143865328992153958089927735992871
7570198690408394270611237396673119810518465168661649409591417963491
1273096886968658710498582914029387512061869080171600285784855056291
8996598992032362816912952677044833592041896447705995357653827890511
7176885693922960903714325220487666338009314674049433955988001694361
5467060480223292276836456515382657818283744664052235982623515733041
8917378998974661187980216354258912619770795799305409200858726625371
4753354893631922275805626418644520845056414936301142643507779700841
2907116483570185528054201347976519972920459770752204271559858745811
4998741057897932845698276220576764598325757597801332095878173300901
2566573439506278649322210251329957340456592524118916818636407177031
9025289289111979358550290655369271429440665244117753386898749407171
5973551228361566496352569836853600634436858992988775598428253999241
3723630492271749456053114707391211657306787654539328484336376274061
2797770462674697445954363920404153859484325384724727600910396473991
5643712437834046715069251329355521659660721649895563958588045423521
7603015175975930892833880699885440040879172099722680992125093331941
8326308924884409938611550696268552262557369395347984988822491510881
5576884112943778741827097279441790396464415074461154809507217298981
7055665105036320835545830451632391486039097081040222868093017365251
3570368549140951717490489293806326598341275178849895570179331492701
0372048570671938039677438734183574451784074679694528330598964823831
0453853859265540258447707540987595320644830908821432702343609785331
1016832524850351050174964035696128094994423040931689908093564339621
7127393117367457194882840571335564700008558189569532218304334917201
1380248911061346400075993225549925478977679202745225760629728391691
6580877559713118725555635834115842520266904419771365740799988402101
6859793320284247445258191914057403886617664271879145762725275099911
2294584181629314478601794752708287157450086002302700108406005689611
5068965293122460728402727952731931792526579752994161329835186767631
6240099570395097428269191705476081855278046705644385079607271216551
4523405358613181672072650877755023737171821562295896527755132322381
4197388256074778983062698474718744439818301453172911951856271573281
3750047314190007727855946190939570126779300342157836464728696908861
4436049741581661798767807439037887276105351525286546457403202315391
7856706314203769524016183761449268781635954256331194806183392025331
3762226850295951563462554645656233023587747456577222266628375262451
8111189340290985466313338206777343038033028834473328460197337295721
8586356567365297194638234083252065422361570066969675542511598616041
6393499563248056189173614292103386577909954911153107982629571815101
5283632375282589508215239323735026909505000509836711807974549752201
0592748546988125288675431812382098700377850547803994694005204263101
1553350691331356507252975938223352291624571733193662620693464154611
5832617129771169949754887332548276271863571561167975422651361164271
7465459993685781535705073986196516522227982305755908503457926401731

 오일러 수의 첫 백만 자리

357521999860205986968947929223674212878983976854168847142348252924
477945459097802732010195756290345806782502513190720779538643845193
413067747479050896734937707978210742645031976138911681602674906309
609792465963296680539557905166596356951242085652973169193303560091
292052487390568872353079711734682085827441855991708259701211067927
389446660235442715391471419606150767843856595154446142090050532007
489237976347681603792067931824941976834850231067752916784654981775
237032601222041009989971497965019519476531032921721214077346808387
925562337535855496681475761057127320709849158685964676122951707256
912804994367117551896152095712758177084189503297343179502654080711
415389342551687772100454201625283648208419810725753302912001076218
278389610417107531995574803493931031629788283636239926110386377174
646654539203264428774773182931372734657550941441413347585811492680
454900673166283134973588055714097012853769131594173213896011476450
745423664959728638777962216176202553295270768128295643887422996780
757822462967413573519462820166795731124425569913664368399922072477
582353726923332981767967167847637217283103200527460040058724856777
987653908335968336845684586368196480241539270938900037656175965452
002947657197417628257104883820821734589279335371276500166277062694
921306288442501664718547068809360330803152927388332726042025539712
950023562511341659870047272105261600030439615957000188630877047095
594739886351175752630464102465533686472808175101429423378011846617
639630550136137721970247879247859041183188026402005693221397295948
836348415653150073378190884269457681187749943269180540147076078695
101640947102995040960899665552255666333463562080703367033569027154
050803753448191754603949930583335060460088308596458073820257699148
695977524836043032453750801321311328345578855944774155141512079793
099364382893789133900587146584512926778363354278536444626541923514
072344129877370406882001582606684538984950753057620213156924526864
005685126992110309396321899780965490978128891601603752713150878510
812847485114320825852402492162512444397892397036034596790681666939
076512023367928508455210891762861551238717110964730114592515186418
663519888814537516091274592819508197791769633831653459002873212435
853567835208050164677059554379399089476148731318001491287773934691
697035854473541755470481806981619925327375121205717159947066607090
584936412849476190011162742881383503190355650314015013350365683439
742732457228438788048093162380476350080841044641298809191559944369
485595681759665237562723278282115526098020260282754197639612971667
204527856882443804801988869212213872233709171321412176578079539135
553657254018796789687927814698135216714873697092987216806717940374
117805390987572602053048173915345751223744414988030804474549299613
467356878931431792158274816035231912764502584931099967653098969841
124359177772334785215879312688722581327159107754943775123482484290
345840914147684525985941312410575815245063936215522068784306008966
510354969031418780656876223245305201884093398032822961828704332850
900838133419027258951541012062391381929309287826201134336235035150
679112393626057127420912552823728783835487653002474081045122869755
720517952727135446245555706141169688490037184609106221567521911690
721167141490691265369443537434426112215377395399083374996567372147
275966237777109932903230339096165739598910869754667259977812166366
604010805112980369150721527373222823525519355938775906646537430438
430348381647671640218215565923548293393308018381808971662813238946
723021818093330226644555744665671161077068146823624577476647258957
214405985788169073049689432978765395213360444465300985127897990479
849543756499199464662450794267204354139846114485538404516767854949
551119307016022302846851237119908666592192039496279770813297503003
588206179496112501515677465943783878750997717037503000916758174808

823189335999164276581054066015468379949750803755728555454841003925
892100615095944584268362864783071541261878856925244825058884444146
216062825799763456958848216550283140217214705663293368445302011973
731196251375554773125666016597804263227663639539614574526373814829
449842851358118584061365763876676473238389388481999433412654057961
257326191802086976471642836010948257414567755998568615429246505701
073715163636908330048078639455145871801441306732873674267573967855
885533684532911832581245992896413712645910816283825655355020306838
557623683348023886573840115237691068070489730088928704884262773708
952277758039511180795675804257974026182735922065990919094296127315
870199914870205026827479668581044802121042425769296652394008999406
678077244608119092708066954758400758375773001186370815690035981577
402090362018577599676668252123920600839562699135750599268021238306
940998411293881392360530262359782993861410495691623529207564229581
746095592837103940398316234153596861203640773737729102033267761759
008975690528402374869797034666706180063597773587836164078846381039
992659153331909304976930739542757488413436258200709178562962644268
417775683711091604551392566692594127964654090771832259555453465962
631710466499706759370677159926755947450076085824157270054445548240
416833264510325058007940613312074916623228367508322552471520701228
901127027613944045348533124512469699776928450030594621442903947985
610063804712006474005976784294796437744148671429308133229992816166
517657110534346926657887819604200747858133271333364359182035408885
446543404653894238360889987170315498184346949570219441195191852273
494542670200956405135425928535509368402594015156495301322707951999
717504688913474160069810728661001552372038501006412170473627899439
219132010528019409813596538333674879228196273599080663572128165840
735660692261358104886879235304789277905632100413000141101990440478
616111963445229903871652496743969598330063304124546170755602147237
217386088477298339715546303588556354836016811132123637933741961577
768476716737572960393757672958821605139964213634385447504423612852
591584711438756201495229496879764976636325768259042925649724003677
795737855716839839394811871746260027031396213689898159531338633835
405504810205690121658571690558433402637656119887972178348946308073
283140533510424735718175765704716474097424774578294613475566345175
708218867072058954573232365683001864724592370123452816466993164368
523252082504102516071243169331889134712492598146792526855131344400
698375210788706545820263260564455121290819345479000524990970871329
060726588587508715695969991222415697876001584896987505798855869482
078719606137890363409056657217569973607087913257636616258028434494
119783789164998008654276509824059862693913998381574332874820872990
722391593145817961794052397833278429539141894566290180834573831541
131106531108194459099918067858518631524385385302707744131189603306
588102899381513179356969800081360668143558113042926108085541822334
100067725762303429388187401800818570226975615988636850501205631011
794788256028003701875325617286954763546973460033863028723276930797
731949225452659199771360264536767648187202105846705172295410722466
854049764072617925890055540282982886279676064252237498131511888840
105935233291220287734619018491264067385574979763994772274669530010
692337474010375087132505856325665734968573287817438611610185094518
012657879873395867918844783762379787532599365521040002267614492742
319739256301561347650119546019513210836560629815533049785216899983
208326882077707966252122894584545837864498159802130713820638826986
119707460136058271197928242509598296437634190920434156887448691555
528236908575975807764608966503299943312924845302937373163650515950
875952531013528791733231461405382829606377069748066046924967379110
342106131978561244644679195703815022714207187462662245703677895152

2203347550426450737366296155909635042898757535410392829044356083529896323817926851084304314847501156429502912243963316430639692883934544208313433894993193560058884458517158665606165682238377677467470128676004796098020265176083341662067541746217266111843675920522047669889969444021015258992837236174760327240182456649858490870297072447623694617471122855115460251504521381035865640871884950370097739584724280982901176402551432961557809955623746211615406726247064661978094006885238796399568334881166690524583081601751584616816547044519750187246853013281189078040224312475346029772339219941919147582388446965960388352276160398857733880540777173775702056628804570913774939892150299136930755401840461575887470325164739945788258403675128550319365731378036711489373388926172315287143646210835152017508368439728802888160507918653426010133803222684951027405774294376160463484501692660435557323348953042168733333584190107562511907804814225463739246011331477325476671586861663686104822334812784148352125298401987763877895050359604264014733922381523866328537618982506709665681891643992188647986846922928950257934327631257533947205744048531068023057766616806525722558232887231908771715074842540445550904959989894678049399828934268757755377437619514974838078731132497751299516884736986793577938784248916806389635772580874541473440672663683646065584574348017686942339253988972086803238578661621566040530052676665626740614809146121191745366245489989044024899187479673046763934753351495781855921267474323278257390893241295453446833774333942292627980582536699437483646129068716400062653543337641011857164265193951478139213149034420676629733034894630871445992524554841696165733251709711269790024514307548080348772515820936792890979347293852069210862674858928677938688352305728098070384054620747244467452542411484878903948543393743043183213289103565942592509114102575346002408001180527664883319630427258840507727808951412597348713945755870238140026944602971270387413684065221660371734455701657082316422459285340702431150773770259052933610492183780510078429431157319394784213866202804731104979529132737411115811169856639973161810995588546535055707891062712313002185664069015016596658285899401841050206224980417064127081241865800963613890181066584929122568104215584398695104045296170281955094976414586122466071401564254460665908444442785322972516088326525496951854716771612450597250733408337992383376132989260095719060118623928761173754300223104346323848874217782894863055865762179764099844435418886083675346008995892821916157764268175767570940850700105784398581244536039869319869356723451190571105881988533710700619751352777996635218480781973334250562673890595961439312604488549563398997928583203198780265471921961203557650319141958781351244489571089506341033549136723923583383264109482433371451693596046807661508159125630074120989125243212825600699802896342163006428670025388553863294403950022115985016850998708839047072806492598591655158192215573648756805684706297254516554763219842514382275296484419304504667293577709710358353428241871451431819813319630137990987365630640137704314568506169119190819580789458468514509069387223915102705008719784883365901589349135528707678190449438434426164602824050610815804357447016211423434837397032129803745588189250054970182129222671913501840233267280057461449021732100849307463346166004209604866543313618668709025969237031231084317888942077970294897171844174601972802869186801378886920255690336594709614607929820199967365657116052924147559983990008495827674634063994780704446148751386470717747546929701453026508169421321770012484460798496122180835913192817647187708083300072082599694198840137519845482505762866167860369336647798440571649333040611010025192327870595692818170057186577643533257905359371520122339117286519059277680715720463271075811

882384865541218937284266483839838968548532258726901963751144738328
653018208533560849751205546572527519887829089592718584103368761884
182637766041786583341562623549945966881507332686168703267836856645
978805100755157872595474646191597538759119784456201485670002305565
627214578893604754356616419850514124041446709277551467224763720833
500100128792177769455452652904162992567263127871365796796378547667
285753382260911567294124371761932059417578045163260640641225933566
835323241815788984366241371652499028487527381736502242573252875814
699065984878770021491191346957571303700645546723916623333792495901
552342873049388556047577997801484965542113009845278194826420483238
934621231855992441555187042272637661985129263521687289673006813256
491359154854944744574882853629659464873554276943323737089451852110
632405633738062612306827605413165098523071247023064564664639761744
698244605764424655852640473154693011286365171874647826560475560602
860995224348524310074002715330465298336563328772094746316699290098
643052598526571816336125161604826987911408771448967487420926339825
467344064941511330137220566350675016008901063305335310795241768512
498713507388141988075460915044663271163474862165988064198361466835
208015543224281845425563054482081441850185051511828114058864545019
303356018597584097484530130136199740939940473620397783654481558958
453905431776517569603656317833906761929776954642932914400074801662
860724427004051158345109936119945904115771876739838863562596799549
221769836674170352977486106841634288960765019038447928717723394525
668440292133259744761269260380688291267868276918411009127772578773
686948404340991444980788063272767424323587520707739222761277709133
873659078860686807007302916513872806900889706398060642159494678137
315051778986132219480440535283184505678188666755815610860872076969
203389449821518265070432656011230457522520193691447082307872889509
877467172299894841504662111612882694955058288908077999564681827249
898685291705643114985892544564352195711922528370844000394177461267
130998894048582189983361480631416082618989236003942150611628900703
720798519183024028252787293480007723774311451141315536614469879186
591215463547696231931704971788980794755731314573114556156042345293
403938830523352164181772436015397390383767211154373891861066816541
105306321554499612838629498864788155444918438790269239870469882445
607752249737663971613068982054142683059575424858158566292567459923
060179118126851972785180135086984042615881145202917834416248312734
398429559414048597208710271913948857867798279303950256829349654194
487415431262506475725675539544462239924093019641369536080408912347
949207088261217238611093488575095419977627517883263255805286129176
248706921940031703769324575342601521222468657342400323501858751365
647043107068692809027004811724738750886654775473449249206083151459
996100692126294968221408242510848560741205505164216895126126712200
292870486559716145651409737048964294266390009190488172920963350187
410971927552806132509109994175526805825891247455480167413750201973
123510294120443228413243137370859030393224837707476294981645834456
906548154371931889627838240428547966762264874271648047589824191126
464568202963439863011909854787170546570603936738178011093458018295
732453217306478802996423924587554313720877346182094571629015389140
374531508799051188155928863001260206759242510281421459358150150321
813565133538173036685063973387988347555661019672394398922147434073
832496005025844181984137364852109601816377268151614872565468711675
221255958193369576877483196612105082994789629399784147113833955243
543194386204052206001940520290558658546803894006875018746210822033
993894721085322271720870460668241032166641204798315253718814683628
148241384328194000004261717440483621439614827292798049848063823826
849854247682567342630391654636488854572259241943905142588228505355

037895640655714180598569508599229779117079317634668225285135160972
973159306501624714174691679555059440094517506135920914615827817695
869727781705699180915823246813738529664533471117715031847413270282
879013737410663531854302114300752961502009645635042746508820032666
740353516209608967581797027062439858723515429570597125222593530218
848479478049962581596009462386183063257332618879795548461504429022
293901222707276957834728664715914308170745756936407165676083894316
440532511997579072519818877358521697565940923706517148644897882255
840091529923004693831894174242370494892787436245725777359081797892
314110672145667421291505013158257293592014855988062998690832116703
381631534420576958699587659613526909508036760115845947997516858058
640484264503513141849015272853201234731305077655676013830007191383
003135099047414889948635157349433183055086625522397801161394285185
559997353946771610244380661663927423594843796091731909238767265317
281178173998759085084303544624679139649370338483308571489601705098
768904057790339914009974809266609021848187219559546709068449776954
397737366985930272636772491619908466109316168689216599897960801823
928181903350081923483791915368634418516567361327670951574933833246
470033964914833195482972036509890000756834678908643025132461636013
958621670355734672817371215522229123115713385023157567280946640178
563664131574098846386471770170716075202301333067306976582623619341
414096912577365155426530076433502527170935434233484333831545044805
818256978293053211633544996099387834764486581785314620431086321927
378545907885217131518921862859935260818557992285084917330746529461
995212109461848274957219286870418033754271607849254538280443300966
419058481193956374725503405386082144199254365947957992548261460812
221947375682849798219830921030262670665959245606026732211185284073
243867520498322954874131588159156965850265485227010385690100634707
018070640497732996210174664962764660874184183462857914776560876090
735387844210346047674733553364565235058250707171788157400805676747
874382469156022266130040186607934811806436632749803755852159079941
642353950687055126687617782207730004293499532154750025506032766944
896708016884775933258711396837407587474463394564357363967228450140
679494288134604120343149664963236479512505272306744795637253637725
173119371756689681570076712136170744256290128832080964835262775131
752120733451619962823567843914331649530921954168705831820306481686
470891990116006092781145494005367644745326734598023635844409005299
517740379870981618198797903532129462248127306751346122108318786205
624505076956890748323016406021920767207595033468473773818939370988
157684355889228368611599191434299633765079807410243676626001205525
453946644920075777621233564760821214021639195665865230597839640888
960162033306914815750560140039401377948932115537398213278077094820
409404634528342075085645776460682233689883161573389128156229648466
009036759924962080525053864950856729562164422975189021462471071758
252958280917769557423411788150328076728729597365181537530383552864
001726186150493976983464338623372623461697500713780486751588292003
368511917045717206623914915658093346855859033562288358068029498865
005573924976387975220689804810419879470107722916300366655468716770
577606362032391465314060296269905997647547903249981461763063349875
119548548523773501274033495911196849161001666979822772303773826677
457157993511656670287396149897791931190725901841125309376809610116
376471042344450992165427682456170548012103380560525958569794108687
926022421273751059737355421424442384293806823824878099603525488074
099106179118736473206820551072273408516281608493799316262817834196
443833849321723976993401965782322705593192548835837461358265240664
433472140089297635251127046950143152015018421127379944950732497746
396043006172868784809622923496308342448447424138703403702464238049

4376048963882189145696084851866156215542834010170730866944262863 49
8193757596219527458916115741523461974019283126254163954886504746 47
2231770106464023908143215730940291126195201980864985341100034473 91
4988108169497116634933273354575671137454330131802306582537176806 68
7685941442419283887004136008656740070022588358240448524414537725 48
8325173605870243098882389434296385628173337158606557012440302125 47
8650309290488947086960202811748786912832612979591052617938342687 77
0271711659663343425777692364904458643866559651787536364189309046 30
2176256089509429980537387096408561165129643416930638105676535041 91
5022867923943012748617302339266267205858718907282872257514879449 03
4436209371882796191448798629639246649931603674794840420470970556 32
3626540450990658134372077681088192850029077489017097713118011358 28
5279676051528293413054810760064813188991857534791222770830883971 98
9620765983942449235672557126967659364865918377180493203264385130 34
9626991115629904335792259779393847656734100197086897690284903316 37
3977644108486326880857978633829139379802192985326617881566910284 87
5986153870956633191316430035706635787335255101168202150877941826 32
8424595817464339249172526351404552938584958959905296673068388762 74
0641260784029344888550584984250333338180428876148988634756013564 19
4926932114818207037832350678439611770618137782615747347949013834 24
4271958772620787022689745909515075886134355506226402178562201418 89
1718571291779102326360225699433882200278056255699691441689141347 57
4496445095315010532135483728268130809843979729229696712842924135 74
1978391975383214998360968371672187679718191610503911999194106958 47
7365484596255737902878058984926543035885975225264088174725798603 75
0875632386201700206825618983936979369554968146730022191169185917 94
5745535749811695801476809892811002927138850329423587114604113895 02
4367237947892905029782358879352691001767194108085409754549956949 23
9471231001512675907813051303502648855530360552395134438875863209 43
8336536689359934379462622564746923189337527794773702220697988362 43
6953491278021080912908324069974019029079445954048402626135880543 82
2946656377548450534114231744385945800450357306091219372802319955 82
3556318229576294498379499103749459103059843070859094164599178141 20
6377409715583132194492202864143169117953796375245915706835417503 99
4140708444810682785297336063706406060817810766841108404292937297 12
1971155739343466724494391808372364392843846011362742815293599902 85
8756351685350137167697318222084401295906248966918056393264358493 41
1015230996929838286832257885192733455798230964206396426876789132 77
7070535981116339134269883600825531590584003524440103980115571001 83
0703603813665028322531628042977913373771668051123272735606322737 68
8160934074625110236666380906481977173244710100332263690715219500 57
5660241726049125568116964129334785946343460602989798538524619225 22
3224088845646399637310149689568485748519155757122214996586963587 74
8076146664821437022422686748156096738882991177998182744665903539 295
9161976819829794167641681865957697465575797666091773730196324828 34
7626545020681268997418794871344571301590723995946219736545403966 08
8127521488700103881636526667057651219077665246703867417321639870 21
4942599224616039983673914436501598534371087087253074761413828397 48
6298909808591528648360875697958594519909027700341680510340971410 64
8378144772721140610597467519405321667588857962467636951273759339 64
0283890250865467507228328729652977460894536671159568197946237766 69
2527819240889065432891699525665235422489860982960209564595231219 24
2128551877090338365128921394835093014417770137310253823050846671 78
7691411179669463583236194240307489046846638042203007974498497812 92
0051039445371826451445638241629257329113746029323186975438184809 43
9343871336803771794032200600910529832206982619011187562551317419 34
1260455512898346623803030251009827399878377449645964800120624286 72

888265827548968452123551931458109918620213048792601471222672088633
928929955217948626176309425386014246683758865579083428417378552465
020015497132534510971859004543853574776386344401797007344608575934
559360294540197029303342716815625520049351417401911920906720799618
276747931611451565738113279441418285601004132704744044108922928498
040481151087917686572511232827758223843346181424279771565917083910
784399935685484778682317510422554667573280903723530903109806493334
989912254669781771208004239099952442235412289908839566940116025794
071149474160300460424061802760621554075906441032330624074380402051
143508306315604858179063650262283198547222364957537518370922165471
796116123784720717168631004186849741110392980134715291167482347556
243202704299246495646064578471932415850554839728018739592422184768
109383795806915733985631256846610745902898579861780435081748217312
857966147532688577012364516216835931227393617903634048395803924272
014290993566327395059214623786147980155741365800770210703738491449
608491250321222562381335801245186053402612483085760061933387494773
588894791312147068121616925478417919278192169193094128615491448209
140532977433852317631963063260113276312517055890054752914513012703
836205811453489509799410455758790225660475475994473296503122302413
515822863282082347630091544167608658778361399816750941121093054484
857134566998492706311454371908795226464154868753291960885360864361
677881070008593775838644872872283993852146196287468486559377330226
312697297847567093860744889848069517618263953863985746611922321423
088705378093162367576849219747057584318838389645166372656019018685
950316229830773811601995727825410279688210051956974641088266543704
055642211468324917389448982978100171163625706335573208127740691937
800568120065501992778791693798292373948844353157571721147651242805
570239334875825453253691303014801079015923048442855158511431050473
945486442373650249426681588822534335034516425307656069985117857121
591993260596764305040496108938024989389863558227152380752957682650
088996266219208245602153848305189440386095369956907034492982539203
175396918301803239455658636920628304376175899525674776807934466829
564549035910476330469622320344007858486751867501178731744333239628
803368048060658874173221417535892654853196176431851650324097130721
929180901843845770487751975224974543058203894200278695658873188470
369226464510480402738068807623623957399795218361229558978634307452
322924823970530598152762229593978152172226196155713795508835101227
429567711276655694853362971684356863857712885006119962436756548514
247266383465829202972114204458938894991567174674727857498599776135
648569472400163153360660185157119394592521842649130593625290436074
878498895762845800840513976396667490579872711856065954636383867501
374794946749621442427389625119235335515832094794623866389003196010
978237406297726200980759332875676192456555465256588652648953393117
375104533179278883316167499993862927010412169594289027154586695731
146224220243830407202936018907298838193790807423689559459499534163
110037305733957285533842833567789328305944570277939852592427292869
112117807024011479408424280638662071257315182278633456381603231427
690951223480295873429713779497923125302079730238887066267201228383
784777613877550309676291754252463924913797174644404131764916387395
185657081334041285573032439209367344869861281848673349771471137617
612489009411515298867022414460544724763154861031371320804216338144
684999893618113946941940708065466178826369811341893396538277031266
131532876356356155952451683856606708523885764685157976906790413888
168686384887971412341436554037329914083431624240813398062287727069
921993006982279662834430527654985862447678953795170707426457069104
906185129969350070566570299300028796568156787203139920027438737776
251562142808733681369046190063052622069125349977926883824280184521

573654909144998626300918928189606442804604825394979584796653577885
091538233191714465169453038043613755240030702052020491540697055042
277533395871631223308759294496711934042536909243878955229734912176
954995820642105509291787323938312528331536357601753305996074560336
174744110819990536505286733490476587865187974617321916192387793417
749410505844122257690840652672288136848356831315887759817143495123
326972847594079933424372481838212332987531330689620929223886536238
948797848194981216640112898213488987316149247656698278511792129141
859186241679309516251661091160632013018470973585071565182990116327
127007904758845745275886708300731537051269366399397698309262089945
495161057407970315823459213870044572663392609093012734027183392223
367759547128205762492066000559440153895055584860687208503614136220
609240858429178467092068012463042769896251084583579750301690980246
292991165119404372575563342927845115053447751507761221032588480635
596336172486575942054051153795962082454371940013737623128739228907
778144585847858512513384471997268434853348980007777295154116282113
202119298271281536837382482667582006601895916365619986758955859613
805755619906513497665356762877653124243780653238741428346097043665
820149398932535426419127152577090766150868861219817546002553817259
607676413372838219868608965546059488985146943331166120348304347886
643717553585054745243339178791713885757551120069950414069547392952
208424721322617170971774849496816070697290498747620551562662220301
693745840508496893239399414997890066606814785938056642934049097113
850626538686125592298115005850045657179326210854918712321299180800
958609483535811822821115930122350846813437701150221863540029519323
868600278086257428095816359573118337519711951512938258638951863439
178218231951660564025105744870470411880252201537576765881416942258
443968546194355588202930814942937564242028925103703164548712043180
404774512439489426662434544214868353699644481499680985185869628322
627884636389322336268451684187552485169751641112486790290762901564
391369861818993094669251911482163268164169040343922131660268197009
150300732846836851810663850602176352094468395388023240555566886891
034818950103979347975887972040804963679327737381323593433656602387
237144540290161486774588910442595460953831573341820754628916073910
204249695124142100899844074888345480600725745732951779078366485061
849424534455415742428519306875384599477181268097527062854761976253
391146155510748852437907927092164189748887330685381603103859401172
819615154381645326762274892215312372377599103768543764138809272617
313114380495183696943836124390827251892053323270691454962914674150
463137140853290696292073270014089197685980400495273703628025839220
110855045067970673618868406564267519062135972166381094244194801989
421381869659441150204881353039422431399026503745030518077031378494
832643042987294902057271375108259470737763269187905729445410422047
255726443626449954962640431508404524248111968324184737577273785319
694361196234167020831599674733472962714944236024416142526063324653
764974452277660279886655329454382714634109374270691730902220347028
734715200674616762863129955303765035196806183977830856760365135543
747615635351567281519554306471687027573635264092714120768095830043
821692723725037973931158273926238372314092579038107345565218136366
313992933807475362710918158574222812263302771066933369814697694350
791779286010895468318518404516908862070897408225434117474163756870
679811660171987620372137739158678397793780516588670477456869864959
355798308268670275610949046162535235471674620034749241468292574461
702015072664667442326370028530645031875455202866685743054063688858
562185645750982579239432159544258415387713739499574869957279872496
806066905900315750083644077010576568162086014982296771325039248191
787788369204868592028110084692604515484450143688183173874830087850

022869605794966496310453129725822054820353940237973051946832843671
342983905153557217218229063314360765740022133536538946665951523905
465861713151710060034154042298729382621078119647638772922766075595
857478818801534607592052777961958469461656184936300381544985675294
287109601578478388757514721614986992875326276153267141194120049683
226283531331488473867745551330424832376921760093528373324344752549
591674689294117106672661224237874597062817143982090974111196332720
554817167550773909831300422647660221994156798636317392451160777458
644940194392417038677159741250477230488238700610205911843295590370
922923194821632441945665880497356344054987767752269801121011047785
686883229515341980773634872953410076011070078225812214021157526721
865134699960678802695080796197081187933089869461153013540382403220
375434564502725752088296048495916392890583668874445581701501171869
835719235169978936973879301270305314170434706412414031626788205878
902674614439346407521518269049515522328802027769936323902048521765
609792024475383667584372588303051811631776367074984315291679947508
163511676560983615879244183697380892522503484319555871719189817910
781119956741056768862896955999820840157478300501150265621487140752
607718360308638392095023227861195632075117285841142893309983701139
743141170940534074259052040577538144701702474400840608167485542296
114611365945179279839320256685550800411718089567847506201353459058
806417264119305592613927524823225529994879824085546392841340745576
828871446927039970603531493520332930306114736795103663284758847003
236495045013698133324064766235612238480082415259914161913267644657
274178591015686730880099114551362712547538996680648959110815532012
757834654055961212921649659277308025533089666586143214852056257332
736204478174654675999149647809573104027901145941112865843349399884
143244718438982719921965883181013987461312357418631898240155422316
402962884210418125049823922999808602980736249026755129748166942518
804512962932037849310407012493367520763496063987764620549434101213
524511183901465076907184031369019034487617808494355272276745803981
561550541012074063146203293837972349370826393591956736062804906453
286549517718444373885276104266261741133133749284901141469400379824
860924173830027569116073327407539735392346923029165236038931442683
176089268166251208351333299030730385313444975841356736905616995647
224427173483899188814816199202816057787394986848637682199187030729
052209395200905784209350483112579393011561883712387006142292066669
373112079045280236656382238205309904553875257672978737722796316585
380176072868612882935422787626933062153769119443114261881580845767
645436648330441606558057672081203699851730443513886691013244412330
303090633680815007379328859294372882847071818205251562687774999256
309383263268454319492662276465312810145677363795386651540154574512
611745677813004068121723816647258787715624731918239458104033290335
454284323315166303917185299270408958105762964913097625162829275931
989557729941400486669747161145706835922651588488738522529543534982
404602296447319139555757965519980682501473039529541056368145515532
541864757388088708586761748386532226711081403811748066861899907912
569279494537126094415969963831914157174429598355018361119332981720
077420934575656984625762388567883845552042125963630494657683952505
598713807123609215962341413459483416527512635462456905948081425199
949298808942303922239912641035523444865138666638719091393253350303
557626913342531655445758856403978536073380433532021307190440238311
317487483088387127429248776030313111178180265346637456962513536442
605562362524543145574331902734411422422622247147373038585616687681
270077829395011734302968117292791597669316273388519839161197859644
157361450288874581864018678991351624098967691620155897751551046603
505400504331355554697643401886468172209711136488610088265689935058

1011378837251495340169806308225930025078838787774233488025591127 17
293395884049105094723639991048904201943226497055159157897694568926
999833542204081888096157278841511293415711716182123551615733901812
021107586505130382524454513820805566862130585641263070891836357242
039311442174063460496547692475266380878754609006735546944253715963
529818143665964051394733186957822776998820173960923931725754224489
386384825754830753898283985142064648979901370481944831283907755267
609092656759151640863925652645717475452499335180011986823393873470
425515567480224130114443258970001635998764624893350061598801176149
982820434902992623709004985504796305965401348065158411921685361343
689950696532050077619961358576397738996147357666868932404164244460
523850415919796864398939044741772876112483839952413507634595991465
261517694861207904097060141735821004770715363261120714904030751884
224559041748008779806315054191265317849301176507464454746460132323
853514798254591041178186179909268950473962423686189124803220637864
884728747647430874058292252859858609584203055803895529384920217679
216584033762054101307713120888839114111847668652651536258568237453
958436988148470252388786338223762034542197760296324854326051171965
717593085446014069228116395397152245152309145035170385457326807007
767462480073560453585167287757771369520621706679390131063635567296
938162015694391697578038816980629177913334908533984690117826684404
117157258086458526830215414670925763485472173074507843933724227210
754611247912767552600423146081084546690124673189742666828833841074
639498794082678790532242193207636986080316846965720323466476968161
838945890062501870390321086361727165029168249184939483797132770821
626936843265915817219484962471720805992052473036934377840593721765
968304428404711271706911679620015726673332305551827161414558693325
564203908513962358646674550028377281293926931351750771512210562419
564584381782996007612376811554456844309967319047520605385185250840
673496666810146779828619209448124778159293519616758794188816761346
695547469219738349507768319613411747843697204835457580207233914884
295068319361091213331096234529501652574177519685149575342522214774
888013831791340752192191535467332743773215995858006807743769466938
763740174903881395884950715781683565936657734092828736592926894059
565773593969559564324840830141414764356215635171327296902194170550
195385401986300312455802939068357444830836655218680512984267991801
247953488161475130505537957146224501611277192271785033750826931842
021836826971359358663752489276609217020887834050950523403669634175
933514316664197475836541855437705403606050149469315579760133302361
255828002346862868109094476127108243477403189725085573521873532863
713590032690315493223747341054169060510331773378080475225461756168
775403325797133186048992819486692348560087171829450762982139517712
460495233289519146547315336927237012778605111512791568977225414033
256943749597423280708541819544436554098278464869863403612811661851
525487896788335879586741185376295269092807967081599515745780064866
314758096295288279391238423148262228862955057236247639254257738907
713141015577327479716692309579857465022646596068402906340448253080
574653373446226318340953028406341459534757871304229265005374762340
595526536678608413622034194676794505551808017353913807247881426197
534710516287495730648499934291118938576776945871421988457083340259
328783844268624462614841549858378935330543985025896183830171893968
220475671881028420027648950772912543389341385871015150952299788999
214791682511519917303260256142941723599066474598370518463369493402
025133250864713743510835904506606730496208117865402777884542407894
454219766270587175456271078949003774541438770216381824091413608038
567406547122477312579076701721192622007193553092710466281766519194
196670157107141611006388837924704911313757947110098388504419028450

866103738953431462365820000800090951697814980871372516987172530559
911021940218789065982580178957012932310058451513332847609948019429
396839837138414501213541191495817333779590703118419702285867867287
250111946109697171583186369288489733759423387680011184535385033325
668875268110719922082100437068243639296651094916248763324862209000
188227289792643821733365344260307543354083573716861202017301418749
013643135870937094488238750191095898867162770022165210803966305583
905315928400707161495489940286252144669983808965418826668699426126
802960550669823670954364782553976105434692552287346251973791740717
625776573225895178182478403531152411949541817330502499596809235656
204407862774286486077583224950673782931757021746659587081647530038
834949093276139717652233618367544624900723207200247248082145249693
243631602608793170734838287822574614308973311962567387771812347016
022387534179950884495121186861314895397085716148819501707508142996
886102196560174203442317905159069796237579082516784977547195423633
734546229208924416559090098208067879869799960482939625643604713593
572682248172872817564728210364097724400854703354018583246468477561
819101399088056234945887290618725403020528166982096012398144656307
311286808930515373868479516817399880133008910205548136519774881988
930469780072526153797278937927895175470055491691510337562987525257
089847451431799925656289862333390965575473223722638666123160089068
175418501406317491696476144636162483644003643352216001020483460426
193838434488977340353795082273505693850111489290948255519068245563
867790484439614416831992072791798308846128031637855362872438730464
692281394346610887290173067464522286103831637100545005162733739115
352590325384754849676281180313064947743458991663338086126541059359
806376791624641770040607335647995360237722567898275516087839857485
036072394963952251914726868753398548758350769469435903220204255211
844596547117527373962822316955119440391130615468501213636634377852
882744589748439486895333568018691061492012683592890141465275345658
279207935412374626998052389473564143394478310901383187986891016911
844556984640991940236030609333460715610451268304688396729123870193
677538459672862455944671834879800402754844669515073268114901463238
174355551476981272386729319292521157256255081736983073806929684990
573722045467294744019331669693242227839313033212974052234981822904
776683259053326177979847005309383339640716766055592526666121945069
055405589473117501187646359168416569127610180260582437050537711229
069875498063016500195920209412446249122750878476631174172827632657
104662486615419152725868365993956020719327019402383395022953547149
886533676755275058529683040593900458235218598964168892599947016370
344169019059097578175434145148233105258728984228171298296691459816
206649823280817649470404716056470911000896742007928642620339114843
569141189605739538762922181372700004271268907378384920746335048927
999786255381469213157670360000350355867552100835584252616830787202
909864439608371045718530227243034004061367605261099804480257219052
043529014004313560471275566274455608166676590767902970968602684453
976700819100727883223140147919454128795130305893492191090160514122
061318567996703653929481480394275785689274083951443271800742088042
892376008891558783212054149754828171176062298956200310075036666203
326546472050324096792168099233673254569848750454731414267130994122
067051155147768892575409059178826352991905477959341604545948109326
220603723982167439032493452042870763689343736138705985693076258062
902108731488357866836251429510679089463586753586461563777900291219
942937721256466642018107976298132773188042525831768399246370107483
894881613698705420135122437957851026703301934837480010221322668005
864086579966286390817279707617005655154010802065976503706076556212
424445769281173516645046753888108869816634309437328089054425219871

479056758548202530763108040527240129282477791027005216135295347612
165156836592212346903645405061620867350157566048788761196390083322
284215923900323198440623462887945393251621657872457911732505786207
954404490702907869872711797596443212406490005726793975858413945402
871860084516112396257412027018507795232062106935770813814383678834
652600319774207856634415801719240163911386917020376951251923662188
321792000477991134939895919838899573252137073937084259999989009153
715108690163825964225758505889014857091198656837745188054812062373
199499948730576699001074949511060742310414578780106630181295221777
642842821595660649977880592292920635514335365772498077365140668161
878204037279232647062959723805742935961338332479850033321768021480
753140941072090470970764824287058915736891546054895277247274143679
745583126447003481202429437963901191939329603817250778646105312419
990176895315694296147201514254297779422929984252306750057766942234
821378572060240019891070504063361686897078540009619181993321078387
317784579670827597100141891014928196779260832250318073835711191844
530630816518405143134768807674357859081479701345927952728656050863
855047763022210274459587268625790320489695563530597316199830804287
618062236452540212407972741619008080428585630077326827337543440978
445404447941246787619437636310228161725101565604121011193678983926
954422492151625423369797020333330711511335958659785308258988257161
924236036157845586999183563747658683160118260168625637247227112077
371000244597191070426056358194138963052281043678727621579482041446
076439696917063935595511944968742115876657276410580793747195119985
933284712529079308125879902005323554869525154287177180268681321097
651870374108098091869160654952032785523439820550254827566129074650
992908770763532649149636307309673463261811149568835702986607397926
980796492747404411868411063642451443326429952537055733829780677963
987755576663072262561871546010266424358837586137483304974238284658
579498974999555700502989507069763237448960596117745667759329465318
127787428998662484770611316625918298483492223036453433755776888493
719102752451264347020825033345410304844299587138989611810893618075
946227869579363538112990922018415015689055106820991846650950751083
447416723768896252955999384766943857363144594468985727305271943071
154929814438092715133493181436924561603587639381479385253304832507
680378499283056073777647027111969403618503271036789802133596049697
4244409240315313823893617232752863920907249378431909481756164433412
594836592873060092144843823665214036729590713500691391509096514229
804951424455041625628461732870752469259705482663859526727390867351
472973715531258379340281895162394073971213064358909089237119148886
269784956985166525781493609586674848635811580351645393088483322745
490424289715717552840733818440032041235027368911509681587787130467
583341925269243260973136408208120803592993693659068139323086549162
166941535307406159409832380895678905895225140654531667569539639229
621341228383532438419666699800553463165273921098914566880901029795
831029253138252901676813536872779073945342050468691362600827674442
628109067791775496533759912638071033047344682486776679330934991646
107855569964688172324312561728995489087180457411500093095580406493
289559972833647613463017864905949373658457644167782853464876676128
034975278112588743541990632177363316048195067767814972413054234772
331973014114943763104790257809309237048643218086493008122349942305
330954987720885326108067703817005647936758042822392591883866975988
613723157454609295330824399982186285304750299492518788024525760950
959563070620922063531887529796405210172843163512496853142310396574
539475283848849029106485679985366007965551100000859507046767290388
421389602325835297839805082529065722247782123219836608214020969752
125350274287244963907962889348722189399462138229749463039494824737

226115074434415101066578840143184862847852262554655799924978487240
545113221515629558001926725998149134754910261026500759473134628823
470741610663729067608506771613793547289258218975897948180349838537
347910594505814853654136213397605383953036563677795988254863078062
248373459447275300128442636247414565486104709579288176080990914825
216801716500594330695489031182248935717361093647637060553865763182
464904260958565484899777711972627762891810985860444898331282878982
348966614140063731821333267607459781017298031223095437631935696950
158974580738327346823208616932061672832000454110685038146493875634
568112736150136456777739624324462800536741440472836501724618655038
852207661588071131718789641313798230491237100014420844936604684277
654407262742404215772918788780785476602169710397677423296584731980
814698194227192677270663766160465117298644480069060698840890460631
706013923919905820431298638091682006889532798781712081552373182985
831147725222416458215883251730522043709902884714693914720022457139
757249317064054550255647831504531690455344190001409121454613748863
554971259634309910675189412795979953549149370964260944857195705082
630112747893735781968775487956814555478262236638103454709517317132
538949355765112924997142632030743442841878720435706225222864184140
548878553350346856934044203677388344118660854551212649427016711368
830787124523996488405755280322535091794257883552463909084478050938
851289061723610781404135077182634857984523652129598182102781097061
111926084874590313114477744190201202358029167301739932832397826515
237660125554543372961630095183352674648602458185795368663155065353
017915570593459360425045980290200525514978558948929038283853703544
223428048472628036339271975387241467238775573618937964330882732059
613463025031972703856080457851511641666162643152303031498991557422
387848860948906494310476757389110772204940257477817038296663592135
211592035645393300289447059809164036195128484528702191366958028229
628654783357241121235620642170370451967178370622335818351143033606
629392514567543661198975685507974121026233832096764459767391331365
194314510155500393559702415637818718572759699707932672509591374531
366552211937112186795645717642534754256490995859541552879865210874
311573310500368731487065691275051394864754447247759845225274483970
477101730358988211734869126277209253925061365806259213714446662778
734502628703799268782444768457621830687493542813057826278634218020
189844301265705384994792759683680263024666372059546532434285954730
368882718465256082906799303958924051782459834606056873063786275050
642399928054689069909576842064476343280065348098182835871480056828
439069813258909618155532316795654385780097560622415773069777527062
274775269083483101627743759780488380962444702615976688218595065808
853498996581048137209382513344726522560928310282171032185211311026
449986270983537350105658727051083166353935866142930973886677697843
350704688572326025770993317408145497605279528765534437966747637998
362857336956117109893620848039704942367526664695318147775447529585
436428284778093197561940159517020279104839171882869860760774273891
054800321646864120071371295702299701490393224639283501859064305954
147087585310955575657610071920321395894580331339658783274035561532
528638785097233836287485698249970577676436055954336667444405869191
784001514037746913159541772954834536633647702476115172922242748250
421839856158116339470644424453496639517192936991156184213045858139
845140528502836844614138868674943351262896887387323827092727858101
179452172394756722477398254609147846253198009916415445328869277315
655052664183209693326506202440804401338301524923709328531078755975
663716381064093072903117165036871131895082450347064378772423382905
201348310658556095322283957264472098376148973598396837996836448878
981101536295146132306406672888687489644391121686884472921741794224

3821798233202687026100515603553744602885191642360625196458181935 26
0376082013464283316255932869928839403962599654326341592534430806 13
0634081794968723296338627302060777987774017519537614990954236881 37
7931426780819564558840084864611945626916981814852641152440846581 57
4882834138851970613397203743813277797947469434520252108796224621 50
5478182403653711158697109785958886161968814915938426792278732803 32
1256849465980966388737964299986300178112527988348834024637317594 78
2705134718177683636229175013142399254723325985560036453941822222 62
3407914464797217595509131566037745168415421755903696797354198797 01
5095947269915703026120291717049911609433548327964222543154631906 71
3498539503826269158240747303042192286855135292224388123433774514 69
3489169621661927163379365878034564727767254827643835164558131638 80
1985558951612847770823276531323638351846983641055964445327488555 27
3611836124269946847321965266178288302150550019671160563717280858 73
5486995219878989411370593162334458925604935685766569607905282762 70
6122165289628786741341085496058981055691526897383112534333593773 69
0709270829214707247048340678513074190350145554910555374409369573 06
5285644368060182994299481529172384582869470851985788520505227700 03
6058757704511799937519169271287484231107005835340819368998654615 82
7286398372357616087750835320799623079013940128080483121223848441 18
6864613807110261863356072584398971110247150678758078418886450791 85
0611491806159748317666809715082944633894154966294032789231247758 38
6168143091012529621951555084202060103197456660963064392296594123 55
9945075792258583218294473074911455866172050009696193803257003080 32
2480750027281924654229130903451945239036529977901124865245081317 54
7040192989786971484429411655385635177239597410195968794496802618 69
4574317974849053250396309014032156362544274103508930082346635761 59
8751972482775979016072565810761083841386360119004852894270405146 81
4521494201137069174175740347793185577333192466533514510807959552 6
9341331403123193430575888763492775096941840462097926679204196103 89
8000212694048961409791932289052546553473408268374408252399469563 37
9838940670612014376837826680279802127049485827731640283884786558 19
1180432507940344638127570291147459638334591935098623145339994386 77
6524966896587204919280133795843846835296811089047473346084575486 79
9008936275196775415439420384035160466177012083513113973039752034 12
1023350771818470183550028619496131055249843706014911085441193686 75
8207223443710956398798714616142240177619411594218560768607897135 34
7164578210236951555697255577654634503941708429104589196673270925 67
8009969481603669964258959169291160366305024053139222249317213354 26
3108310906157497483460807764828576483293578572726396626116235490 44
8058448540289394804694044835757370134667577830934075677727423865 33
4100026793996458202465009072533060506266495475961348112673985950 70
3851893006745747806665532760732474762757916346257078205220352847 06
9555903891532786410873242764652607368810639492814186789638329875 67
4595541136021975451805067414922649155119916346686632851524257039 00
1984752319883496601899556797846158744081693367818928207928928063 23
5939482022144389909677484753264381416367115032785786019135079187 35
8021548023262014855747145738954436952379328415536110314372757857 13
1510170176045329473182311809132962345707892770337801735052700089 25
6271083830887866205754884523735785671913562179383963864197016680 95
6673942496133892468947294627645491893161144695975038761776933145 17
5333223677406931375087373913803951569876074011200439591240256927 66
3901194090968908555984188338310479655778593871290486901818548129 54
4952499103958665163335428367758384557339087195244528620540138676 40
8579342793566747181854417950016342243413145768745625949588950663 88
0182001903424597273046733103481013963415049233524093156760689846 89
8574645016960696266393659612589928672664285765577999094749927009 31

821645790459636479736779393172838162818988585561395801779508542791
240485080349569809791143463972350355325107114563682932075525327628
869589499302731102329030426651706444103709533708053752507452249300
854970056101282168873692014327149791031547288687111814473379194949
795809978715503678737384604196127708313193459569003049475631759235
627920503716314064402410619810664710964751689792934314566334817463
190662780987698501548420102463769520715486840339043151932089342509
234122656306849311383326678576439320087055713429172974643881359952
071645945991183437524786644747444983474665647326437199103261430243
047343026717066108416502119685178366007809055757691091568907074146
875890158380399306788507161574689007520540476263640263868855678595
099561528056138506989784882396039041635816505453404062521143444440
735436556594814110544416145065775441836245690199060176666603715438
264262990075339035438498849833367805682679420074094973972415473692
172759974167916240827504369917473662486569652715847422958662142421
166945631759066591069698912575663333712922785351940913401708809842
119521177738054203510626814717869511363971411039913704266951763440
059876103923144358020950444053697139083030965730560297499221664520
016990057713103620951231890984881338453681156786576969375111943998
620145718155294025140962499985337327756726468507579411059329935575
120916084055512927961061043639531828025440175697691024942860175775
735952206378774624464570170059905459963099731233037294597841354499
383347693500285642467651224161091161413637322475180966023776844109
593859524762649126054965796029296798994345554244264911792742678245
567648178538196230469446335370938029246835918381184461069790572804
268137569684331237204781777589391484078851616570512633364137720668
859232013548450050085097364342185996058094507817879647132590933016
616931778672772146877021402949480924603165526089512651254854565165
087571708141942658024966778438462271263896302035182406008560783081
855068075288900321340775872410943363915866382913950785092258906939
411062347781432708963346908636457454116047074485177080308794931448
514277693456166129633697556163183167282631070735060470423676452414
629410088748776530888621674118355395313315262344125723032510435398
228004165655153570250486896869071781160050187176124040533062598639
786399991948382775499325693752504299023807229858927580745830640861
065525625365927232748881726093259221662196629557560243925643705186 8
873222070704926803765503937461791408319659352697575998281033195305
239573076261403780832781707360201523457577483803989354587456111738
519404499696001691597365133381258567787398201199454193322063774297
320704757527796052362005328799914823662758141876687011280480025648
775551184564267948813941256787338206595244241142518612032506976549
331790450549009270044390090208776247011542076830871031785146819104
009370559997581624992492639337444608344556134635971731825862878303
559107936751131681531942538236535680852441705182837326928509664665
214159881046510103966518628199857913765761949709073202220107364066
293030581940067647747526820553009846084016306123175741268756438048
935414019825742786741408499562168811023074836368269051020580962577
164926841060925446044745556039027255531148561284175952498292517998
635291394433779634637560160726449763077148860386458921286621551007
555824599878293238415600589526719763864192110958698780284429038967
524245893330406721451101835472204725341087535501252672446307625617
650830313940126952188533361888684557100792856995406578233337070252 9
898789704587272321383236299516074402907586158802613723822635967365
301349257286366009643664385964487702963564313384832096344163439160
774743688511320846271036611515673526260343668809735295349344720931
993480301076934504969083567727036401322574064920008137633293723165
577430680259064558313367738511497387579363265288566191954331073558

1695045758406286781580742477244627835282860466653244234831150322798210964953013827205074291039172371313904805036193261334859884997632541953937311114958584712573289465310656580265087903032148703679141033968457116762045274757640286950900898377703015581843099917134096391681989637594381810802601448318273485114961070837168686633093796056230928949890948312179829191882460782180542047002745384999630884625447314552174375996654568145579144388110303738886072526371044239553160301038525664154592732797187925758030058979456734754838868756868251677000825791293214293768721805318250764664779837941915155007178455794777974080606672663960942494960473628124243234953794832525297993318321841123587764081861512142085854584537347570147291167240329541839891724472385829665583168753723495853803649354081140857284695968947487191232633051334318102563966851674852557017426369264871323532812156176864621605952777387247592009711573935284818209967457883894579115240645751815333618621901046742215780020778685572628836128160535416305203601346489923778015028929680274826449103265824123181569972682768560245569861380326398936437853441552819803530729526291259577580084706756130253293874970010627997219922997208324606532044631819812965788020414346088364947668140615208653920949425400449317737068918982983894749313648816329818851888628439584615496536875214305839422416097302056229967313002132208567778186942058351675256366025012013569300311456441239302042258334691037603511879807442017753726442117727412037099533002808340893381796205823271456034766941488746151190093571499715325033133722579939381985077173748648055955756137436908447422470012996215237030318467525906969447928893826362941931523302316835913347288346735519156412494419422752076814667635352560570956606315854618561754015570383267042088863612064652434015858101977696397364801457128728885717249557158191703620741009379154010466352969163976711044911265239655077032303995796621552057509928495566600517449311510609562666757004469775301163859987935042904502926270366903078063601523954261402290555813078156900096757638206741778477690223307542865584787376513140649415691739803454699606331473344892198101487355908912961491844279737467415132227624324435737585264118929103248575723297713267698092610264203815321847764574590991613595523201100738039894222605299629443320859968170894532975908064819698677151871868050757075040927750944471110303989459557574891944581516332780448704250716076013295030625111614515811491160647378231907190100022983749000338891878919725993933246667821104473008772219618753805098109787994947173142628372064846095286361918008620641848322188515534073511457879550472294052549609565295909771415538492976117339982359723258783241054437862857876642264987221874602355630032912595992672302547471229197997524268226793872493877710970841572504141473121819437205311085593738724495716225169420775637954359831663306110809157080105050332033986229567546514395038689944123545841834412645414173824666486511358214111334514739189011560223788420944850736034539633249357953595639710933448651228727429262648762881607957236284720216736081668232555977086835038238197647706205087649578352620031735466034041124405404078673202728588218238151101704443177421949554597242719854212796604283041979936925384412684739599081001202696650430726299276785156263815161807912492248307665174714640568245530058754967306425957958593837263886709363674560979099802066386349034669207511572470355105368524155369137669419706328262078397694832352950293305145780234989124644289491852360039721061422471922066695053184457204147418251327088540864577479368535021746167881170124217548985466376436224959973461436119718076371429387947171099751164407943166640186876608437041996319849593167143186367784761651676701093178749746742749809444065598231275066399115585710147611609058711033

7484366564371180972171137426937650811041424591868342234656196132 28
0757317273232866159826178783873307155603248939629906341461374697 00
1032132885752331931643063491214942912869162778085308360928907841 58
5742919747226889906232434455042147748066035849680637313090405182 07
6174760050218311618861388262428018539005589046562155774571205039 22
7445563824529611494765446460906897147816776017080152131300268932 49
1575529024883371901988287682481999040768534482361865428155363865 69
9668192973804450961255934963046272595688819733752978662483904688 02
8808992527681832984820569811122947653557152875675710363278489788 57
7428851967330812533494581252895542030368843097336177422378698042 30
4807850678443293093014962100634674848367063432268497580085101087 97
4250937189608497032054161952324292571504020386647093123468276850 12
8957491183877717605047929248673171985140964143999661693316204549 41
8553382365594952898631051244725135806359894044075190352060288732 14
8784382242595208547872473024375127073387908355498274046073663969 71
7198888759719529040423061508249544359491451958747703735135207104 79
7542042147100219034526230950997078960200524195924558863336940893 53
2161060013230815988790497119321830958590808120822912160414621645 96
6226361311518486560918714798421386174404089268372883100798490591 62
5746647847143894507640379535988667154762876427966731370856670428 93
4027917930024199645593125210491087687472200638195513557725223231 76
1565077106842107874604163362187100833994117890468106532198576813 90
3336681862131457253257924390845227853698294849852390008707992224 07
8344047507698469286301201761313883577770121895730812332722956103 97
2751211997639419340081953829703692316341046033685720511040591293 43
6933739391056158742716594776931693867545878872364048269699979598 18
3855899289354630539280767475088531758519907879241590265159506165 58
8778041907917359737238391151228127259777112235441459659436903504 79
1260898098371744748937435482678008370622253457126276778320171941 45
6959164915774478441716772013739355330591388949957440142116478284 40
9390417622526545418839348308527378557388375071072083488420893072 28
7197352671811775633700988155015994490930770207728396392058166744 58
1538579681034766190470367525816614642439489336200791706843660950 70
5490762376818597888252540282200686534078942991965272229846304267 69
3594834744107090300268900546437886452196370831678618748094708704 98
0336836455021461772832425504807730639564645251178514465116724694 01
4526012047361167229423552049156405567577812584191018843335203863 58
3769106718671141471562889137697260076457685773245961437430305526 05
8611036094328086506247065235855854239142657792041610865557104561 98
4531229777828725073920363004852390196207849774925358640102924454 80
6681178495338971693904344230318796649832410711103000792012767989 71
4454763050359556698418287465169292157008607167577207954736648677 98
7292708145160096586186905514515180177771850024819583224587910334 56
3665424367979826082934193311915633502514136293635296751283173452 70
0256893403087197326515623094182937175095963526363544683991180525 43
2704801464654546038672901278936080019687248187659023397405148023 12
1751088790711184454659010569927723681192088900134266900773572570 63
5748951034788221819388474071604833087873506581878431725132982112 27
1220510257074456471189209347626308493066039302854375557996078782 54
0567994132851241588640512130809439860461040245187235621226521176 90
8067324708043488826454779098677356717515546053105224020036085345 51
3609307048583809928376998254398968937690625747931267300834535339 50
1251223740307586383476004887455482892491682113594822187756781640 65
9695079369634473843496087367783774908049750358732010631405012977 64
6742145201698217315700305217363840845322508441173926041514247370 71
5647536276555955383939361916508961812191693061139457705640664924 80
6464774773043776123970947592997108276860209416109588901264119287 72

733945611265821141767281394542030106905763708774382688000568670995
408390156724219124723712477647451333244417218139249926596922275351
366953959855891176969608022136791398495994436048722715259402105206
405198235733293554227765972766958024021767346530400367031922413110
449150189818298429083645153129486885661742765265906720422536194785
940208331461062012015001153359366702286092197781149236823778647506
443513785835272415152274467601414813442964311994055172408028959124
108954357746045846461777108535788908538967837940611830699663718298
245525922651447158144637589728332213863444713892461222966261543516
762862277760284031505209854637354820625860743552328288327243968821
581178046672216154933864799694409438023292164894960795823511918656
999743413589132020941456320688796595027508381453741559660254967640
325655913107705391977819350148114718427101461525602349975039629453
626703978870772061220852832668887324114144496780698346340789906699
977581853561167943123342572239113474577123993089866207811845820090
256930558332251126422665915967726667479324696514032132736644201177
230195241791529228628138956405264086770399859554913727358577412943
158564711851989331999680083703409804200466811883666339746387566307
660751212209082034082920464688398649291779682744094412061744460097
236797151559624793908165657281242420426163539042171579961969966583
616877008192930410866386522490035915461705636058395649735196507776
497688226286369215348413504792060440208039065138564044141062295370
905367797900024316971416695687511409838342690577789604280687768218
896615443126211370636068299031046627374512701984064824416465648668
851143957437933430971903249894830241484050741452665949137886558535
459784872829792567453156310038733248035523400388593279129718123453
247391877019981012856351471836635609314701457848518312472119705838
166964000183805935693866915709533697936614639414913159381526056308
263508889568017215436912136085672029345570764757720295575499844678
974244790719386758045069031853620182033182400622232320353330118214
370392537055467547339493268325012129500824376821820232941326853047
096946864961586354012392268339023757413251980241561232047986457356
908311643772936165298610520112573632294773766999418394789064201800
137296052587327452925619428611781707434977448347210016226442011247
021087949072114584256017959515826171680716201717907944216113012884
246399936651364533187361200915853735384739654529416015467404724082
352761218432615956856751795134288595643760256493130346071439054309
274288500543587508605888588566245170423958581373911756395429934650
948338558293862140731552849843568448881153685076944252259606508276
881965104682604255926148640221213081888765404064523043861160892116
438321783952171041655025462305339317244259464622657144454386277226
056721496266185663438740536224917971456001675540539488422987209691
553339195949188644057460397555385313389908586466167144396469804991
999490589671677434013277373949386328026722598749858978591836834617
348274408758516239995475088715490040344519237754701246639128638237
482089507079985564787567499915805477394543814875887992771413072074
581909308859673649833702746117389469823316089271987910189604165370
562908063198611908831172190308976350177203512070199448426757849913
847040599629843304316533548386594525213925794563461738164974031093
954872655990234392259101544537177063807676643614334992346981059871
489341196948144015086578679409448346255885278839816749566044236831
205152222684457674594495874335100571753830942198980478908986225673
194737767435830906089759322234392466080053693883881595222822405649
694375171184058708481408378547523215888524943122454626037837379307
365998581551763900209506368558675229538245474521130417421297183279
756743508214069558940886700009661078659053716188519204048311651340
241467820435418333478642477394457944014025317845087509565200123883

 오일러 수의 첫 백만 자리

961272403892669768522000601081136018323760964918895332025962337209
732343066750857681510704384014423894727938285984728371437140679346
522740011820052190557579325627403240852437360019262149577255056321
871089950448001298364617936302772737371723154788604486261489600892
962521306227463859401528666867331146172472515175261911223594716655
134464566730450108926316886002926840310878628775132958839273113168
457594660838201170141951641172427706173267694775891939333941843273
934651722684904699539241955413067926235804186009110142176573275607
689978181568633037158243494493846939774385442025054640334480392894
586767639191111624247885034240556841043903811265198333050269531264
803798361944780920571010318776063431536749305766874382088784647467
722135641571153429784476106651030779033905016405270656377529034382
458425685709784483706543894351006493988416761533677985980944958273
309685928357237725326556458371354939391199408172820442950712766232
077017228846163912396136024537983759960440644654384985444588824574
124444658480056617606576670104219553577365293894920487728602252613
211088484030477939977934112603799502024236049725993297531245006491
210261604638780848631806580428184298297048696560122350993729400115
394676457300700184755329632565486339045996565015852398502306777879
949233078332852522717255715121580607290403697845692962016702809491
976053496768956521756979847046579269538186371285867869422844755034
299441486094976784791710879440557819622698659203369197871551074536
400754136403909827990954465716937271291656127803870420734859016812
711012148404036204092874484707943403327827943259354542790264531542
198031641512267823511637573913587527107354230227681910758198957827
252306723094987816862401251705296972798331994029533644294704629810
266555546864288536951120297607256943390282662689478785035610342586
5182482123125127845929245188828526784373419487511234931764779967306
717708685131849829087994445835668368399856575421302052304920535335
062032481821587906151946685286123723115082215575868844398376828130
052681466217896572680946683245160320346122811679492326131014902494
204365427852796777129830482814782737047151900444340930012910766032
064562999676246086256784545177226519685758877062814442710889331049
562257430522390072139785096717230237617377317129972521727989316869
310195232611776749311486477151037330349896513084790483234729065494
501707349250401216193245620011748410191122510074988853296514028836
630241639874425025038795534367253737658777962846333095704959480265
964098725843969795438085505621109223541582861466610342978971990506
506332867558715095059289690769985884025487622319298856178534826463
386710450193090973937494064858962098703941088808165087864933247629
398769953446491650764491471537109828682342232439965915967243572716
456209657671152435913671543098498586303719633711021224846555295094
859932140675812145065375435637133910597531823667272442946502437199
682396941623069654276897497471997037238552470368362832676091487773
507997996795419553134244714299787570722817092268029048154105996561
854263044187300581076877094858264036258042219171346765260454943437
286874760075612733528168244208766732505859266668900303200780558794
557458341158908167033528395423503855091923755475273589026204668188
754455848344393340460139472671031532021185168121639502286286326452
511886101121441312303382025157652787068943058982406762373406449857
531714631332550639355128465018723271407708981423619647769107125540
384297850797448647303415025605029032515539207930744343516514592053
076367675614313165871578776617657984096616954070557236927731594116
964533138691405918615323688717067104913553052273021012593664978118
808408515877438869960219153455846310515961367820736618362177119787
804866707185441879253742754869440266055028820049244790865958609045
812535922226058768571857455589626995131220392954785412504440415989

3680107722821176203625718909118865974076464847787783949973510026
2647431678933400199942751836564226233208865061775629127578622972 27
9224629625311404044657492989457418986665792320320928531163809397 37
6028626875154522206569411371812325628503901757578279885078812885 70
2429636311860841477040499032527417018666600118490018737947470283 90
0656354569733804652564168358526610768377002832789667594395074589 09
5893980793598598516299236649296640492840223418031324951248113676 93
0672486997981172353278659644409196746916652653260758421366023361 98
3946789281638248074666428166162632256452600975532359808582024023 70
0103362620212819507909750372987313396902360753512979139294525309 91
1908182093729148609792736807110198477761305423657750002311215695 66
1437385753191223459481047060515041124978309374164246485082052192 88
9936590109577910257985308496750442106162524467816297733116940042 82
0239840985898174506489145618031686740094192434725768866864091221 80
2604336534945769195261654864314026862080497837743868847871257790 14
5269249327981327400917017976169920395127657436521241052086345054 22
1475039628874784058606116978020447357488124047361367767531185113 87
1444648935285016099283085674258135644722262927803060735041909350 40
3009080624950298749666750384826154870680255242438995683698053236 59
8459901049274460871653994002200618094224394091362348203171943389 10
8153155802210731912575530593272675162817179678507608851375024042 76
6739251893395902721441783628307689433772933694805109436738441699 15
6478808157430938321282380880193737776895740143901509330137661679 64
7567188021269471950577967573455895280328089911648280741064942912 31
4715938066355128649626149550277922900992001483355177013022751849 90
1131098958672628156414732007979789676815907235918478836453768603 57
2734257713037353524739051432331525654789138598419542882044636831 95
3807411551209352251813203015864050057375805464404564267261726362 29
7578733737917122647729038613508445384361717674324780492500873425 28
0442800772762870107192231625332640719382587941821794958276434592 78
5571298421828117567624311956247761337163931167560825846482505800 27
6558537458423314618961157846747793342164974897621204981128471066 14
1389483487562474705354101009707760574089861646344805177284037798 54
3409714542699818569060813723346078414319905804688565319129675699 30
7929030576897043415776608699467097778044270514389792079124538791 70
6873972952547337964696958519108560688885464405859040543416456999 92
5368334859084368457327643790345686920111044970221337683866567963 52
7807703113404262989065892216203727979909914596162990799255766344 28
3079763673851142451341854896984178349726138339538358500883287002 53
6612530202392593603192009652547505418678418169106203357428362896 35
9253851517758906237699482248505117342067549384411183003518748425 44
5389126599761516897532549878557862492504633659747172690439799691 60
8074813502398359154825916384226846323458589227713526205096871777 78
2528422569281526886718127201226274987022217271657710379234349184 61
3301048232000897864648295340884948859553607774628952712013183428 69
5121982608528821208918696198387843964696179232512118226055952143 27
5758442436234722909524796336449906765271183389022359185005877235 42
1555047304918258998235344572274922835061530546660032436984181399 92
8867022269616849475704153251846941207482341520105029331069181794 81
5983200207738087324162611037872827037171009277013915493400731495 95
1228490111376437265961544112327261105213685706883643208240222829 44
3170343760965179978207627046917029287425197932387115774131888291 21
6872822258211959944113475774978184997244162332702580681653578109 80
8063968709558640357059763281473432690144113635380247832827141347 65
3995710002275645774857189476346416302701878920311317122382387483 95
8652819001511415420932674256233848114401224042882392018011624403 88
5262391288166147998277465656968321085830762178575214455647108155 24

107643152861808866280612223636512461280140222855080560888452458623

4265786088182692246296488057047314787227655745399737207077607746694
1076703701550990139285382992715104037591497723424991713811670876627
7142495989487983934892688260993741300348619870834170110187163815388
2678755571099002660936017971649266395810312512314450633941617271177
2021817454975362988167535795877741426086588728875468285419682346993
6290816041362199434024611614278602551316616740819752879107092072311
4612830526230940040891068981750531451655379692090210509890984364077
4826743846918851802940541090773590436075957065304092294305393153211
4584353391969367230455006340408691465663381475591204096892514490366
1253130952692701152600591466937364457838966020573301212979501716244
5904484056410828528366248580178626331031826626865185266795117788533
9253303703719940763380248930909539488344767492375681975845728891311
4572843172816722992914895386449488315946000978242646180410402065566
9585544809390605953232132946230696763126657652129374045338641846866
9134379157510254259949909304623277197277460402667614482428124900611
5460983384885582689021205589515805033857356113073496127363310935300
4857724947067531658321798520390126130868626880951301199609520536899
1765070015616191660083018062239323629555900495579392954527001441366
8682565833156369671923303738607505041331718456706099245010295795644
9491099869128124652741185722900892819862661763419273986002480591955
7534988121378387828921329310158524853156682156813591961096781930888
8789200883862044247058354690810375924155078369858380202640106573199
9397034261850474234342492691736702664122331287634126754121449916255
8115979680591621694783286743323490209216495225860458607124274223588
1929192345452111372672084325644518743215707514386144067910318477622
0491798345542808082520156234894887396527733727558160778189296878233
0619781026569665240458594960596126330645787426015233983270572690177
5264923384486106927901892222345049417304974812552405938598573644622
3769968531593857123212738146030244696363708640928451906383817184844
6660855668813247615725942222443126911990518895267795995982009695188
0997696019085663299505350372148804765345440660365802017143215120488
5481488955421453811226197407363706290691187409984234442483798498777
8642016603981374119677069191263678246801959178852201033366285058000
2650824314680522570869541420659251672984066277357594558653510971200
5400732185622731073921644639623463013604710980116661875123499844533
4844603585148668645656808928609637869124724638041067197779420031466
4080048385750199305940066719599492315347270817736982058331895250488
9407419778989312207396881917393702832340579333611601514899135468377
7664539525637783927554230263773440107540295008275428549081031609577
4806818820500953071570395008918379186830080106157724371957261042866
5900126536127546996317784471519507709798793033510039596819329779311
9784041140266465646078251389840986645722067437840194129464279933444
6027559117936202156578744122869034827343250278565851609725373939866
3005433108800851286032806494151343167662352509513184727183672778411
8582465709469264543035860443424439162445964247823694249411232913511
9453597004358998582581866864568389499798940410239501394984720813711
7668681966070027682215436127801568314264369168683151938086537644444
9957838010280476596579342435889339110279485494321703222745401090211
0817858703963213584108897073391791761850351461890499951503912918533
7988382571497993938986725936687668121434398872044373452835192451822
1718280846673058830412214108136437829801563126434744550891337321022
1093531697808186166312885248640616551714363357164454316068082040433
9464852147656085084253821199561954641055812913886923610161286344322
5073626317772228934753413943518227954005413131304665377215358367100
3413091989012246614335421953083838389992158437777369949948493630366
9799973295720570233216424323751794579530735237903683939180552587044
5263452329808571880113576646753172649454589989229340970824781912800

 오일러 수의 첫 백만 자리

989956856579633280761465844420341765259394033481163058477288969279
989003369558790220431279545394217778188132454016122307998441934304
594134666710248397048122363203264403171779674333079405634904899412
546254072060484107206537927434018736723839296539194824106804361246
462445100950893761805196017215847826456774121341947865394925534046
062629334911770553433058107951091072296466544679236534030556350713
606201500380084530823909437563770713431397711200809563104988624853
239574474673765389946622801430505106818775974297432601018976289548
271499004539529205104099383167428986540340146457709078732055777914
256413194805029580642647942647528122293009100851631954844484387498
112848975613604551236888311306054805543177553596986618641067733321
783446176398638871261306973408477584777205028799677746210001209906
054795735146987610243627867800914723563948633958549974294424343018
432617624466641045659781962366962977712990091756535125618452567869
528087172545366554727618329725306742710439806321977115384817452907
005899651640591451474219165692747373202800068027864153043777151188
895645193623335054131848835201885270934534234424250375342502341379
804386826088505856491180085351242586358544514693173632126641295489
988947901643573237512824224034067410785229873995184759645071062882
382950869531227554436313464929225671476098918997574030834257830134
939780281217307129558183019792777385059754214708710440342703114618
586250671524181580436369368802438647728284274312909057148738866314
831868216990811020503408714432413876062439928432829272024002994011
398044619372880434112916394522236855309614935849497956408398367568
250691500205800691819754249340600591655619017035557754623043025342
079550086114861628538281022208759766026027125059129399349471165401
399155605065851360059067978683216958575566140120937814695919522280
910042922481480937952677185691178971288519272145488327278138859042
900685982686922366791366350787079023027252837501620416268703997292
910639169505239394294316196342649606845041765741297200075167020659
016256431019795837279320584976855891867122937159573742254348969723
525660914387325468230242794287222284442212056649817516485620724969
050642290150694756328134577859065900977880753271946554527212267491
746832331675568814908829243172653033084268452904009324675420861422
953122823237119185314171720952403546821790251327495952559619863156
739076549830570185500494513011992782917696445966909030768232448360
149324128181487979677890558993306836168823252594338302635871570045
773265628186971461545108503740411262243973113671306690346374103619
546017964803874911662176560888781726261220532662016773231815212019
271033426827939681612150248924899986330294819907990085993816497557
671381282803422232913651761396060882569170608662169922518486414072
796691636038852702425110974397465076000009138025676860518862552857
510751822071149064747324176977984561908592953912634844099859644906
812850024400692032200353409045334419625335335722868069734186147907
491208914421782106043539453021174114047210130412174574598255268273
466049257672388547616505028366497790233968118685859753090470850459
985379787590129615900650672627313569635455175430830363749446904678
143494437917078358575138795486909344098503435983953258113905143138
348268603493909994443617048773487087850396769551669451138231729334
547963506211332107299590993635661406263428357617093550033676193560
394924829197494915645155708276988416408386053490835951091020766599
244868091608590862141720556964710435476406656253763171615477627405
531459768926011840292712586867368029285171584055349777900656907286
251721587318161797762858908790909136391794129635733886329846577435
036589781850178527168103096491542719566065292164103167512772401911
388302626698401555351623802765631221706180467292904379124847690390
914104594822764326660001475850755127149959439502802211492375863504

553210212778282278922775479068390747330851162388919014374822163927
429196299696684379703889124743214397963795336239066097587561629207
319462153866742440630673332154695115822240699227134941034061175093
223673685645736608779689450057907476700612163575429003758191239434
760192624075917458210073267911038325072934626822949428915445448366
299063258643317568802778020686039305138387184921485943021507680560
706932698125455962036073230326294370168673618814245535624192682416
131244600726014174148309809559350608549897848635519668549083788490
591716608107897225326574623685339622900148532760449838712721163751
091000204971926523080925730790527721579678822831495659196372825285
048024945124245455759240031853842067135747056217526855431174579120
521441258258599468551971827673623535764457296231265841758279306909
444949785213791193310043143041639764010067398403111379339419106715
876738509271386539798883608812200088579482509587053783657331112541
189387044317908640697317907530267464114146391733777395451408113643
171044048483663619898254685383508786186411228665890900512736676065
431171847134076612507575947993472901219643350137386877152063164597
250069394269132627448751841407612976556278271915614177450922743811
335278277714392527492460826363480225119757669441669249175659116520
793945967814299242997966671793183451968637806916349238129499539732
182929606420450155010969130185458085967274118744369848168388467009
224390430122494019303360371374291005115970411000283284888147885817
800950782889135294305794028945606021701278370505283568296931681722
131814856779899139057106460031208042305160080128215981330551203462
563155658113185696664485118632444936742064932195878910753340718056
889028266323605893671070600419096322803485048573861753347640169223
306771061108986620788256112897107631550677317263452978657774252855
712059054754710917454688572993001329071120368481397401596955075211
843740365946870593986700872948750536740666557476367123277311808090
869133971211549632965648780338397807005649749710608789484095619287
697134105857367511745675087775871966297704436373799760504566986165
409460428473485756895753448088477118018806574573498411271104751908
068248936313800132044098930539116753601833918104610015357993275153
551090545023658401345839454670382563331624087119392788458007585995
338399675734123261065185681891620699292173388028180725983341930101
208624631046199046132914843151126371401847965173627236193924842256
810349810671286063343905328851799789111405336162224027296900441779
821950261318096895233707734551925733217590386582833153995265296156
393201807439851475681723241325806363653804998367958423245161742205
000726771243187084879227467224439568154443048046217871852871651073
819510621338587381024500583975144027521421716214838851451081027236
042647317838306909492720750204048745609875694901687978415005789845
951670028445821579798753004668811138403365047997783384034316126925
263986288199946128188729087318137661196224669659644228681162922727
345067944989514965645020231477042681852520476401001484243723361340
181926568387526065315352938802900093302802166136161832427069657972
223975829426573672873821431752709814887770437662930259613582578755
506082496361431641498297409669991668884569981263596781212211678850
938170845357711499255848477702093268095413897782565083009883813227
885721143032448376260551461133963650753366431540441103503506992579
771606106188989519197354661996622519660811664456794243487492814853
481940115685618360039694232650033584296726230742525344033642973790
998288209565909714640253668764724823443939662673914244020877331064
108094012061035294581472664356918112581872970325313360356049379727
027535112525899888764767859110150362347075604432710954021786237009
481573495365197313743677433935662955524181098940051585230722870042
076534000040777071058791323651497680529612483808621872283035597171

636810087355390319721235522461921350050745272481425116468593215050
984823242329291014811896333751486310810812710939734662630811389807
868531642167025876634220078994356865712348662744291019548886336513
901283084484950399692926384613411011541110752915709126400557023938
114034229611182223342627773186593113775233761834738760920155761257
503610485776969807010726156468818453039889692890443154086556309656
523443581618348174625409986274867480523091296189022234247223920021
624593009368981674380959563212184732918871336952338070680988264360
999120050260319541780985616235162768752344937469940789902445549689
316703145005651855324990291101226290613500606453082836395107809176
079908585309541660064992938147624520704985018224116152900401037079
463124210126173801777215964565547503655178348255808181049402118435
059988436999274181476434953498254555023313658533856511407765074159
827504959876486535571813799434117551756771585701485528848770490608
002727325953636152181511638415748359661438567650828327806961489306
473537474153685246357233735789147005237993132861085996001939557280
334314519538755968208932280194155876101126246712975400330628787524
221377281827100261485462513414308436080924052264572782862073588440
292297878895223421162599240044506594583565311660930665505797430040
863246320804635074362841047651669935957570060558639152783977703673
988120188987557343333915612865754155263686759406415242028708933910
846600625165851717581466011968690751861428261287930101117882530387
795877299543520590057160933302021976823068510773625847263886252776
068118175309827105831260358635804594565530282397774044313522566695
773639223162302265303241267911615400770765971809292104630099433544
755400355783735063764188060529940801614060116421117358022621293412
600737854504692382262042645899545903941056136948904414710061853275
954183626750982417971412711089988815686111643644427186319918924651
961840250308461189549028572583986684403122077050387008239223018363
272742973271296278981438843294281700068468865459118715477616250115
495870671381159737539503154178184998475845463414136378432333763949
209325695472711355251682927072034198705345349329903898436640807618
235402954465677681281685333375709403628912919887661792860923203059
929346362134386718042070290544634349320544198406265213660967291891
999817923629831193863621511862899623161455464083766761473589078318
228476769108088459432753344213556496946029627710663958267976564344
496517350581041591705315405307496604511761662833760286678316036384
552611316270247804090531253494815812775857878241347484639666917252
240441356697135251749202366059679134364312680845972292559746344148
965038545910579747472591979086590715556334229885683784821976508105
095491627549401156618376848412935008934269744582606514630754568652
447013521453361472639283090717366794258881911500387238620311895176
692166960600552390872187072507921758143892179208123418827269492053
293787332591506691035761858427342807117592751604842763671550193151
111928362171768241224582155571012872317829480810928750482409392890
764846371773869940013302883312394672591384977960634301318571154100
197658649461468645547703593195895632696595407849476814239880396111
346181614748264378346870723919235785267256036205844517820312614115
974167837421690084770041298205124881765490654367937463287182885201
368207721949353555934484937132596405068136982977309699870596812278
338823724186903320694728599265431991636137516292491431855734957573
085914299612133678087525099899961289760429412586768570672878564080
258081787035674471714102027446812764891894494175546807108144951365
439707220225455166864474256611063629335487551460489067450052028548
336362651680036060989371582983178276513179590908091068979381861312
418465538617278089371839812409323572396590666576548047933096746589
134418550548195349926299630280502052696823356179479429237318021682

847822493978345572695360742324439926459681504072443986714476183219
391721022030750198237457166648737740490863211438901519085812470800
900337172862515828738874044136550853430130255681931960695729302464
062106961345864919620920145326762336311607721998206095965998178976
612213697071467501083857823303179638419263687352651807467971261145
799561820392475598341441726188279770197279460185614434450633591362
623934113178793944162595620707158922729065606206945054955894440918
024714607802910286437547552151401137644785715372273506885993583332
926974630406432294763447263244625764830109980887020197820123324588
259366540303581657950841585876728044794826566665386532622605016945
615248198232971955969982563056382876874106313023645675184135371575
765302326141631024983345783147636762304959824017191663733887572866
892975355719923473795761957436775834133698713824741656483002878975
105919348939158685633412384915758236568469812834946485313512947498
249858712930291225916534283487876394484739014700575029628541529799
474179442410187710234642691634953786834676149899971712367447215260
180187122971126772781977706658441908181659656339924090147851680515
208367685671141324138788869279975082817327948999769405025225460118
740800400404198200651900066788507412147607992506211916848256012360
469231004008059680463108437796838042239520548869221598421494798930
826664416143095248722248429100114667503051650623533685978112087525
046913218455661829337526794186074502420014003867732370873150011080
500554484273049664897134028875932427490782570913845274834974021648
825587703438522598523939315758463956137207142565019213310154895048
887815508666701504985628427398934923021745345377690510806082607986
947097095869349140819378111400395187508844039748483492909557435855
837328008724734562863730238817759401980732424428203058035993432604
033431039375578012458816684531379383523219670739110307061231472825
594615607012085894959863604923600488299680664291768758770786751043
008414747824167279279250803241119907108627637054686833900713316349
442649503347926072615152555927994033968432950007002268870933247817
116026717831152349185306688470777708521857042327653148123119643932
404556631982982779552103847698633872762113094445708614650064389836
966917042430488317352345969311612855983303532567499201129215970696
799853799328721906746567816346753407500137141287456800621506090166
386362477921782728590316748853923317508895180712840656924835748790
072508836004505899494119022416339625492774452234572378224981122156
921183693343742361812578321950651522515081661161606693290109991123
485681134773022547823701534812419039346534514033030993722811677237
168257757537174989647798893906977912599851117795793890013811242182
281428670229192833077341117625469321781498754590521928193896560772
456712348452147881260133219829968227094713946738337476954565872058
025985956207491085279186051527482319178577075965091207635525564100
768270826245957999024338506944652796842858069079629146202449288458
708619185431261963634163773854847651073152990024236073244338971652
102676480543380460991398308218070247576932430249102396213981846915
324091016364047558636174640552035063200329352639928253545635678349
772092162967979261367265325576347297545054727747254532496923887368
534199706033319413781329348841093748161955675721716880036117667287
557155941240026104196742973577397599442242193797051993750356096336
829762921113555445534240387145582832434347213746620061147247688732
298607565513574146963144042719889237019438835114228228310602680111
398164214811134915119584351296304985267059626462590789841934397310
688611260061704776116610440045240127746811300112038799916524255487
692922796144232845770939550922467245289858311792757737125042427675
179463925875371793506564408723272323546485160868496396947789490301
044657456326528587869981103644454424926974098859626188639245684114

519411810206973927056875924296560338436083514136760593756529809476
323477476981861138268682724994745109491681011725469377401495225967
733372981135840708833375833500735607380533397277012253408955612018
399903393279392169701462409274715669198043283428207651163964608509
422194788139411524990734138472742716911501597527919083526195122479
829542438520411123082131130995708689090205854903952074713077032345
530494980278604409319359773938356769588711000749394429850910418405
090617178674990384718841807280747106396565058394807895275066497120
280146501169662955519597396055655039793312741279309444932655438629
278270856192124294237847043277224350512460373792341620451983761477
090932372541314971146920145569607442405816483205575535295322828121
962392907502122870268490068525299931060177912553297874136454414981
530395732105522515453305145414045499810298460083044171967626655013
720009312345490833144760595240463693450024985804705444573207860866
313385843948498540205508184789500523547041291615622942040759919709
309366255094877334360590982145167341249831609652817583114922366190
761833081233073948300254020822684895657296879672456234164990976707
707763431879888575306419024331323621969124824830520103405855399999
657941850851939221879942299539424607119728315953998180124036793548
244801751962238160394281986893494496001832452481122534177542103820
161225976085056878052740654413415382256284273556937567965656369765
203850729206673015820245742854170378581129675825418227900762933337
350768192294279388975672137215921263983516185368358993846677354583
134675239048550210972098574170010626062114866682908325829274584086
242071496552860524815879101236195295349389781245527300207641687532
144935162149712512702893586843551271098985117493346262419165371018
212459968113184306284998072555978371179755739960249136838213894905
381511952920055275764482690009079706919290146191137553878205970786
181302810255439673648748356127663043815449957788297917284862763925
448006843105277022387491580929080569091427186334266762654988556243
943934494482923793753252653085682032476154950315865820180376268293
905686038396327332925211263865146519373765634256634690771749809555
219071120371142870502697671106810485068625628782901652217147403481
522602964649338910504568067558617668515302569270801874488751165373
836689558056252682445288727589165370424345097283241955967764719533
229671041735688404596014451333945628762740577298739105957129075936
771535032088986300681984475147349679211863210197611386474450910915
061683330055936445165486535677087001956189834436940885098491309568
610539879595133535409317633208102535244760104294006847731408758965
530656078240970480075525771489702834320678937792739089902786381587
735252845276596319994596635000136098736383575990561302870433601783
311281995811399536874890452344171099622648105166629892773473709604
965900846206169864094025902708593331037198890188743505858870759835
712802684777865054817448302356832819903720973490639999143365597451
569029737068440734800590590208212150509676469143864068552134455808
185001874750960935874934285193937495962368035460955400295061130990
556141840342929985306523631838176974956647264385030787558395188572
803465747630268157837373552827020331689950193925419958726765329100
798679982717087910879209974734165646448358736647884520517070465801
449807839760382055431072912780229587564763183089353918177406204083
063086801009608821230606159825796796568956145390806225080540255416
276976753965521105891148386436036568392854250049333214327033234985
006533161583662820592392335567139427383700612602534710870514822174
049287224457514685105163611541754152139922546099654002601852602725
458298827113410482764719064112661493556326789065648294692078565986
103075866403633154864591851632046285065188862376419390830205225386
018404445912185913105312301780687843578043872197353369541265260615

161231989588766382976988213090989124711855574743111067411936198233
909135705136904152274441621385320031378720971056079832696683457361
489194770515581659734137542912675483970637904580976741814369749483
051830681176323742018133110423515601542808053075435570933709537711
964104736246223869930053722410511366417531212746695722247337447930
198057194767937552184067416776539680544878130756161791756520321409
124952648953800664037350915610514793100121817842392666169876481450
125195476341047636112839564228567638449694292232257188756548429671
817311541442260325694190121319575515326345358190718373639201260246
873843437626138877867518020644975213408083779990092694539821991927
785616692205953289440905501768682220986114315441672861483337564378
492812885575526475947275291622997882791334589422985127861937593948
988391098718422002745506191906671231212034183294960859391932897319
058792613624039153766243143172315152166466165098841553323407492298
460272905229984739070832362953202740871442894223909353590926404087
582537196391682510803179356500508776852223751534432860390173356454
175252920192479794343741177126013018303470760484295085472230357868
175356885249009521696393515619170462421919305100704043978327301688
313203639187198951987699307611930210851205633513227693413915492343
961820720529925084358747674571881701006953179590482826381022821716
870715630163487738577345766883138830660823105762229107832579137922
766967436408301414102493550346261796905611367929346255865215464988
885599005396683094883959335667887862005751464942416892487895804579
763907781909291786257821319777424423966311694447816212878235421787
922916680504910447967847009126315323058121488506816600990954166667
611385046438826712459275162705765117151033753874765851488242933934
492605206999760318743461426972739585588941633531586743687389950444
438016437284039045820237069431609613079974919044607823478839287587
069943627274281450161536914252068573179276087598307415450848103695
537558402638293372670095415924131102735735021249735808984588636741
426995999219428385664904742343785769216639586271570335157667065848
085366713363923533288528380313849870760667782804359848033534825768
975516980547207593569060430097409530002994510270591135845375213653
482721070988386669662426727905874465432837655332460610618037789158
044436015676393711089824910656717596204444117332112781624647426839
357109815316363909443775655524693677368850930685529410046838446541
564577747380070263525615025447499653287532079361006273611042606185
828408164014002514054748041506374236610095211143915045805866713466
215718304060471659825870887602866553412471120483223528167494936401
379003102190359406277196156324879781438249246470768859050267264017
437692110419765025629897393490390339617316021708619485551653722856
499883444753102756817665175222132009370925705570015063972133741293
987235777286070155631975175677064732362065789294707816869387993309
024482401147669764502014942098873703324167402541564624032141800958
666031258694869146268491200946768811122409391225907712439055859764
319702835628370503390747769810501687997747990641014689184314365369
522800026242129954593033722896908263909580898522590652223442071105
032934919436105033362651599793355484958601914998498485908456493986
868742952797341092003557478492928205350667615662004026215124154825
954061652463756094240969803199550837863136240738128391034868349147
493621257401901693308140303907758732427881306495595947625643049601
888838206067109649330139523723866846994829130099279589446115797947
738516629551692688129461222052269399891748194556278304408561650040
811937981009269942064047901225361833958209624297586223842765663233
963452712443823272574964404296140754242147565330293173989487569169
160925062561443118643624072955844997146664929866859143119186132357
657190621357671875971949224575807777380975126738998167531700772240

9424682930266790010020871501492200273573561550340800018534921729295
240764835477415391062925301561388721615371945293085079924146909137
903095010288034809621568014341969120194816705113732859086023966162
977270978504693396280576656077331931306654383159276842143206229863
6909815452961476351666417860781436744782565922018838987324877467492
8976269044590184596059240012254785645158174583256025069263672587
374702221014995825455032083046120892162946943579199555241104382105
466282432380635306005522704658310002731653121835682565885664105132
787556162507139502199342171785529189715987123026507610139029001953
715402748181266161430801169236434752823964419844480544628289953042
682659710869127840127358397456730548240688188239471429969425708206
795709160211437834353647203807085153830206139652543065273114126373
268501884188854277703178875931277510526755392056307535169253476400
420623830436506830889242556221614930225851489282969235977813507841
237375531719540359422227095309712414551932147706503226904100402720
480741324641824762878075640180222194160337531504063788462886556402
344139181730165963706682621570654288700034559127049460030469626030
225350720098396835878278368469861322063857277744682776241322394684
871162794928474479653485200876334369589384464776073676632854299380
037264252733239816396380150058013260823705413690411683689418946801
236064672156493839237900594780644524142670762672369798178982754286
092352141010611472436784254995369560018534274846780022513187595446
818918348048413323796577981148483999596151750924548179781113393676
944813700496154400817714656708586350318621228985242886063116729637
226625281160765791185254077925084471924555916960116966031989723922
511253744356458497016643864338496348642677001739513660362669795812
157427895654937492081798326105822035414768632283183596744608836158
705992306699629435042150897414706405446416746778213478265122964652
508908805969121524750824266904128654940408619188419473083808464966
689676421504974062272189739697387376232900933786911651948234566355
178178862779971707747838426139353215078958941553376279055189352721
658842591631988875491925752926992188579587305745303789091127391572
435619193350802718412242553831055753190799836500950074694670062155
974660497160933895875134843053152233100296052093894482084804511182
309178247896874423749189992210075911687592264073720054025820325199
079144678502515159576238783514135895993153684744491907162388006966
071347025891312992410510500956958447186097947347431683247298305673
224501170833959133159489187694612994910450941191025984754091396798
106495666039314568066299608625939029033421742604402223657374598411
716443815109146116818232977885259240567109635144615155684077992319
625307992514213791314762572662817574700292839779655856868657289987
392754144293080657603489716424110884410105534732840224230424637554
549240528863239867183546072612730474752910233271249639350697932571
674921155036414793856381878758183545930413082885995410368844612267
982920113315038795196004267069260113672379445728270375547773143783
603373438552333665062367754710119301346466719482671319322189745364
615112511927362187251201632873621513466765758876757676036190873349
806359707609798503871192936375164942215342645879015759562043465257
058005865477466276733135514845177686907877221083067731957813312721
565223700298061790617910107079509486686719326442415986757452930334
297507066728011715591927742646515456481168178822028994706897445590
412535608297193104827498372011010236327837422603454400180524553857
050582714952905274953002548280173996702662187367408864229375086683
633235511694673378695714777491366519577251240154460513752575911860
693419499733881582242994745457637103888215783058866951314357141679
955876653002166259783454010370508706907923598204747823711402469054
921677140267821712548469227896399949934154562156751154785600203492

2768079778222015965815046381694783066158072741445238215834866372505
5534680746661438220213499728489623217399553437010344496161720695 67
6216449436861252090799271689500194618222820363114722340477598138548
9859338952718877595177241390012474537996157897227506799590834453 08
8505158561946335096717351316907863689949314195889648666452559016508
2360461871317291088108855762687694605782712388371883430300948317 77
0180783563169829542220894345448502967127577956639767725541860331 63
0759166669948630826074782577603593669912078137993713906416030818 33
7457422345264446426239650065465243818169745539826378149747801316 05
8242932887210592267593063691481544273009287439800397792993881068 30
4105070363508310460102396855341682615622657617875438108017666154 71
5714586854385992910619338789827302904163299931142131957810143432 78
0878421194634903965286328932723675428880190277199018808948760772 91
8176869580683285725885617687067378381696770327839723803604981520 70
7853325438444435868547992539056654760738958477290095276783135598 03
1628387036902640468897619092196732085074276626877449926336421846 25
1295980597426139727827137818992673012907654769836646434934447925 93
9751907878872234365860238394719254672488504590100306336351528370 43
6915726797169057169474234717062968167146832820768224100217491116 67
5390855908911770346326217417964044111031080898025364293548230316 47
1852701244493819760213099430931966201348830272720837825685532427 54
4031737883715071298018863353008221305051932937202634776518936417 55
0077708467495054398146866153589631643293227329093865115024632877 97
1415094051713633572827078547537531368304438038085103858198104803 04
8598774435664103121581585986655318137087880155316573210831880190 78
0728548920967634144611444402888827541838528905572242064907485295 67
4251880317383778515387498876855075886318825952441674412158142175 16
1982622752228355814176577875509657398051419028624762445400083917 95
4210950371097365488976787080163948754310874140146026828619699399 37
9289862002769296586797083834395107747418406704593269248062288117 63
7524050335417756117259529832603195435234690757946493196977241135 97
3516072155663781916080912050329685084682151614490223318699201352 55
0068443197109539407912183086203243922064684497866448310402658324 52
6417472615244381286708606841619788211042404777412116690045981637 81
1443929590164877130277454592211017111989274045062879402518440441 41
8674931068531679138457299176274875022993564269435761107511193250 39
5641731769560789174955936828044312463432839841966706754457531362 20
4702349216207306801900902026957467615192982900853787400474939206 95
6972142206208124712753893514954296323988599725671094219722839074 22
4780216527070377713183856349091444346910996638611341543307087753 04
1894372701345149252099426001099200474565595014331631973823938772 69
6451500224955353450393571007666423607093639748118894620222353335 85
6149149123202329743578221052859286641018781681823579840767923850 17
7153237102803328017322105017945523193140907422140782521168951813 20
3790180442699579101257898953739847724322855913197529695584761790 38
5770089101432989364672403856799285212958344568457244781507938809 34
2230892238788322623382008629374020870223214300886520594697907902 44
0763465433244954372879278388872371046779312714769746188734254887 87
2949394017991255809923270190016388013585306342649027874947415803 12
2613666817226787271608508325786423597268823091116868093786537987 89
9131141052481798269088588768696847466756835600665045189546459814 73
4537250134281165776545308608868185535069027482278582763620798204 93
1021751814670123368418720887669585087990714780446181976805636498 56
2008578518817567515014450429760313980096759679028256180670008897 50
1378688323878553320386941800822276149579891890156691627117165808 10
7887204301466695308869149279501583782411059074103818736329898582 30
1745600284634970537357043326115640422471656929201415207223310863 25

2427435603973913529527363917974041449450240003012864112031169824178345726418967191582700964270605295672925241278527959654159667151603660407418666834901745786550181959720080881031007607848227700783930966990968916922501275153817739728716199525664843497797595350222507756948875847634478889258272064163862014735861784019787273385514257980451432810161319758264730229963476957572511140015996997958720268209624240688602250817696431416366762688430154498418943749992673006623762311044325293540208339226749675434347668702580304302935070107072873378888432418273448619533479385919482532729843923486679106244541626324461999276064579090759474129190876646440490610521520296595543415509582960180734333220585796308095696131117743938834333741943827511972344210670235966049155076064991822130892008117231475537679039927575116274289335355950974415494788519624756458294021231899578161295274083195672110100225012735166915442554485355017633680978282844793914260482393303085209874288950731094378417070791923137593561642312949299869451544672109454615522095674674267895558421633149143323593343644047016889097186548049127670535229682773124141231742295500598018386460894658479012925263199032986168020180713026640381071766677520675968000839702949916160329442401119714656470099451694272285291296626381659929659722235232402741039654380314157748754065955999294373097356218447749973893050246145002071840777608543880851897685545714948837042403730711458531739646590080623996600802211375612289284416654941964785505868570633079953934598144310528947809568238367746057355088233118082448023887520172614019136580053428043119719089340896203954554304121270056986863621835343362682227075929393316589311302812789030859562667188632854912230139416907380136596695149639506519082284526663688160018749713750787790686739764555316521288475733378338436224216088892674472943561118765176701515256288275888930126455889410522919151786120255175731754608961683394911376849891342059530062583176894496465216725842983865669262309586264597398851424891355250709325910011927739727444545370310341342405394984196180293704255249131883446841784571941549344964607641122787649541380827652807253906997168263927591203858413176890477343466325575140975224247063744862184339096584677809913557253067239970365098980010821197645108223748398965713277415965557602543554642036953537620270062668930391842456734356610030615736386836142774815136216244068499804090792536138235053592002255660610356484312192934043898741265777857737530642052250563344760662351819941082116438217166278392076009620318025428609518696668522878887526710318326256447473115909008380351792558236977989518295224334718033102159109905025612999591099938322699834979728966102073128990428163546087560289814910928092844759849778822529778616762961484186314250595931748494214379216596322096078880669540456777235518168930102281692798553026526844135492514177296829675594118710092387301253854557208458179344789815907392300912386887710567821027092826310927389100388359534970357899462466003139394864726525792473179634532509463290302366326005454023590757846110028142311730542112491528769936564133563988533074450987043657672877588150288610008246399178533924946551572092650463510017745553379397357023683327249561999858288789424475684547072986401468521250483211653791703010790740107244896273396054418491258602223518430664592307696666888389732494271243904889562482856620803483897559757324562154194514919171031391830461550238416903211517706950131359013356167939151315393481312488493030802478816369728187466948289152128711638351006280834742937768112648203860314837553572699116752467148165811486771048317857670505161524256549926875240567602400933777508368558427147014190453332859307808991957980036561234350632554672062532582111489870392986948919683049431386654934412017935938818558948093943479947089

658339335329582971813220373750082201438231927199631807556117392179
667239043073162126043782535958455513168156622833244856740375500175
437938662805576099735212285255813050306864857280480025361707876315
722326164947576070325722276657170573523821041843037781958265689735
359380685976326199310102678044469748779925344761563591577271040706
994094523192963303699133027481190683102395365364009841903213283611
405011552889903396912475573643155043121248140425779535666893929635
529594188891162010220473936785358420193653459304530736117215178859
325836265294799458872645296956504212728674742121827365231771740880
369908822924681122251748804441807079931842731743933855982995994260
370801360181107844548197898681816874327039478939491343345354333555
311916985249367178493409358328498748074454367461533202630144899260
416056080476494628257839551833741336212782436957392723553530196415
779285763854407737475448791649694400098109525309405807216492173504
236586883009056660475023152538516575967300418018231429562402162025
172169461738356244743921360904965755223528701404490205383272675902
399658166622696531914688547040371722140285540194421378410542113378
728268061266141525458101188005960412444870703797916297232203174598
145031418250815378164455679673679113532993693186762974129620680655
619803325075980612449406376287158197553995285750069955661691341555
401302974738526184495052326538238771229924923881335864722949765338
693364100797413361286872482205034292285360841602139756921727968180
798361759729963320327973278621637154857730640046123476127950875457
145508320181636259556821398646837984996384992300644373672470560592
979142833880149550966338001608507126205725004620578403630370145749
699538815465717795911857151305030580190919175069647552733219104747
099495566619640601459868323810263251563994549829263213280105371602
468842145177456994387763803826031252034011563287267750374428630824
190634682370864859229164121171310734835355843295707932986751060591
836788999139433262676798361514563116412717640093972777116892774449
602644731398647079021061987878676535007732225417066208684337572257
412708060724861840681921174350562428309724049822829321052929326781
230139221225325505539251144183238417998432991218455487593159860175
027947755344342060192944548133873544627520575038555524821645817189
332750842094296607381423605615648485120166372114890945146716680930
888681871593776724165097965837583513982389358112221239005108966254
023283250069001803954092392170948514070801258707537067775394379883
775893562965608567903743029698326610943774395832141455499416427864
093110532746867261346860658293059060367003185263449623525619975787
153141987320406738811291064958126477639763360275103031148532614045
555059945846854147564716038682218732678422550604896405780209074262
760952894146654415750370790062841102437154408037987477228216986258
322549226585875063783092603976645684652688280164930993192509273466
735148095778722797083917628490978763420028137386932410961533211782
824537751085104287452868172475410593286283869387402834237931904204
259856332864040409001048140824635165345442080249934041575741041112
658861796863699019387011419136352382217686468812172590609289444567
091714612113816705878861431606263782079106506743970312142913799040
811576967466773776666329023340768890384279621140394935819728658726
121480262956800709694133111066864849479419433430290502725551279206
810234549675573789262660209927000369990582875874015632826608137074
753816904938639331826559914185672527424166207075901776345727891430
576990137748017565739869076245471712002508139360178833396246377595
583146341278754486113149067380332363721684245071418824589675989697
408466176841581683173178278739739221098791398664319969950767508032
182891327569108474561900650115313067773292583561492614213237716376
823209213930100246167943974637886295871452186538740418235585915510

8181993058431758421930066621240550121543415335728640783269271995536968733172135884967122201378534667949246788500503672201675623746118087781494162972233365127365379040549825575298138084505617654495995010478087229655586898605318400918555731540060129721021384798368103657106308507443779257093887652787639362407448643075725355391546352222053564688853661759803377143028005484468451470889465915059007669095689037315581991026473662218406888020049383081137752540020664346829795743775521428357051630519368900228390974959040781776305925814791072267040943215377470020289183968470288848118629772023972108987914635057828165054581612519450659317723599413922376881760522668645065450264181320606913799801310218416859343271498002082248806406289363626527280921168161480660859277760567391511230662954831868656429508329419648435464219626545849850923645907744897350992248718631764126437837333278907301138952139793006200807003536923354249146783807256624783092958038289997339212314856890038903012985840913956714187489426533564447108026838549986133235112166001440274744333189061892329865338907674599742963626950379808084261005498853385315742572117994817559674559065450745852496534689711519592241248470473082028988285915407908625796407392235759582368795231599403908149319334828861892862858067447605014501327550680998007613080119187729124100559138970240187767083268157572207944424003242311574695213066398716338545700167776826853180218601656312220525430713202284690747050163809489931461430927198203566551855757001873679674299359161735937095437560038443217729816198634427320015602745001894938477038530048137881700037590478736411476503123028973799725174541864411212675361381734696547563562052048712922252236976604647640448087249626668819778911069166720586425992380559870602295080039223483186612442587091049360264534858135137313675320472408571583208399849783396296253985004877965013855646712792849513993434741677508749791293577245086734752426751122334091390356793080481511858406440688269547236847462483427788598245341146494225991776206995968211494602578337433548625639018141797569591196710250424146974800732098689796630838915281629097005582281488456009378831638728490393553532741861979679803845705526137487559898679541006170387328494960191799386034354958805283468170368576271690144437279385654989798725330427041321036915558256018494646837302685497639592021614998784893859355112823454189847884823842245501822807071824221539381536553302994395467610013901841577633153996376867846886523036416317190887785697565551033930565481724972040957843132182692513924187799460077989728700519518892811567404999113889756285372020333211448190228491992545120629078723582153590755135966867682735210298875696493664158103151356804265742537111417036352433612607795498316834862185780721010576129051445103070479965505544854634078274969561788434391598709658764593960420880075789929858436931423942832046482071882967621132367940110748133702195693677403027472536295022497520544550096712401003588325122569086504192759980258641433069251781735433039359965047044316938853068495118035430219652640680020930729364054308778503173278035380696326617665775901195611018862259564478970026046980243418804674630782641622932057454463649274781526241946629313619682480808671226288785930685194546796348865076670527123839297934484426176413366939077758602617691768469758091881877336459991461930526130458667086539792135517047662626497961033318949486329238893331851825247381483630949869477793217847765102001749230332970900351644480493383985783959418956342260379548303700890772707395018915928293575484081022556309123025861807372258258746524675239215360755600945733201690434147481632454272233475573656406489072311424460734577866819613319326104399993257323316118620236839971393667055820513140490688448249757860699445002829145709941438053020834041 1

0209592317190836227253823482154325292716070032477172982894981800854272169866212649313857063243171577872834034848163015931806290432586756493965725254102855279928039513746762886482175110427317368132950439256105115105239805015629847976198082876254390077499400775366010968918164974976969936402660591739451506372548548211105651183355616042580256196883490321634361484952411913739887917694960262626594774247690902468551450970376155261585594147608050512143885011123991395810076765521937083117797184821884256636015271216826128909917127725048968287064652338796187901861456446235489954283488980811247404839361695862925309891836629406863857404576333658294925689081766736623940375438888447038937982186125170440976870007606712913944418429059122559350439747910433953099935249297682852133978192594812797425767194264247895891561070262345824770614079567076564938629711994392647945996937182289749896447365388856577394536518432396134193563480244279244235054792993323130291746442683520685719516221365796295672718138629005756625362835607062708219532675161086840134709672384697009852305469137511101102530678519905548573994279498976449669243877904671062369290439068454360132894946309005852342595715207432145411071470366742685264908983537548614347847610857875776941076139649368489244201087106852826637571560543790327645094257775682890435875728722907980390610738805679321769138801446509895300908082286299029495808419530969388072520331256089542875731581502911540885062607472615532883166046864895449027097535061629301238161575080291363181708843901414266824628691592221525591187682062419550242556210518662925583367959973893987337215851280746269130356403126842830155594619763931196300428667900756343508556273907869042914898600082765783471175068518022095599515276221861494811928705033344459477035573174113775262148686421839550035336435332506924717956226194044699379911813418250007691137998451137769983886379289205091661305561519369825297538758326706388356474283154711953699576039306002232386610212044851051485894071834317295107864543085265435213957354160607465637971372399694999662046152254990271537798043305191945049199765528806295570892481981139062128868119952611278404860974798337445307436094627322024569487246112202613178876104838674278845542833792105924276830502774508581252419346390565383514898056641446484999722669638283632632025262006395602896162872843621708166149890228086313865701098441216001522180041710130819921345460751524503178626006111556991807623660770013014185345859943981511147899287465124504419466103949954177854523636411635453085320104896852925230363034146835157866507252365966679502964326252925101253365680730960522204965058342372482634070747277292121877510285413229407415199390277608401972535808093241575563427522448937294253353088329345411613594827340608813150676729459704139011585507989246152479761135464222694326588896538624717978743878771089094027459419001921484780490666172741611239382601118605469111781966164010656852278301124712079242482986987732335197159033342134342173916924586305046885524821683793798435976240876341109045197304758984026595872827467256266275551324250765647347578606315417861402319011747743010743374824028477377531406378296896918656527579551429972015282282051283859845317499083765244755655938415341846472348821769020033614104650178136446348256680426621949161473236345757095237487042053705266339906983460881918177801985474703355659596098930543011992358063149337865286220013798176447694228188837471151562396827130

www.ingramcontent.com/pod-product-compliance
Lightning Source LLC
Chambersburg PA
CBHW070052080526
44586CB00013B/1016